중등교원 **임용** 대비!

전공역사

그물에 걸린 교과서

한국사

서울고시각
www.gosigak.co.kr

Stand by
Strategy
Satisfaction

새로운 출제경향에 맞춘 수험서의 완벽서

머리말

　수험생들은 때때로 '내가 과연 제대로 공부하고 있는 것일까?'라는 의문이 들 때가 있을 것입니다. 수험 생활이 길어지고 있으며, 학습할 분량이 방대하기에 당연한 것이지요. 내가 너무 많은 종류의 서적을 보고 있는 것은 아닌지 혹은 제한적인 자료만 보는 것은 아닌지 그런 걱정이 들 때는 교과서로 눈길을 한번 돌려보는 것이 어떨지요? 대개 수험의 기본은 교과서로부터 출발하니까요. 이 책은 그 기본 작업에 보탬이 되기 위해 만들어졌습니다.

　중등 역사 임용 시험을 준비할 때, 교과서를 정리하는 작업은 반드시 필요합니다. 교과서는 전공 시험의 큰 얼개를 구성하고 가장 핵심적인 내용 요소를 담고 있으며, 종종 개론서나 학원 교재에서 다루지 않는 내용이 출제되기도 하므로 수험생들은 교과서를 점검할 필요가 있습니다. 그런데 한 개인이 여러 종의 교과서를 개별적으로 구하여 내용을 확인하는 것은 만만한 일이 아닙니다. 교과서는 어려운 것이 아니지만, 수험생이 직접 여러 종을 빠짐없이 비교하며 정리하는 작업은 수험 효율을 떨어뜨리며, 그렇다고 교과서를 점검하지 않으면 괜스레 불안해지기도 합니다. 시간이 여유롭지 못한 수험생들의 불편한 마음을 조금이나마 덜고자 2015 개정 교육과정 한국사 교과서 9종의 단권화 작업을 진행하였습니다.

　각기 다른 출판사의 교과서를 쓰고 있는 5명의 현직 역사 교사들이 9종의 교과서를 면밀히 분석하여 단권화한 이 책은 수험생의 수험 효율을 향상시킬 뿐만 아니라 임용 시험에 합격한 이후에도 활용 가치가 있을 것입니다. 신규 교사가 되어서 막상 수업을 운영하려고 한다면 막막함이 앞섭니다. 이때 교사들이 우선 기댈 만한 것은 교과서입니다. 그런데 소속된 학교의 교과서 1종만으로는 부족함을 느끼고 다른 출판사에서 발행된 교과서를 검토하는 경우가 많습니다. 이때에도 한국사 교과서 9종을 단권화한 이 책은 빛을 발할 것입니다.

　마지막으로 본 교재가 출간될 수 있도록 많은 도움을 주고 격려해주신 서울고시각 김용관 회장님과 김용성 사장님 이하 편집부 직원분들께 감사드리며, 수험생들에게 행복뿐만 아니라 행운까지 깃들기를 바랍니다.

편저자

이 책의 구성과 특징

하나 1

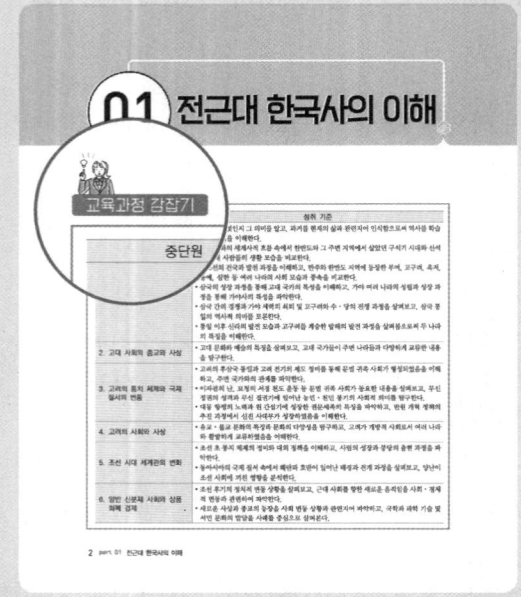

교육과정 감잡기

대단원 첫머리에 중단원별로 2015 개정 교육과정 한국사 성취 기준을 세부적으로 정리하고 제시함으로써 그 단원에서의 학습내용과 목표를 파악하고 교육과정에 대한 이해를 돕습니다.

둘 2

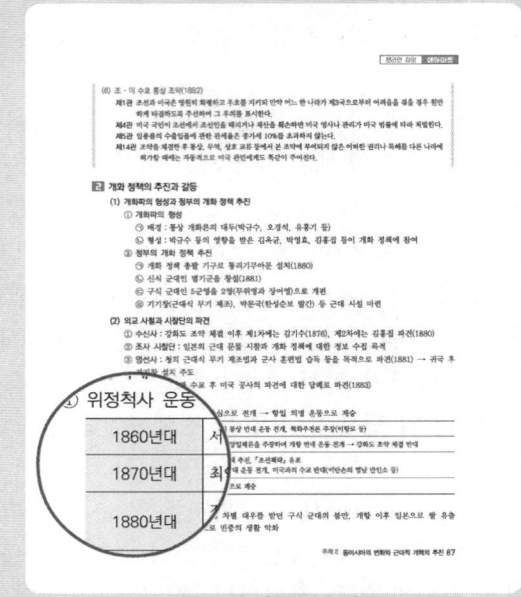

핵심 내용 정리

한국사 9종 교과서의 본문 내용을 도표나 개조식 문장으로 정리하여 가독성을 높임으로써 한눈에 파악하기 쉽게 구성하였습니다.

셋 3

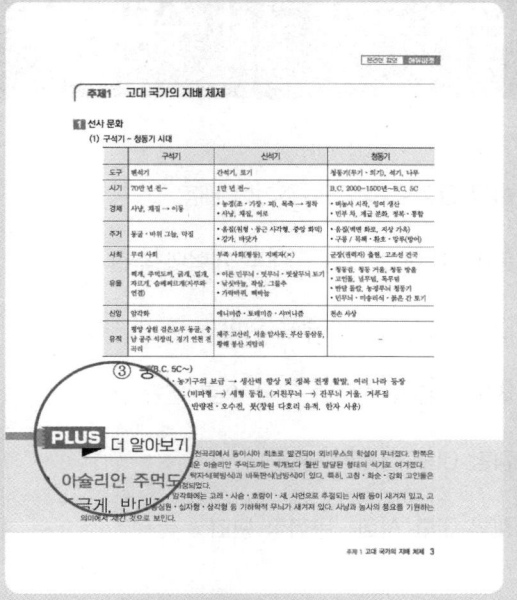

Plus 더 알아보기

교과서 본문 이외에 수록된(사료를 제외한) 다양한 보충 자료들을 뽑아 참고할 수 있도록 정리하였습니다.

넷 4

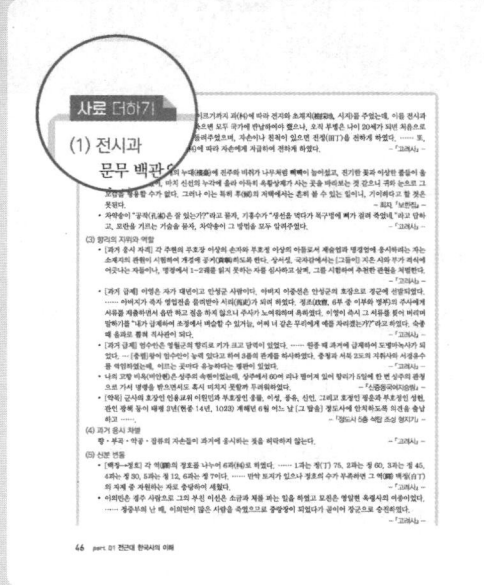

사료 더하기

한국사 9종 교과서의 여러 자료들을 주제별로 비교하고 종합해서 참고할 수 있도록 정리하였습니다.

Contents

Part 1
전근대 한국사의 이해

1. 고대 국가의 지배 체제 — 3
2. 고대 사회의 종교와 사상 — 20
3. 고려의 통치 — 30
4. 고려의 사회와 사상 — 45
5. 조선 시대 세계관의 변화 — 52
6. 양반 신분제 사회와 상품 화폐 경제 — 63

Part 2
근대 국민 국가 수립 운동

1. 서구 열강의 접근과 조선의 대응 — 77
2. 동아시아의 변화와 근대적 개혁의 추진 — 85
3. 근대 국민 국가 수립을 위한 노력 — 95
4. 일본의 침략 확대와 국권 수호 운동 — 110
5. 개항 이후 경제적 변화 — 127
6. 개항 이후 사회·문화적 변화 — 137

Part 3
일제의 식민지 전개와 민족 운동의 전개

1. 일제의 식민지 지배 정책 — 151
2. 3·1 운동과 대한민국 임시 정부 — 159
3. 다양한 민족 운동의 전개 — 169
4. 사회·문화의 변화와 사회 운동 — 182
5. 전시 동원 체제와 민중의 삶 — 191
6. 광복을 위한 노력 — 197

Part 4
대한민국의 발전

1. 8·15 광복과 통일 정부 수립 노력 — 205
2. 대한민국 정부의 수립 — 219
3. 6·25 전쟁 및 전후 남북한의 정치·경제 변화 — 226
4. 4·19 혁명과 민주화를 위한 노력 — 235
5. 경제 성장과 사회·문화의 변화 — 253
6. 6월 민주 항쟁과 민주주의의 발전 — 262
7. 외환 위기와 사회 경제적 변화 — 272
8. 남북 화해와 동아시아 평화를 위한 노력 — 277

PART

01

전근대 한국사의 이해

01 전근대 한국사의 이해

교육과정 감잡기

중단원	성취 기준
1. 고대 국가의 지배 체제	• 역사란 무엇인지 그 의미를 알고, 과거를 현재의 삶과 관련지어 인식함으로써 역사를 학습하는 목적을 이해한다. • 선사 문화의 세계사적 흐름 속에서 한반도와 그 주변 지역에서 살았던 구석기 시대와 신석기 시대 사람들의 생활 모습을 비교한다. • 고조선의 건국과 발전 과정을 이해하고, 만주와 한반도 지역에 등장한 부여, 고구려, 옥저, 동예, 삼한 등 여러 나라의 사회 모습과 풍속을 비교한다. • 삼국의 성장 과정을 통해 고대 국가의 특성을 이해하고, 가야 여러 나라의 성립과 성장 과정을 통해 가야사의 특성을 파악한다. • 삼국 간의 경쟁과 가야 세력의 쇠퇴 및 고구려와 수·당의 전쟁 과정을 살펴보고, 삼국 통일의 역사적 의미를 토론한다. • 통일 이후 신라의 발전 모습과 고구려를 계승한 발해의 발전 과정을 살펴봄으로써 두 나라의 특징을 이해한다.
2. 고대 사회의 종교와 사상	• 고대 문화와 예술의 특징을 살펴보고, 고대 국가들이 주변 나라들과 다양하게 교류한 내용을 탐구한다.
3. 고려의 통치 체제와 국제 질서의 변동	• 고려의 후삼국 통일과 고려 전기의 제도 정비를 통해 문벌 귀족 사회가 형성되었음을 이해하고, 주변 국가와의 관계를 파악한다. • 이자겸의 난, 묘청의 서경 천도 운동 등 문벌 귀족 사회가 동요한 내용을 살펴보고, 무신 정권의 성격과 무신 집권기에 일어난 농민·천민 봉기의 사회적 의미를 탐구한다. • 대몽 항쟁의 노력과 원 간섭기에 성장한 권문세족의 특징을 파악하고, 반원 개혁 정책의 추진 과정에서 신진 사대부가 성장하였음을 이해한다.
4. 고려의 사회와 사상	• 유교·불교 문화의 특징과 문화의 다양성을 탐구하고, 고려가 개방적 사회로서 여러 나라와 활발하게 교류하였음을 이해한다.
5. 조선 시대 세계관의 변화	• 조선 초 통치 체제의 정비와 대외 정책을 이해하고, 사림의 성장과 붕당의 출현 과정을 파악한다. • 동아시아의 국제 질서 속에서 왜란과 호란이 일어난 배경과 전개 과정을 살펴보고, 양난이 조선 사회에 끼친 영향을 분석한다.
6. 양반 신분제 사회와 상품 화폐 경제	• 조선 후기의 정치적 변동 상황을 살펴보고, 근대 사회를 향한 새로운 움직임을 사회·경제적 변동과 관련하여 파악한다. • 새로운 사상과 종교의 등장을 사회 변동 상황과 관련지어 파악하고, 국학과 과학 기술 및 서민 문화의 발달을 사례를 중심으로 살펴본다.

주제1 고대 국가의 지배 체제

1 선사 문화

(1) 구석기 ~ 청동기 시대

	구석기	신석기	청동기
도구	뗀석기	간석기, 토기	청동기(무기·의기), 석기, 나무
시기	70만 년 전~	1만 년 전~	B.C. 2000-1500년~B.C. 5C
경제	사냥, 채집 → 이동	• 농경(조·기장·피), 목축 → 정착 • 사냥, 채집, 어로	• 벼농사 시작, 잉여 생산 • 빈부 차, 계급 분화, 정복·통합
주거	동굴·바위 그늘, 막집	• 움집(원형·둥근 사각형, 중앙 화덕) • 강가, 바닷가	• 움집(벽면 화로, 지상 가옥) • 구릉 / 목책·환호·망루(방어)
사회	무리 사회	부족 사회(평등), 지배자(×)	군장(권력자) 출현, 고조선 건국
유물	찍개, 주먹도끼, 긁개, 밀개, 자르개, 슴베찌르개(자루와 연결)	• 이른 민무늬·덧무늬·빗살무늬 토기 • 낚싯바늘, 작살, 그물추 • 가락바퀴, 뼈바늘	• 청동검, 청동 거울, 청동 방울 • 고인돌, 널무덤, 독무덤 • 반달 돌칼, 농경무늬 청동기 • 민무늬·미송리식·붉은 간 토기
신앙	암각화	애니미즘·토테미즘·샤머니즘	천손 사상
유적	평양 상원 검은모루 동굴, 충남 공주 석장리, 경기 연천 전곡리	제주 고산리, 서울 암사동, 부산 동삼동, 황해 봉산 지탑리	-

(2) 초기 철기 시대(B.C. 5C~)
  ① 도구 : 철제 무기·농기구의 보급 → 생산력 향상 및 정복 전쟁 활발, 여러 나라 등장
  ② 독자적 청동기 문화 : (비파형 →) 세형 동검, (거친무늬 →) 잔무늬 거울, 거푸집
  ③ 중국과 교류 : 명도전·반량전·오수전, 붓(창원 다호리 유적, 한자 사용)

PLUS 더 알아보기

- **아슐리안 주먹도끼** : 경기도 연천군 전곡리에서 동아시아 최초로 발견되어 뫼비우스의 학설이 무너졌다. 한쪽은 둥글게, 반대쪽은 뾰족하게 날을 세운 아슐리안 주먹도끼는 찍개보다 훨씬 발달된 형태의 석기로 여겨졌다.
- **고인돌** : 청동기 시대의 무덤으로, 탁자식(북방식)과 바둑판식(남방식)이 있다. 특히, 고창·화순·강화 고인돌은 유네스코 세계 문화유산으로 지정되었다.
- **암각화** : 울주 대곡리 반구대 암각화에는 고래·사슴·호랑이·새, 샤먼으로 추정되는 사람 등이 새겨져 있고, 고령 장기리 암각화에는 동심원·십자형·삼각형 등 기하학적 무늬가 새겨져 있다. 사냥과 농사의 풍요를 기원하는 의미에서 새긴 것으로 보인다.

2 고조선과 여러 나라

	정치	경제	풍속
고조선	• 랴오닝 중심 성장, 칭왕, 연과 대립 → 연의 침입으로 세력 위축 • (B.C. 3C) 부왕 → 준왕 부자 상속 • (B.C. 194) 위만 집권 → 철기 보급, 중계 무역(한, 진국) • 상, 경, 대부, 장군, 박사 관직 / 상은 직할하는 영역과 주민 有 • 한 무제의 침략 → 왕검성 함락(B.C. 108) → 한 군현 설치		8조법(사유 재산 중시, 형벌과 노비, 계급 존재) → 한 군현 설치 후 60여 조로 확대
부여	• 쑹화강 유역 평야 중심 성장(밭농사, 목축) • 왕 아래 가축 이름을 딴 마가, 우가, 저가, 구가 • 연맹체 : 왕이 중앙을, 가(加)들이 별도로 사출도를 다스림		• 형벌 엄격, 1책 12법 • 형사취수혼, 순장 • 영고(12월)
고구려	• 부여계 유이민, 졸본 지역(농사 부적합)에서 건국(B.C. 37) • 주변 소국을 통합하며 성장 및 국내성 천도 • 5부 연맹체 : 왕은 5부의 대가(상가, 고추가)들과 국정 운영 • 대가는 사자, 조의, 선인 등을 거느리고 독자적인 세력 형성 • 제가 회의 : 중죄인의 처형 등 국가 중대사 결정		• 형벌 엄격 • 형사취수혼 • 서옥제 • 동맹(10월)
옥저	• 군장(읍군, 삼로)이 지배 • 고구려의 압력 → 성장 부진	토지 비옥, 소금·해산물 풍부	• 민며느리제 • 가족 공동 무덤
동예		특산물 : 단궁, 과하마, 반어피	• 책화, 족외혼 • 무천(10월)
삼한	• 마한(54국)·진한(12국)·변한(12국) • 목지국의 지배자가 연맹 주도 • 군장(신지, 읍차)이 지배 • 천군이 천신의 제사를 주관	• 벼농사 : 저수지, 철제 농기구 • 변한·진한 : 철이 풍부 → 화폐처럼 사용, 중국 군현과 왜 등에 수출	• 소도 : 큰 나무에 방울, 북을 매달고 귀신을 섬긴 곳으로 군장의 세력이 미치지 못함(제정 분리) • 계절제(5월, 10월)

PLUS 더 알아보기

- **고조선 문화 범위** : 탁자식 고인돌과 비파형 동검의 분포로 고조선의 문화 범위를 짐작할 수 있다.
- **단군 신화** : 이주 집단인 환웅 부족이 곰을 숭상하는 부족을 연합하여 국가 형성을 주도하였을 것이라고 보며, 제사장을 뜻하는 단군과 정치적 지배자를 뜻하는 왕검을 합친 단군왕검이라는 명칭을 통해 제정일치 사회였음을 추정한다. 고조선 건국에 관한 기록은 『삼국유사』, 『제왕운기』, 『동국통감』, 『동국여지승람』 등에 실려 있다. 『동국통감』에 따르면 고조선은 기원전 2333년에 건국되었다.
- **평양 석암리 금제 띠고리** : 1916년 평안남도 대동군 대동강면 석암리 제9호분에서 출토된 허리띠에 연결되어 있는 고리로, 중국에서도 이와 유사한 형태의 유물이 발견되었으며, 낙랑 지역의 문화 수준을 보여준다.
- **오녀산성** : 3면이 절벽으로 둘러싸여 있는 오녀산 정상에 있는 고구려 성곽으로 졸본성으로 추정된다.

사료 더하기

(1) 고조선
- 낙랑 조선민의 범금 8조는, 사람을 죽이면 즉시 죽음으로 갚고, 남에게 상처를 입히면 곡식으로 갚는다. 물건을 훔친 자는 노비로 삼는데, 자신의 죄를 용서받고자 하는 자는 한 사람마다 50만 전을 내야 한다. …… 여자들은 모두 정숙하여 음란하고 편벽된 짓을 하지 않았다. — 『한서』 —
- 연(燕)이 스스로 높여 왕이 되어 동쪽을 침략하려 하자, 조선후(朝鮮侯)도 스스로 왕이라 칭하고 군사를 일으켜 연을 공격하여 주 왕실을 받들고자 하였는데, 대부 예가 간언하자 곧 그만두었다. — 『삼국지』 —
- 우거[왕]가 격파되기 전에 조선상(朝鮮相) 역계경이 우거[왕]에게 간하였으나, [그의 말이] 받아들여지지 않자, 동쪽 진국(辰國)으로 갔다. 그때 백성으로 따라가 옮긴 자가 2천여 호나 되었다. — 『삼국지』 —

(2) 부여
- 옛날 부여의 풍속은 가뭄이나 장마가 계속되어 오곡이 잘 익지 않으면 그 허물을 왕에게 돌려 '왕을 마땅히 바꾸어야 한다.' 또는 '죽여야 한다.'라고 주장하였다. — 『삼국지』 —
- 나라에는 군왕이 있고, 모두 여섯 가축의 이름으로 관명을 정하여, 마가, 우가, 저가, 구가, 대사, 대사자, 사자가 있다. …… 제가들은 별도로 사출도를 주관하였는데, 큰 곳은 수천 가이며, 작은 곳은 수백 가였다. — 『삼국지』 —
- 형벌은 엄하고 각박하여 사람을 죽인 사람은 사형에 처하고, 그 집안 사람을 노비로 삼는다. 도둑질을 하면 [도둑질한 물건의] 12배를 변상케 하였다. …… 간음한 자와 투기가 심한 부인은 모두 죽였다. — 『삼국지』 —
- 체격이 크고 성질은 굳세고 용감하며 근엄하고 후덕하여 다른 나라를 쳐들어가거나 노략질하지 않는다. — 『삼국지』 —

(3) 고구려
- 큰 산과 깊은 골짜기가 많고 넓은 들이 없다. 좋은 전지(田地)가 없으므로 부지런히 농사를 지어도 식량이 충분하지 못하다. …… 사람들의 성질은 흉악하고 급하며, 노략질하기를 좋아한다. — 『삼국지』 —
- 본디 다섯 부족이 있었으니, 연노부·절노부·순노부·관노부·계루부가 그것이다. 본래는 연노부에서 왕이 나왔으나 점점 미약해져서 지금은 계루부에서 왕위를 차지하고 있다. — 『삼국지』 —
- 모든 대가들은 자체로 사자, 조의, 선인을 두고 그들의 이름을 왕에게 아뢰었다. …… 대가의 사자·조의·선인은 마치 중국의 경이나 대부의 가신과 같은 것으로, 회합할 때 좌석의 차례에서는 왕가의 사자·조의·선인과 같은 자리에 앉지 못한다. …… 감옥이 없고 범죄자가 있으면 제가들이 모여 회의하여 사형에 처하고 처자는 몰수하여 노비로 삼는다. …… 나라 안의 대가들은 밭을 일구지 않았으며 앉아서 먹는 자가 만여 명이나 되었다. 하호들은 멀리서 쌀, 어물, 소금을 메어다 공급해 주었다. — 『삼국지』 —
- 혼인할 때 구두로 미리 정하고, 여자 집의 본채 뒤편에 작은 집을 짓는데, 그 집을 서옥이라 부른다. …… 자식을 낳아서 장성하면 (남편은) 아내를 데리고 자기 집으로 돌아간다. — 『삼국지』 —

(4) 옥저, 동예
- [옥저] 대군왕이 없으며 읍락에는 각각 대를 잇는 우두머리(長帥)가 있다. …… 읍락의 우두머리(渠帥)들은 자신을 삼로라 하였다. …… 나라가 작아 핍박을 받다가 결국 고구려의 신하 나라가 되었다. — 『삼국지』 —
- [동예] 대군장이 없고, 후·읍군·삼로 등이 있어 하호를 통치하였다. 나라의 노인들은 예부터 스스로 일컫기를 '[고]구려와 같은 종족이다.'라고 하였다. …… 풍속은 대체로 [고]구려와 같지만 의복은 다르다. — 『삼국지』 —
- [옥저] 여자 나이 10살이 되기 전에 혼인을 약속한다. 신랑 집에서는 여자를 맞이하여 장성하도록 길러 아내로 삼는다. 여자가 성인이 되면 친정으로 돌아가게 한다. 친정에서는 돈을 요구하는데, 신랑 집에서 돈을 지불한 후 다시 신랑 집으로 돌아온다. — 『삼국지』 —

- [동예] 풍속은 산천을 중요시하여, 산과 내마다 각기 구분이 있어 함부로 들어가지 않는다. …… 읍락을 함부로 침범하면 생구(生口, 노비)와 소, 말로 배상하게 하는데, 이를 책화라고 한다. 　　　　　　　　　　　　　　　　　　　　　　　　　　　　－『삼국지』 －

(5) 삼한
- 마한이 [삼한에서] 가장 강대하여, 그 종족들이 함께 왕을 세워 진왕으로 삼아 목지국에 도읍하여, 전체 삼한 지역의 왕으로 군림하였다. 　　　　　　　　　　　　　　　　　　　　　　　　　　　　－『후한서』 －
- 나라마다 각각 장수(長帥, 우두머리)가 있어서 세력이 강대한 사람은 스스로 신지라 하고, 그 다음은 읍차라 하였다. …… 귀신을 믿기 때문에 국읍에 각각 한 사람씩을 세워서 천신에 대한 제사를 주관하게 하는데, 이를 천군이라고 부른다. 또 여러 나라에는 각각 별읍이 있으니, 그것을 소도라고 한다. 큰 나무를 세우고 방울과 북을 매달아 놓고 귀신을 섬긴다. 그 안으로 도망 온 사람은 누구든 돌려보내지 않았다. 　　　　　　　　－『삼국지』 －
- [변진의] 나라에서는 철이 생산되는데, 한(韓)・예・왜인(倭人)들이 모두 와서 사 간다. 시장에서 모든 매매는 철로 이루어져서 마치 중국에서 돈을 쓰는 것과 같으며, 또 [낙랑과 대방의] 두 군에도 철을 공급하였다. 그 나라 풍습은 노래하고 춤추며 술 마시기를 좋아한다. 　　　　　　　　　　　　　　　　　　　　　－『삼국지』 －

3 삼국의 중앙 집권 과정

(1) 연맹체 → 중앙 집권 국가

	고구려	백제	신라
부 체제	5부 연맹, 제가 회의	5부 연맹, 정사암	6부 연합, 화백 회의
관등제	대대로 이하 14관등	좌평 이하 16관등	이벌찬(각간) 이하 17관등
신분제	신라의 골품제와 유사한 제도가 존재하였을 것으로 추정		골품제(성골·진골·6~4두품)
율령 반포	소수림왕	고이왕	법흥왕
불교 수용	소수림왕	침류왕	법흥왕
지방제	• 욕살, 처려근지 • 수도 포함 3경	• 22담로에 왕족 파견(무령왕) • 전국 5방(사비 시대), 방령	• 군주 • 주와 군, 여러 개의 소경

(2) 삼국의 중앙 집권 과정

국가	국왕	발전 과정
고구려	태조왕	옥저 복속, 한 군현 공격, 계루부 고씨 왕위 독점
	고국천왕	방위명 5부, 진대법
	미천왕	낙랑군 축출(대동강 유역 확보)
	소수림왕	전진과 수교, 태학(유교 경전, 무예) 설립, 율령 반포, 불교 수용
백제	고이왕	한강 유역 장악, 관등제 도입, 복색 제정
	근초고왕	마한의 소국 정복, 고구려 공격(고국원왕 전사, 황해도 일대), 해상 교역망(중국-백제-왜), 서기 편찬
	침류왕	동진으로부터 불교 수용
신라	내물왕	김씨 왕위 독점, 마립간 칭호, 왜 격퇴(광개토 대왕의 구원 → 내정 간섭)
	지증왕	국호를 신라로 확정, 마립간 → 왕, 우경 보급, 우산국 정복(512년)
	법흥왕	율령 반포, 17관등제, 공복제, 골품제 정비, 불교 공인(527년), 상대등 설치, 연호 '건원' 사용, 금관가야 흡수(532년)

(3) 가야 연맹의 흥망
① 변한의 소국에서 발전 : 철기 문화와 벼농사 발달
② 금관가야
  ㉠ (3C 중반) 전기 가야 연맹 중심 : 구야국에서 비롯, 김해(해상 활동 유리), 제철 기술 우수
  ㉡ (4C 말) 고구려군의 공격(신라 구원, 왜 격퇴)으로 큰 타격 → 연맹의 주도권 상실
③ 대가야
  ㉠ (5C 후반) 후기 가야 연맹 주도 : 고령(내륙, 가야산 철광), 섬진강 하류·소백산맥 서쪽까지
  ㉡ (562년) 신라(진흥왕)에 병합

PLUS 더 알아보기

- **낙랑군과 대방군** : 후한 멸망 후에도 중국의 군현으로 기능한 것으로 보이며, 대방군은 중국 후한 대에 공손강이 낙랑군 남부에 신설하였다.
- **고구려 5부** : 계루부, 소노부, 절노부, 관노부, 순노부가 있다. 초기에는 소노부에서 왕을 배출하였으나 점차 계루부 고씨가 왕위를 독점하고, 절노부가 왕비족으로 정착되었다.
- **산성하 고분군(중국 지린성)** : 지안시 일대에 고구려 초기 무덤인 돌무지무덤이 12,000여 기가 있다.
- **충주 고구려비** : 고구려가 남한강 유역으로 진출하여 중부 지역까지 영토를 확장하였음을 알 수 있으며, 신라 왕을 '동이(동쪽 오랑캐)의 매금'이라고 표현하여 고구려 중심의 천하관을 엿볼 수 있다.
- **호우명 그릇** : 그릇 밑바닥에 '을묘년국강상광개토지호태왕호우십'이라는 글자가 새겨져 있어 당시 고구려와 신라의 관계를 짐작할 수 있다.
- **서울 석촌동 고분** : 백제 초기 계단식 돌무지무덤이 만들어진 것은 백제 건국 세력이 고구려 계통임을 짐작케 한다.
- **좌관대식기 목간(충남 부여)** : 국가가 백성에게 곡식을 빌려주고 이자를 더하여 돌려받았다는 내용이 적혀 있다. 목간에 적혀 있는 이자를 계산한 결과, 이자율은 33%~50% 정도였다.
- **나주 복암리 목간(전남 나주)** : 백제가 7C 무렵, 농민의 토지 소유 현황과 호구 수, 곡물 수확량 등을 정밀하게 조사하여 조세를 거두었음을 알 수 있다.
- **백제의 요서 진출** : 중국 송서, 양서 등에 기록되어 있으나, 한국 사서에는 기록이 없어 진위에 대해 논란이 있다.
- **칠지도(일본 나라)** : 백제의 왕이 왜왕에게 보낸 철제 칼로, 백제와 왜의 교류를 보여준다.
- **신라 왕호의 변화** : 거서간(군장, 귀인, 1대 박혁거세~) → 차차웅(무당, 2대 남해~) → 이사금(연장자, 3대 유리~) → 마립간(대군장, 17대 내물~) → 왕(중국식 왕호, 22대 지증~)
- **세고리자루 큰 칼** : 금관총에서 발굴된 세고리자루 큰 칼의 칼집 끝에 '이사지왕(尒斯智王)'이라는 글이 새겨져 있다. 사료에서 확인되는 신라 56명의 왕 중에 이사지왕이 없어, 5세기 신라의 왕족 또는 귀족도 스스로를 왕이라 칭하며 국왕의 권력 행사를 견제하였을 것이라고 추정한다.
- **포항 냉수리 신라비** : 지도로갈문왕(지증왕)과 6부 대표가 모여 진이마촌에서 일어난 재산 분쟁을 처리한 뒤 의결 사항을 공동으로 선포하였다. 비문에 먼저 부의 이름을 기재한 뒤 소속 인원을 나열하였다.
- **울진 봉평리 신라비** : 법흥왕과 6부의 지배자들이 회의를 열어 거벌모라남미지촌의 주민들을 처벌한 내용이 있다. 신라는 새로 편입된 지방 주민과 국가의 큰 죄인을 일반 백성과 구별하여 다스리는 법률을 만들어 시행하였다.
- **울주 천전리 각석** : 불교를 공인한 이후에 새겨진 것으로, '성법흥대왕(聖法興大王)'이라 새겨져 있어 왕이 대왕으로 불리며 위상이 높아졌음을 알 수 있다.
- **단양 신라 적성비** : 진흥왕이 고구려 영토였던 적성을 차지한 후, 공을 세운 적성 사람들에게 법률에 따라 토지와 집을 상으로 준 기록이 있다. 진흥왕이 단독으로 귀족들에게 왕명을 내리고 있는 내용을 통해 중앙 집권 체제가 완성되어 가고 있었음을 알 수 있으며, '전사법(佃舍法)'이라는 글이 있다.
반면, 6C 초에 세워진 포항 냉수리 신라비나 울진 봉평리 신라비에는 왕이 다른 귀족들처럼 6부 가운데 특정한 부에 소속되어 있고, 6부의 대표자나 귀족들과 함께 국가 중대사를 논의하고 의결 사항도 공동으로 선포하였다는 사실이 기록되어 있으며, 울진 봉평리 신라비에는 법흥왕을 마립간이라는 의미의 '매금왕'으로 기록하고 있어 강력한 왕권이 확립되지 못하였음을 보여준다.
- **경주 남산 신성비** : 6C 말 진평왕 때 남산에 신성을 쌓고 세운 비석으로, 성의 건립 시기와 공사 담당자들의 공사의 책임에 대한 서약, 공사 참여자의 신원과 작업 구간 등을 기록하였다.
- **함안 성산산성 목간** : 6~7C 무렵에 작성된 목간으로, 지방 촌주가 법에 정해진 업무를 시행한 내용을 담고 있다. 이는 당시 신라가 율령에 근거하여 지방을 지배하고 있었음을 보여준다.

- **골품제** : 신라가 중앙 집권 국가로 발전하는 과정에서 형성된 신분제로 왕족을 나누는 골과 귀족을 나누는 품으로 이루어졌다. 골품에 따라 관등이나 관직 승진에 제한을 두었으며, 가옥, 수레, 의복 등 일상생활도 규제하였다.

신라

등급	관등명	골품별 승진의 상한				복색
		진골	6두품	5두품	4두품	
1	이벌찬					자색
2	이찬					
3	잡찬					
4	파진찬					
5	대아찬					
6	아찬					비색
7	일길찬					
8	사찬					
9	급벌찬					
10	대나마					청색
11	나마					
12	대사					황색
13	사지					
14	길사					
15	대오					
16	소오					
17	조위					

고구려

등급	경위
1	대대로
2	태대형
3	울절
4	태대사자
5	조의두대형
6	대사자
7	대형
8	발위사자
9	상위사자
10	소형
11	제형
12	과절
13	부절
14	선인

백제

등급	경위	복색
1	(6)좌평	자색
2	달솔	
3	은솔	
4	덕솔	
5	한솔	
6	나솔	
7	장덕	비색
8	시덕	
9	고덕	
10	계덕	
11	대덕	
12	문독	청색
13	무독	
14	좌군	
15	진무	
16	극우	

- **'하부사리리'명 토기(경남 합천)** : '하부사리리(下部思利利)'라는 글자가 새겨져 있어 대가야가 '하부(下部)'를 비롯한 여러 정치 집단으로 구성되었음을 짐작할 수 있다.

> **사료** 더하기

(1) 귀족 회의
- [고구려] 모든 대가들도 사자·조의·선인을 두었는데, 그 명단은 왕에게 보고하여야 한다. …… 범죄자가 있으면 제가들이 모여 회의하여 사형에 처하고 그 처자는 노비로 삼는다. — 『삼국지』 —
- [백제] 호암사에 정사암이 있다. 국가에서 장차 재상을 의논할 때에 뽑을 만한 사람 서너 명의 이름을 써서 상자에 넣고 봉하여 바위 위에 두었다가, 얼마 후에 열어 이름 위에 도장 자국이 있는 사람을 재상으로 삼았기 때문에 그렇게 이름 붙였다. — 『삼국유사』 —
- [신라] 국가에 큰일이 있으면 반드시 여러 사람이 의논한 후에 결정하는데, 이를 화백이라고 하였다. 한 사람이라도 반대하는 의견을 내는 사람이 있으면 중지하였다. — 『신당서』 —

(2) 지방 제도 정비
- [고구려] 큰 성에는 녹살(욕살)을 두었는데 [중국의] 도독에 해당한다. 여러 성에는 처려구(처려근지)를 두었는데 자사에 해당한다. — 『한원』 —

- [고구려] 수도와 지방을 5부로 나누어 욕살을 두었다. — 『수서』 —
- 고[구]려는 지난날에 5부로 나뉘어져 176성, 69만 7천 호가 있었다. — 『구당서』 —
- [백제] 도성을 고마라 하고, (지방의) 읍을 담로라고 하는데 중국의 군현과 같다. 그 나라에 22담로가 있는데 모두 [왕의] 자제와 종족에게 나누어 다스리게 하였다. — 『양서』 —

(3) 율령 및 관등제
- [소수림왕 3년, 373] 처음으로 율령을 반포하였다. — 『삼국사기』 —
- [법흥왕 7년, 520] 봄 정월에 율령을 반포하고, 처음으로 백관의 공복을 만들어 붉은색과 자주색으로 위계를 정하였다. — 『삼국사기』 —
- [고이왕 27년, 260] 봄 정월에 내신좌평을 두어 왕명 출납을, 내두좌평은 창고와 재정을, 내법좌평은 예법과 의례를, 위사좌평은 왕과 궁궐을 지키는 업무를, 조정좌평은 형벌과 감옥에 관한 일을, 병관좌평은 대외 군사 업무를 맡게 하였다. 또, 달솔·은솔·덕솔 …… 장덕·시덕·고덕 …… 진무·극우 등을 두었다. 6좌평은 모두 1품, 달솔은 2품, …… 진무는 15품, 극우는 16품이었다. …… 왕이 2월에 영(令)을 내려 6품 이상은 자주색 옷을 입고 은꽃으로 관을 장식하며, 11품 이상은 붉은 옷을, 16품 이상은 푸른 옷을 입게 하였다. — 『삼국사기』 —
- [문무왕 원년, 661] 백제의 달솔 조복, 은솔 파가가 무리와 함께 항복하였다. 조복에게 급찬의 관등을 내려 고타야군 태수로 삼았고, 파가에게 급찬의 관등과 토지와 집, 옷과 재물을 하사하였다. — 『삼국사기』 —
- [고구려] 형법은 모반한 사람과 반역자는 사형에 처하며, 가족은 노비로 삼고, 그 집안 재산을 몰수하였다. — 『주서』 —
- [백제] 관리로서 뇌물을 받거나 도적질한 자는 그 세 배를 배상하고 평생 벼슬길에 나가지 못하게 하였다. — 『구당서』 —
- [신라] 법흥왕 때의 제도에서는 태대각간부터 대아찬까지는 자색 옷을, 아찬부터 급찬까지는 비색 옷을, 대나마·나마는 청색 옷을, 대사부터 선저지(조위)까지는 황색 옷을 입었다. — 『삼국사기』 —
- [법흥왕 18년, 531] 여름 4월, 이찬 철부를 상대등에 임명하고 나라의 일을 총괄하게 하였다. 상대등이라는 관직은 이로부터 시작되었는데, 지금[고려]의 재상과 같다. — 『삼국사기』 —
- [설계두가 골품제에 불만을 품다] 신라에서 사람을 등용하는데, 골품을 따지기 때문에 진실로 그 족속이 아니면, 비록 큰 재주와 뛰어난 공로가 있더라도 그 한계를 넘을 수가 없다. — 『삼국사기』 —

(4) 정복 활동 등
- [태조왕] 4년(56) 가을 7월, 동옥저를 정벌하고 그 땅을 빼앗아 성읍으로 삼았다. 영토를 넓혀 동쪽으로 창해(동해)에 이르고, 남쪽으로 살수에 이르렀다. …… [태조왕] 94년(146) 가을 8월에 왕이 장수를 보내 한의 요동군 서안평현을 습격하여 대방현령을 죽이고, 낙랑 태수의 처자를 잡아 왔다. — 『삼국사기』 —
- 신라가[내물왕] 사신을 보내어 아뢰기를, "왜인이 우리 국경에 가득차 성과 못을 부수고 있습니다. 이에 왕께 귀의하여 명을 청합니다."라고 하였다. …… 10년(400)에 왕이 보병과 기병 5만을 보내어 신라를 구원하게 하였다. …… [고구려군이] 그 뒤를 급히 추격해 임나가라의 종발성에 이르니 성이 곧 항복하였다. — 「광개토 대왕릉비문」 —
- [지증왕 3년, 502] 3월에 주주(州主)와 군주(郡主)에게 각각 명하여 농사를 권장하게 하고, 처음으로 소를 부려 논밭을 갈았다. — 『삼국사기』 —
- [법흥왕 19년, 532] 금관국의 왕 김구해가 왕비와 세 아들 노종, 무덕, 무력과 함께 나라의 창고에 있던 보물을 가지고 와서 항복하였다. 왕은 예로써 대우하고 상등의 관등을 주었으며, 본국을 식읍으로 삼게 하였다. — 『삼국사기』 —

4 삼국 항쟁과 삼국 통일

(1) 삼국 항쟁의 심화

국가	국왕	항쟁 과정
고구려	광개토 대왕	• 백제 공격 → 한강 이북 지역 장악 • 후연, 거란 공격 → 요동을 포함한 만주 일대 장악 • 5만의 군사를 보내 신라에 침입한 왜를 격퇴 → 한반도 남부 영향력
고구려	장수왕	• 남북조와 동시 교류, 북방 유목 민족과도 폭넓은 관계 • 평양 천도(427), 남진 정책 → 나제 동맹(433) • 백제의 한성 함락(475) → 한강 유역 차지 / 백제 문주왕, 웅진 천도
백제	동성왕	혼인으로 나제 동맹 강화
백제	무령왕	• 22담로에 왕족 파견 → 지방 통제력 강화 • 금강 이북 일부 회복, 섬진강 유역 확대(대가야 압박) • 중국 남조의 양과 교류, 사후 벽돌무덤(무령왕릉)에 안치
백제	성왕	• 사비 천도(538), 국호를 남부여로 개칭 • 중앙 관청을 22부로 정비, 수도를 5부·지방을 5방으로 정비 • 신라와 협력, 한강 하류 일시적 회복 → 신라의 공격으로 빼앗김 • 가야와 함께 신라를 공격하다 관산성(충북 옥천) 부근에서 전사 • 남조와 활발히 교류, 일본에 불교 전래
신라	진흥왕	• 화랑도를 국가적 조직으로 개편, 황룡사 건립 • 백제와 연합해 한강 상류 지역 차지 후, 백제를 공격하여 한강 하류 지역 차지 • 대가야 정복, 함흥평야 진출 • 단양 신라 적성비와 4개의 진흥왕 순수비(태왕, 대왕 등의 왕호 사용) • 당항성을 통해 중국과 직접 교류

(2) 삼국 통일 과정
① 수·당 통일 제국의 침입과 고구려의 격퇴
㉠ 수 문제의 침입, 수 양제의 침입과 30만 별동대 평양 공격 → 살수대첩(을지문덕, 612)
㉡ 당 태종 즉위와 고구려 압박 / 천리장성 축조, 연개소문의 정변 및 대당 강경책
㉢ 당 태종의 침입 → 요동성·백암성 등 함락, 고구려가 안시성 전투(645) 승리
② 나당 동맹 체결
㉠ 신라 고립 : 의자왕의 공세(대야성 등 함락), 신라는 고구려·왜에 도움 요청하나 거절
㉡ 김춘추의 대당 외교 성공(648)
③ 삼국 통일
㉠ 백제 멸망 및 부흥 운동
ⓐ 의자왕의 개혁 시도, 잦은 전쟁으로 지배 세력 분열 및 정치 혼란
ⓑ 황산벌 전투, 나·당 연합군의 사비성 함락(660)
ⓒ 복신, 도침(주류성)이 부여 풍을 왕으로 추대, 흑치상지(임존성) 활약
ⓓ 왜의 지원군이 백강 전투에서 패배

ⓛ 고구려 멸망
　　ⓐ 연개소문 사후 지배층의 권력 다툼 → 나·당 연합군의 평양성 함락(668)
　　ⓑ 안승, 검모잠의 부흥 운동 / 안승이 검모잠을 죽이고 신라에 항복
ⓒ 나당 전쟁
　　ⓐ 당의 한반도 전체 지배 야욕(웅진도독부, 계림도독부, 안동도호부 설치)
　　ⓑ 부흥 운동 세력 지원, 매소성·기벌포 전투 승리, 당이 토번과의 전쟁에 집중 → 통일 완성(676)
ⓓ 의의 및 한계 : 한반도 평화, 민족 문화 발전 기틀 마련 / 외세 개입, 대동강 이남 불완전 통일

PLUS 더 알아보기

- **평양 천도** : 평양은 국내성에 비해 개방적이고 경제 기반이 풍부한 지역이었다. 주변에 평야가 있고, 대동강과 바다를 통해 중국과 교류하기 편리하였다.
- **국제 정세의 변화** : 4~6C 5호 16국 시대에서 남북조 시대에 이르는 중국의 분열기를 끝내고 통일 제국인 수와 당이 등장하면서 동아시아 국제 질서가 재편되었다. 수 양제는 6C 말 돌궐 등을 정복하여 북방과 서역 일대를 장악한 후 고구려를 넘보았다. 이에 고구려는 수와 신라를 견제하는 한편, 돌궐, 백제, 왜 등과 연결을 모색하였다.
- **오골성** : 압록강 하류 단둥시에 있는 고구려의 성으로, 압록강을 방어하는 국방 요충지로 추정된다.
- **양주 대모산성** : 연천 대전리 산성보다 성의 규모가 크고 화살촉 등 많은 유물이 출토되어 나당 전쟁 시 매소성 전투가 벌어진 곳으로 추정된다.
- **청주 운천동 신라 사적비** : 삼국 통일 이후 세워진 것으로, '합삼한이광지(合三韓而廣地)'라는 글이 새겨져 있다. 삼국은 오랜 기간 항쟁하였지만, 혈통, 언어, 문화 등에서 일정한 동질성이 있었고, 당군을 축출하는 과정에서 하나의 민족이라는 의식이 생기기 시작하였다고 볼 수 있다.

사료 더하기

(1) 고구려의 독자적인 천하관

- 옛적 시조 추모왕이 건국하였는데, [추모왕은] 북부여에서 태어났으며, 천제(天帝)의 아들이었고 어머니는 하백(河伯)의 딸이었다. …… [광개토 대왕은] 18세에 왕위에 올라 칭호를 영락(永樂) 대왕이라 하였다. 은택이 하늘까지 미쳤고 위무는 사해(四海)에 떨쳤다. [나쁜 무리를] 쓸어 없애고 백성들의 생업을 편안하게 하였다. 나라는 부강하고 백성은 넉넉해졌으며, 오곡이 풍성하게 익었다. …… 백잔[백제]과 신라는 옛적부터 [고구려의] 속민으로 조공을 해왔다.
　　　　　　　　　　　　　　　　　　　　　　　　　　　　　　　－「광개토 대왕릉비 비문」－
- 고[구]려 대왕 상왕공은 신라 매금(신라 왕)과 만나 영원토록 형제같이 지내기를 원하여 동으로 왔다. …… 동이(東夷) 매금(寐錦)에게 의복을 하사하였다.
　　　　　　　　　　　　　　　　　　　　　　　　　　　　　　　－「충주 고구려비」－
- 하백의 손자이며 일월의 아들인 추모성왕이 북부여에서 나셨으니, 이 나라 이 고을이 가장 성스러움을 천하 사방이 알지니 …… 국강상대개토지호태성왕에 이르러 (모두루의) 조부와의 인연으로 노객 모두루와 ㅁㅁ모에게 은혜를 베푸시어 영북부여수사로 파견하니 ……
　　　　　　　　　　　　　　　　　　　　　　　　　　　　　　　－「모두루묘지문」－

(2) 화랑도

- 그 후에 다시 미모의 남자를 선발하여 곱게 꾸미고 화랑이라 이름하고 받들었는데, 무리들이 구름같이 몰려들었다. 혹은 도의(道義)로써 서로 연마하고 혹은 노래와 음악으로써 서로 즐겨서 산천을 찾아 노닐며 멀리까지 이르지 않은 곳이 없었다.
  － 『삼국사기』 －
- 황산벌에 이르러 백제 장군 계백을 만나 싸움이 불리해졌다. 흠춘이 아들 반굴을 불러, "신하가 되어서는 충성만 한 것이 없고 자식이 되어서는 효만 한 것이 없다. 위험을 보고 목숨을 바치면 충과 효가 모두 이루어진다."라고 말하였다. 반굴이 "예!"라고 하고, 곧 적진에 들어가 힘써 싸우다 죽었다.
  － 『삼국사기』 －
- 관창은 신라 장군 품일의 아들이다. …… 황산벌에 이르러 양쪽의 군대가 서로 대치하였다. 아버지 품일이 이르기를, "너는 비록 어린 나이지만, 뜻과 기개가 있으니 오늘이 바로 공명을 세워 부귀를 취할 수 있는 때이다. 어찌 용기가 없을 것인가?"라고 하였다. …… [태종]대왕이 급찬의 위계를 추증하고 예로써 장례를 지내 주었으며, 그 집에는 당 비단 3십 필, 20승포 3십 필과 곡식 1백 섬을 내려 주었다.
  － 『삼국사기』 －

(3) 삼국 통일

- 춘추가 무릎을 꿇고 아뢰기를 "…… 폐하께서 천조(당)의 군사를 빌려 주어 흉악한 것을 잘라 없애지 않는다면 우리나라 백성은 모두 포로가 될 것이며, 산 넘고 바다 건너 행하는 조회도 다시는 바랄 수 없을 것입니다."라고 하였다. 태종이 옳다고 여겨 군사의 출동을 허락하였다.
  － 『삼국사기』 －
- [문무왕이] 고구려의 배반한 무리를 받아들이고 또 백제의 옛 땅을 차지하여 사람을 시켜 지키게 하자 당 고종이 크게 화를 내어 조서로 왕의 관작을 삭탈하였다. …… 왕이 사신을 당에 보내 조공하고 사죄하니 황제가 용서하고 왕의 관작을 회복시켰다. …… 그러나 신라는 백제 땅을 많이 차지하여 마침내 고구려 남쪽 경역까지 주와 군으로 만들었다.
  － 『삼국사기』 －
- 지난날 신라는 두 나라 사이에 끼어 북쪽에서 치고 서쪽에서 침범하여 잠시도 편안한 해가 없었다. …… 선왕[김춘추]께서 백성이 잔혹하게 해를 입음을 불쌍히 여겨 …… 귀중함을 잊으시고 바다를 건너 당에 가서 황제를 뵙고 군사를 청하였다. 이는 두 나라를 평정하여 영원히 전쟁을 없애고, 여러 대에 걸친 깊은 원한을 설욕하며, 백성들의 남은 목숨을 온전히 하려는 것이었다.
  － 『삼국사기』 －
- 다른 종족을 불러들여 같은 종족을 없애는 것은 도적을 끌어들여 형제를 죽이는 것과 다를 바 없다. 이 뜻이 매우 명백하여 비록 삼척동자도 가히 깨달을 수 있는데, 애석하다, 우리나라 역사가들이여, 이러한 뜻을 아는 자가 적구나.
  － 신채호, 「독사신론」 －
- 삼국이 대치하고 있을 때 서로 침범하여 물어뜯고 함이 하루도 거르는 날이 없었다. 인심이 난리를 싫어하니 하늘이 무열왕[김춘추]을 내어 백성을 구제하였다. …… 김유신은 충성된 마음과 뛰어난 지략으로 통일의 공을 이루었다고 한다.
  － 안정복, 『동사강목』 －
- 신라의 왕과 신하들은 통일하는 과정에서 고구려의 영토를 당에 넘겨주고 말았다. 고구려 영토의 상실로 나라의 힘이 약해졌고, 이후 고려, 조선에 이르기까지 끊임없이 외적의 침입을 받게 되었으니 탄식할 일이다.
  － 한백겸, 『동국지리지』 －

5 통일 신라와 발해(남북국 시대)

(1) 통일 신라의 체제 정비
  ① 국왕 중심 정치 운영 확립
    ㉠ 문무왕 : 삼국 통일, 무열왕계 왕위 계승, 민족 통합 도모, 외사정(지방관 감찰) 파견
    ㉡ 신문왕 : 귀족 숙청(김흠돌의 난 진압), 유교 정치 이념(국학 설립), 관료전 지급, 녹읍 폐지 및 녹봉 지급, 중앙과 지방 및 군사 조직 재정비
  ② 통치 체제 정비
    ㉠ 중앙 : 국왕 직속 집사부(시중) 중심, 위화부·병부·창부 등 10여 관서, 사정부(비리 감찰)
    ㉡ 지방
      ⓐ 9주 5소경 : 9주 아래 군·현에 지방관 파견, 군사·행정상 요지에 5소경 설치
      ⓑ 여러 개의 촌(자연 마을 여러 개를 촌으로 묶고, 촌주가 행정)을 군현으로 삼고 향, 부곡 등 특수 행정 구역을 둠
    ㉢ 군사 : 9서당(중앙군, 고구려·백제·말갈인 포함), 10정(지방군, 각 주에 1정, 한주에만 2정)

(2) 신라 말의 동요
  ① 왕위 쟁탈전과 지방 통제력 약화
    ㉠ 왕위 쟁탈전
      ⓐ 혜공왕 피살(780) 이후 약 150년 동안 20명의 왕이 교체
      ⓑ 김헌창의 난(822, 아버지 김주원이 왕이 되지 못한 것에 불만), 장보고 살해(846)
      ⓒ 집사부 시중의 권한 약화, 진골 귀족 대표인 상대등의 위상 강화
    ㉡ 농민 봉기
      ⓐ 중앙 정치 문란, 세금 부담 가중, 자연재해 증가
      ⓑ 원종과 애노의 난(889)을 계기로 전국 곳곳에 농민 봉기
  ② 지방 호족의 성장
    ㉠ 성주, 장군이라 칭하고 행정권과 군사권을 장악하여 실질적인 지배력 행사
    ㉡ 골품제를 비판하며 개혁을 주장하던 6두품 중 일부는 호족 세력과 연계
    ㉢ 후삼국 분열 : 후백제(900, 견훤, 완산주), 후고구려(901, 궁예, 송악)

(3) 발해의 흥망과 통치 체제
  ① 발해의 흥망
    ㉠ 건국 : 대조영(고왕)이 고구려 유민·말갈 집단을 이끌고 천문령에서 당군을 물리치고 동모산 인근에서 건국(698)
    ㉡ 무왕 : 영토 확장, 흑수 말갈 제압, 당의 산둥 공격, 돌궐·일본과 친교, 연호 '인안' 사용
    ㉢ 문왕 : 당과 친선, 3성 6부 등 당의 문물 수용 및 체제 정비, 신라와 친선 및 교류
    ㉣ 선왕 : 9C 전반 최대 영역, 당에서 발해를 '해동성국'이라 부름
    ㉣ 멸망 : 10C 초 지배층 분열, 거란의 침략으로 멸망(926), 많은 유민(대광현)이 고려 망명

② 발해의 통치 체제
　㉠ 중앙 : 3성 6부(당의 제도 수용, 독자적 운영)
　　ⓐ 3성 중 정당성이 최고 집행 기구, 그 장관인 대내상이 국정 총괄
　　ⓑ 6부(유교식 명칭 사용)를 이원화(좌사정-충·인·의부, 우사정-지·예·신부)
　㉡ 지방 : 5경 15부 62주로 정비
　　ⓐ 전략적 요충지에 5경을 설치하고, 15부와 62주 그 아래의 현에 지방관 파견
　　ⓑ 수령(首領) : 지방 행정 말단인 촌락 행정 담당, 중국 및 일본에 외교 사절로 파견
　㉢ 군사 : 10위(중앙군, 왕궁과 수도 경비), 전략적 요충지나 변경지에 독립된 부대
　㉣ 황제국 표방 : 독자적 연호, 일본에 보낸 국서에 '천손', 정효 공주 묘지명에 '황상' 표현

(4) 남북국의 교류 및 경제
① 통일 신라
　㉠ 당·일본과 교류, 당에 신라인의 집단 거주지 형성(신라방, 신라관, 신라원)
　㉡ 울산항에 아라비아 상인 왕래, 청해진 설치(장보고)
　㉢ 경주에 동시(지증왕) 외에 서시와 남시가 추가로 설치
　㉣ 주요 수출품 : 금·은 세공품, 인삼
② 발해
　㉠ 5경을 잇는 국내 도로와 발해 5도 개설
　㉡ 주요 수출품 : 말, 담비 가죽 등 모피(일본에서 귀족 신분 과시하는 수단으로 큰 환영)
　㉢ 농업이 산업의 중심(조·보리·기장 등 잡곡 중심, 일부 벼농사), 수렵, 어로

PLUS 더 알아보기

- **무열왕계** : 무열왕(김춘추)에서 혜공왕까지 약 126년간 무열왕과 그 직계 후손이 왕위를 계승하였다. 삼국사기 기준에 따르면, 이 기간을 중대(中代)라고 부른다.
- **김흠돌의 난** : 신문왕의 장인이었던 김흠돌이 파진찬 흥원, 대아찬 진공 등과 반역을 도모하다 진압되었다.
- **만파식적** : 신문왕이 이견대에 행차하여 얻은 신비로운 대나무로 만든 피리로, 이 피리를 불면 천하가 태평해져 만파식적이라 이름하였다고 한다.
- **국학** : 신라의 유학 교육 기관으로, 원성왕 때 독서삼품과(유교 경전의 이해에 따라 3품으로 구분하여 관리 등용)를 실시하였다.
- **녹읍** : 조세뿐 아니라 노동력과 공물을 징발할 권한도 부여받는다. 신문왕 때 폐지된 녹읍은 경덕왕 때 부활되었다.
- **정전 지급(722, 성덕왕)** : 농민이 농사지어 오던 땅의 소유권을 법적으로 인정한 것으로 보는 견해와, 실제로 토지를 지급하였다고 보는 견해가 있다.
- **상수리 제도** : 촌주나 주·군·현의 관리 중 한 명을 상경시켜 일정 기간 수도에 와서 근무하게 하여 지방 세력을 통제하였다.
- **장보고** : 당에서 군인으로 출세한 그는 귀국한 후 청해진을 설치하고 해적을 소탕하였으며, 동아시아 해상 무역권을 장악하였다. 해상 세력으로 성장한 장보고는 왕위 쟁탈에 영향력을 행사하다가 암살당하였다.
- **상재상** : 재상 가운데서 가장 으뜸가는 재상이라는 뜻으로, 상대등을 대신하여 재상 회의를 주재하였다.
- **경주 원성왕릉 무인상** : 복장과 외모 등에서 서역인의 모습을 하고 있다.

(전공역사) 그물에 걸린 교과서 – **한국사**

PLUS 더 알아보기

- **합천 해인사 길상탑** : 진성 여왕 9년(895)에 제작된 탑으로, 신라 말 도적들에게 목숨을 빼앗긴 56명의 영혼을 달래고자 건립되었으며, '굶어 죽은 시체와 전사한 해골이 들판에 별처럼 흩어져 있다.'라는 글이 기록돼 있다.
- **통일 신라 중앙 정치 기구** : 집사부(왕명 전달, 기밀 관리), 병부(군사), 조부(공물과 부역), 창부(세금 징수, 재정), 예부(교육과 의례), 승부(수레와 말 관리), 사정부(관리 감찰), 예작부(건물과 도로 수리), 선부(선박 건조 및 관리), 영객부(외국 사신 접대), 위화부(관리 선발), 좌우 이방부(율령 관련 업무), 공장부(국가 수공업 관리)
- **발해의 중앙 정치 기구(당의 관제)** : 정당성(상서성)·선조성(문하성)·중대성(중서성), 충부(이부)·인부(호부)·의부(예부)·지부(병부)·예부(형부)·신부(공부), 중정대(어사대), 문적원(비서성), 주자감(국자감)
- **발해의 고구려 계승** : 일본에 보낸 국서에 '고려국왕'을 칭했고, 발해 초기 지배층 무덤은 대체로 돌방무덤으로서 고구려 양식을 계승하였고, 온돌과 기와 문양(연꽃무늬 수막새)도 고구려의 영향을 받았던 것으로 보인다.
- **발해의 청동 부절** : '좌효위 장군 섭리계'라는 글이 새겨져 있다. 부절은 하나의 물건을 둘로 나누어 각기 가지고 있다가 서로 맞추어 신분을 확인하던 물건이다. 섭리계는 말갈계 귀족 출신이다.

사료 더하기

(1) 통일 신라 통치 체제

- 선왕 춘추는 자못 어질고 덕이 있었으며, 더구나 생전에 어진 신하 김유신을 얻어 한마음으로 정사를 돌보아 삼한을 통일하였으니(一統三韓) 그 공업(功業)이 많지 않다고 할 수 없다. — 『삼국사기』 —
- 문무왕 13년(673) 백제인에게 내외 관직을 주었으며 그 관등은 본국[백제]에서 재직했던 관직에 버금가게 대우하였다. …… 신문왕 6년(686) 고구려인에게 경관(京官)을 주었는데, 그 본국[고구려]의 관품을 헤아려 주었다. — 『삼국사기』 —
- 당과 함께 두 나라를 쳐서 멸망시키고 …… 본국 경계 내에 3주(州)를 설치하고, …… 이전 백제국 땅에도 3주를 설치하고, …… 옛 고구려 남쪽 지경에도 3주를 설치하니 …… — 『삼국사기』 —
- [신문왕 1년] 이찬 군관을 죽이고 교서를 내렸다. "…… 병부령 이찬 군관은 …… 반역자 흠돌(왕의 장인) 등과 사귀면서 [그들이] 반역을 꾀하는 것을 미리 알면서도 알리지 않았다. …… 군관과 그의 친아들 한 명은 스스로 목숨을 끊게 하고, 이를 온 나라에 널리 알려라." — 『삼국사기』 —
- [신문왕 7년] 5월에 교서를 내려 문무관료전을 차등을 두어 하사하였다. — 『삼국사기』 —
- [신문왕 9년] 중앙과 지방 관리들의 녹읍을 혁파하고, 해마다 조(租)를 차등 있게 주고 이를 법식으로 정하였다. — 『삼국사기』 —
- 셋째는 백금서당이다. 문무왕 12년에 백제민들로 당을 만들었다. …… 다섯째는 황금서당이다. 신문왕 3년에 고구려민들로 당을 만들었다. …… 여섯째는 흑금서당이다. 신문왕 3년에 말갈민들로 당을 만들었다. …… 아홉째는 청금서당이다. 신문왕 7년에 백제 잔민(殘民)으로 당을 만들었다. — 『삼국사기』 —

(2) 신라 말의 동요

- [혜공왕 16년(780)] 이찬 김지정이 반역하여 무리를 모아 궁궐을 에워싸고 침범하였다. 여름 4월에 상대등 김양상이 이찬 경신과 함께 군사를 일으켜 김지정 등을 죽였으나, 왕과 왕비는 반란군에게 살해되었다. — 『삼국사기』 —
- [헌덕왕 14년(822)] 3월에 웅천주 도독 헌창이 아버지 주원이 왕이 되지 못한 것에 불만을 가지고 난을 일으켜, 국호를 장안, 연호를 경운 원년이라 하였다. 무진주·완산주·청주·사벌주 네 주의 도독과 국원경, 서원경, 금관경의 사신 및 여러 군현의 수령들을 위협하여 자신의 아래에 예속시켰다. — 『삼국사기』 —
- [흥덕왕 즉위 9년(834)] 하교하여 말하기를 "…… 백성들이 다투어 사치와 호화를 일삼고, 신이하고 진기한 물품을 숭상하고 도리어 순박한 토산품을 경시한다. …… 옛 법칙에 따라 분명한 명령을 내리니, 만약 고의로 이를 어기는 사람에게는 그에 맞는 형벌을 내릴 것이다." — 『삼국사기』 —

- [진성 여왕 3년(889)], 나라 안의 여러 주군에서 공물과 부세를 보내지 않아 창고가 비어 나라 재정이 궁핍해졌다. 왕이 사자를 보내 독촉하니 곳곳에서 도적이 벌떼처럼 일어났다. 이때 원종과 애노 등이 사벌주(상주)에 근거하여 반란을 일으켰다. — 『삼국사기』 —
- [진성 여왕 10년(896)] 도적이 나라의 서남쪽에서 일어났다. 붉은 바지를 입어 스스로를 구별하였으므로, 사람들이 적고적이라 불렀다. — 『삼국사기』 —
- 전쟁과 흉년 두 재앙이 서쪽에서 멈추고 동쪽으로 왔다. 악(惡) 중의 악이 벌어지지 않은 곳이 없어 굶어 죽거나 싸우다 죽은 시체가 들판에 별처럼 즐비하였다. — 최치원, 「합천 해인사 묘길상탑지」 —
- 내가 삼국의 시초를 찾아보니, 마한이 먼저 일어나고 후에 혁거세가 일어났다. 그러므로 진한과 변한은 그를 뒤따라 일어났던 것이다. …… 지금 내가 감히 완산에 도읍하여 의자왕의 오래된 울분을 씻지 않겠는가. — 『삼국사기』 —
- 궁예는 스스로 미륵불이라 부르며, 머리에 금빛 고깔을 쓰고, 몸에 방포를 입었다. 맏아들을 청광보살이라 하고, 막내 아들을 신광보살이라 하였다. — 『삼국사기』 —

(3) 발해 관련 사료
- 부여씨(백제)와 고씨(고구려)가 망하자 김씨가 그 남쪽을 영유하였고 대씨가 그 북쪽을 영유하여 발해라 하였다. 이것이 남북국이라 부르는 것으로, 마땅히 남북국사가 있어야 하는데도 고려가 이를 편찬하지 않은 것은 잘못이다. — 유득공, 『발해고』 —
- 대조영은 본래 고[구]려의 별종(別種)이다. 고[구]려가 멸망하자 영주로 이주하였다. …… 조영은 마침내 그 무리를 거느리고 동으로 가서 계루[부]의 옛 땅을 차지하고 동모산에 웅거하였다. — 『구당서』 —
- 고구려의 유민들이 서로 모여 북으로 태백산 아래에 기대어 국호를 발해라고 하였다. — 『삼국사기』 —
- 『신라고기』에 이르기를 "고[구]려의 옛 장수 조영은 성이 대씨인데, 남은 군사를 모아 태백산 남쪽에 나라를 세우고 국호를 발해라 하였다."라고 한다. — 『삼국유사』 —
- 조영이 죽으니, 그 나라에서 사사로이 시호를 고왕이라 하였다. 그의 아들 무예가 왕위에 올라 영토를 크게 개척하니, 동북의 모든 오랑캐들이 겁을 먹고 그를 섬겼으며, 또 사사로이 연호를 인안(仁安)으로 고쳤다. — 『신당서』 —
- 옛날 당 고종이 고구려를 쳐 없앴는데, 고구려는 지금 발해가 되었다. — 최치원, 『상태사시중장』 —
- 발해왕[문왕]에게 칙서를 보냈다. "천황이 삼가 고려 국왕에게 문안한다." — 『속일본기』 —
- 우리[발해]는 고[구]려의 옛 땅을 회복하고 부여의 습속을 가지고 있다. — 『속일본기』 —
- 공주는 대흥 56년(792) 여름 6월 9일에 죽었는데, 당시 나이 36세였다. 이에 시호를 정효 공주라고 하였다. …… 황상[문왕]은 조회를 파하시고, 슬픔에 침식을 잊고 음악도 중지시켰다. — 「정효 공주 묘비명」 —
- [쟁장 사건] 신이 당번 숙위원(宿衛院)의 보고를 보니, 지난 건녕 4년 7월에 [당에 간] 발해 왕자 대봉예가 발해를 신라보다 윗자리에 앉게 해 달라고 주청하였던 사실을 알게 되었습니다. 그에 대한 황제의 칙지를 엎드려 살펴보니, "국명(國名)의 선후는 원래 강약으로 일컫는 것이 아니다. 조정의 제도로써 정해진 그 등급의 차이를 어찌 성쇠(盛衰)로써 바꾸겠는가. 마땅히 옛 제도 그대로 할 것이다."라고 하셨습니다. — 최치원, 『고운집』 —
- [등제 서열 사건] 최언위는 신라 말, 18세에 당에 유학하여 예부시랑 설정규 아래에서 [빈공과에] 급제하였다. 같은 해에 발해 재상 오소도의 아들 광찬도 급제하였다. 오소도가 당에 조회하러 왔다가 자기 아들의 이름이 최언위 아래에 있는 것을 보고 표문을 올려 청하기를, "신이 옛날에 본조에 들어와 급제하였는데, 이름이 이동(李同)의 위에 있었습니다. 지금 신의 아들 광찬도 최언위 위에 올리는 것이 마땅할 것입니다."라고 하였다. 최언위의 재주와 학식이 뛰어났기 때문에 허락하지 않았다. — 『고려사』 —

6 고대 사회의 신분과 경제

(1) 고대 사회의 신분
① 신분제 형성 : 정복·복속·통합 → 지배층 사이의 서열 및 노비 발생
② 3신분 정착 : 귀족, 평민, 천민
　㉠ 귀족 : 관직 독점, 사회·경제적 특권, 복무 대가의 토지(녹읍) 수급, 대토지 소유, 귀족 회의
　㉡ 평민 : 대부분 농민 / 조세·공물·노동력 납부, 노비로 전락하거나 군공으로 관직 진출(예외적)
　㉢ 천민 : 대부분 노비 / 왕실·관청·귀족에 예속, 전쟁 포로 노비, 부채 노비 등, 매매·상속·증여의 대상
③ 특성 : 신분 세습, 능력보다 혈통 중시, 귀족 내 차별 존재(골품제), 엄격한 형벌 제도

(2) 고대 사회의 경제
① 농민 안정책 : 철제 농기구 보급, 우경 장려, 황무지 개간, 저수지 축조, 고구려의 진대법 실시
② 수취 제도 정비
　㉠ 조세 : 재산 규모에 따라 호의 등급을 나누어 곡식과 포를 부과
　㉡ 공물 : 지역 특산물을 공물의 형태로 수취
　㉢ 역 : 군역(통일 신라는 16~60세 남자에게 부과), 각종 공사에 동원

PLUS 더 알아보기

- 가(加)·호민(豪民)·하호(下戶) : 부여, 고구려 초기, 삼한의 읍락에는 호민과 하호, 천민이 있었다. 부여나 고구려 초기의 권력자인 가(加)·대가(大加)들은 호민을 통하여 읍락을 지배하는 한편, 자신의 관리와 군사력을 지니고 있었는데, 중앙 집권 체제가 정비되는 과정에서 이들은 점차 귀족으로 편제되었고, 삼국 시대에는 귀족, 평민, 천민으로 나뉘는 신분제가 갖추어졌다.
- 수산리 고분 벽화(평남 강서) : 고구려 상류층의 복식을 짐작할 수 있다.
- 무용총 접객도(중국 지린성) : 신분 차이에 따라 인물의 크기를 다르게 표현하였다.
- 호(戶) : 한 집에서 주거와 생계를 같이하는 집단을 기본 단위로 한 조세 수취 단위이다.
- 촌락 문서 : 서원경(현재 청주)의 촌을 비롯한 4개 촌을 조사한 문서로, 일본 도다이사 쇼소인(정창원)에서 발견되었다. 촌락의 이름과 소속 현, 각 촌락의 둘레, 호구(인구) 수, 말과 소의 수, 토지의 종류와 면적, 뽕나무·잣나무의 수 등이 기록되어 있다. 사람을 남녀로 구분하여 나이에 따라 6등급으로 기록하였고, 가호를 9등급으로 파악하였으며, 토지는 논·밭·마전(麻田) 등의 총면적을 나누어 기재하였다. 3년 간의 변동 사항이 작성되었으며, 당시 국가가 지방민을 통제하고 지배한 힘이 컸음을 알 수 있다.

사료 더하기

(1) 고대 사회의 신분
- 진평왕 때에 설씨녀의 아버지는 나이가 많았으나, 정곡에 외적을 막으러 갈 순서가 되었다. …… [사량부 소년 가실은] 설씨를 좋아하였으나 감히 말을 하지 못하였는데, 아버지가 늙은 나이에 전쟁터에 나가야 함을 걱정한다는 소식을 듣고 드디어 설씨에게 가서 말하였다. "저는 비록 나약한 사람이지만 일찍부터 뜻과 기개를 자부하여 왔습니다. 이 몸이 아버님의 군역을 대신하기를 원합니다." …… 마침 나라에 변고가 있어 다른 사람과 교대하지 못하여 6년을 머물고도 돌아오지 못하였다. …… 이에 가실이 교대하여 왔다. 몸과 뼈가 야위어서 파리하였고 옷이 남루하여 가족들도 알아보지 못하고 다른 사람이라고 여겼다.   － 『삼국사기』 －
- 효녀 지은은 한기부 백성 연권의 딸로 성품이 지극히 효성스러웠다. …… 가난함을 이기지 못하여 부잣집에 가서 몸을 팔아 종이 되기로 하고 쌀 10여 섬을 얻었다.   － 『삼국사기』 －
- 재상의 집에는 녹(祿)이 끊이지 않으며, 노비가 3천 명이나 되고 갑옷 입은 병사와 소, 말, 돼지도 이와 비슷하였다. 가축은 바다 가운데 있는 섬에 방목을 하였다가 필요할 때에 활을 쏘아서 잡아먹는다. 곡식을 남에게 빌려주고 이자를 받아 늘리는데, 기간 안에 갚지 못하면 노비로 삼아 일을 시킨다.   － 『신당서』 －

(2) 촌락 문서
- [사해점촌은] 둘레가 5,725보이고, 호수는 전체 11호이다. 중하(中下)가 4호, 하상(下上)이 2호, 하하(下下)가 5호이다. …… 여자의 경우 정녀 42명, 조녀자 11명, 추녀자 9명, 소녀자 8명, 제모 2명, 노모 1명이다. …… 3년 전부터 살아온 사람과 지난 3년 사이에 태어난 사람을 합하면 145명이다. …… 말은 모두 25마리인데 이전부터 있었던 것이 22마리이고 지난 3년 사이에 늘어난 말이 3마리이다. 소는 모두 22마리인데, …… 논은 모두 102결이다. …… 밭은 모두 62결이다. …… 뽕나무는 1,004그루인데 지난 3년 사이에 더 심은 것이 90그루이고, 이전부터 있던 것이 914그루이다. 잣나무는 모두 120그루이다.   －「신라 촌락 문서」 －

주제2 고대 사회의 종교와 사상

1 고대의 천신 신앙

(1) 원시 신앙과 예술 활동
　① 구석기
　　㉠ 다산과 풍요, 사냥감의 번성 및 성공과 안전 등을 기원
　　㉡ 공주 석장리, 단양 수양개 유적에서 고래나 물고기 등을 새긴 조각 발견, 청주 두루봉 동굴에서 사람 얼굴을 새긴 사슴 뼈 발견 등
　② 신석기
　　㉠ 농경 시대로 접어들며 태양, 바람, 비 등 날씨와 관계된 자연 현상 중요
　　㉡ 애니미즘(자연물에 정령 有), 토테미즘(특정 동식물 숭배), 샤머니즘(무당의 주술적 힘) 등장
　　㉢ 여인상과 멧돼지 조각품, 조개 껍데기 가면(부산 동삼동) 등

(2) 건국 신화와 천신 신앙
　① 천신 신앙 : 하늘의 신이 최고의 신이라고 믿고 숭배하는 것으로, 새로운 지배층이 피지배층이나 새로 복속시킨 지역에 대한 통치를 정당화
　② 단군 신화 : 환웅(하느님의 아들)과 웅녀의 결합(혼인으로 부족 간 결합), 단군왕검(제정일치)
　③ 삼국 및 가야의 건국 신화
　　㉠ 모두 알에서 태어났으며, 천신의 후손으로 신성화
　　㉡ 주몽(父 : 천제의 아들 해모수, 母 : 하백의 딸 유화), 박혁거세, 김수로
　　㉢ 중앙 집권 과정에서 재래 신앙의 한계로, 보다 보편적인 불교 수용

(3) 제천 행사
　① 노래와 춤을 즐기는 축제, 풍요 기원, 구성원 간 갈등 완화 및 유대 강화
　② 부여(12월 영고), 고구려(10월 동맹), 동예(무천), 삼한(5월과 10월 계절제)

PLUS 더 알아보기

- **농경무늬 청동기(국립중앙박물관)** : 양 갈래의 나뭇가지에 새 두 마리가 앉아 있는 모습이 새겨져 있는데, 이는 솟대와 관련이 있으며, 하늘과 땅을 오가는 새를 신성하게 여겼다고 보기도 한다.
- **고구려 각저총 벽화의 신단수** : 신단수 아래에 곰과 호랑이가 그려져 있다.
- **국동대혈** : 국내성 동쪽에 있는 동굴로, 동맹, 수혈제를 지냈다고 전해지는 곳이다. 수혈제는 물의 신 하백의 딸이 햇빛을 받아 임신한 후 주몽을 낳았다는 건국 이야기를 제사 의식으로 재현한 것이다.
- **동맹** : 그 명칭은 건국자인 동명과 관련이 있으며, 제천 행사임과 동시에 주몽에 대한 제사라고 보기도 한다.
- **천왕지신총 벽화(평남 순천)** : 천왕이 봉황을 타고 하늘을 나는 그림이 그려져 있다.
- **천손 의식** : 삼국의 왕실 및 귀족은 시조묘를 지었으며, 왕실의 시조를 하늘의 자손으로 받들어 제사지냄으로써 왕이 속한 집단이 다른 집단보다 우월함을 내세웠다.

사료 더하기

(1) 천신 신앙

- 은력 정월[12월]의 제천행사는 국중대회로 날마다 마시고 먹고 노래하고 춤추는데, 그 이름을 영고라고 한다. 이 때에는 형옥을 중단하고 죄수를 풀어 주었다. — 『삼국지』 —
- 후한서에 이르기를, 고구려는 귀신·사직·영성에게 제사 지내기를 좋아한다. 10월에 하늘에 제사를 지내면서 크게 모이는데, 그 이름을 '동맹(東盟)'이라고 한다. — 『삼국사기』 —
- [삼한] 귀신을 믿기 때문에 국읍에 각각 한 사람씩을 세워서 천신에 대한 제사를 주관하게 하는데, 이를 천군이라고 부른다. — 『삼국지』 —
- [고구려 유리왕 19년] 가을 8월에 제사에 올릴 돼지가 달아나자 왕이 탁리와 사비에게 쫓게 하였다. 장옥택(長屋澤) 가운데에 이르러 돼지를 찾아 칼로 그 다리의 힘줄을 끊었다. 왕이 듣고 노하여 "하늘에 제사 지낼 희생을 어찌 상하게 할 수 있는가?"라고 꾸짖고 두 사람을 구덩이 속에 던져 넣어 죽였다. — 『삼국사기』 —

(2) 건국 신화

- [고조선] 환인의 서자인 환웅이 천하에 자주 뜻을 두어, 인간 세상을 구하고자 하였다. 환인이 아들의 뜻을 알고 삼위태백(三危太伯)을 내려다보니 인간을 널리 이롭게 할 만하였다. …… 환웅은 무리 3천을 거느리고 태백산 신단수 밑에 내려와 신시(神市)라 하고 이에 환웅천왕(桓雄天王)이라 하였다. 환웅은 풍백, 우사, 운사를 거느리고, 곡식·수명·질병·형벌·선악 등 인간의 360여 가지 일을 주관하며 세상을 다스리고 교화하였다. 이때에 곰 한 마리와 호랑이 한 마리가 같은 굴에 살면서 늘 사람이 되기를 환웅에게 빌었다. …… 곰은 삼칠일(21일) 동안 금기를 지켜 여자의 몸을 얻었다. …… 환웅이 잠시 [사람으로] 변하여 웅녀와 결혼하였다. 웅녀가 아들을 낳으니 단군왕검이라 하였다. — 『삼국유사』 —
- [부여] 탁리국(索離國) 왕이 출타 중에 그의 시녀가 임신을 하였다. …… 시녀가 말하기를 "지난번 하늘에 크기가 달걀만 한 기운이 있어 저에게로 떨어져 내려오는 것을 보았는데, 임신을 하였습니다."라고 하였다. 왕이 그녀를 가두었는데, 후에 아들을 낳았다. [왕이] 그 아이를 돼지우리에 버리게 하였으나, 돼지가 입김을 불어주어 죽지 않았다. …… 이름을 동명이라 하였다. …… 활을 잘 쏘자 왕이 그의 용맹함을 꺼려 다시 죽이고자 하였다. — 『후한서』 —
- [백제] 동명의 후손에 구태(仇台)가 있으니, 매우 어질고 신의가 두터웠다. [그가] 처음으로 대방 옛 땅에 나라를 세웠다. 한의 요동 태수 공손도는 딸을 [구태에게] 시집보냈는데, 마침내 동이(東夷) 중에서 강국이 되었다. 처음에 백가(百家)가 건너왔다(濟)고 해서 나라 이름을 백제라고 하였다. — 『북사』 —
- [고구려] [부여 금와왕이] 유화를 궁실에 가두었다. 햇빛이 그녀를 비추었고, 몸을 움직여 피하여도 햇살이 따라와 비추었다. 그로 인해 임신하여 알을 낳았는데 …… 왕이 알을 버려 개와 돼지에게 주었으나 먹지 않았다. …… 한 사내아이가 껍질을 부수고 나왔다. …… 활과 화살을 만들어 쏘았는데 백발백중이었다. 부여의 속어에 활을 잘 쏘는 것을 주몽이라 하는 까닭에 이를 아이의 이름으로 삼았다. …… 주몽의 어머니가 몰래 알려 주며 말하기를 "나라 사람들이 장차 너를 해치려 한다. …… 멀리 가서 뜻을 이루는 것이 낫겠다."라고 하였다. …… 길이 막힌 주몽이 "나는 천제의 아들이며 어머니는 하백의 딸이다. 오늘 도망하는데 추격자들이 따라오니 어찌하면 좋은가."라고 소리치자 물고기와 자라가 떠올라 다리를 만들어 건널 수 있었다. …… 나라 이름을 고구려라고 하고 성을 고씨라고 하였다. — 『삼국사기』 —
- [신라] 시조는 성이 박이고 이름은 혁거세이다. …… 고허촌의 우두머리인 소벌공이 양산 기슭을 바라보니, 나정(蘿井) 옆 숲속에서 말이 무릎을 꿇고 울고 있어서 가 보니 홀연히 말은 보이지 않고 큰 알만 있었다. 알을 깨뜨리니 어린아이가 나와 거두어 길렀다. 나이가 10여 세가 되자 남들보다 영리하고 지혜로우며 어른스러웠다. 6부 사람들이 그 탄생이 신비하고 기이하여 …… 임금으로 세웠다. — 『삼국사기』 —

2 삼국의 종교와 사상

(1) 불교 수용
   ① 고구려(소수림왕, 전진의 순도, 372), 백제(침류왕, 동진의 마라난타, 384), 신라(고구려를 통해 수용, 법흥왕 공인, 527)
   ② 왕권 강화 : 왕즉불, 신라에서 불교식 왕명 사용, 진흥왕은 전륜성왕을 자처함
   ③ 호국 불교
      ㉠ 왕실 주도로 대규모 사찰 건립, 국가 불교 행사, 승려가 국왕에게 조언 및 외교 문서 작성
      ㉡ 고구려(평양 천도 전, 평양에 9개 사찰), 백제(익산 미륵사 등), 신라(황룡사, 분황사 등)
   ④ 귀족 사회로 확대 : 업설 수용, 귀족 중심 신분 질서 정당화
   ⑤ 문화 발전 및 교류
      ㉠ 중국과 서역에서 음악, 미술, 공예, 건축 등 다양한 문화 전래 및 일본으로 전파
      ㉡ 천신 신앙, 산신 신앙 등과 융합하여 각 지역의 특색에 맞게 토착화

(2) 유학 수용과 사서 편찬
   ① 유학 교육 : 고구려(태학-중앙, 귀족, 경전과 사서 / 경당-지방, 평민, 한학과 무술), 백제(오경박사), 신라(임신서기석)
   ② 유학 및 한문학 발달
      ㉠ 인재 양성 및 충·효·신 장려, 행정 실무 및 외교 문서 작성, 중국 문물 수용의 방편
      ㉡ 광개토 대왕릉비, 진흥왕 순수비(황초령비-논어 구절 有), 백제의 북위 국서 등을 통해 수준 가늠
   ③ 사서 편찬
      ㉠ 고구려(유기 100권 → 영양왕 대 이문진, 신집 5권), 백제(근초고왕 대 고흥, 서기), 신라(진흥왕 대 거칠부, 국사)
      ㉡ 현전하지 않지만, 삼국사기에 삼국 시대에도 사서를 편찬하였다는 기록 존재

(3) 도교의 수용과 영향
   ① 도교 : 도가 사상을 바탕으로 신선 사상과 산천 숭배 등이 결합, 불로장생 및 현세 구복 추구
   ② 수용 및 영향
      ㉠ 귀족 사회 중심 유행, 예술에 많은 영향
      ㉡ 연개소문의 도교 장려 : 당에 도사 파견 요청, 불교 사찰(귀족 후원)을 빼앗고 도관 설치
   ③ 문화유산
      ㉠ 고구려 고분 벽화 : 신선의 세계, 사신도(강서 대묘)
      ㉡ 백제 : 산수무늬 벽돌(상단에 하늘, 중앙에 산악, 하단에 수면 표현), 백제 금동 대향로
      ㉢ 신라 : 화랑도를 중심으로 산신 숭배와 결합된 신선 사상 확산

PLUS 더 알아보기

- **업설** : 전생에 지은 행위의 결과를 현세에서 받는다는 것으로, 지배층은 전생에 선한 공덕을 많이 쌓아 현세에 귀하게 태어났다고 여겨졌다.
- **왕즉불** : 신라는 법흥왕에서 진덕 여왕에 이르기까지 불교식 왕명을 지었으며, 진평왕은 왕이 곧 부처임을 강조하기 위해 자신의 이름을 '백정(석가모니의 아버지)'이라고 하고, 왕비도 '마야 부인(석가모니 어머니)'이라 하였다.
- **익산 미륵사지 석탑과 금제 사리 봉안기** : 백제 무왕 대에 미륵 삼존을 모시기 위하여 미륵사를 창건하였고, 이때 석탑 또한 건립된 것으로 추정한다. 중앙에 목탑, 동서에 같은 모양의 석탑이 있었던 것으로 밝혀졌으며, 한국에 남아 있는 가장 오래된 석탑이다. 석탑 안에서 발견된 사리 봉안기에 따르면 백제 무왕의 왕비가 요청하여 639년에 탑을 건립하였다고 한다.
- **고구려 장천 1호분 벽화** : 불상에 경배하는 귀족 부부의 모습과 연꽃에서 아기의 얼굴이 피어나는 모습 등이 그려져 있다. 연꽃 속에서 새로운 생명이 태어난다고 믿는 불교의 윤회적 세계관이 표현된 것으로 보인다.
- **이차돈 순교비(국립 경주 박물관)** : 9C 초, 이차돈의 순교를 기념하고자 세운 비석이다.
- **금동 미륵보살 반가 사유상(국립 중앙 박물관)** : 불상의 모양과 나무 재질, 일본서기의 내용 등을 볼 때 일본 고류사의 목조 미륵보살 반가 사유상은 한반도에서 제작된 것으로 추정된다.
- **부여 정림사지 5층 석탑** : 목탑 양식을 계승한 백제의 대표적 석탑이다.
- **경주 분황사 모전 석탑** : 돌을 벽돌 모양으로 깎아 만든 신라의 석탑이다.
- **전륜성왕** : 부처의 가르침에 따라 세계를 통일하고 지배하는 이상적인 통치자로, 금륜, 은륜, 동륜, 철륜의 네 성왕이 있다.
- **오경** : 시경, 서경, 역경, 예기, 춘추를 가리킨다.
- **삼국 유학의 특징** : 한의 동중서는 '황제는 신하의 근본'이라며 신하의 의무를 강조하였고 황제는 하늘의 뜻에 따라 세상을 다스리는 '천자'임을 강조하였다. 여기에서 유학은 황제권을 옹호하기 위한 현실적 이념으로 변화하였으며, 삼국에 전래된 유학도 이러한 성격을 보였다.
- **세속 5계** : 원광이 화랑도를 위해 지은 것으로, 세속 5계 중 '충, 효, 신' 세 항목은 유교에서 강조하는 기본 윤리로, 당시 사회에서 요구한 것을 유교의 덕목으로 표현한 것이다.
- **목간(인천 계양산성 출토)** : 성내의 집수정(集水井)에서 출토된 이것은 신라 토기 및 기와들과 함께 출토되었으며, 5각으로 깎인 목간의 각 면에는 논어의 구절이 적혀 있다.
- **목간(충남 부여 쌍북리)** : 논어의 구절이 적혀 있는 목간이다.
- **왕인** : 일본의 요청으로 백제의 박사 왕인이 논어 등을 가지고 일본으로 건너갔다는 기록이 있다.
- **문무 대왕릉** : 문무왕은 나라를 지키는 용이 되겠다는 유언을 남겼다. 화장한 후 문무왕의 유골을 바다의 큰 바위에 장사지냈다고 한다.
- **백제 금동 대향로** : 충남 부여 능산리 고분 근처의 절터에서 발견되었으며, 봉황 모양의 손잡이와 용 모양의 그릇받침, 산봉우리와 신선·바위와 나무·5명의 악사로 장식한 뚜껑(신선 사상), 연꽃과 동물로 장식한 그릇(불교 사상)에서 불교와 도교의 복합적인 영향을 볼 수 있다.
- **무령왕비 지석과 진묘수** : 왕비의 지석 뒷면에는 무령왕이 토지신에게 값을 치르고 무덤터를 산다는 계약(매지권)이 새겨져 있다. 이는 도교의 풍속이다. 진묘수는 무덤을 수호하고 죽은 사람의 영혼을 신선 세계로 인도한다는 상상의 동물이다.

사료 더하기

(1) 불교

- 소수림왕 2년(372) 전진 왕 부견이 사신과 승려 순도를 시켜 불상과 경문을 보내왔다. …… 또한 4년에는 아도가 동진에서 왔다. 이듬해 2월 초문사를 창건하여 순도를 머물게 하고, 아불란사를 창건하여 아도를 머물게 하였다. 이것이 고[구]려 불교의 시초이다. — 『삼국유사』 —

- 침류왕 즉위년(384년) 인도 승려 마라난타가 동진에서 왔는데, [그를] 궁중으로 맞아들이고 예우하였다. 이듬해에 새 서울 한산주에 절을 짓고 승려 10명을 두었다. 이것이 백제 불교의 시초이다. — 『삼국유사』 —

- [법흥]왕 역시 불교를 일으키려 하였으나 여러 신하들이 믿지 않고 불평을 늘어놓았으므로 근심하였다. [왕의] 가까운 신하인 이차돈이 "바라건대 소신의 목을 베어 여러 사람들의 논의를 진정시키십시오."라고 하였다. 왕이 "본래 도를 일으키고자 하는데 죄 없는 사람을 죽이는 것은 옳지 않다."라고 하였다. [이차돈이] "만약 도가 행해질 수 있다면 신은 비록 죽어도 여한이 없습니다."라고 답하였다. …… 이차돈의 목을 베려고 하니, 이차돈이 죽음에 임하여 "나는 불법을 위하여 형장에 나아가니 부처님께서 만약 신통력이 있으시다면 내가 죽은 뒤에 반드시 이상한 일이 일어날 것이다."라고 말하였다. 목을 베자 잘린 곳에서 피가 솟구쳤는데, 그 색이 우윳빛처럼 희었다. 여러 사람들이 괴이하게 여겨 다시는 불교에서 행하는 일을 헐뜯지 않았다. — 『삼국사기』 —

- [신라 왕실의 불교식 칭호] 진지왕이 왕위에 올랐다. 이름은 사륜 혹은 금륜이라고 하였으며, 진흥왕의 둘째 아들이다. 어머니는 사도 부인이고, 왕비는 지도 부인이다. …… 진평왕이 왕위에 올랐다. 이름은 백정(석가모니의 아버지 이름)이고, 진흥왕의 태자 동륜의 아들이다. …… 왕비는 김씨 마야 부인으로 갈문왕 복승의 딸이다. 왕은 태어날 때부터 용모가 기이하였고, 신체가 장대하고 뜻이 깊고 굳세며, 식견이 밝고 통달하였다. — 『삼국사기』 —

- 이때 원광이 수에서 돌아와 가슬갑에 머문다는 것을 듣고 두 사람은 문에 나아가 고하여 말하였다. "…… 원컨대 한 말씀 내리셔서 평생 동안의 교훈으로 삼게 해주십시오." 원광이 말하였다. "불교에는 보살계가 있으니 그것은 10가지로 구별되어 있다. 너희들은 다른 이들의 신하와 자식된 자이니 능히 감당할 수 없을 것이다. 지금 세속의 5개의 계율이 있으니 첫째는 충성으로 임금을 섬긴다, 둘째는 효로 부모를 섬긴다, 셋째는 친구와 사귐에 믿음이 있게 한다, 넷째는 전투에 임하여 물러섬이 없다, 다섯째는 살생을 함에 가림이 있게 하는 것이다. 너희들은 그것을 행함에 소홀함이 없게 하라." — 『삼국유사』 —

(2) 신라 3보 설화

- [황룡사 장륙존상] 신라 제24대 진흥왕 때 …… 바다 남쪽에 큰 배가 하곡현 사포에 정박하였다. 이 배를 조사해 보니 이러한 내용의 첩문이 있었다. "서축[인도] 아육왕[아소카왕]이 황철 5만 7천 근과 황금 3만 푼을 모아 석가 삼존상을 주조하려고 하였으나 아직 이루지 못하여 배에 실어 바다에 띄우면서 축원하기를, '인연이 있는 나라에 가서 장륙존용(丈六尊容)을 이루기를 바랍니다.'라고 하였다." …… 금과 쇠를 수도로 옮겨와 장륙존상을 주조하였다. …… 이 장륙존상을 황룡사에 안치하였다. 다음해 불상의 눈에서 눈물이 흘러 발꿈치까지 이르러 땅을 한 자나 적셨다. — 『삼국유사』 —

- [천사옥대] 신라 제26대 진평왕은 …… 즉위년에 천사가 궁전의 정원에 내려와 말하기를, "상제께서 저에게 명하여 이 옥대를 전해 주라고 하셨습니다."라고 하였다. 왕이 친히 꿇어앉아 그것을 받자, 천사가 하늘로 올라갔다. 무릇 교묘(郊廟)와 대사(大祀)에는 항상 이것을 허리에 찼다. — 『삼국유사』 —

- [황룡사 9층 목탑] 자장이 말하였다. "우리나라는 북으로 말갈을 연하고 남으로 왜국을 접하고 있고, 고구려, 백제가 번갈아 국경을 침범하여 이웃 나라의 침략이 종횡하니, 이것이 백성들의 걱정입니다." …… 신인(神人)이 말하였다. "황룡사의 호법룡(護法龍)은 나의 맏아들로 범왕의 명을 받아 그 절에 가서 호위하고 있으니, 귀국하여 절 안에 9층탑을 조성하면 이웃 아홉 나라가 항복하고 조공하여 나라가 영원히 평안할 것이다. 탑을 건립한 후 팔관회를 베풀고 죄인을 사면하면 곧 외적이 해를 가할 수 없을 것이다." …… 자장이 탑을 건립하는 일을 왕[선덕 여왕]에게 아뢰었다. — 『삼국유사』 —

(3) 유교
- 서적을 좋아하는 습속이 있어 미천한 집안에 이르기까지 각 거리마다 큰 집을 지어 경당이라 부른다. 결혼 전의 자제들이 밤낮으로 이곳에서 독서와 활쏘기를 익히게 한다. 그 책은 오경 및 『사기』, 『한서』 …… 등이 있다.
  - 『구당서』 -
- 임신년 6월 16일, 두 사람이 함께 하늘 앞에 맹세하여 기록한다. 지금부터 3년 이후 충도(忠道)를 지키고 과실이 없기를 맹세한다. 만약 이 맹세를 저버리면 하늘에 큰 죄를 짓는 것이다. 만약 나라가 불안하고 세상이 어지러워지면 충도를 행할 것을 맹세한다. 또한 이전 신미년 7월 22일에 『시경』, 『상서』, 『예기』, 『춘추좌씨전』을 3년 안에 차례로 습득할 것을 맹세하였다.
  - 「임신서기석」 -

(4) 사서 편찬
- [신집 5권] 왕이 태학박사(大學博士) 이문진에게 조서를 내려, 옛 역사를 요약하여 『신집』 5권을 만들게 하였다. 국초에 처음으로 문자를 사용했을 때 어떤 사람이 사실을 100권으로 적고, 이것을 『유기』라 하였는데 이때 와서 요약하여 정리한 것이다.
  - 『삼국사기』 -
- [서기] 『고기』에 이르기를 '백제가 나라를 연 이래로 문자로 일을 기록한 적이 없었다가, 이때 와서 박사 고흥에 의하여 비로소 『서기』를 갖추게 되었다.'라고 하였다.
  - 『삼국사기』 -
- [국사] [진흥왕 6년, 545] 가을 7월에 이찬 이사부가 왕에게 아뢰기를, "국사라는 것은 임금과 신하의 선악을 기록하여 잘잘못(襃貶)을 만대(萬代)에 보이는 것입니다. 이를 편찬하지 않는다면 후대에 무엇을 보이겠습니까?"라고 하였다. 왕이 진실로 그렇다 여겨 대아찬 거칠부 등에 명하여, 널리 문사를 모아 국사를 편찬하게 하였다.
  - 『삼국사기』 -

(5) 도교
- 연개소문이 왕에게 아뢰었다. "삼교(三敎)는 솥의 발과 같아서 하나라도 없어서는 안 됩니다. 지금 유교와 불교는 모두 흥하는데 도교는 아직 성하지 않으니, 이른바 천하의 도술(道術)을 갖추었다고 할 수 없습니다. 삼가 청컨대 당에 사신을 보내 도교를 요청하여 나라 사람들을 가르치도록 하소서." 대왕이 옳다 여겨 [당에] 표를 올려 청하였다. (당) 태종이 도사(道士) 숙달 등 여덟 명을 보내고, 아울러 노자의 『도덕경』을 하사하였다. 왕이 기뻐하고, 불교 사원을 가져다 그들을 머물게 하였다.
  - 『삼국사기』 -
- [을지문덕, 여수장우중문시]
  신책구천문(神策究天文) - 귀신 같은 책략은 하늘의 이치를 다하였고,
  묘산궁지리(妙算窮地理) - 신묘한 계획은 땅의 이치를 다하였노라.
  전승공기고(戰勝功旣高) - 싸움에 이겨서 그 공이 이미 높으니
  지족원운지(知足願云止) - 만족함을 알고 그만두기를 바라노라.
  - 『삼국사기』 -

3 남북국의 종교와 사상

(1) 남북국의 불교
① 통일 신라의 불교 : 교리 연구 심화, 대중화, 불교 문화유산
  ㉠ 원효 : 일심 사상, 화쟁 사상, 아미타 신앙, 대승기신론소·금강삼매경론 등 저술, 소성거사라 칭하고 무애가를 지음, 요석 공주와의 사이에서 설총을 낳음
  ㉡ 의상 : 당 유학, 화엄 사상, 관음 신앙, 화엄일승법계도 저술, 부석사·화엄사 등 건립, 해동 화엄종 개창, 실천 수행 강조 및 무소유의 계율 지킴

ⓒ 혜초 : 왕오천축국전(인도와 중앙아시아를 순례)
ⓔ 원측 : 당에 건너가 법상종 발전에 기여
ⓜ 문화유산 : 불국사, 석굴암, 감은사지 동·서 3층 석탑, 불국사 3층 석탑, 다보탑, 무구정광대다라니경, 상원사 동종, 성덕 대왕 신종
② 발해의 불교
ⓐ 왕실·귀족 중심 불교, 고구려 불교 계승 및 당 문화 수용, 무덤 위에 탑 건립
ⓑ 대흥보력효감금륜성법대왕 : 문왕의 존호에서 전륜성왕 관념 확인(금륜성법), '효감'은 유교적
ⓒ 문화유산 : 흥륭사의 발해 석등과 이불병좌상(고구려 영향), 영광탑(당 영향)

(2) 남북국의 유학
① 통일 신라의 유학
ⓐ 유학 장려 : 국학 설립(신문왕, 682), 독서삼품과 실시(원성왕, 788)
ⓑ 문장가 : 김대문(화랑세기, 고승전, 한산기), 강수(외교 문서), 설총(이두 정리)
ⓒ 도당 유학생 : 빈공과(최치원, 최언위, 최승우), '군자국' 자처, 최치원(계원필경, 토황소격문)
② 발해의 유학
ⓐ 유학 장려 : 6부의 명칭(유교 덕목), 주자감 설치
ⓑ 쟁장 사건 : 신라의 유학생과 빈공과에서 경쟁
ⓒ 정효 공주 묘지, 함화 4년명 비상의 문장, 양태사, 왕효렴 등은 일본 문인과 시문 교류

(3) (신라 말) 선종과 풍수지리설의 유행
① 선종
ⓐ 교종과 달리(교리·계율 중시) 참선·수행을 통한 깨달음 추구
ⓑ 호족 후원 : 선종의 개인주의적 성격(나도 깨달으면 부처)은 호족이 독립할 수 있는 사상적 근거
ⓒ 영향 : 승탑과 탑비 유행(화순 쌍봉사 철감선사탑 등), 지방 문화 발달, 철불 조성
ⓓ 9산선문 : 가지산문(도의, 장흥), 수미산문(이엄, 해주), 사굴산문(범일, 강릉), 사자산문(도윤, 영월), 성주산문(무염, 보령), 실상산문(홍척, 남원), 동리산문(혜철, 곡성), 봉림산문(심희, 창원), 희양산문(지선, 문경)
② 풍수지리설
ⓐ 산세나 지형적 요인이 인간의 길흉화복에 영향을 끼친다는 사상
ⓑ 도선 등 선종 승려들의 활약으로 신라 말 유행
ⓒ 경주 중심에서 벗어나 지방의 중요성 자각, 9산선문도 풍수지리설을 근거로 지방에 자리함
ⓓ 금성의 지기가 쇠했다는 주장 및 송악길지설은 고려 건국과 후삼국 통일을 뒷받침

PLUS 더 알아보기

- **아미타 신앙** : 아미타 신앙은 내세에 서방 정토(극락)에 왕생하기를 바라는 신앙이다. 원효는 '나무아미타불'을 외면 내세에는 서방 정토에 태어날 수 있다고 설법하였다.
- **관음 신앙** : 관음 신앙은 관세음보살을 일심으로 염불하면 현세의 고난에서 벗어날 수 있다고 믿는 것이다. 관세음보살은 자비로 중생의 괴로움을 구제하고 왕생의 길로 인도하는 보살이다.
- **화엄 사상** : 우주의 모든 사물은 어느 하나라도 홀로 있거나 홀로 일어나는 일이 없다는 사상이다. 모두가 끝이 없는 시간과 공간 속에서 서로의 원인이 되고, 대립을 초월하여 하나로 융합한다고 본다.
- **분황사 화쟁국사비부** : 고려의 의천은 원효의 화쟁 사상을 널리 알리고자 원효가 한때 주지로 있었던 분황사에 화쟁 사상을 적은 비문을 남겼으나, 현재 비석 받침만 남아 있다.
- **석굴암** : 화강암을 쌓아 만든 인공 석굴로, 그 내부는 전실, 통로, 주실로 이루어져 있다. 전실은 사각형으로 땅을 상징하며, 주실은 원형으로 하늘을 상징한다.
- **발해 석등** : 6.3m에 달하는 크기로 거대하고 장중한 느낌을 주며, 상경성터의 흥륭사에 남아있다. 석등에 새겨진 연꽃무늬에서 고구려 미술의 특징을 엿볼 수 있다.
- **이불병좌상** : 두 부처가 나란히 앉은 모습으로, 고구려 불상의 전통을 계승한 것으로 보인다. 왼쪽 부처의 오른손이 오른쪽 부처의 왼손 위에 겹쳐 놓인 점, 두 부처 옆으로 승려와 보살이 배치된 점 등 세부 양식에서 독자적인 형태라고 평가받는다.
- **가구영험불정존승다라니경** : 일본의 이시야마사에 소장되어 있는 이 불경에는 861년 발해 사신 이거정이 가지고 왔다는 내용이 적혀 있어, 발해와 일본 사이에 불교가 교류되었던 사실을 알려준다.
- **해운대** : '해운'은 최치원의 자(字)이다. 신라 말 혼란한 시기에 최치원은 이곳을 방문하여 자신의 자를 따서 해운대라는 석각을 남겼다고 한다.
- **함화 4년명 불비상** : 조상의 공덕을 기리며 기원하는 내용이 세련된 문장으로 표현되어 있어, 834년경 발해의 학문 수준을 짐작할 수 있다.
- **선종과 철불** : 신라 말, 선종이 유행하면서 금동불 대신 철불을 많이 만들었다. 금과 구리에 비하여 상대적으로 철을 쉽게 구할 수 있었던 이유도 있지만, 당에 유학한 선종 승려들의 노력 또한 있었다. 당시 당에서 철불이 유행하였는데, 철불 제작 과정을 목격하고 귀국한 승려들이 철불 확산에 크게 기여한 것으로 보인다. 남원 실상사의 철조여래 좌상(2.66m)이 유명하고, 장흥 보림사, 문경 봉암사 등에서도 철불을 만들었다.
- **장흥 가지산 보림사** : 신라 말 체징이 이곳에서 선종 9산 중 최초로 가지산문을 열었고, 이후 절 이름을 보림사라 하였다.
- **도의** : 도의는 선덕왕 5년(784) 당으로 가 지장의 법맥을 이어받았다. 37년간 당에 머무르다 귀국하여 선종을 퍼뜨리고자 하였으나, 당시 사람들이 교종을 숭상하여 뜻을 이루기 어려웠다. 이후 설악산 진전사로 들어가 도를 닦다가 제자 염거에게 법을 전하고 죽었다. 염거의 제자 체징은 전남 장흥의 가지산에서 가지산파를 크게 일으켰다.
- **양양 진전사지 도의선사탑** : 신라 말 남종선(선종의 파)을 들여온 도의선사의 승탑으로, 가장 이른 시기의 승탑으로 추정된다.
- **경주의 불교 문화유산** : 성덕 대왕 신종(에밀레종, 비천상 무늬, 용뉴), 경주 남산 미륵곡 석조 여래 좌상(보리사터로 추정되는 곳, 남산의 석불 중 가장 잘 보존), 경주 남산 칠불암 마애불상군(바위에 부조된 삼존 불상과 그 앞의 돌기둥에 부조된 4구를 합쳐 7구의 불상), 경주 감은사지 동·서 삼층 석탑(목탑의 구조를 단순화한 석탑, 감은사는 문무왕이 왜병을 진압하려는 의도로 짓기 시작하였고 그의 아들 신문왕 대에 완성. 금당 밑까지 바닷물이 들어올 수 있게 만든 장치가 있음), 경주 불국사 삼층 석탑과 다보탑(현세 부처인 석가모니 부처와 과거의 부처인 다보 부처를 형상화)
- **문경 봉암사 지증 대사 탑비** : 최치원이 남긴 이 탑비에는 봉암사를 건립할 때 지증 대사가 심충이라는 풍수가의 도움을 받았다는 사실이 기록돼 있다.
- **신라 3최** : 최치원, 최승우, 최언위는 모두 6두품 출신 도당 유학생으로 당의 빈공과에 급제하였다. 귀국 후 최치원은 진성 여왕에게 시무 10여조 개혁안을 올렸으나 받아들여지지 않자 관직을 버리고 전국을 유람하였다. 최승우는 귀국 후 곧바로 후백제의 신하가 되었고, 최언위는 신라가 멸망한 후 고려에 가서 벼슬하였다.

사료 더하기

(1) 통일 신라 불교

- 모든 경계가 무한하나, 다 일심(一心) 안에 들어가는 것이다. 부처의 지혜는 모양을 떠나 마음의 원천으로 돌아가고, 지혜와 일심은 완전히 같아서 둘이 아니다. — 원효, 『무량수경종요』 —
- 쟁론(諍論)은 집착에서 생긴다. 불도(佛道)는 매우 넓어 장애나 방향도 없다. …… 견문이 적은 사람은 좁은 소견으로 자신의 견해에 찬동하는 자는 옳고 견해를 달리하는 자는 그르다 하니 이것은 마치 갈대 구멍으로 하늘을 보지 않은 사람들을 보고 모두 하늘을 보지 못한 자라 하는 것과 같다. — 원효, 『십문화쟁론』 —
- (원효가) 우연히 광대들이 놀리는 큰 박을 얻었는데 그 모양이 괴이하였다. …… 일찍이 이것을 가지고 천촌만락(千村萬落)에서 노래하고 춤추며 교화하고 음영하여 돌아오니 뽕나무 농사짓는 노인이나 옹기장이, 무지몽매한 무리까지도 모두 부처의 이름을 알게 되었고, 원효는 무애라 이름 붙인 박으로 만든 도구를 가지고 수많은 마을에서 노래하고 춤추며 교화하고 다녔으니, 가난한 사람들과 산골에 사는 아는 것이 없는 자들까지도 모두 다 부처의 이름을 알게 되었고 '나무아미타불'을 부르게 되었다. — 『삼국유사』 —
- 하나 가운데 일체 만물이 들어 있고, 만물 속에 하나가 자리 잡고 있으니, 하나가 곧 일체의 만물이고, 만물은 곧 하나에 귀속된 것이다. 한 작은 티끌 속에서 시방(十方)이 있는 것이요, 한 찰나가 곧 영원이다. — 의상, 「화엄일승법계도」 —
- 의상이 열 곳의 절에 교를 전하게 하니 태백산의 부석사, …… 남악의 화엄사 등이 그것이다. 「화엄일승법계도」를 저술하고 간략한 주석을 붙여 요긴한 알맹이를 포괄하였으니 …… 그의 제자 오진, 지통 등 10대덕(大德)은 영수(領首)가 되었는데, 모두 성인에 버금갔고 각각 전기가 있다. — 『삼국유사』 —
- [신라 효소왕] 8년 정유에 왕이 친히 [망덕사] 낙성회에 가서 공양하였다. 초라한 행색의 승려가 들어와 재를 볼 것을 청하자 왕이 평상의 끝에 나아가는 것을 허락하였다. 장차 재가 끝나려 하니 왕이 그를 희롱하여 말하였다. 왕이 "비구는 어디에서 왔는가?"라고 하니 승려가 비파암이라고 하였다. 왕이 "이제 돌아가면 왕이 친히 공양하는 재에 참석했다고 말하지 말라."라고 하니, "왕께서도 진신석가(부처)를 공양하였다고 말하지 마십시오."라고 하고 몸을 솟구쳐 하늘에 떠서 남쪽을 향해 갔다. — 『삼국유사』 —
- 욱면이라는 여종이 주인을 따라 절에 가서 마당에 서서 스님을 따라 염불하였다. 주인은 그녀가 직분에 맞지 않는 짓을 하는 것을 미워해 매번 곡식 두 섬씩을 주며 하루 저녁에 그것을 다 찧게 하였다. 여종은 초저녁에 다 찧고 절에 가서 염불하기를 밤낮으로 게을리하지 않았다. …… 하늘에서 "욱면낭자는 법당에 들어가서 염불하라."라는 외침이 들렸다. — 『삼국유사』 —

(2) 남북국 유교

- [김흠돌의 난 진압 후 교서] 과인이 보잘 것 없는 몸과 부족한 덕(德)으로 숭고한 왕업을 이어 지키느라 먹는 것도 잊고 새벽 일찍 일어나 밤늦게 자리에 들 때까지 중신들과 나라를 편안하게 하려 하였다. — 『삼국사기』 —
- [이찬 군관 처형 후 교서] 임금을 섬기는 법은 충성을 다하는 것을 근본으로 삼고, 관직을 맡은 자의 의리는 [임금에게] 두 마음을 갖지 않는 것을 으뜸으로 삼는다. — 『삼국사기』 —
- [국학 운영 방식] 학생은 관등이 대사 이하에서 관등이 없는 자로, 15세에서 30세까지인 사람을 들였다. 재학 연한은 9년이고, 만약 어리석고 둔하여 인재가 될 가능성이 없는 자는 그만두게 하였다. 만약 재주와 도량은 이룰 만한데 아직 미숙한 자는 비록 9년을 넘더라도 국학에 남아 있는 것을 허락하였다. 관등이 대나마와 나마에 이른 이후에는 국학에서 내보낸다. — 『삼국사기』 —
- [원성왕 4년, 788년] 봄에 처음으로 독서삼품을 정하여 관리를 선발하였다. 『춘추좌씨전』이나 혹은 『예기』, 『문선』을 읽고 그 뜻에 능통하면서 아울러 『논어』와 『효경』에 밝은 자를 상품(上品)으로, 『곡례』와 『논어』, 『효경』을 읽은 자를 중품으로, 『곡례』와 『효경』을 읽은 자를 하품으로 삼았다. 혹 5경(五經), 3사(三史), 제자백가의 저서에 널리 통달한 자는 등급을 뛰어넘어 선발하여 등용하였다. 전에는 활쏘기로 관리를 선발하였는데, 이때에 이르러 고쳤다. — 『삼국사기』 —

- [충담사, 안민가] 임금은 아버지요 / 신하는 사랑스러운 어머니요 / 백성은 어리석은 아이라 하실지면 / 백성이 그 사랑을 알리라 / 꾸물거리며 사는 백성들 / 이를 먹여 다스려서 '이 땅을 버리고 어디를 가겠느냐.'라고 한다면 / 나라가 다스려짐을 알 것이로다 / 아아, 임금답게, 신하답게, 백성답게 한다면 / 나라 안이 태평하리다
  － 『삼국유사』 －
- 황소에게 고한다. 무릇 바르고 떳떳한 것을 행하는 것을 도(道)라 하고, 위험한 때를 당하여 변통할 줄 아는 것을 권(權)이라 한다. …… 너는 모름지기 진퇴(進退)를 잘 헤아리고, 시비를 잘 분별하라. 배반하여 멸망당하는 것보다는 귀순하여 영화를 얻는 것이 백번 낫다.
  － 최치원, 「토황소격문」 －
- 서리 하늘 달 밝은데 은하수 빛나 / 나그네는 돌아갈 생각 깊도다. / 긴긴밤 시름에 겨워 오래 앉아 있노라니 / 홀연 들리는 이웃 아낙의 다듬이질 소리 / 바람결 따라서 끊일 듯 이어지며 / 밤 깊어 별이 기울도록 잠시도 멎지 않네. / 고국을 떠난 후로 저 소리 못 듣더니 / 지금 타향에서 들으니 소리 서로 비슷하네.
  － 양태사, 야청도의성(밤에 다듬이질 소리를 들으며) －

(3) 풍수지리설
- 처음 스님께서 옥룡사에 자리 잡지 아니하고, 지리산에 암자를 짓고 주석하고 있었는데, …… 스님께서 기이하게 여겨 약속했던 곳으로 찾아가서 과연 그 사람을 만났다. 그는 곧 모래를 끌어모아 산천에 대한 순역(順逆)의 형세를 만들어 보여주었다. 돌아다보니 그 사람은 이미 없었다. …… 이로 말미암아 스님은 스스로 홀연히 깨닫고, 더욱 음양오행의 술을 연구하였다. …… 그 후 신라의 정치와 종교가 점차 쇠퇴하여 국가 위망의 조짐이 보이기 시작하였다. 스님은 장차 성인이 천명을 받아 일어날 사람이 있을 줄 알고, 그 길로 송악군으로 갔더니, 그때 우리 세조[왕건의 부친인 왕륭의 시호]께서 살 집을 짓고 있었다. 스님께서는 그의 문 앞을 지나면서 이르기를, "아! 이곳은 마땅히 왕자(왕건)가 출생할 곳이언만, 다만 살고 있는 사람만 알지 못하고 있을 뿐이라."라고 하였다.
  － 광양 옥룡사 선각국사(도선)비 －

주제3 고려의 통치

1 후삼국 통일과 통치 체제 정비

(1) 후삼국 통일
  ① 고려 건국(918)
    ㉠ 태봉의 궁예가 미륵불을 자처하며 가혹한 통치
    ㉡ 금성(나주)을 점령하는 등 많은 공을 세우며 기반을 다진 왕건이 궁예를 축출
    ㉢ 국호를 '고려', 연호를 '천수'라 하고, 919년 철원에서 송악으로 천도
  ② 후삼국 통일
    ㉠ 공산 전투, 고창 전투, 일리천 전투 등
    ㉡ 견훤 귀순(935), 경순왕 항복(935), 후백제 멸망(936) / 발해 유민 포용

(2) 통치 기반 마련
  ① 태조 : 호족 통합(관직·토지·성씨 하사, 정략결혼, 사심관, 기인), 민생 안정(조세 완화, 흑창 설치), 불교 장려, 북진 정책(평양을 서경으로 승격, 청천강 유역 확대), 훈요 10조
  ② 광종 : 왕권 강화(노비안검법, 과거제, 공복 제정, 공신과 호족 숙청), 황제 칭호, 연호 사용
  ③ 성종 : 최승로의 시무 28조 수용, 유교 정치 이념으로 중앙 통치 체제 정비, 12목 지방관 파견

(3) 통치 체제 정비
  ① 중앙
    ㉠ 2성 6부 : 중서문하성(재신, 낭사), 상서성-6부
    ㉡ 중추원(추신-군사 기밀, 승선-왕명 출납), 어사대(풍속 교정·감찰), 삼사(회계)
    ㉢ 회의 기구 : 도병마사(국방), 식목도감(각종 법률 제정), 재추 회의(재신·추신)라고도 함
    ㉣ 대간 : 간쟁·봉박·서경권 행사, 중서문하성의 낭사·어사대의 관원
    ㉤ 전시과 : 문무 관료 등에게 전지(농토)와 시지(임야)를 지급 / 관직 수행 대가로 녹봉도 지급
  ② 지방 행정 및 군사
    ㉠ 5도(일반 행정, 안찰사, 도-주·부·군·현), 양계(군사 행정, 병마사, 군사 요충지-진)
    ㉡ 주현(수령 파견)과 속현(수령 파견×), 특수 행정 구역 : 향·부곡·소
    ㉢ 속현의 수 > 주현의 수 / 속현·향·부곡·소는 주현의 수령을 통해 지배
    ㉣ 수령이 파견되면서 호족은 점차 수령을 보좌하고 행정 실무를 맡는 향리로 전화
    ㉤ 중앙군(2군-국왕 친위 부대, 6위-수도와 국경 방어), 지방군(5도-주현군, 양계-주진군)

③ 관리 등용 및 교육
  ㉠ 관리 등용 : 과거(문과, 잡과, 승과), 음서(공신 및 고위 관료의 자제)
  ㉡ 양인이면 과거 응시 가능하나 농민의 경우 거의 없음
  ㉢ 무과 : 거의 미실시 → 세습을 통해 충원하거나 간단한 시험을 통해 무관 선발
  ㉣ 국가 교육 : 관리 양성 및 유학 교육, 국자감(개경, 최고 교육 기관), 향교(지방)
  ㉤ 중기 사학 12도(최충의 문헌공도 등) 번성 → 관학 진흥책(양현고 설치, 전문강좌 7재 설치)

PLUS 더 알아보기

- **논산 개태사지 석조 여래 삼존 입상** : 고려 태조 왕건이 후백제 왕에게 항복을 받은 장소에 세운 사찰로, 왕건은 '국가의 태평을 연다.'는 뜻에서 개태사라고 이름하였다.
- **사심관** : 중앙의 관리를 출신 지역의 사심관으로 임명하여 그 지역을 통제하도록 한 제도로, 경순왕 김부를 경주 지역의 사심으로 임명한 것에서 비롯되었다.
- **기인** : 지방 호족의 자제를 수도에 머물게 하며 출신 지역의 일을 자문하게 한 제도로, 이들을 인질로 삼아 호족 세력을 견제하기 위한 측면도 있다.
- **양현고** : 일종의 장학 재단으로, 학사를 신축하는 등 관학 교육을 재정적으로 뒷받침하였다.
- **제술과·명경과** : 문과는 문학적 재능을 시험하는 제술과, 유교 경전에 대한 이해를 시험하는 명경과로 구분되었다.
- **대간** : 어사대의 관원과 중서문하성의 낭사를 합쳐서 대간이라 불렀다. 이들은 간쟁, 봉박을 통하여 군주와 관리의 잘잘못을 논하고, 관원 임명·법령 개폐 시에 동의권(서경권)을 행사하였다.
- **과거와 음서** : 고려사 열전에 등장하는 인물의 관직 임용 경로를 살펴보면, 650명 중 과거 합격자가 340명으로 가장 많았으며, 음서 출신자 40명 중 9명은 다시 과거 시험을 치렀다. 음서 출신 관직자 대부분이 5품 이상에 올랐으며, 절반 이상이 재상으로 진출한 것으로 볼 때, 음서 출신이 큰 우대를 받은 것으로도 보이나, 관료로서 출세하려면 과거를 통하는 것이 유리했던 것으로 보인다.
- **팔관회** : 신라 때부터 전해오는 불교 및 토속 신앙과 관련된 의식으로, 부처와 천지신명에게 국가와 왕실의 평안을 기원하는 국가 행사이다.
- **안동 삼태사묘 발굴 유물** : 후백제보다 군사적으로 열세였던 고려는 안동 고창 호족의 도움으로 후백제군을 격파할 수 있었다. 이후 태조는 고창 전투에서 공을 세운 세 사람을 태사에 봉하고 개국 공신으로 인정하였다.
- **문벌** : 문(門)은 가문을 뜻하는 말이며, 벌(閥)은 신하의 공로를 나타내는 표지이다. 문벌은 대대로 내려오는 사회적 신분이나 지위가 유력한 가문을 의미한다.
- **장양수 홍패(경북 울진)** : 1205년 장양수가 진사시에 합격하고 받은 홍패로, 홍패는 과거에 합격한 사람에게 내려준 합격 증명서로, 응시자의 이름과 지위, 성적, 고시관의 명단 등이 기재되어 있다.
- **계수관** : 지방의 중심이 되는 행정 구역을 의미하는 동시에 그곳의 수령을 지칭하는 말로, 중요한 주현은 계수관이 되어 몇 개의 주현을 통솔하며 중앙의 명령을 집행하였다.
- **안동 차전놀이** : 경북 안동에서 정월 대보름에 차전놀이가 행해지는데, 이 놀이는 안동 지역에서 벌어진 고려와 후백제의 전투에서 유래하였다고 한다. 왕건은 안동 호족들의 도움으로 전투에서 승리를 거두었다.
- **고려 시대 관리** : 승진하기 위해서 여러 기준을 통과해야 했다. 근무 기간을 충족해야 했고 임기 동안 성실하였는지를 조사해 성적을 매긴 후 그 결과에 따라 승진하였다. 근무 성적은 출퇴근 시간과 휴가 일수를 지켰는지로 평가하였는데, 출근 시간은 사시(오전 9시)였고 퇴근 시간은 유시(오후 5시)였으며, 휴일은 명절과 매달 1일, 8일, 15일, 23일 등으로 1년에 54일 정도 되었다.
- **3경** : 개경 외에 서경, 동경(후에는 남경)을 두었다.

사료 더하기

(1) 태조 왕건
- 궁예는 그 신하들로부터 버림받았고, 견훤이 자기 자식에게서 재앙을 입었던 것은 모두 스스로 불러온 것이니 누구를 탓하겠는가? …… 궁예와 견훤과 같은 흉악한 자들이 어찌 우리 태조와 서로 겨룰 수 있겠는가? 단지 태조를 위하여 백성들을 몰아다 준 자들이었다. － 『삼국사기』 －
- [발해] 세자 대광현과 장군 신덕, 예부경 대화균, …… 공부경 오흥 등 남은 무리를 이끌고 도망쳐 온 자들이 수만 호였다. 왕[태조]이 그들을 매우 후하게 대우하여, 대광현에게 '왕계'라는 성과 이름을 내려주고 …… 보좌하는 신료들에게도 모두 작위를 내려주었다. － 『고려사절요』 －
- [사심관] 태조 18년(935), 신라 왕 김부가 항복해오자 신라국을 없애서 경주로 삼고, 김부를 경주의 사심관으로 임명하여 부호장 이하 관직 등에 관한 일을 맡게 하였다. － 『고려사』 －
- [기인] 국초에 향리의 자제를 선발하여 수도에서 볼모로 삼고 또 그 고을 일의 자문에 대비하니, 이를 기인이라고 불렀다. － 『고려사』 －
- [훈요 10조]
  1조 우리나라의 대업(大業)은 부처가 보호하고 지켜주는 힘에 의지하고 있으므로, 선종과 교종의 사원을 창건하고 주지를 파견하여 분향하고 도를 닦게 함으로써 각각 자신의 직책을 다하도록 하는 것이다. 후세에 간신이 승려들의 청탁을 받아 사원을 서로 다투어 빼앗는 일이 없도록 해야 한다.
  2조 사원은 모두 도선이 산수(山水)의 순역(順逆)을 미루어 점쳐서 개창한 것으로 …… 후세의 국왕이나 공후·후비·조신이 각각 원당(願堂)이라 일컬으며 혹시 더 만들까봐 크게 근심스럽다.
  4조 우리 동방은 옛날부터 중국 풍속을 흠모하여 문물과 예악 모두 그 제도를 따랐으나 중국과는 지역과 인성도 각각 다르므로 반드시 그들과 똑같이 할 필요는 없다. 거란은 짐승과 같은 나라로, 풍속도 같지 않고 언어도 다르니, 의관 제도를 함부로 본받지 말라.
  5조 내가 삼한 산천의 음우(陰佑)에 힘입어 대업을 이루었다. 서경(西京)은 수덕(水德)이 순조로워서 우리나라 지맥의 뿌리가 되고 대업을 만대에 전할 땅이다. 마땅히 네 계절의 중간 달에 왕은 그곳에 가서 100일이 넘도록 체류함으로써 [나라의] 안녕(安寧)을 이루어야 할 것이다.
  6조 내가 지극히 바라는 것은 연등회와 팔관회를 베푸는 것이다. …… 후세에 간신들이 이 행사를 더하거나 줄이자고 하여도 결코 들어주지 말라.
  10조 나라를 가진 자나 집을 가진 자는 근심이 없더라도 경계를 늦추지 말고, 유교 경전과 역사서를 널리 읽어 옛일을 거울삼아 지금을 경계해야 한다. － 『고려사』 －

(2) 광종
- 우리 조정에서 양인과 천인을 구분하는 법은 그 유래가 오래되었습니다. 태조께서 창업하신 초기에 노비가 없던 신하는 포로로 얻거나 재물을 주고 사서 노비를 구하였습니다. 태조께서는 일찍이 포로들을 해방하여 양인으로 삼고자 하였습니다만 공신들이 동요할까 염려하여 편의를 따르도록 허락하셨는데, 60여 년이 지나도록 항소하는 자가 없었습니다. 광종 때에 이르러 처음으로 노비를 조사하여 불법으로 소유한 노비를 가려내라고 명하시자, 공신들은 탄식하고 원망하였으나 간언하는 자는 없었습니다. 다만 대목왕후께서 간절히 간언하였지만 임금께서 받아들이지 않았습니다. 이로 인해 천민과 노비들이 귀한 사람들을 업신여겼으며, 허위 사실로 주인을 모함하는 자들이 헤아릴 수 없었습니다. 전하께서는 지난 일을 거울삼아 천한 노비들이 귀한 이들을 업신여기지 못하게 하시고, 노비와 주인과의 관계를 적절히 처리하도록 하십시오. － 『고려사절요』 －
- 삼국 이전에는 과거(科擧)의 법이 없었고, 고려 태조가 먼저 학교를 세웠으나 과거로 선비를 취할 겨를은 없었다. 광종이 쌍기의 말을 채택하여 과거로 선비를 뽑았으며, 이로부터 학문을 숭상하는 풍조가 일어났다. 대체로 그 법은 당의 제도를 사용하였다. …… 과거에는 제술업·명경업, 의업·복업·지리업 …… 잡업 등이 있었는데,

각각 그 업으로 시험을 쳐서 출신을 내려주었다. …… 비록 이름 있는 경(卿)·대부(大夫)라 할지라도 반드시 과거로 관직에 진출하는 것은 아니었으며, 과거 이외에 또한 유일(遺逸)을 천거하고, 문음(門蔭)을 서용(敍用)하며, 성중애마(成衆愛馬)를 선발하여 보충하고, 남반과 잡로를 승진·전임시키는 [방법이] 있어서, [관리로] 진출하는 길이 하나가 아니었다.

— 『고려사』 —

(3) 성종(최승로, 시무28조)
- [최승로의 시무 28조] — 『고려사절요』 —

  7조 국왕이 백성을 다스림은 집집마다 가서 매일 살피는 것이 아닙니다. 수령을 나누어 보냄으로써 백성의 이익과 손해를 살피게 하는 것입니다. …… 지방의 토호들이 공무를 빙자하여 백성들을 침학(侵虐)하므로 백성들이 그 명령을 감당하지 못하니, 청컨대 외관을 두시기를 바랍니다. 비록 한번에 모두 다 보낼 수 없더라도 먼저 10여 개의 주현을 아울러서 하나의 관아를 설치하고, 관아마다 각각 2~3명의 관원을 두어 백성을 돌보게 하소서.

  9조 바라건대 백관들로 하여금 조회할 때에 모두 중국과 신라의 제도에 의거하여 공란과 신발·홀을 갖추고, 정사에 관하여 아뢸 때에는 버선목이 달린 신·명주신·가죽신을 착용하게 하시며, 일반 백성들은 화려한 무늬와 주름이 있는 비단을 입지 못하고 다만 굵은 명주로 만든 옷만 입게 하십시오.

  11조 중국의 제도는 따르지 않을 수 없지만, 사방의 습속은 각각 그 풍토의 성질을 따르는 것이기 때문에 모두 다 바꾸기는 어렵습니다. 예·악, 시·서의 가르침과 군신·부자의 도리는 중국을 본받음으로써 비루한 것을 개혁하고, 그 나머지 수레나 의복 제도는 토풍을 따라도 좋을 것입니다.

  13조 우리나라는 봄에 연등회, 겨울에 팔관회를 열어 널리 사람을 징발하여 힘든 일을 시키니, 이를 줄여서 백성이 힘을 펴게 하소서. ……

  14조 만약 성상께서 마음을 다잡아 겸손하고, 항상 공경하고 두려워하며, 예로써 신하를 대우하신다면, 신하들은 마음과 힘을 다하여 나아가 계책과 도리를 아뢰고 물러나 보좌할 것입니다. …… 죄 있는 자가 있더라도 그 경중을 모두 법에 맞게 아울러 논한다면 곧 태평성세를 이룰 수 있을 것입니다.

  20조 부처의 가르침을 행하는 것은 수신(修身)의 근본이요, 유교의 가르침을 행하는 것은 치국(治國)의 근원이니, 자신을 닦는 것은 다음 생을 위한 바탕이 되고, 나라를 다스리는 것은 곧 오늘날에 힘쓸 일입니다. 오늘은 지극히 가깝고 내세는 먼 것인데, 가까운 것을 버리고 먼 것을 구하는 것은 또한 잘못이 아니겠습니까.

2 고려 전기 대외 관계

(1) 다원적 국제 질서와 독자적 천하관
① 다원적 국제 질서 : 한반도의 고려, 중국의 송, 북방의 거란과 여진 → 다원적 실리 외교
② 해동 천하
  ㉠ 송, 거란, 금 등 황제국에 사대하면서 왕국을 표방하나, 내부적으로 황제국 지향
  ㉡ 국왕을 천자로 여기고, 동여진·일본 등을 상대로 해동 천하 상정, 삼국의 독자적 천하관 계승

(2) 송과 친선
① 조공·책봉 관계 : 송의 선진 문물 수용 및 거란 견제 / 송은 거란을 압박하려는 목적
② 실리 외교 : 송의 군사 원조 요청에 응하지 않고, 거란과 조공·책봉 관계를 맺기도 함

(3) 거란과의 관계
　① 1차 침입(성종, 993)
　　㉠ 배경 : 국초부터 거란을 적대시 / 거란은 관계 개선 시도 및 송을 공격하기에 앞서 고려 침입
　　㉡ 서희의 외교 담판 : 송과 단절 및 거란과 교류 약속, 강동 6주 확보
　② 2차 침입(현종, 1010)
　　㉠ 배경 : 송과의 관계 유지, 거란은 강조의 정변을 구실로 침입
　　㉡ 개경 함락·현종 나주 피란 / 양규 등의 활약 및 현종의 친조 약속으로 강화
　③ 3차 침입(현종, 1018)
　　㉠ 배경 : 현종 친조 약속 어김, 거란이 강동 6주 반환 요구
　　㉡ 귀주 대첩(강감찬, 1019) → 거란과 외교 관계 유지, 나성(개경)·천리장성(압록강~영흥) 축조

(4) 여진과의 관계
　① 초기 : 부족 단위 여진족은 반독립적 상태로 고려와 거란을 섬김. 일부는 해적이 되기도 하나, 대부분 고려에 특산물을 바치고 고려의 관직과 하사품을 받음
　② 12C 초 : 완옌부 중심으로 강성해진 여진은 고려와 마찰 → 윤관의 건의로 별무반 편성(숙종), 여진을 정벌하고 동북 9성 축조(예종) 및 1년여 만에 반환(방어가 어렵고, 조공 약속)
　③ 금을 건국한(1115) 뒤 고려에 형제 관계 요구, 송을 남쪽으로 몰아낸 후 고려에 군신 관계 요구 → 집권자 이자겸이 수용

PLUS 더 알아보기

- **5대 10국** : 당이 멸망한 907년부터 송이 중국을 통일하는 979년까지의 혼란기에 성립하였던 중원 지역의 다섯 왕조와 그 주변에 할거하였던 10개의 나라를 뜻한다.
- **통천관을 쓴 태조 왕건 청동상(개성 현릉 출토)** : 황제가 쓰는 통천관을 쓰고 있다.
- **수창궁 용머리상(개성)** : 황제를 수호하는 존재인 용머리상을 세워 황제국 체제를 지향하였다.
- **풍입송** : 왕을 천자로 부르며 부처와 같은 고귀한 존재로 칭송하고 있다. 고려는 천수(태조), 광덕·준풍(광종) 등 독자적 연호와 폐하, 짐, 조서, 태자, 황후, 황도 등 황제국 용어를 사용하였고, 왕족이나 공신에게 공, 후, 백 등의 작위를 주어 제후처럼 대우하였으며, 중앙 정치 기구를 당·송과 마찬가지로 '성', '부' 체제로 편성하였으며, 팔관회에서 고려 왕은 황포를 입었고 여진, 탐라, 일본인들의 조하를 받았다.
- **하남 교산동 마애 약사여래 좌상** : 불상의 왼편에 "태평 2년 정축 7월 29일에 옛 석불을 중수하고 황제의 만세를 기원한다."라는 글자가 새겨져 있다. '황제만세원(皇帝萬歲願)' 문구는 태평 2년(경종 2년, 977년)에 고려인들이 황제국 체제를 지향했음을 보여준다.
- **청주 용두사지 철당간** : 광종 13년(962년)에 세운 것으로 '준풍 3년'이라는 연호가 새겨져 있다.
- **준풍 4년명 기와(경기 안성 출토)** : 망이산성에서 준풍 4년(963년)이라는 글이 새긴 기와가 발견되었다. 광종은 스스로 황제로 칭하고 개경을 황도라 하였으며, 광덕·준풍과 같은 연호를 사용하였다.
- **'황비창천'명 청동 거울(국립 중앙 박물관)** : '황비창천(煌丕昌天)-밝게 빛나는 푸른 하늘'이라는 글이 새겨진 고려의 청동 거울에는 돛을 올린 한 척의 배가 바다를 항해하는 모습이 표현돼 있다. 이를 통하여 당시 고려의 활발한 문물 교류와 다원적 국제 관계를 엿볼 수 있는데, 당시 고려는 송, 요, 여진, 일본뿐만 아니라 대식국이라 불리는 아라비아 상인과도 교역하였다. 당시 개경 근처의 벽란도는 여러 나라의 상인이 드나들었다고 한다.

PLUS 더 알아보기

- **선화봉사고려도경** : 1123년 송에서 온 서긍이 고려에서 견문한 것을 송 휘종에게 보고하려고 제작한 책으로 글과 그림으로 제작되었으나, 정강의 변(1127)으로 사라지고 현재는 글만 남아 있다.
- **강조의 정변(1009)** : 강조가 목종을 쫓아내고 현종을 즉위시킨 사건이다. 거란은 강조를 문책한다는 명분을 내세워 고려를 침략하였다.
- **척경입비도(고려대학교 박물관)** : 윤관이 여진을 정벌한 후 9성을 설치하고 고려 국경을 알리는 비를 세우는 모습이 표현돼 있다. 조선 후기에 만들어진 북관유적도첩에 실려 있다.
- **전연의 맹(1004)** : 거란은 중국의 분열을 이용해 만리장성 이남의 연운 16주를 차지했다. 중국을 통일한 송은 연운 16주를 되찾기 위해 노력하였지만, 오히려 거란에 패하여 매년 막대한 재물을 보내기로 하고 강화를 맺었다.
- **광군** : 고려 정종은 거란의 침입에 대비하여 예비군적 성격을 지닌 광군을 조직하였다.
- **별무반** : 기병인 신기군, 보병인 신보군, 승병인 항마군으로 구성되었다.
- **폐하, 전하, 저하, 각하** : 황제는 자신을 '짐', 제후국의 왕은 자신을 '고', '과인'이라 불렀고, 아랫사람들은 황제를 '폐하', 왕을 '전하'라고 불렀다. 황태자는 '전하'라고 불렸으며, 조선의 왕세자는 '저하'라고 불렸고, '각하'는 고려에서 문하시중, 중추원 재상, 6부의 상서 등을 부르는 존칭이었다.

사료 더하기

(1) 해동 천하

- 해동의 천자이신 우리 임금께서는 부처님과 하늘이 보조하여 교화를 펴려 오셨네. 세상을 다스리시는 은혜가 깊으시니, 원근과 고금에 드문 일이네. 외국에서 친히 달려와서 모두 귀의하여 사방의 변경이 편안하고 깨끗해져서 창과 깃발을 내던지게 되니 성덕(聖德)은 요나 탕 임금에게도 견주기 어려우리. …… 남만과 북적이 스스로 내조(來朝)하여 온갖 보물을 우리 천자의 뜰에 바치는구나. 금으로 만든 섬돌과 옥으로 지은 전각에서 만세를 외치고 우리 임금님께서 오래도록 보위에 계시기를 바라네. ― 『고려사』 ―
- 천자(天子)의 여식이여, 보름달과 같으셨네. / 저 흰 구름 타시어 천제가 계신 곳에 오르셨는가. / 따르고자 하나 도달할 수 없으니, 바람은 쓸쓸하고 하늘은 아득하구나. / 한마디 말로써 기록하니, 천년만년이 [지나도] 어찌 잊히리. ― 「복령 궁주 묘지명」 ―
- 본국(신라)에 장차 화란이 일어날 것 같고 이미 나라의 운세가 다하였는데, 다행히 천자의 광채를 뵙게 되었습니다. 원컨대 신하의 예를 갖추고자 합니다. ― 최자, 『보한집』 ―
- 철리국에서 사신을 보내 예전처럼 귀부할 것을 청하는 표문(황제에게 올리는 글)을 올렸다. ― 『고려사』 ―

(2) 거란과의 관계

- [태조 25년, 942] 10월에 거란 사신이 낙타 50필을 가지고 왔다. 왕은 거란이 일찍이 발해와 화목하다가 갑자기 의심을 품어 맹약을 어기고 멸망시켰으니, 이는 매우 무도하여 친선 관계를 맺을 수 없다고 생각하였다. 드디어 교빙(交聘)을 끊고 사신 30명은 섬으로 유배 보냈으며, 낙타는 만부교 아래에 매어 두니 모두 굶어 죽었다. ― 『고려사』 ―
- 소손녕이 말하기를, "우리 요가 이미 고구려의 옛 땅을 모두 차지하였는데, 너희 나라[고려]가 국경 지대를 침탈하였으므로 내가 와서 토벌한다."라고 하였다. …… 성종은 땅을 분할해 주자는 의견을 따르고자 하여 서경 창고의 쌀을 개방하여 백성들이 마음대로 가져가게 하였는데 여전히 남은 곡식이 많았다. …… [서희가 아뢰기를] 그들이 고구려의 옛 땅을 차지하겠다고 떠벌리는 것은 실제로 우리를 두려워하는 것입니다. 지금 그들의 군세가 강성한 것만을 보고 급히 서경 이북 땅을 떼어 그들에게 주는 것은 나쁜 계책입니다. 게다가 삼각산 이북도 고구려의 옛 땅인데, 저들이 한없는 욕심을 부려 요구하는 것이 끝이 없다면 우리 영토를 다 줄 수 있겠습니까? …… 소손녕이

서희에게 말하기를, '너희 나라는 신라 땅에서 일어났고, 고구려 땅은 우리 소유인데 너희들이 침범해 왔다. 그리고 우리와 국경을 접하고 있는데도 바다를 넘어 송을 섬기기 때문에, 오늘의 출병이 있게 되었다. …… '라고 하자, 서희가 답하기를 '우리나라가 바로 고구려의 옛 땅이기 때문에, 국호를 고려라 하고 평양에 도읍하였다. 국경 문제를 논한다면 그대 요의 동경도 모조리 우리 땅에 있는데 …… '라고 하였다.
- 『고려사』 -

- 왕가도가 아뢰기를, "거란은 우리와 우호를 맺고 예물도 교환하지만 매번 우리를 집어삼키려는 뜻을 갖고 있습니다. 지금 임금이 죽고 부마(駙馬) 필제(匹梯)가 동경을 근거지로 반역하였으니, 마땅히 이 틈을 타서 압록강의 성과 다리를 허물고 억류한 우리 사신들을 돌려달라고 요청하십시오. 만약 [거란이] 듣지 않으면 마땅히 그들과 외교관계를 끊어야 합니다."라고 하였다. 이에 표문을 첨부해 그 일을 요청하였으나, 거란은 들어주지 않았다. 왕이 신하들에게 대책을 논하게 하니, 서눌 등 29명이 "저들이 우리의 요구를 거절하였으니, 마땅히 우호관계를 끊어야 합니다."라고 하였으나, 황보유의 등 39명이 논박하여 말하기를, "지금 우호관계를 끊는다면 반드시 화가 미칠 것이니, 우호관계를 지속하면서 백성을 안정시키는 것만 같지 못합니다."라고 하였다. 왕은 왕가도와 서눌 등의 의견에 따라 하정사(賀正使) 파견을 중지하였으나, 거란 성종(聖宗)의 태평(太平)이란 연호는 그대로 사용하였다.
- 『고려사』 -

- 송은 매번 왕(문종)을 포상하는 글을 보내왔으며, 요는 해마다 왕의 생신을 축하하는 예식을 행하였다. 동으로는 일본이 바다를 건너와 진기한 보물을 바쳤고, 북쪽으로는 맥인(貊人)이 관문(關門)을 두드려서 토지를 얻어 살게 되었다.
- 『고려사』 -

- 고려는 1018년의 전쟁에서 거란을 상대로 완승을 거두었는데도 1020년 사신을 파견하여 신하국을 의미하는 번을 자칭하면서 관례대로 공물을 보내겠다고 요청하였다. 거란과 여러 차례 전쟁을 치르면서 고려 백성은 많은 어려움을 겪고 있었다. 특히 개경 이북 지역이 많이 피폐해졌다. 이러한 상황에서 전쟁을 지속하는 것은 무모하였다. 결국 고려 정부는 변경의 환란을 막기 위해 의례적 차원에서 요에 사대 조공의 형식을 취하였다. 이에 화답해 거란도 1022년에 고려 국왕을 책봉하였다. 거란은 위신을 찾을 필요가 있었던 것이다. - 김인호 외, 『고려시대사1』 -

(3) 여진과의 관계

- "신(臣)이 싸움에서 진 것은 적은 기병인데 우리는 보병이라 대적할 수가 없었기 때문입니다."라고 하였다. 이에 [윤관이] 건의하여 처음으로 별무반을 만들었으니, 문무 산관, 서리부터 …… 말이 있는 사람은 신기군에, 말이 없는 자는 신보군에 배속하였다. …… 또 승려를 선발하여 항마군을 편성하였다.
- 『고려사』 -

- 지금 태사인 오아속(烏雅束) 역시 대국[고려]을 부모의 나라로 삼고 있습니다. …… 만약 9성을 되돌려주어 우리의 생업을 편안하게 해주시면, 우리는 하늘에 맹세하여 자손 대대에 이르기까지 공물을 정성껏 바칠 것이며 감히 기와 조각 하나라도 국경에 던지지 않겠습니다."라고 하였다.
- 『고려사』 -

- 금 사람들은 바다 모퉁이의 못난이들로서, 하늘을 배반하고 거란을 멸절시키더니, 마침내 중국을 능멸하니 황음하고 사나운 것이 더욱 심하다. …… 바야흐로 천하의 군사가 일어나 작고 형편없는 족속들의 죄를 묻고 있으니, 왕도 그 군사를 통솔하고 우리[송] 군대와 힘을 합쳐 적에게 천벌을 내리도록 하라.
- 『고려사』 -

- 형인 대 여진 금국 황제는 아우인 고려 국왕에게 문서를 보내오. …… 거란은 무도하게 우리의 강역을 유린하고 나의 인민을 노예로 삼았으며, 아무 명분 없이 누차 군사를 일으켜 왔소. 나는 부득이 그들에게 항거하였고, 하늘의 도움을 얻어 그들을 섬멸하였소. 생각건대 왕은 우리와의 화친을 허락하고 형제의 관계를 맺어 대대로 끝없는 우호 관계를 이루기를 바라오.
- 『고려사』 -

- [인종 4년, 1126] 대부분 신하들은 사대할 수 없다고 주장하였으나, 이자겸과 척준경만이 말하기를, "금이 과거 소국일 때는 요(遼)와 우리나라를 섬겼습니다. 그러나 지금 금이 급격하게 세력을 일으켜 요와 송을 멸망시켰으며, 정치를 잘 다스리고 병력도 강성하여 나날이 강대해지고 있습니다. 또 우리와는 서로 국경이 맞닿아 있어서 섬기지 않을 수 없는 상황입니다. 게다가 작은 나라가 큰 나라를 섬기는 것은 선왕의 도리이니, 사신을 보내어 먼저 예를 갖추고 위문하는 것이 옳습니다."라고 하니, 왕이 그 말을 따랐다.
- 『고려사』 -

3 문벌 사회의 동요와 무신 정권

(1) 문벌 사회의 동요
  ① 문벌 : 고위 관직 독점(과거·음서), 공음전, 혼인 관계로 지위 유지(왕실과도 혼인)
  ② 이자겸의 난(인종, 1126)
    ㉠ 경원 이씨와 왕실의 중첩적 혼인, 이자겸(인종의 장인이자 외조부)이 국왕의 지위를 위협
    ㉡ 인종과 측근 세력이 이자겸을 제거하려 하자 이자겸이 궁궐을 불태우고 왕위를 넘봄 → 인종이 척준경을 포섭하여 이자겸을 제거하고, 이후 척준경마저 축출 / 왕의 권위↓
  ③ 서경 천도 운동
    ㉠ 묘청, 정지상 등 천도 건의 : 풍수지리설 활용, 칭제건원, 금국 정벌 주장 / 개경 세력 반발
    ㉡ 서경 천도가 좌절되자 묘청 등이 난을 일으켰고, 김부식이 이끈 관군에게 진압됨

(2) 무신 정권의 수립과 농민과 천민의 봉기
  ① 무신 정변 : 의종의 실정, 무신에 대한 차별, 하급 군인들 각종 잡역에 동원 등 → 정중부, 이의방 등 무신들이 의종을 제거하고 명종을 옹립(1170)
  ② 최씨 정권(1196~1258, 4대 60여 년)
    ㉠ 무신 정변 후, 중방 중심 국가 운영, 사병 양성·권력 다툼 → 최충헌이 집권(이의민 제거)
    ㉡ 최충헌 : '봉사 10조', 교정도감 설치, 도방 개편 및 강화
    ㉢ 최우 : 정방(인사권), 서방(문신 숙위) 설치, 삼별초 조직
  ③ 농민·천민의 봉기 : 무신들 전횡·대농장 경영, 수탈 심화, 신분 상승 기대(이의민-천민 출신)
    ㉠ 망이·망소이(공주 명학소, 1176) / 김사미(운문, 1193)와 효심(초전, 1193), 정방의·정창대 형제(진주, 1193), 신라 부흥 운동(경주, 1202) / 최광수(서경, 1217) / 이연년 형제(담양, 1232) / 전주 관노비(전주, 1182)
    ㉡ 만적의 난(개경, 1198) : 최충헌의 사노비 만적, 사전 발각되어 실패, 신분 해방 운동의 성격

PLUS 더 알아보기

- **고려청자** : 송, 거란에서 전해진 공예 기술과 고려의 독창적 기법이 더해졌다. 송의 사신 서긍은 고려청자의 비색이 지닌 아름다움을 극찬하였다. 12C 중반 상감 기법으로 문양을 새겼으며, 무신 정권 이후 상감청자가 유행하였다.
- **김부식** : 조부가 경주 향리였으나, 아버지와 형제들이 과거에 급제하면서 그의 가문은 고려 중기의 대표적 문벌이 되었다. 김부식은 이자겸의 전횡을 막고 묘청의 난을 진압하였다.
- **중방** : 상장군과 대장군으로 구성된 무신 최고 회의 기구로 무신 정권 초기 권력의 중심 기구였다.
- **도방** : 무신들의 사병 집단(신변 보호)으로 경대승이 처음으로 조직하였고, 최씨 정권에서 강화되었다.
- **삼별초** : 치안을 담당하던 좌·우별초와 몽골의 포로가 되었다가 돌아온 신의군을 합쳐 부른 것이다.
- **태안 마도 3호선** : 2011년 충남 태안의 신진항 일대에서 발굴된 태안 마도 3호선은 1260년대에 전라도 여수 일대에서 출발해 강화도로 가던 중 침몰한 선박이다. 배에서는 강화도의 권력자에게 보내는 곡물, 젓갈, 말린 상어와 홍합, 배에 실은 물품과 수취인을 기록한 목간, 장기 놀이에 이용했던 것으로 보이는 조약돌 등이 발견되었다.
- **지배층의 봉기** : 김보당의 난(안변, 1173), 조위총의 난(서경, 1174), 최광수의 난(서경, 1217)

사료 더하기

(1) 문벌

- 도자기의 빛깔이 푸른 것을 고려 사람들은 비색(翡色)이라 부른다. 근년에 와서 만드는 솜씨가 교묘하고 빛깔도 더욱 예뻐졌다. 술 그릇의 모양은 오이 같은데, 위에 작은 뚜껑이 있어서 연꽃에 엎드린 오리 모양을 하고 있다. 또한 주발, 접시, 술잔, 사발, 꽃병, 옥으로 만든 술잔 등도 있지만, 일반적으로 도자기를 만드는 법을 따라 한 것들이므로 생략하고 그리지 않는다. 다만, 술 그릇만은 다른 그릇과 다르기 때문에 특히 드러내 소개해 둔다.
  – 서긍, 『선화봉사고려도경』 –

- 묘청 등이 말하기를, "신 등이 보건대 서경 임원역의 지세는 음양가들이 말하는 대화세(大華勢)에 해당합니다. 만약 궁궐을 세워 이곳으로 옮기시면 가히 천하를 아우르게 되니, 금이 예물을 가지고 스스로 항복하여 올 것이며, 주변 36국이 모두 신하가 될 것입니다."라고 하였다. …… 7년(1129), 새 궁궐이 완성되니 왕이 서경에 행차하였다. 묘청 일당은 표를 올려 왕에게 황제를 칭하고 연호를 제정할 것을 권하였으며 …… [묘청이 난을 일으키고] 국호를 대위(大爲), 연호를 천개(天開), 그 군대를 천견충의군(天遣忠義軍)이라 불렀다. 관속을 두는데, 양부(兩府)로부터 주·군 수령에 이르기까지 모두 서경 사람으로 임명하였다.
  – 『고려사』 –

- 김부식이 아뢰기를, "올해 여름 서경 대화궁 30여 곳에 벼락이 떨어졌습니다. 만약 서경이 길지라면 하늘이 이렇게 하였을 리 없으니, 이곳에서 재앙을 피한다는 것은 또한 잘못이 아니겠습니까? 하물며 서경은 아직 수확이 끝나지 않아, 지금 행차하시면 농작물을 짓밟을 것입니다. 이는 백성에게 인(仁)을 베풀고 만물을 사랑하는 뜻이 아닙니다."라고 하였다.
  – 『고려사』 –

(2) 무신 정권

- 대장군 이소응은 비록 무인이었으나 야위고 힘이 약하였는데, 다른 사람과 수박희를 하다 이기지 못하고 달아났다. [문신] 한뢰가 갑자기 앞으로 나가서 이소응의 뺨을 때리니 [이소응이] 섬돌 아래로 떨어졌다. 이때 왕과 모든 신하가 손뼉을 치면서 크게 웃었다.
  – 『고려사』 –

- 이의민이 두경승과 함께 중서성에 있으면서 "어떤 사람이 자신의 용맹함을 자랑하기에 내가 그 사람을 이렇게 때려 눕혔소."라고 하며 주먹으로 기둥을 치니 서까래가 흔들렸다. 두경승이 말하기를, "언젠가 내가 맨주먹으로 치니 사람들이 달아났소."라고 하면서 벽을 치자 구멍이 뚫렸다. …… 어떤 사람이 시를 지어 조롱하기를 "나는 이의민과 두경승이 두렵네. 그 당당한 모습이야말로 진짜 재상답구나!"라고 하였다.
  – 『고려사』 –

- [최충헌의 봉사 10조]
  1. 새로 지은 궁궐에 길일을 택하여 들어가십시오.
  2. 관료에게 줄 녹봉이 부족하므로, 옛 것을 참작하여 관료의 수를 줄이십시오.
  4. 어질고 유능한 관리를 선발하여 지방관으로 임명하시어 권세가의 횡포를 금지하십시오.
  8. 모든 신료에게 훈시를 내려, 사치를 금지하고 검약을 숭상하게 하십시오.
  10. 간쟁을 담당하는 성대(省臺)의 신하들을 적절히 선발하여 끝까지 직언하게 하십시오.
  – 『고려사』 –

- 고종 12년(1225)에 최우가 자기 집에 정방을 설치하고 모든 관리들의 인사를 다루었는데, 문사(文士)를 선발하여 여기에 속하게 하였다.
  – 『고려사』 –

- 최이(최우)의 문객들은 당대에 이름난 학자들이 많았는데, 이들을 3번(番)으로 나누어 돌아가면서 서방에서 숙직하도록 하였다.
  – 『고려사』 –

- 최이(최우)는 날마다 도방과 마별초를 소집하여 격구를 하거나 창을 자유자재로 다루게 하거나 말을 타고 활을 쏘게 하였다.
  – 『고려사』 –

- 최이(최우)가 자기 집에서 왕족과 재추들에게 연회를 베풀었다. 채색 비단으로 산더미같이 장막을 만들고, 비단 휘장을 치고, 안에 자수와 비단 꽃으로 장식한 그네를 매었다. …… 팔방상의 악공 1,350여 명이 모두 옷을 잘

갖추어 입고 뜰에서 연주하니 타고 노래하고 두드리고 부는 소리가 천지를 진동하였다. 악공에게 각각 백은 3근을 주고 기녀, 광대에게도 모두 금과 비단을 주니 그 비용이 엄청났다. — 『고려사절요』 —

(3) 농민·천민의 봉기
- [망이·망소이] 이미 우리 고향[명학소]을 현[충순현]으로 승격하고 또 수령을 두어 안무(安撫)하더니, 다시 군대를 일으켜 토벌하러 와 우리 어머니와 아내를 옥에 가두었으니 그 뜻은 어디에 있는가? 차라리 칼날 아래에서 죽을지언정 끝내 항복하여 포로가 되지 않을 것이며, 반드시 개경까지 가고야 말겠다. — 『고려사』 —
- [명종23년, 1193] 남적(南賊)이 봉기하였다. 그중 극성스러운 반적은 운문을 거점으로 하는 김사미와 초전을 거점으로 하는 효심이었다. 이들은 유랑민을 불러 모아 주현을 습격하여 노략질하였다. 왕이 이를 근심하여 대장군 전존걸로 하여금 장군 이지순, …… 등을 데리고 토벌하게 하였다. — 『고려사』 —
- 신종 원년(1198), 사노비 만적 등 6명이 북산에서 땔나무를 하다가 공·사노비들을 불러 모아 모의하며 말하기를, "경인년(1170)과 계사년(1173) 이래로 천한 무리에서 높은 관직이 많이 나왔으니, 장상(將相)에 어찌 타고난 씨가 있겠는가. 때가 되면 누구나 차지할 수 있는 것이다. 우리들이라고 어찌 뼈 빠지게 일만 하면서 채찍 아래에서 고통만 당하겠는가. …… 최충헌을 죽인 뒤 각기 자신의 주인을 죽이고 노비 문서를 불태워 삼한에서 천민을 없애면 우리도 공경장상이 될 수 있다."라고 하였다. — 『고려사』 —

4 몽골의 침략과 고려 후기의 변화

(1) 몽골의 침입과 대몽 항전
① 배경 : 몽골 대제국 성장, 몽골·고려가 거란 협공 → 형제 관계 맺은 후, 몽골이 과도한 공물 요구
② 경과
  ㉠ 몽골 사신이 귀국길에 국경 근처에서 살해당한 것을 구실로 침입
  ㉡ 박서가 항전(귀주성, 1231)했으나 대부분 지역 패배, 화친 요청 → 몽골군 수용, 다루가치
  ㉢ 강화 천도(1232), 장기 항전 : 인명 피해·국토 황폐화·문화재 소실(초조대장경, 황룡사 9층 목탑)
  ㉣ 처인성 전투(김윤후와 부곡민, 살리타 사살, 1232), 충주성 전투(노비·천민 활약, 1231, 1253)
  ㉤ 몽골과 화의(원종이 태자 시절, 1259), 임유무 피살 후 개경 환도(1270) / 삼별초 항쟁

(2) 원의 간섭과 권문세족
① 원의 간섭
  ㉠ 원의 부마국 : 독립국 유지, 고려 왕은 원의 공주와 혼인, 고려 왕자는 원에서 성장
  ㉡ 왕실 호칭 및 관제 격하(조·종→왕, 짐→고, 폐하→전하, 태자→세자 / 2성→첨의부, 6부→4사, 중추원→밀직사)
  ㉢ 쌍성총관부(철령 이북), 동녕부(자비령 이북, 충렬왕 때 반환), 탐라총관부(제주, 충렬왕 때 반환)
  ㉣ 정동행성 : 일본 원정 실패 이후에도 계속 남아 고려의 내정 간섭
  ㉤ 금·은·인삼·매·말 등 공물과 공녀·환관 요구

② 권문세족
- ⊙ 원과 특별한 관계를 바탕 : 몽골어 통역관, 국왕이 원에서 함께 한 측근, 몽골 공주를 따라온 외국인, 원 황실의 외척이 된 인물 등
- ⓒ 고위 관직을 독점하고 도평의사사를 통해 권력 장악, 대농장 경영하며 그 지위를 세습

(3) 원 간섭기 개혁과 신진 사대부
① 공민왕의 개혁
- ⊙ 배경 : 14C 원의 쇠퇴 및 한족 반란으로 원의 간섭이 줄어듦
- ⓒ 공민왕의 정책 : 몽골풍 금지, 기철 등 친원 세력 숙청, 정동행성이문소 폐지, 쌍성총관부 수복, 정방 폐지, 전민변정도감 설치(신돈)
- ⓒ 실패 : 권문세족의 반발과 원의 압력, 홍건적의 침입(개경 함락), 왜구의 침입, 공민왕 시해

② 신진 사대부의 성장과 조선 건국
- ⊙ 신진 사대부
    - ⓐ 성리학 연구, 과거 출신, 공민왕의 개혁에 동참
    - ⓑ 권문세족의 농장 확대·불교계의 폐단 비판, 친명 정책 지지
    - ⓒ 공민왕 사후 이인임 일파에 의해 정몽주, 정도전 등 유배
    - ⓓ 점진적 개혁을 주장하는 온건파와 혁명을 주장하는 급진파(이성계와 연대)로 분화
- ⓒ 신흥 무인 세력 : 홍건적과 왜구를 격퇴하는 과정에서 성장한 최영, 이성계 등
- ⓒ 조선 건국 : 명의 철령위 설치 통고(1387) → 요동 정벌 추진(우왕, 최영) → 위화도 회군(1388) → 과전법 제정(1391) → 정몽주 등 제거 → 조선 건국(1392)

PLUS 더 알아보기

- **팔만대장경판(해인사)** : 몽골의 침입을 부처의 힘으로 막아보려는 취지에서 만든 것으로 16년에 걸쳐 완성되었다.
- **탐라에서 제주로** : 신라에 조공을 바쳤던 탐라국은 고려 태조 때 고려에 조공을 바쳤다. 숙종은 제주를 탐라군으로 편성하였으나 지방관을 파견하지는 않았고, 이후 의종이 지방관을 파견하면서 탐라는 독립적인 자치권을 잃었으며, 우황, 소뿔, 해조류, 귤 등의 특산물을 바쳤다. 삼별초의 항쟁이 진압된 후 원은 탐라를 직할하기 위해 탐라총관부를 설치하고 이곳에 목장을 두었으며, 충렬왕 때 탐라는 제주라는 이름으로 바뀌었다.
- **몽골과 강화** : 원종이 태자 시절 황위 다툼 중이던 쿠빌라이를 찾아갔을 때, 쿠빌라이는 고려의 제도와 문화를 유지할 수 있게 해주겠다고 약속하였다. 고려가 그러한 약속을 얻어낸 것은 고려가 끝까지 몽골에 저항한 결과이다.
- **고려첩장불심조조** : 일본의 외교 실무자가 1268년에 고려 정부에서 보낸 외교 문서와 1271년에 삼별초가 보낸 외교 문서를 비교하여 의심이 가는 점을 쪽지 기록 형태로 정리한 문서이다. 문영 5년(1268)의 문서에서는 몽골의 덕을 찬양하고, 몽골의 연호를 사용하였으며, '몽골의 덕에 귀부하여 군신의 예를 이루었다.'고 쓴 반면에, 문영 8년(1271)의 문서에서는 몽골 연호를 쓰지 않고, '강화로 천도한 지 40여 년이나 되고 오랑캐를 따르는 것은 성현이 꺼린 것이라 하며 또 진도로 천도한 것' 등을 썼다.

PLUS 더 알아보기

- **이규보** : 무신 집권기에 문신 이규보는 뛰어난 문장력을 지녔으나 수차례 과거에 낙방하였고, 23세에 급제하였지만 30세가 넘어서도 제대로 된 관직을 얻지 못했다. 그는 고위 관료에게 수차례 관직 청탁을 하였으며, 당대 최고 권력자인 최충헌의 천거로 관직 생활을 시작하였다. 최충헌의 아들 최우도 이규보의 능력을 높이 평가하였으며, 이규보는 최씨 무신 정권의 충실한 대변자 역할을 하면서 승진을 거듭하였고, 당대 최고 문장가였던 그는 몽골에 보내는 대부분의 외교 문서를 작성하였다.
- **정동행성 이문소** : 원과 관련된 범죄를 다루던 기구이다. 이문소는 점차 친원 세력을 대변하는 역할을 하였다.
- **도평의사사** : 몽골의 침입과 삼별초 진압 과정에서 도병마사의 비중이 점증하면서 명칭과 권한이 재편된 기구이다.
- **정치도감** : 권문세족의 불법 행위를 바로잡기 위해 설치한 기구이다. 정치도감의 조사 과정에서 기황후의 친족이 죽자 권문세족이 정동행성이문소에 이를 고소하였다. 결국 정치도감의 개혁이 무산되었다.
- **만호부** : 고려에 설치된 원의 군사 단위로, 개경, 서경, 경상도, 전라도, 제주도 등에 설치되었다.
- **몽골풍과 고려양** : 몽골의 영향력이 확대되면서 머리 모양과 옷차림의 변화(변발, 족두리, 철릭 등)가 나타났고, 음식 문화에서도 그 변화(육식 풍조, 만두, 순대, 증류 방식으로 만든 술 등)가 나타났다. 반면, 고려에서 공녀나 환관으로 원에 간 사람들의 영향으로 원에서도 고려의 옷과 말, 음식 등이 유행하였는데, 이를 고려양이라 하였다.
- **천산대렵도** : 공민왕이 그린 그림으로 몽골 유목 민족의 풍습인 변발을 한 모습에서 몽골풍을 엿볼 수 있다.
- **개성 경천사지 십층 석탑(국립중앙박물관)** : 원에서 유행하던 불탑 양식의 영향을 받았다.
- **몽고습래회사의 일부(일본 궁내청)** : 고려와 몽골 연합군이 일본 규슈 지역을 침입한 것을 묘사한 그림이다. 고려군은 원의 일본 침략에 강제 동원되었다.
- **수시력** : 원(元)대 곽수경이 편찬한 역법이다. 이슬람의 천문 기구를 본떠 제작한 관측기구를 이용하여 1년을 365.2425일로 정하였으며 13C 말에 고려에 전해졌다.
- **이제현** : 충선왕은 원에 만권당을 세우고 유명 학자들과 교류하였다. 이제현은 원의 인사들을 상대할 고려 측의 인사로 선발되어 만권당에 출입하면서 원의 학자들과 교류하며 성리학에 대한 이해를 높일 수 있었다. 이후 이제현의 사상은 이색에게 이어졌으며, 이색은 정몽주와 정도전 등을 길러냈다. 일부 친원 세력이 고려를 원의 행정 구역으로 편입하려고 시도하자 원 황제에게 상소를 올려 이를 중단시켰다.
- **권문세족** : 권문은 권세 있는 가문을 뜻하며, 세족은 대대로 높은 지위와 명예를 누려온 가문을 의미한다. 이들은 기존 문벌 가문 이외에 원의 고위층과 연결되거나 무신 집권기의 무장, 신흥 관료, 국왕이나 원 공주의 측근, 환관, 통역관 출신 등이었다.
- **신안 유물선** : 원을 출발하여 일본으로 가던 도중 침몰한 선박으로, 중국 도자기뿐만 아니라 고려청자, 동전, 향신료 등의 물품과 목간 등이 실려 있어 당시 대외 무역의 규모와 내용을 짐작할 수 있다.
- **안향** : 안향은 원에서 주희의 저서, 공자와 주희의 화상을 갖고 오면서 고려에 성리학을 소개하였다.
- **철령위** : 명이 철령 이북(함경도와 강원도의 경계 지역)에 설치하고자 하였던 70개 소의 병참 군영
- **위화도 회군** : 4불가론을 말하며 최영의 요동 정벌에 반대한 이성계는 위화도에서 회군하여 권력을 장악하였다.
- **사전(私田)** : 조준의 전제 개혁 때 문제가 된 사전은 전시과에 의해 지급된 수조권을 관직에서 물러난 뒤에도 반납하지 않고 자손에게 세습한 토지이다. 그 때문에 농민 생활이 어려워졌고, 관리에게 수조권을 나누어 줄 토지가 부족해졌다. 따라서 전제 개혁은 불법적인 사전을 없애 농민 생활을 안정시키고 국가 재정을 확충하기 위한 것이었다.
- **단양 도담 삼봉** : 단양 8경 중 하나로, 정도전이 이곳의 풍경을 좋아하여 자신의 호를 삼봉이라 하였다고 한다.
- **선죽교(개성)** : 이방원 등에 의해 정몽주가 피살된 곳으로 알려져 있다.

사료 더하기

(1) 몽골의 침입

- 김윤후는 고종 때 사람이다. …… 몽골 원수 살례탑(살리타)이 와서 성을 치니 김윤후가 그를 사살하였다.
  - 『고려사』 -

- 옛날 현종 2년에 거란의 군사가 침입해 오니 …… 왕과 신하들이 함께 소원을 빌어 대장경을 판각하기로 맹세하자 거란 군사가 스스로 물러갔습니다. 대장경도 같고, 전후 판각한 것도 같으며, 군신이 함께 간절히 기원하는 것도 같은데, 어찌 그때 거란 군사만 물러가고, 지금의 몽골은 그렇지 않겠습니까?
  - 『동국이상국집』 -

- 충주 부사 우종주가 매번 문서를 처리하는 과정에서 판관 유홍익과 서로 생각이 달랐는데, 몽골군이 쳐들어온다는 말을 듣고, 성 지킬 일을 의논하였으나, 의견이 달랐다. 우종주는 양반별초를 거느리고, 유홍익은 노비군과 잡류별초를 거느리며 서로 시기하였다. 몽골군이 오자, 우종주와 유홍익은 양반 등과 함께 성을 버리고 달아나니, 오직 노비군과 잡류 별초만이 힘을 합하여 몽골군을 물리쳤다.
  - 『고려사』 -

- 지금 천하에서 백성과 사직을 두고 왕 노릇 하는 국가는 오직 삼한[고려]뿐이다. 조상 때부터 신하가 된 것이[몽골에 귀부한 지] 거의 100년이 되었다. 아버지가 땅을 일구어 놓은 것을 아들이 다시 성취하니, 나와는 장인과 사위라 할 수 있으며, 훈척으로 일가가 된 것이니 마땅히 부귀를 누려야 할 것이다.
  - 『고려사』 -

- [몽골과 강화] 의관(衣冠)은 고려의 풍속을 따르고 하나도 고치지 말라. 사신[行人]은 오직 조정에서만 파견할 것이고 나머지는 내[쿠빌라이]가 완전히 금지시킬 것이다. 옛 수도[개경]로 옮기는 것은 빨리 하든지 늦게 하든지 헤아려서 하라. 고려에 주둔하고 있는 부대는 가을을 기한으로 해서 철수할 것이다. 원래 설치한 달로화적(다루가치) 패로합반아(보르카바르)와 발도로(바투르) 일행은 모두 서쪽으로 돌아오라고 명하였다. 그 나머지 자원해서 투탁하여 이곳에 의탁하고 있는 자 10여 명은 여기로 온 사신도 어디 있는지 모르지만 철저히 조사할 것이며, 이후로는 여기에 머물겠다고 하는 자들을 다시는 허락하지 않을 것이다.
  - 『고려사』 -

(2) 원 간섭기 변화

- [충선왕 2년] 과거 우리나라에서는 비록 송·요·금의 연호를 따라 썼으나, 역대 국왕의 시호는 모두 종(宗)이라고 칭하였는데, 이때에 이르러 왕이 표문으로 돌아가신 선왕의 시호를 청하고 또한 고종과 원종 두 왕에 대해서도 시호를 내려달라고 청하였다.
  - 『고려사』 -

- 왕이 입조(入朝)할 때 이미 변발을 하였으나 나라 사람들은 여전히 그렇지 않았기 때문에 책망한 것이다. 훗날 송송례와 정자여가 변발을 하고 조회에 들어오자 다른 사람들이 모두 이를 따랐다.
  - 『고려사절요』 -

- 보초 서는 병사들은 고려 말을 배우네. 어깨동무하며 낮게 노래부르니 우물가에 배가 익어가네.
  - 「연하곡(輦下曲)」 -

- 궁중 의복은 새롭게 고려양을 숭상하니, 저고리는 허리 아래까지 덮지만 반팔이 드러나네. 밤마다 궁중에서 다투어 바라보니 …….
  - 「원궁사(元宮詞)」 -

- 우리나라의 자녀들이 뽑혀서 서쪽[원]으로 들어가지 않은 해가 없었다. 비록 왕실 친족같이 귀한 집안이라도 [자녀를] 숨길 수 없었고, 부모와 자식이 한번 이별하면 아득하게 만날 기약이 없었다. 슬픔이 골수에 스며들어 병이 생기고 심지어 죽는 이도 한둘이 아니었다. 천하에서 원통한 일이 이보다 더한 것이 있겠는가?
  - 「수령 옹주 묘지명」 -

(3) 권문세족

- 평양부 상원군 사람인 조인규는 …… 나라에서 영민한 자를 선발해 몽골어를 익히게 하였는데, 조인규가 이에 선발되었다. 자기 동료들보다 뛰어나지 않았으나 3년 동안 바깥에 나가지 않고 주야로 몽골어 공부를 게을리하지 않으니, 이름이 알려져 여러 교위로 임명되었으며, 여러 관직을 거쳐 장군에 올랐다.
  - 『고려사』 -

- [충선왕 복위년, 1308] 왕이 교서를 내리기를 "…… 요즈음 간신이 세력을 잡고 나라의 근본을 흔들고 기강을 어지럽히고 있다. 토지와 백성들은 모두 권세가에게 빼앗기게 되니 인민들은 먹고살기 어렵고 나라의 창고가 비었으

나, 권세가의 집에는 부가 넘쳐나니 애통스럽다. 이에 사신(使臣)을 보내어 백성과 토지의 수를 점검하고 조세를 균등하게 정함으로써 옛 법식을 따르려 한다."
- 『고려사』 -

- 기철은 기황후의 세력을 믿고 방자하였으며, 그의 친척들도 연줄을 믿어 교만하고 횡포하였다. 『고려사』

- 기철 등은 황실과 인적 관계를 맺어 상국의 위엄을 빌려 권세를 펼치면서 임금을 협박하였고, 남이 소유한 인민(人民)을 끝없이 빼앗았으며, 남이 소유한 토지는 탈취하지 않은 것이 없었다. 『고려사』

- 당시 임견미·이인임·염흥방이 악질 종놈들을 풀어서 좋은 양전(良田)을 소유한 자를 모두 수정목(물푸레나무)으로 때려 빼앗았다. 그 주인이 비록 관청에서 발행한 증서가 있더라도 감히 항의하지 못하므로 당시 사람들이 이것을 수정목공문(水精木公文)이라 불렀다. 『고려사』

- 하늘이 대인(大人)에게 책임을 내린 것은 본래 백성을 구제하게 하려고 한 것이기 때문이니, 진실로 곤궁하여 호소할 데 없는 자들을 보고도 심상히 여겨 구제하지 않는다면, 어찌 하늘이 책임을 내린 본의이겠는가?
- 이제현, 『익재집』 -

- 가난한 선비로서 널리 배우고 독실하게 실천하는 자가 과연 누구이며 벼슬아치로서 덕을 이루고 통달한 인재가 과연 얼마나 되겠는가? 선비도 이러한데 백성들은 어떠하겠는가?
- 이제현, 『익재난고』 -

- 나라에 사건·사고가 많았던 후로 예전과 달라 …… 권세가는 토지를 겸병하고, 혹독한 관리는 지나치게 거두어 토지는 송곳 세울 만한 곳도 없고, 집에는 아무것도 없어 탄식만 있을 뿐이다.
- 이곡, 『가정집』 -

- 선비로서 도덕을 실천하는 이는 드물고 집집마다 토지를 늘리고자 경쟁하여 풍속은 어지러워지고 사람들은 원통한 마음이 있어도 이를 풀어 줄 곳이 없다.
- 최해, 『졸고천백』 -

(4) 공민왕의 개혁

- [공민왕 5년, 1356] 왕이 원의 연호인 지정의 사용을 중지하고 교서를 내려, " …… 근래에 나라의 풍속이 일변해 오직 권세만을 추구하게 되었으니, 기철 등이 임금의 위세를 빙자하여 나라의 법도를 뒤흔드는 일이 벌어졌다. …… 지금부터 더욱 정치에 마음을 다 쏟을 것이며, 법령을 밝게 다듬고 기강을 정돈하여 우리 조종들께서 세우신 법을 회복하여 온 나라와 함께 새롭게 출발하려 한다. …… 아아! 반란을 제압하여 나라를 정상으로 회복하였으니 마땅히 관용의 은혜를 베풀어야 할 것이며, 어진 이와 능력 있는 사람을 임명하여 융성한 태평성대를 이루고자 하노라."라고 하였다.
- 『고려사』 -

- 신돈이 전민변정도감을 설치할 것을 청하고 스스로 판사가 되어 전국에 방을 붙여 알리기를, "근래에 기강이 크게 무너져 탐욕을 부리는 것이 풍습이 되었으며, …… 사람들이 대대로 업으로 이어온 전민(田民)을 호강한 집에서 거의 다 빼앗아 점유하였다. 일부는 이미 판결이 났는데도 그대로 가지고 있고 일부는 백성을 노예로 만들기도 하였다. …… 이제 도감을 설치하여 바로잡고자 하여 개경은 15일을 기한으로 하여, 여러 도는 40일을 기한으로 하여 스스로 잘못을 알고 고치는 자는 [죄를] 묻지 않을 것이나, 기한을 넘겨 일이 발각되는 자는 죄를 조사하여 다스릴 것이며 망령되게 소송하는 자는 도리어 처벌하겠다."라고 하자, 권세가 중에 전민을 빼앗은 자들이 그 주인에게 많이 돌려주었으며, 전국에서 기뻐하였다.
- 『고려사』 -

- 신돈이 유숙을 미워하여 왕에게 참소하여 그를 죽였으며, 또 김문현의 참소를 듣고 김문현의 아버지 김달상을 죽이고 …… 신돈이 자신의 권세가 지나치게 강해졌음을 알고, 왕이 그것을 꺼릴까 두려워하여 비밀리에 역모를 꾀하였다.
- 『고려사』 -

- 공민왕 16년(1367)에 성균관을 중영(重營)하고 이색을 판개성부사 겸 성균대사성으로 삼았다. …… 이전에 성균관의 학생이 수십 명에 불과하였다. 이색이 다시 학식(學式)을 정하고 매일 명륜당에 앉아서 경전을 나누어 수업하였는데, 강의를 마치면 함께 논쟁하느라 지루함을 잊을 정도였다. 이에 학자들이 모여들기 시작하였고 서로 함께 눈으로 보고 느끼게 되니, 정주 성리학이 흥기하게 되었다.
- 『고려사』 -

- 원을 섬긴 때부터 머리를 땋아 변발하고 호복을 입은 것이 거의 100년이었다. 명 태조 고황제(홍무제)에게서 공민왕이 면복을 하사받고 왕비와 군신들도 모두 하사받은 것이 있었으니, 이때부터 관복과 문물이 빛나고 다시 새로워졌으며 옛날만큼 갖추어지게 되었다.
- 『고려사』 -

(5) 신진사대부와 전제 개혁

- [정몽주가 명에 사대할 것을 주장] 우리 동방은 예로써 중국을 섬기면서 누가 천하의 의로운 군주인가를 살폈을 뿐입니다. 근래 원이 파천하면서 대명이 용처럼 일어나 사해를 덮었습니다. …… 원이 나라를 잃고 와서 음식을 구하는 것은 잠시 목숨을 연장해 보려는 것입니다. …… 명에서는 처음에 김의의 일을 듣자마자 우리를 의심했을 것인데, 우리가 원과 통하고 김의의 죄를 불문에 붙였다는 것을 들으면 반드시 우리가 적과 더불어 죽이게 한 것이라고 말할 것입니다. 만약 죄를 묻는 군사가 수륙으로 한꺼번에 쳐들어온다면 국가에서는 장차 무슨 말로 그들을 대하겠습니까?
 -『고려사』-

- [이색의 상소] 400여 년 동안 말세의 폐단이 어찌 없을 수 있겠습니까. 특히 전제(田制)가 심합니다. 경계가 바르지 못하면 권세가가 겸병하게 되니 …… 만약 땅 주인이 하나라면 다행이겠지만 혹 3~4집이거나 혹 7~8집인 경우도 있습니다. …… 청컨대 갑인주안(甲寅柱案)을 위주로 공문서에 표시된 내용을 참작한다면 [땅을] 빼앗으려 다투는 것은 바로잡힐 것이며 새로 개간하는 것은 따라서 헤아려질 것입니다.
 -『고려사』-

- [조준의 상소, 우왕 14년] 근년에 이르러 겸병이 더욱 심해져 간악한 무리들이 주(州)를 넘고 군(郡)을 포괄하며 산천으로 경계를 삼는다. 또 남의 땅을 조업전(祖業田)이라고 하면서 서로 물리치며 빼앗으니, 한 이랑의 주인이 5~6명을 넘고 1년에 조(租)를 거두는 것이 8~9차례에 이릅니다.
 -『고려사』-

- [조준의 상소, 공양왕 즉위년] 원하옵건대, 전하께서는 무릇 개경에 거주하는 자에게는 단지 경기 안의 토지만을 지급하고 지방에서 이를 주는 것을 허락하지 마시고, 이를 규정된 법으로 정하여 민과 더불어 다시 시작하십시오. 그럼으로써 국가 재정을 풍족하게 하고, 민생을 후하게 하며, 조정의 선비들을 우대하고, 군대의 식량을 넉넉하게 하십시오.
 -『고려사』-

주제4 고려의 사회와 사상

1 고려 사회 모습

(1) 고려의 신분
  ① 양인(문무 관료, 중간계층, 농민 등)과 천인(대다수 노비)
  ② 정호 : 관료, 군인, 향리 등 직역의 대가로 토지 받고, 신분 세습
    ㉠ 문무 관료 : 고위 관직, 문벌 형성(과거, 음서, 공음전, 혼인으로 권력 독점)
    ㉡ 중간계층 : 실무/서리(중앙), 남반(궁중), 향리[지방, 호장·부호장(지방군 통솔)], 하급 장교

(2) 백정과 천인
  ① 백정 : 직역 없음, 대다수 농민, 군현 거주, 조세·공납·역 부담, 과거 응시 가능
  ② 향·부곡·소 주민 : 양인, 많은 조세·역, 제한(입학·과거·군현 양민과 결혼·거주지·출가)
  ③ 천인
    ㉠ 노비 : 매매, 상속, 증여의 대상, 일천즉천(부모 중 한 명이 노비면 자녀도 노비)
    ㉡ 공노비 : 관청에 속한 노비, 입역노비(잡역, 급료), 외거노비(신공 납부)
    ㉢ 사노비 : 개인 소유, 솔거노비(주인집 거주, 잡일), 외거노비(따로 거주, 신공 납부)

(3) 개방적 사회
  ① 신분 상승 가능성 : 엄격한 신분제 but 과거, 군공, 재산 축적 등을 통해 상승
  ② 귀화인 수용(관직, 토지 지급) : 대광현, 쌍기, 변안열 등

(4) 여성의 지위와 가족 제도
  ① 일부일처제, 가정생활과 경제 운영(남성과 거의 대등), 사회 활동 제한
  ② 자녀 균분 상속, 부부 재산 독립 관리, 윤회봉사
  ③ 여성 호주 가능, 호적 연령순 기재, 사위가 처가 호적에 오르거나 처가살이
  ④ 부계와 모계 모두 중시, 사위·외손자도 음서 혜택, 재혼 여성의 자손 차별 거의 없음

(5) 본관제
  이름 앞에 출신지 표기, 이주해도 호적에 원래 본관 기재, 가문의 근거지 중시, 향촌 통제 수단

PLUS 더 알아보기

- **향리** : 속현 및 특수 행정 구역에서 주현에 파견된 지방관 보좌, 조세·공물 거둬 중앙에 납부, 간단 소송 진행
- **외거노비** : 주인 토지 경작, 생산량 2분의 1 납부, 남은 몫 소유, 경제 처지는 농민과 비슷, 신분 상승 가능
- **특수 행정 구역** : 향·부곡(농업) / 소(수공업품·광물) / 장·처(세·공물·요역) / 역·진(교통·운송) / 향·부곡·소의 주민은 전쟁 패배, 집단 유배, 사회 계층 분화, 특수한 생산 노비의 집단 거주 등에서 연유한 것으로 추정한다. 향은 138개, 부곡은 406개, 소는 241개 등이 있었는데, 부곡은 217개가 경상도에 있다. 소에는 도자기를 만드는 자기소, 먹을 만드는 묵소, 금을 생산하는 금소, 소금을 생산하는 염소, 철을 생산하는 철소 등이 있었다.

사료 더하기

(1) 전시과

문무 백관으로부터 부병과 한인에 이르기까지 과(科)에 따라 전지와 초채지(樵採地, 시지)를 주었는데, 이를 전시과라 하였다. [토지를 받은] 사람이 죽으면 모두 국가에 반납하여야 했으나, 오직 부병은 나이 20세가 되면 처음으로 지급받고 60세가 되면 [국가에] 돌려주었으며, 자손이나 친척이 있으면 전정(田丁)을 전하게 하였다. …… 또, 공음전시가 있었으니, 역시 과(科)에 따라 자손에게 지급하여 전하게 하였다.
– 『고려사』 –

(2) 고려 관료의 부유한 생활

- 공[최충]의 저택은 12개의 누대(樓臺)에 진주와 비취가 나무처럼 빽빽이 늘어섰고, 진기한 꽃과 이상한 풀들이 울긋불긋 어울려 있어, 마치 신선의 누각에 올라 아득히 옥황상제가 사는 곳을 바라보는 것 같으니 귀와 눈으로 그 모습을 형용할 수가 없다. 그러나 이는 특히 후(候)의 저택에서는 흔히 볼 수 있는 일이니, 기이하다고 할 것은 못된다.
– 최자, 『보한집』 –
- 차약송이 "공작(孔雀)은 잘 있는가?"라고 묻자, 기홍수가 "생선을 먹다가 목구멍에 뼈가 걸려 죽었네."라고 답하고, 모란을 기르는 기술을 묻자, 차약송이 그 방법을 모두 알려주었다.
– 『고려사』 –

(3) 향리의 지위와 역할

- [과거 응시 자격] 각 주현의 부호장 이상의 손자와 부호정 이상의 아들로서 제술업과 명경업에 응시하려는 자는 소재지의 관원이 시험하여 개경에 공거(貢擧)하도록 한다. 상서성, 국자감에서는 [그들이] 지은 시와 부가 격식에 어긋나는 자들이나, 명경에서 1–2궤를 읽지 못하는 자를 심사하고 살펴, 그를 시험하여 추천한 관원을 처벌한다.
– 『고려사』 –
- [과거 급제] 이영은 자가 대년이고 안성군 사람이다. 아버지 이중선은 안성군의 호장으로 경군에 선발되었다. …… 아버지가 죽자 영업전을 물려받아 서리(胥吏)가 되려 하였다. 정조(政曹, 6부 중 이부와 병부)의 주사에게 서류를 제출하면서 읍만 하고 절을 하지 않으니 주사가 노여워하며 욕하였다. 이영이 즉시 그 서류를 찢어 버리며 말하기를 "내가 급제하여 조정에서 벼슬할 수 있거늘, 어찌 너 같은 무리에게 예를 차리겠는가?"라고 하였다. 숙종 때 을과로 뽑혀 직사관이 되다.
– 『고려사』 –
- [과거 급제] 엄수안은 영월군의 향리로 키가 크고 담력이 있었다. …… 원종 때 과거에 급제하여 도병마녹사가 되었다. … [충렬]왕이 엄수안이 능력 있다고 하여 3품의 관계를 하사하였다. 충청과 서북 2도의 지휘사와 서경유수를 역임하였는데, 이르는 곳마다 유능하다는 평판이 있었다.
– 『고려사』 –
- 나의 고향 비옥(비안현)은 상주의 속현이었는데, 상주에서 60여 리나 떨어져 있어 향리가 5일에 한 번 상주의 관청으로 가서 명령을 받으면서도 혹시 미치지 못할까 두려워하였다.
– 『신증동국여지승람』 –
- [약목] 군사의 호장인 인용교위 이원민과 부호장인 응률, 이성, 풍유, 신언, 그리고 호정인 굉운과 부호정인 성헌, 관인 광책 등이 태평 3년(현종 14년, 1023) 계해년 6월 어느 날 [그 탑을] 정도사에 안치하도록 의견을 출납하고 …….
– 「정도사 5층 석탑 조성 형지기」 –

(4) 과거 응시 차별

향·부곡·악공·잡류의 자손들이 과거에 응시하는 것을 허락하지 않는다.
– 『고려사』 –

(5) 신분 변동

- [백정→정호] 각 역(驛)의 정호를 나누어 6과(科)로 하였다. …… 1과는 정(丁) 75, 2과는 정 60, 3과는 정 45, 4과는 정 30, 5과는 정 12, 6과는 정 7이다. …… 만약 토지가 있으나 정호의 수가 부족하면 그 역(驛) 백정(白丁)의 자제 중 자원하는 자로 충당하여 세웠다.
– 『고려사』 –
- 이의민은 경주 사람으로 그의 부친 이선은 소금과 체를 파는 일을 하였고 모친은 영일현 옥령사의 여종이었다. …… 정중부의 난 때, 이의민이 많은 사람을 죽였으므로 중랑장이 되었다가 곧이어 장군으로 승진하였다.
– 『고려사』 –

- 조원정은 옥공(玉工)의 아들로 어머니와 할머니가 모두 관기(官妓)였다. 원래 관직이 7품으로 제한되었지만, 정중부의 난 때 이의방을 도왔기 때문에 낭장과 장군을 역임하였다. — 『고려사』 —
- 박의는 밀양 사람으로, 매와 개로써 충렬왕의 총애를 받았으며, …… 박의가 낭가대를 따라 원에 가서 꼬리 깃이 드물게 14개인 매를 바쳤으며, 그 답례로 [원] 황제가 자신을 대장군으로 삼았다고 왕에게 알려 장군이 되었다. …… 충선왕이 즉위하여 첨의찬성사를 더하였고, 밀양군에 봉하였다. — 『고려사』 —
- 강윤소는 본래 신안공의 노비인데, 몽골어를 잘하고 간교하게 굴어 원종의 총애를 받았다. 여러 번 원에 사신으로 간 공으로 출사했으며, 승진하여 장군이 되었다. …… 판삼사사로 벼슬에서 물러났다. — 『고려사』 —
- 평량은 원래 평장사 김영관의 노비로 견주(見州, 경기도 양주)에 살면서 농사에 힘써 부자가 되었다. 권세가에게 뇌물을 주고 천인의 신분을 면하고 양인이 되어 산원동정(散員同正)을 얻었다. 아내는 왕원지 가문의 노비였는데, 왕원지는 가난하여 가족을 이끌고 여종에게 의탁하고 있었다. 평량이 후하게 대접하고는 개경으로 돌아가라고 권한 다음, 비밀리에 처남인 인무, 인비 등과 함께 길에서 왕원지 부부와 자식들을 죽였다. 그 주인이 없어진 것을 다행으로 여기고 영원히 양인 신분이 될 줄 알았다. 아들 예규가 대정 벼슬을 얻도록 하고 팔관보판관 박유진의 딸과 결혼시켰으며, 또 인무는 명경학유 박우석의 딸에게 장가보내자 사람들이 모두 통분하였다. 이때에 이르러 어사대가 이들을 체포하여 신문한 후 평량을 유배보냈다. — 『고려사』 —

(6) 일반 군현 승격
- [명종 6년 정월, 1176] 공주 명학소의 백성 망이·망소이가 무리를 불러 모아 산행병마사라 칭하고 공주를 공격하여 함락하였다 … [명종 6년 6월] 망이의 고향인 명학소를 충순현으로 승격하고, 내원승 양수탁을 현령으로, 내시 김윤실을 현위로 임명하여 그들을 달래었다. — 『고려사』 —
- 고종 42년(1255)에 다인철소의 주민들이 몽골군을 방어하는 데 공을 세웠으므로, 익안현으로 승격하였다. — 『고려사』 —
- 유청신은 장흥부 고이부곡 사람이다. …… 국가의 제도에 부곡리는 비록 공적이 있어도 5품 이상 승진할 수 없었다. …… 몽골어를 배워 여러 번 사신을 따라 원에 가서 응대를 잘하였으므로, 충렬왕의 신임을 얻어 낭장에 임명되었다. …… 고이부곡을 고흥현으로 승격하였다. — 『고려사』 —
- 충숙왕 8년 고을의 도내산은소(道乃山銀所) 사람인 바얀부카가 원에 있으면서 본국(고려)을 위해 공을 세웠으므로, 소를 용안현으로 승격하였다. — 『고려사』 —
- 충혜왕 때는 환관 강금강이 원에 들어가 왕을 위해 궂은 일을 도맡아 했으므로, 그 고향 퇴관부곡을 내성현으로 승격하였다. — 『고려사』 —

(7) 고려에 온 외국인
장순룡은 원래 회회(回回, 이슬람) 사람으로, 초명은 삼가(三哥, 셍게)였다. …… 장순룡은 제국 공주의 겁령구(怯怜口, 원의 공주를 따라 고려에 온 자)로서 고려에 와 낭장에 임명된 후 여러 번 승진하여 장군이 되었으며, 지금의 이름으로 바꾸었다. — 『고려사』 —

(8) 여성의 지위
- 인간의 생을 잃지 않고 중국의 바른 집안에서 태어나되 남자의 몸을 얻게 해주소서. — 「창녕군 부인 장씨의 발원문」 —
- 원통 원년 계유년(충숙왕 2년, 1333) 남부 덕산리 호주 낙랑군 부인 최씨는 나이 60세로 갑술년생이다. 본관은 경주이다. …… 첫째 아들은 윤배이며, 32세이다. 둘째 아들은 윤성으로, 28세이다. 셋째 아들은 윤방으로, 24세이다. 넷째 아들은 혜근으로, 19세이다. — 『여주 이씨 세보』 —
- 의붓아버지가 가난을 이유로 공부시키지 않고 자기 친아들과 같은 일을 하게 하자, [이승장의] 어머니는 그럴 수 없다며 고집하기를, "먹고 살기 위해 부끄럽게도 전 남편과의 의리를 저버렸지만, 전 남편의 유복자(이승장)가 다행히 잘 자라 학문에 뜻을 둘 나이가 되었으니, 그 친아버지가 다니던 사립학교에 입학시켜 뒤를 잇게 해야해요. 안 그러면 죽은 뒤에 내가 무슨 낯으로 전 남편을 보겠어요?"라고 하였다. 마침내 [새 남편이] 결단하여 솔성재(率性齋)에서 공부하게 하니, 전 남편의 옛 학업을 뒤따르게 한 것이다. — 「이승장 묘지명」, 『역주고려묘지명집성』 —

- 아버지가 임종 때 모든 가산을 누나에게 주고, 어린 남동생에게는 치의(옷)와 치관(갓), 미투리(신발)와 양지(종이)만 물려주었다. 남동생이 장성한 후 송사를 벌였는데 손변이 재판을 맡았다. 손변은 "자식에 대한 부모의 마음은 같은데 어찌 혼인한 딸에게는 후하고, 어미 없는 어린 아들에게 박하겠는가? 어린 동생이 의지할 사람은 누나밖에 없는데, 균등하게 재산을 물려주면 혹 동생을 아끼는 마음이 덜하게 되어 잘 보살피지 못할까 염려한 것이다. 그런 까닭에 아들이 장성하면 이 종이를 써서 소장을 작성한 후, 치의와 치관을 입고 미투리를 신고서 관에 고하면 장차 능히 판결해 줄 사람이 있으리라 생각한 것이다. ―『고려사』―
- 담당 관리가 청하기를 "왕의 이름과 같은 글자를 쓰는 것을 피하기 위하여 탁씨 성을 가진 자들은 모두 외가의 성을 따르도록 하십시오. 만약 친가와 외가의 성이 같으면 친조모나 외조모의 성을 따르게 하기를 청합니다."라고 하였다. ―『고려사』―

(9) 혼인 제도
- 정가신은 나주 사람으로, …… 일찍이 승려 천기를 따라 개경에 왔는데, 가난하여 의지할 곳이 없어 천기에게 얹혀 살았다. 천기는 [그를] 부잣집에 데릴사위로 보내려 하였으나, 응하는 집이 없었다. 태부소경 안홍우가 허락하였지만 나중에 후회하기를, "내 비록 가난한 사족(士族)이지만, 어찌 향공진사의 아들을 받아들일 것인가?"라고 하였다. 얼마 후 안홍우가 죽고 집안이 날로 가난해지자 그제야 허락하였다. ―『고려사』―
- 순비 허씨는 공암현 사람으로 중찬 허공의 딸이다. 일찍이 평양공 왕현에게 시집가서 3남 4녀를 낳았다. 남편 왕현이 죽고 충렬왕 34년 충선왕이 부인으로 맞아들였다가 즉위하자 허씨를 순비로 책봉하였다. ―『고려사』―
- 직한림 이규보는 장인 대부경 전공 영전에 제사를 올립니다. 저는 어려서 아버지를 여의고 가르침을 받을 분이 없었는데, 공에게 오자 친히 가르치고 격려하셨습니다. 제가 분발해서 사람이 된 것은 공의 덕분이었습니다. 옛적 친영은 부인이 사위에게 가는 것이므로 부인 집으로 도움을 받는 것이 거의 없었습니다. 지금은 결혼하면 남자가 여자의 집으로 가 모든 것을 부인의 집에 의지하니 장모와 장인의 은혜가 친부모님과 같습니다. 아! 장인이시여. 저를 돈독하게 대우하시고 필요한 것을 마련해 주셨는데, 저를 두고 돌아가시니 앞으로 누구에게 의지하겠습니까? 명산 기슭에 무덤을 쓰고 영원히 이별합니다. 혼령이시여! 저의 소박한 제사를 흠향하십시오. ―『동국이상국집』―
- 충렬왕 때 박유가 상소하기를, "우리나라는 본래 남자는 적고 여자가 많은데, 지금 신분의 높고 낮음에 관계없이 모두 처 1명을 두고 있으며, 아들이 없는 자도 감히 첩을 두지 못합니다. 다른 나라 사람이 와서 제한 없이 아내를 두므로 인재들이 모두 원으로 흘러들어갈까 두렵습니다. 청컨대, 대소신료는 여러 명의 처를 두게 하되, 관품에 따라 그 수를 점차 줄여 서인(庶人)에게는 1처 1첩을 두게 하며, 여러 처에서 낳은 아들도 역시 적자(嫡子)와 같이 벼슬에 나갈 수 있게 하소서. 이렇게 하면 원망을 품는 자들도 없어지고 호구(戶口)도 증가할 것입니다."라고 하였다. 부녀자들이 이 소식을 듣고 원망하고 두려워하지 않는 자가 없었다. 마침 연등회 날 저녁에 박유가 왕의 행차를 호위하여 따라갔는데, 한 노파가 그를 손가락질하면서 "첩을 두자고 한 자가 저 빌어먹을 노인네다."라고 하자, 모든 여자가 박유에게 손가락질하였다. 당시 재상들 중 아내를 두려워하는 자들이 있었으므로, 실행하지 못하였다. ―『고려사』―

2 고려의 사상

(1) 불교 숭상
- ① 특징 : 국가 불교(사찰 건립, 연등회 장려, 승록사-불교 담당 관청), 승과(왕사·국사), 호국불교(대장경), 교선 통합 논의, 관음 신앙(민간)
- ② 주요 승려의 활동

승려	사상 및 주요 활동
의천(1055~1101)	왕자 출신 승려, 화엄종 중심 교종 통합, 천태종 개창(교종 입장에서 선종 통합), 교관겸수
지눌(1158~1210)	수선사 결사(독경, 선 수행, 노동), 조계종 발전, 정혜쌍수, 돈오점수
혜심(1178~1234)	유불일치설, 성리학 수용 토대
요세(1163~1245)	백련사 결사, 백성 호응(극락왕생 : 참회·염불)

- ③ 원 간섭기 폐단 : 권문세족과 결탁, 사원의 토지 겸병·고리대업, 승려의 불법 행위
- ④ 대장경과 불교예술
  - ㉠ 대장경 : 불교 경전 집대성, 부처의 힘으로 외세 극복 염원, 초조대장경, 팔만대장경
  - ㉡ 불교예술 : 사원 건축, 불상, 불화, 석탑 / 목조 건축물(봉정사 극락전, 부석사 무량수전)

(2) 유교의 발달
- ① 유교 정치 이념 정립 : 유학 교육 확대 및 이해 심화, 새 국가 건설 및 사회 개혁 추구
  - ㉠ 태조 : 6두품 출신 유학자 등용, 학교 건립
  - ㉡ 광종 : 과거제 실시, 유교적 소양을 갖춘 관리 등용
  - ㉢ 성종 : 최승로 시무 28조 수용, 국자감 설치, 경학박사 파견, 향교 설립
  - ㉣ 현종~문종 : 유교 덕목인 위민(爲民)이 지방관의 책무로 정립
- ② 중기 보수화 및 사학 융성
  - ㉠ 문벌 사회, 지배 체제 안정 추구, 사학 12도 융성(최충의 9재 학당), 김부식(현실 안정 추구)
  - ㉡ 관학 진흥책 : 숙종(서적포), 예종(국학에 7재, 양현고 설치), 인종(경사 6학 정비)
- ③ 성리학 수용 : 인간의 심성과 우주의 원리를 철학적 탐구 / 안향(심성 수양, 실천적), 이제현(이해 심화), 신진사대부(불교 폐단 비판, 개혁 추구, 유교적 생활 규범 : 『소학』, 『주자가례』)

④ 역사서 편찬

시기	역사서	저자	특징
초기	『7대 실록』	황주량 등	태조~목종 실록, 거란 침입 시 소실, 현존×
중기	『삼국사기』	김부식	유교적 합리주의, 기전체, 현존 최고(最古), 신라 계승 의식
무신 집권기	『동명왕편』	이규보	한문 서사시, 고구려 계승 의식, 동국이상국집에 수록
	『해동고승전』	각훈	우리나라 역대 고승의 전기, 중국 불교와 대등하다는 인식
원 간섭기 말기	『삼국유사』	일연	단군 신화, 신이 사관
	『제왕운기』	이승휴	서사시(중국·우리 역사), 단군 강조, 발해를 우리 역사로 편입
	『사략』	이제현	대의명분 강조, 성리학적 사관, 「사론」
	『본조편년강목』	민지	성리학 영향, 편년체

(3) 도교와 풍수지리설
   ① 도교 : 기복신앙, 초제, 복원궁(도교 사원), 도교적 신앙 행위 및 수련법 유행
   ② 풍수지리설 : 도참사상과 결합, 묘청의 서경 천도 운동, 3경에 영향(남경 길지설)
   ③ 민간 신앙 : 성황 신앙(공동체 수호신), 산신 신앙, 무속 신앙

PLUS 더 알아보기

- 기전체 사서의 구성 : 본기(왕), 세가(제후), 지(제도), 열전(신하·장수의 전기), 연표
- 고려전기 역사 인식 : 신이 사관(신화, 설화 중시), 유교 사관(근거 중시, 합리적 역사 인식)
- 도참 사상 : 미래 길흉화복 예언, 풍수지리·천문·음양오행·주술·도교·불교 등 사상과 결합

사료 더하기

(1) 최충의 9재 학당
    최충이 죽으니 시호를 문헌(文憲)이라고 하였는데, 후에 과거에 응시하려는 자들이 모두 9재의 명부에 이름을 올리니, 이들을 일러 문헌공도라고 하였다. … 세간에서는 이를 12도라 불렀는데, 최충의 학도가 가장 성하였다.
    －『고려사』－

(2) 역사서 편찬
- 성상 폐하(인종)께서는 " …… [중국의] 역사서는 자기 국내에 관한 것을 상세히 하고 외국에 관한 것은 간략히 하였기에 [우리 삼국의 역사는] 상세히 실리지 않았다. 또, 그 옛 기록은 문체가 거칠고 졸렬하고 역사적 족적을 놓친 것이 많아, …… 일가의 역사를 완성하여 이를 만대에 물려주어 해와 별처럼 환하게 하고 싶다."라고 하셨습니다.
－ 김부식, 「진삼국사기표」－
- 신라의 박씨, 석씨는 모두 알에서 태어났고, 김씨는 금으로 된 상자에 들어가 하늘에서 내려왔다거나 혹은 금수레를 탔다고도 한다. 이는 너무 괴이해서 믿을 수 없으나, 세속에서는 서로 전하며 이것이 사실이라고 한다. －『삼국사기』－

- 대저 옛 성인들은 …… 괴력난신(怪力亂神)을 말하지 않았다. 그러나 제왕이 장차 일어날 때는 부명에 응하거나 도록을 받아 반드시 범인과 다름이 있은 연후에야 능히 큰 변화를 타고 제왕의 지위를 얻고 대업을 이룰 수 있는 것이다. …… 삼국의 시조가 모두 신이(神異)한 데서 나왔다는 것이 어찌 괴이하겠는가. …… 『위서』에 이르기를, "지금으로부터 2천여 년 전에 단군왕검이 있어 아사달에 도읍을 정하였다. …… 나라를 개창하여 조선이라 했으니 고(요임금)와 같은 시대이다." ─ 『삼국유사』 ─
- 공자는 괴력난신을 말씀하지 않았다. …… 『구삼국사』를 보니 …… 처음에는 믿지 못하고, 귀(鬼)나 환(幻)으로만 생각하였는데, 세 번 반복하여 읽어서 점점 그 근원에 들어가니, 환(幻)이 아니고 성(聖)이며, 귀(鬼)가 아니고 신(神)이었다. …… 김부식 공이 국사를 중찬할 때에 자못 그 일을 생략하였는데, 국사는 세상을 바로잡는 글이니 크게 이상한 일은 후세에 보일 것이 아니라 생각하여 생략한 것이 아닌가? ─ 『동명왕편』 ─
- [삼국사기, 동명왕편 서술 비교] 가을 9월에 왕이 돌아가시니 이때 나이가 40세였다. 용산에 장사지내고 동명성왕이라 불렀다. ─ 『삼국사기』 ─
- [삼국사기, 동명왕편 서술 비교] 가을 9월에 [동명성]왕이 하늘에 오르고 내려오지 않으니 이때 나이가 40세였다. 태자가 왕이 남긴 옷 채찍을 대신 용산에 장사지냈다고 한다. ─ 『동명왕편』 ─
- 요동에 따로 하나의 천하가 있으니, 돌연히 중국과 구분되어 나뉘네. …… 처음에 누가 나라를 세워 세상을 열었는가? 석제(釋帝)의 손자로 이름은 단군이라네. …… 요임금과 함께 무진년에 나라를 세워 순임금 때를 지나 하나라 때까지 왕위에 계셨도다. …… 공주와 혼인하는 총애를 받으니, 성대하구나! 빈왕(賓王)의 이로움이여! 몸소 효행을 실천하고, 왕위에 오르는 하늘의 복을 받았네. 천자의 누이(원 공주)는 왕비가 되었고, 황제의 외손자(충선왕)는 왕세자가 되셨네. 왕업은 다시 빛나고, 황제의 은혜는 멀리까지도 서서히 스며들었도다. ─ 『제왕운기』 ─

(3) 도교와 풍수지리설 및 민간 신앙
- 대관 경인년(예종 5년, 1110)에 천자께서 저 먼 변방에서 현묘한 도를 듣고자 하는 뜻을 헤아려, 고려에 사신을 파견하면서 도사 2인을 딸려 보내 교법(敎法)에 통달한 자를 골라 가르치도록 하였다. 왕우(예종)는 신앙이 돈독하여 정화 연간에 복원관을 처음 세워 도가 높고 참된 도사 10여 명을 받들었다. ─ 『선화봉사고려도경』 ─
- [풍수지리설] 『도선기』에 이르기를, "고려의 땅에 3경(京)이 있으니, 송악이 중경, 목명양이 남경, 평양이 서경이다. 11월, 12월, 정월, 2월에는 중경에서, 3~6월은 남경에서, 7~10월은 서경에서 거주하면 36개국이 와서 조공할 것이다."라고 하였습니다. ─ 『고려사』 ─
- [성황 신앙] 호랑이가 새 도읍[한양]의 문하부로 들어와 많은 사람을 치고 도망갔다. …… 호랑이가 사람과 가축을 해치니 모두 두려워하였다. 왕이 사신을 보내서 백악(白岳), 목멱(木覓), 성황(城隍)에 제사를 지내어 재앙이 물러가도록 빌게 하였다. ─ 『고려사』 ─

주제5 조선 시대 세계관의 변화

1 유교적 통치 체제

(1) 조선 건국
① 고려 말, 권문세족·불교사원의 농장 확대, 홍건적·왜구의 침입 → 신진 사대부, 신흥 무인 성장
② 과정 : 위화도 회군(1388, 이성계) → 과전법(1391) → 건국(1392)
③ 성리학 : 새로운 통치 이념, 유교적 민본 정치, 명 중심 화이론적 세계관

(2) 유교적 법치국가
① 왕권과 신권의 관계 : 의정부 서사제(세종)와 6조 직계제(태종, 세조)
② 『경국대전』: 성문법, 유교적 통치 체제, 6전 체제(이·호·예·병·형·공전)
③ 중앙 통치 기구
  ㉠ 국왕, 의정부(재상 합의), 6조(이·호·예·병·형·공조), 승정원(왕명 출납), 의금부(국왕 직속 사법 기구)
  ㉡ 3사(사헌부-감찰, 사간원-간쟁, 홍문관-자문) / 경연(학술·정책 토론), 상소(재야 유생 참여)
  ㉢ 춘추관(역사), 성균관(교육), 한성부(수도의 행정과 치안)
④ 지방 행정 조직 : 중앙 집권 강화
  ㉠ 8도(관찰사 : 행정, 수령 지휘·감독), 군현(수령 : 행정·사법·군사권), 향리(행정 실무)
  ㉡ 유향소 : 사족의 향촌 자치 기구(여론 수렴, 수령 보좌, 향리 감시, 풍속 교화)
⑤ 인사 제도 : 개인 능력 중시(과거 : 문·무·잡과), 천거, 음서, 서경, 상피제
⑥ 비변사
  ㉠ 16C 초, 왜구·여진의 침입에 대비해 국방 문제를 담당하는 임시 기구로 설치
  ㉡ 을묘왜변을 계기로 상설화, 왜란과 호란을 거치며 국정 최고 기구화

PLUS 더 알아보기

- **경관직** : 조선시대 중앙에 있던 관직을 통틀어 이르는 말
- **한양** : 정도전은 유교 원리에 따라 한양을 설계하였고, 『주례』에 따라 경복궁의 동쪽에 종묘를 두고, 서쪽에 사직단을 두었다. 또한 사대문에는 인의예지를 상징하는 이름(흥인지문, 돈의문, 숭례문, 숙정문)을 붙였다.
- **상피제** : 일정한 범위 내의 친족이 동일한 관청에 함께 근무하지 못하게 하거나, 수령을 임명할 때 자기 출신지에 부임하는 것을 금지하는 제도
- **취재** : 조선시대에 과거와는 별도로 하급관리를 채용하기 위해 실시하던 시험

사료 더하기

(1) 과전법과 수취제도

- 경기는 사방의 근본이니 마땅히 과전을 두어 사대부를 우대한다. 무릇 경성에 거주하여 왕실을 시위(侍衛)하는 자는 현직인지 산직인지를 묻지 않고 각각 과에 따라 받게 하였다. …… 무릇 토지를 받은 자가 죽은 후, 그의 아내가 자식이 있고 수신(守信)하면 남편의 과전을 모두 물려받고 자식이 없이 수신하는 자는 절반을 물려받는다. 부모가 모두 사망하고 그 자손이 어린 경우에는 휼양(恤養)하는 것이 이치에 합당하니 과에 따른 그 아버지 토지 전체를 전해 받도록 하며, 20세가 되면 본인의 과에 따라 받는다. ─『고려사』─

- 무릇 토지는 매년 9월 보름 이전에 수령이 그 해의 농사 형편을 살펴 등급을 매긴다. …… 소출이 10분의 10이면 상상년으로 정하여 1결당 20말, 9분이면 상중년으로 정하여 18말, …… 3분이면 하중년으로 6말, 2분이면 하하년으로 4말씩 거두며 1분이면 면세한다. ─『경국대전』─

(2) 민본과 덕치

- 오랫동안 가물었다가 태조가 왕위에 오르자 비가 억수같이 내리니 백성들이 기뻐하였다. ─『태조실록』─
- 신하들이 거듭 왕위에 오르기를 권하니, 마침내 태조가 마지못하여 …… 대전에 들어가 왕위에 오르는데, 어좌를 피하고 기둥 안(楹內)에 서서 축하 인사를 받았다. ─『태조실록』─
- 벼슬아치와 일반 백성에게 가부를 물어 아뢰도록 하여라. ─『세종실록』─
- 이달에 임금이 친히 언문 28자를 지었는데, 옛 전자(篆字)를 모방하였고, 초성·중성·종성으로 나누어 합한 후에야 글자를 이루었다. 무릇 문자와 말로 전해지는 것을 모두 쓸 수 있고, 비록 글자가 간단하지만 전환하는 것이 무궁하니, 이를 훈민정음(訓民正音)이라고 일렀다. ─『세종실록』─

(3) 중앙 통치 기구

- [6조 직계제] 의정부의 업무를 6조로 귀속하였다. 의정부 재상 권한이 막강해서 개혁하여 개선하고자 한다. 의정부는 사대문서(事大文書)와 중죄수의 재심만을 하도록 한다. 의정부의 행정 업무는 6조가 나누어 처리하되, 내가 직접 보고를 받은 후 결정하겠다. ─『태종실록』─
- [의정부 서사제] 6조 직계제를 시행한 후 6조에 업무가 집중되었다. 업무의 경중이 제대로 구별되지 않으며, 의정부는 사형수를 심판하는 일만 하게 되므로 재상에 위임하는 뜻에 어긋난다. 6조는 모든 직무를 의정부에 품의하고, 의정부는 가부를 헤아려 왕에게 아뢰어 [왕의] 전지를 받아 6조로 보내 시행한다. 다만 이·병조의 관직 제수, 병조의 군사 업무, 형조의 사형수를 제외한 판결 등은 종래와 같이 각 조에서 직접 [왕에게] 아뢰어 시행하고 곧바로 의정부에 보고한다. ─『세종실록』─
- [3사의 역할] 사헌부는 시정을 논하여 바르게 이끌고, 모든 관원을 규찰하고, 풍속을 바로잡고, 원통하고 억울한 일을 풀어주고, 거짓된 행위를 금하는 등의 일을 맡는다. …… 사간원은 간쟁하고, 정사의 잘못을 논박하는 직무를 행한다. …… 홍문관은 궁궐 안의 경적 관리, 문한을 관리하며, 왕의 자문에 대비한다. 제학 이상은 다른 관부 관원이 겸한다. 모두 경연을 겸대한다. ─『경국대전』 이전. 경관직 ─

(4) 경국대전

- 책이 완성되어 6권으로 만들어 바치니, 『경국대전(經國大典)』이라는 이름을 내리셨다. 「형전」과 「호전」은 이미 반포되어 시행하고 있으나 나머지 네 법전은 미처 교정을 마치지 못했는데, 세조께서 갑자기 승하하시니 지금 임금[성종]께서 선대 왕의 뜻을 받들어 마침내 하던 일을 끝마치고 나라 안에 반포하셨다. ─『경국대전』─
- 인천에 사는 전 첨지중추부사 하우명은 어려서부터 부모를 봉양함에 있어서 괴로움을 꺼리지 않고 스스로 정성을 다하였고, 어버이가 돌아가시자 부모의 무덤 옆에서 3년을 지내면서 직접 땔감을 져다가 밥을 지었고 …… 그 효성이 순박하고 지극합니다. 청컨대 [경국]대전에 의거하여 정문(旌門, 효자문)을 세우고 복호(復戶, 잡역 부담을 감면하거나 면제)하여 권장하소서. ─『성종실록』─

(5) 양난 이후 변화
- [비변사] 비변사는 전쟁 때문에 설치한 것으로 국가의 중대사를 다 맡긴 것은 아니었습니다. 그런데 오늘에 와서는 크고 작은 일 모두 중요하게 취급되었고, 의정부는 헛 이름만 지니고 6조는 그 임무를 잃었습니다. 그 명칭은 변방의 방비를 담당하는 것이라고 하면서, 과거 시험의 판정, 비빈(妃嬪)의 간택 등 모두 이 기구를 거칩니다. — 『효종실록』 —
- [대동법] 고을에서 진상하는 공물이 관청의 방납인에 의해 막혀 물건 값이 3, 4배 혹은 수십, 수백 배까지 올라 그 폐해가 극심합니다. 마땅히 별도로 하나의 청(廳)을 설치하여 매년 봄, 가을에 백성에게 쌀을 거두되, 토지 1결 마다 두 번에 걸쳐 8말씩 거두어 본청에 수납하게 하소서. — 『광해군일기』 —

2 사림과 붕당

(1) 사림의 성장
① 훈구와 사림
   ㉠ 훈구 : 세조 즉위에 공로, 고위 관직 독점, 재산 축적, 권력 남용
   ㉡ 사림 : 길재를 계승한 지방 사족, 왕도 정치·향촌 자치 주장, 3사 언론 활동, 훈구파 견제 (성종)
② 사화 발생 : 훈구와 사림의 대립
   ㉠ 무오사화(연산군, 조의제문), 갑자사화(연산군, 폐비 윤씨), 기묘사화(중종, 조광조 일파), 을사사화(명종, 외척 갈등)
   ㉡ 중종의 사림 등용 : 중종반정(연산군 폐위) 후 훈구 공신들 실권 장악 → 중종의 사림 중용
   ㉢ 조광조 개혁 정치(왕도정치, 향촌 질서 확립 : 현량과, 향약 보급, 위훈 삭제) → 기묘사화
③ 사림 집권 : 선조 때 서원·향약 기반으로 주도권

(2) 붕당정치와 탕평책
① 붕당정치 전개 및 변질

선조	광해군	인조	효종	현종	숙종
동·서 분당 동인 → 남인/북인	북인 집권 폐모살제 중립 외교	서인 집권 대명 사대 강화 → 호란	서인 집권 북벌론	두 차례 예송 (서인 → 남인)	잦은 환국 → 탕평론 대두 서인 → 노론/소론

② 탕평정치 : 정국 안정(국왕 주도, 붕당 대립 완화) → 폐단 존속, 미봉책
   ㉠ 영조 : 탕평파 육성, 이조전랑 권한 약화, 서원 정리, 신문고 설치, 균역법, 형벌 개선, 『속대전』
   ㉡ 정조 : 노론·소론·남인 등용, 규장각, 초계문신제, 서얼 차별 완화, 장용영, 화성, 신해통공, 『대전통편』

(3) 세도정치 : 세도가(외척)의 권력 독점, 정치 기강 문란
① 전개 : 순조, 헌종, 철종 3대 60여 년간 안동 김씨와 풍양 조씨 등 세도 가문
② 폐단 : 비변사 장악, 중앙 군영 지휘권 장악, 왕권 약화, 3사 언론 기능 상실, 삼정 문란, 농민 봉기

PLUS 더 알아보기

- **조의제문**: 항우가 폐위한 중국 초의 황제인 의제를 애도하는 글로, 훈구 세력은 김종직이 항우에 빗대어 세조를 비판하였다고 주장하였다.
- **현량과**: 학문과 덕행이 뛰어난 인재를 천거하여 왕이 참석한 가운데 구술시험을 치러 관리로 등용하는 제도
- **백운동 서원**: 서원의 시초, 명종 대에 사액서원이 됨(소수서원 현판 하사)
- **이조전랑**: 이조정랑과 좌랑을 합쳐 부르는 말로, 3사의 관리를 추천하고 후임자를 천거할 수 있다.
- **정여립 모반 사건**: 본래 서인이었으나 수찬이 된 뒤 집권세력인 동인 편에 붙어 이이를 배반하여 선조의 미움을 받아 벼슬을 버리고 고향으로 갔다. 대동계를 결성하여 역모로 고발되었고 일당이 처형되었다. 이 사건으로 동인이 몰락하고 서인이 정국을 주도하였다.
- **예송**

예송	쟁점	서인 주장	남인 주장	승리
기해예송(1659)	효종 사후 자의대비 복상	1년설	3년설	서인
갑인예송(1674)	효종비 사후 자의대비 복상	9개월설	1년설	남인

사료 더하기

(1) 사림과 공론

- 사신(사관)이 다음과 같이 논평하였다. "김종직은 경상도 사람이며, 학문이 뛰어나고, 문장을 잘 지으며 가르치기를 즐겼는데, 그에게서 수업한 자 중에 과거에 급제한 사람이 많았다. 그러므로 경상도의 선비로서 조정에서 벼슬하는 자들이 종장(宗匠)으로 추존하여, 스승은 제 제자를 칭찬하고, 제자는 제 스승을 칭찬하는 것이 사실보다 지나쳤다. 조정에 새로 진출한 무리도 그 잘못되었음을 깨닫지 못하고, 따라서 붙좇는 자가 많았다. 그때 사람들이 이것을 비평하여 '경상도 선배의 무리(慶尙先輩黨)'라고 하였다." – 『성종실록』 –

- 대사헌 이계맹과 대사간 윤희손 등이 아뢰기를 "근래 신 등이 아뢴 일이 많았으나 하나도 흔쾌히 따르신 것이 없습니다. 받아들이신 것은 다만 모두 작은 일뿐이고 …… 신 등의 직책은 간언에 있으니, 실망이 많습니다. 전하의 뜻은 어떠하신지 모르겠습니다."라고 하니, 전교하기를 "근일 대간의 말을 받아들인 것이 한두 가지가 아니다. 들을 만하면 듣고 의논할 만하면 의논한다. 들을 만하지 못한 것을 어찌 반드시 좇겠는가?"라고 하였다. 대간이 또 아뢰기를 "공론은 국가의 원기이며, 대간은 공론을 제기하는 관리입니다. 원기가 쇠하면 사람이 병들고 공론이 폐지되면 나라가 위태롭습니다. 전하께서 즉위한 이래 신 등이 공론을 잡고 연달아 대궐 아래 엎드렸습니다. ……" – 『중종실록』 –

- 마음으로 옛 도를 흠모하고 유생의 행실을 지키며 법도에 맞게 공론을 지탱하는 사람을 사림이라 합니다. 사림이 조정에 있으면서 공론으로 사업을 행하면 나라가 잘 다스려집니다. – 『율곡전서』 –

- 인심이 함께 옳다 하는 것을 공론이라 하며, 공론의 소재를 국시라고 합니다. 국시란 한 나라의 사람이 의논하지 않고도 똑같이 옳다 하는 것이니, 이익으로 유혹하는 것도 아니고 위세로 무섭게 하지 않아도 삼척동자도 그 옳은 것을 아는 것이 국시입니다. – 『율곡전서』 –

- 홍문관 부제학 정광적 등이 상차하기를, "공론은 국가의 원기(元氣)입니다. 공론이 행해지지 않으면 시비가 밝지 않아 망하는 것이 따르니, 어찌 크게 두려워할 일이 아니겠습니까. 지금 양사가 원흉의 남은 당인(黨人)에게 죄를 더하는 일로 여러 날 논의하고 있는데, 성상의 들으심은 더욱 멀어져 한 번도 윤허를 받지 못하였습니다. 가볍고 적다고 하여 죄를 더하지 않는다면, 신들이 그렇지 않다는 점을 밝히겠습니다." – 『광해군일기』 –

(2) 왕도정치와 현량과

- 아랫사람들을 진작시킴은 윗사람에게 달린 것이니, 성상께서 먼저 덕을 닦아 감동시킨다면 아랫사람들도 감동되지 않는 자가 없어, 정치가 지극히 바르게 될 것입니다. — 『중종실록』 —
- 제왕이 교화를 독실하게 하고 풍속을 아름답게 하여 민중을 거느리고 선을 행하는 것은 공론을 따르고 하정(下情)을 빼앗지 않는 것에 불과합니다. 더욱 공경하게 마음을 가지고 백성을 대수롭게 여기지 말아야 하며 민첩하고 용맹하고 과단해서 물정(物情)을 힘써 따르소서. — 『중종실록』 —
- [현량과] 외방의 경우 관찰사와 수령, 서울의 경우 홍문관, 육경(六卿), 대간에 모두 능력 있는 사람을 천거하게 한 후, 대궐에 모아 놓고 친히 대책(對策) 시험을 치르게 한다면 인재를 많이 얻을 수 있을 것입니다. 이는 역대 선왕께서 하지 않으셨던 일이요, 한(漢)의 현량과(賢良科)와 방정과(方正科)의 뜻을 이은 것입니다. 덕행은 여러 사람이 천거하는 바이므로 반드시 헛되거나 그릇되는 일이 없을 것입니다. — 『중종실록』 —

(3) 붕당정치의 전개와 특징

- [동서 분당] 김효원이 알성 과거에 장원으로 합격하여 [이조]전랑의 물망에 올랐으나, 그가 윤원형의 문객이었다 하여 심의겸이 반대하였다. 그 후에 심충겸(심의겸의 동생)이 장원 급제하여 전랑으로 천거되었으나, 외척이라 하여 효원이 반대하였다. 이때, 양편 친지들이 각기 다른 주장을 내세우면서 서로 배척하여 동인, 서인의 말이 여기서 비롯하였다. 효원의 집이 동쪽 건천동에 있고 의겸의 집이 서쪽 정동에 있기 때문이었다. 동인의 생각은 결코 외척을 등용할 수 없다는 것이었고, 서인의 생각은 의겸이 공로가 많을뿐더러 선비인데 어찌 앞길을 막느냐는 것이었다. — 이긍익, 『연려실기술』 —
- 붕당은 싸움에서 생기고 싸움은 이해관계에서 생긴다. 이해관계가 절실하면 붕당이 깊어지고, 이해관계가 오래될수록 붕당이 견고해지는 것은 당연하다. 이렇게 되는 이유는 무엇인가? 지금 열 사람이 함께 굶주리고 있는데 한 그릇의 밥을 같이 먹게 되면 그 밥을 다 먹기도 전에 싸움이 일어날 것이다. …… 조정의 붕당도 어찌 이와 다를 것이 있겠는가? — 이익, 『곽우록』 —
- 붕당의 폐단이 요즘보다 심한 적이 없었다. 처음에는 사문(斯文)에 소란을 일으키더니, 지금에는 한편 사람을 모조리 역당으로 몰고 있다. 세 사람이 길을 가도 어진 사람과 불초한 사람이 있게 마련인데, 어찌 한편 사람이라고 모두가 같은 투일 리가 있겠는가? — 『영조실록』 —

(4) 탕평책

- 두루 원만하고 편향되지 않음이 군자의 마음이요, 편향되고 원만하지 못함이 소인의 사사로운 마음이다. — 『탕평비』 —
- 공경과 서료(庶僚)들은 대대로 녹을 먹은 신하들인데, 보답할 도리를 생각하지 않고, 목인(睦婣)의 의리를 생각하지 않으면서, 한 조정 가운데서 공격을 일삼고 한 집안에서 싸움만을 서로 계속하고 있으니, …… 당습(黨習)을 버리고 공평(公平)하기에 힘쓰라. — 『영조실록』 —
- 만천명월주인옹(萬川明月主人翁, 정조)은 말한다. 달은 하나뿐이고 물의 종류는 1만 개나 되지만, 물이 달빛을 받을 경우 앞 시내에도 달이요, 뒤 시내에도 달이어서 달과 시내의 수가 같게 되므로 시냇물이 1만 개면 달 역시 1만 개가 된다. 그러나 하늘에 있는 달은 물론 하나뿐인 것이다. — 『홍재전서』, 만천명월주인옹자서 —
- 당목(黨目)이 생긴 이래로 삼상(三相)이 오늘과 같은 적은 아마도 처음 있는 일일 듯하다. 그러므로 이번 일로 나는 자부하는 기색이 있다. 경들 세 사람은 모름지기 각자 마음을 다해 나로 하여금 좋은 결과를 볼 수 있게 하라. 오늘의 급선무는 조정에서 의심하여 멀리하는 것을 없애는 데 있을 뿐이다. — 『정조실록』 —

(5) 삼정의 문란

- 한 늙은 아전이 대궐에서 돌아와서 처자식에게 "요즘 이름 있는 관리들이 모여 하루 종일 이야기를 하여도 나랏일에 대한 계획이나 백성에 대한 걱정은 하지 않는다. 오직 각 고을에서 보내오는 뇌물의 많고 적음과 좋고 나쁨에만 관심을 갖고, 어느 수령이 보낸 물건은 극히 정묘하고 또 어느 수령이 보낸 물건은 매우 넉넉하다고 말한다. 이름

있는 관리들이 말하는 것이 이러하다면 지방에서 거둬들이는 것이 반드시 늘어날 것이니, 나라가 어찌 망하지 않겠는가."라고 한탄하면서 눈물을 흘렸다.
— 정약용, 『목민심서』 —

- [군정 문란] 노전 마을 젊은 아낙 그칠 줄 모르는 통곡소리 / 현문을 향해 슬피 울며 하늘에 호소하네. /
쌈터에 간 지아비가 못 돌아오는 수는 있어도 / 남자가 그걸 자른 건 들어본 일이 없다네. /
시아비 상복 막 벗고 갓난아기는 배냇물도 마르지 않았는데/ 삼대가 군적에 실리다니 /
아무리 호소해도 문지기는 호랑이 같고 / 이정은 으르렁거리며 마구간 소마저 몰아가네. /
칼을 갈아 방에 들자 자리에는 피가 가득 / 자식 낳아 군액 당한 것 한스러워 그랬다네. ……
— 정약용, 『애절양』 —

3 국제 질서 변동과 조선의 대외 관계

(1) 사대교린
  ① 명에 사대
    ㉠ 국초 요동 정벌 문제로 명과 갈등 → 태종 때 이후 친선 관계
    ㉡ 조공·책봉 관계 / 경제적·문화적 교류(실리 추구)
  ② 교린(회유·강경책)
    ㉠ 여진 : 무역소 설치, 귀순 장려 / 4군(최윤덕)과 6진(김종서) 설치
    ㉡ 일본 : 3포(부산포, 염포, 제포) 개항 및 왜관 설치 / 쓰시마섬 토벌(이종무)
    ㉢ 시암·류큐·자와 : 조선이 선진 문물을 전파하고, 그들이 사신과 토산물을 보내옴

(2) 임진왜란
  ① 배경 : 북로남왜(명), 히데요시의 전국 통일 및 대륙 침략 욕구 등
  ② 전개
    ㉠ 침략 초기 잇따른 패배, 20일 만에 한성 함락 / 선조는 의주까지 피란
    ㉡ 수군(이순신, 한산도 대첩 등)과 의병의 활약(곽재우, 조헌 등)
    ㉢ 조명 연합군의 평양성 탈환, 권율의 행주 대첩
    ㉣ 명과 일본 사이에서 휴전 회담 결렬
    ㉤ 정유재란(1597) : 직산(일본군 저지), 명량 대첩(이순신), 도요토미 히데요시 사망 후 철수
  ③ 영향 : 명청 교체, 에도 막부, 조선 피해(인명, 문화재 손실, 국토 황폐화, 재정 악화, 공명첩)

(3) 호란
  ① 광해군 : 전후 복구, 대동법, 중립 외교, 폐모살제 / 인조반정(서인 집권)
  ② 배경 : 친명배금 정책(서인), 후금의 경제적 어려움(명과 교역 중단)
  ③ 정묘호란(1627) : 후금의 침략, 화의(형제 관계, 후금은 명과의 전투가 더 중요)
  ④ 병자호란(1636) : 청이 군신 관계 요구 → 주전론 VS 주화론 → 청의 요구 거절 → 청 태종의 친정 → 남한산성 항전(45일간) → 삼전도의 굴욕(군신 관계)

(4) 조선 후기 사회 변화
① 대외 관계 변화
  ㉠ 에도 막부 : 국교 재개, 왜관 무역, 사신 파견(회답겸쇄환사, 통신사)
  ㉡ 청 : 사대 관계(연행사), 내부적 북벌 운동(효종, 송시열 등 서인), 조선 중화주의, 북학론
② 세계관의 변화
  ㉠ 서학 유입, 천주실의, 곤여만국전도
  ㉡ 호락논쟁 : 호론(충청 노론, 인성과 물성이 다르다) / 낙론(서울 노론, 인성과 물성이 같다)
③ 실학 : 현실 문제 주목 → 정치・토지・신분 제도 개혁
  ㉠ 농업중심 개혁론 : 유형원(균전론), 이익(한전론), 정약용(여전론, 정전론)
  ㉡ 상공업 중심 개혁론 : 유수원, 홍대용(혼천의), 박지원, 박제가 / 북학파
④ 국학 연구 : 우리 역사, 지리, 언어 / 『동사강목』, 『동국지리지』, 『택리지』, 「대동여지도」

PLUS 더 알아보기

- **천상열차분야지도** : 태조가 하늘의 뜻에 따라 조선을 세운 것이라 내세우기 위해 1395년 고구려의 천문도를 바탕으로 돌판에 별자리를 새겨 제작하였다.
- **류큐의 슈리성에 있던 동종** : '남쪽 바다에 있는 류큐는 조선의 우수한 문화를 받아들이고 명, 일본과 교류하는 만국의 가교'라는 명문이 새겨져 있다.
- **일본군의 조총** : 포르투갈 상인을 통해 수입하였으며, 곧 자체 제작하여 주력 무기로 사용하였다.
- **명군의 불랑기** : 발사 속도가 빠르고 명중률이 높아 평양 전투에서 일본군을 물리치는 데 기여하였다.
- **비격진천뢰와 완구포** : 비격진천뢰는 폭발 시간을 조절할 수 있는 포탄이고, 완구포는 포탄을 멀리 날려 보낼 수 있는 화포이다.
- **김충선** : 본명은 사야가로 임진왜란 때 일본군의 하급 지휘관으로 참전하였다가 조선에 귀순하여 여러 차례 공을 세우고 김충선이라는 이름을 하사받았다.
- **천만리** : 명 장수로 참전하여 평양성 전투와 울산성 전투 등에서 활약하였고, 전쟁이 끝난 후 조선에 귀화하였다.
- **안토니오 코레아** : 조선 출신으로 일본에 포로로 끌려갔으며, 세계 일주 여행 도중 나가사키에 들른 이탈리아 신부 카를레티를 따라 인도를 거쳐 로마에까지 가게 되었다.
- **임진왜란 용어** : 한국은 이 전쟁을 '임진왜란'으로 부르며, 일본은 임진왜란을 '조선 정벌', '조선 출병' 등으로 표현하고 있으며, 중국은 '항왜원조'라는 표현을 쓰기도 한다.
- **임진왜란 피로인** : 임진왜란 당시 일본으로 끌려간 조선 민간인들을 일컫는 말이다. 전문적인 기술, 지식을 가진 피로인들은 다이묘의 비호 속에 일본 도자기 문화(도조 이삼평), 성리학 발달 등에 영향을 끼치기도 하였다. 잡역에 동원되거나 외국인 노예로 팔려간 이들도 많았다.
- **통신사와 연행사** : 통신사는 19C 초까지 12회 정도 파견되었다. 에도 막부는 쇼군의 권위를 국내외에 알리기 위해 통신사 파견을 요청하였다. 연행사는 1893년까지 500회가 넘게 파견되었다. 연행사는 청과 서양의 문물을 조선에 소개하는 역할도 하였다.
- **만동묘(충북 괴산)** : 임진왜란 때 구원병을 보낸 명의 신종을 기리기 위해 숙종 때 건립한 사당이다.
- **기자** : 중국 상 왕조의 사람으로 중국 사서에 상이 멸망한 뒤 기자가 고조선에 망명하자, 주의 황제가 그를 고조선 왕으로 봉하였다는 기록이 있다.

사료 더하기

(1) 사대의 의미

- 오직 인자(仁者)만이 대국을 가지고 소국을 섬길 수 있습니다. …… 오직 지자(智者)만이 소국을 가지고 대국을 섬길 수 있습니다. …… 대국을 가지고 소국을 섬기는 자는 천리(天理)를 즐겁게 따르는 자요, 소국을 가지고 대국을 섬기는 자는 천리를 두려워하는 자이니, 천리를 즐겁게 따르는 자는 천하를 보존하고, 천리를 두려워하는 자는 그 나라를 보전합니다. ─ 『맹자』 ─

- 옛 성인들이 중국을 다스릴 적에 많은 나라를 세우고 제후들과 친하였다. 큰 나라는 작은 나라를 돌보고 작은 나라는 큰 나라를 섬기도록 하여 각기 그 정성을 다하게 한 것은 먼 나라나 가까운 나라 할 것 없이 화합하게 하려 한 것이었다. 삼가 생각하건대, 명이 만방을 달래고, 인이 깊고 덕을 두텁게 하여, 무릇 하늘과 땅 사이에 있는 동물이나 식물 모두 그 은덕에 젖었다. 그러므로 해외의 우리나라도 일시동인(一視同仁)의 덕화를 입게 되어 천명에 따르고 작은 나라를 돌보는 인(仁)이 지극한 일이다. ─ 권근, 『양촌집』 ─

- 변계량이 아뢰다. "우리 동방의 시조 단군은 3천 년 전에 하늘에서 내려왔으니 조선은 천자가 나누어 봉해 준 나라가 아닙니다. 하늘에 제사하는 예 또한 1천여 년이 되도록 이어져 온 일이니 제천 행사를 폐지해서는 안 됩니다." ─ 『태종실록』 ─

- 우리 조선은 예로부터 문헌으로 일컬어 온 나라입니다. 단군은 요임금과 같은 때에 왕위에 올랐으니, 백성은 저절로 순후하고 풍속은 질박하였습니다. ─ 서거정, 「진동국통감전」 ─

(2) 여진·일본과의 관계

- [무역소] 태종 7년(1406) 동북면 도순문사 박신이 아뢰었다. "경성, 경원에 야인의 출입을 금하지 아니하면 그들이 떼지어 몰려올 우려가 있고, 일절 끊고 금하면 야인이 소금과 쇠를 얻지 못하여 변경에 불화가 생길까 합니다. 원컨대, 두 고을에 무역소를 설치하여 무역을 하게 하소서." ─ 『태종실록』 ─

- [3포 개항] 대마도 좌위문대랑(左衛門大郞)이 삼미삼보라(三未三甫羅)를 보내어 예조에 글을 올리기를, "…… 좌우도 각지의 항구에 마음대로 다니며 무역할 수 있도록 허가하여 주소서."라고 하였다. 좌랑(佐郞) 신기가 답서를 보내기를, "…… 상선이 정박하는 장소에 대하여는 삼가 나라에 보고를 드리어 과거에 지정하였던 내이포(제포)와 부산포 이외에 울산의 염포에서도 무역을 허가하기로 하였으니 그리 알라."라고 하였다. ─ 『세종실록』 ─

- [해동제국기 일본의 모습] 일본인들의 습성은 굳세고 사나우며, 칼과 창을 능숙하게 사용하고 배를 부리는 데 익숙합니다. 우리와는 바다를 사이에 두고 서로 바라보고 있는데, 그들의 법도에 맞게 진무하면 예를 갖추어 조빙하지만, 법도에 어긋나게 하면 곧 방자하게 노략질합니다. ─ 신숙주, 『해동제국기』 ─

(3) 임진왜란

- 명의 군대가 칠성문(평양성 북문)으로 들어가고 우리 군사는 함구문(평양성 서문)으로 들어가 내성에 이르니, 총알을 난사하여 우리 병사가 많이 다쳤다. …… 포위망을 풀어 적이 달아날 길을 열어 주었더니, 그 밤에 적은 대동강을 따라 얼음을 타고 도주하였다. ─ 유성룡, 『서애집』 ─

- 경성에서부터 밀양에 이르기까지 쑥만 수북이 들을 덮었고 보이는 곳마다 인적은 없었으며, 적(일본군)이 머물렀던 곳곳마다 백골만이 쌓여 있었고, 굶주린 백성들은 땅에 즐비하게 누워 있거나 …… ─ 『선조실록』 ─

- 명의 병사들이 끊임없이 오가며 소주와 꿀, 병아리 등의 물건을 찾았고, 조금만 여의치 않으면 큰 몽둥이로 마구 매질하며 고을 수령까지 모욕했다. 그들이 가는 곳의 관원은 맞이하고 보내는 근심이 있을 뿐 아니라 이처럼 난리가 벌어지지 않는 날이 없으니, 그 괴로움을 견딜 수가 없다. ─ 오희문, 『쇄미록』 ─

- 함경도 회령에 이르러 토민(土民) 국경인(鞠景仁) 등이 모반하여 왕자(임해군, 순화군)와 대신을 붙잡아 성째로 적(일본)에게 항복하였다. ─ 『선조실록』 ─

(4) 중립외교
- 도원수 강홍립에게 하유하였다. "당초 도료군(渡遼軍) 1만 명은 양서(兩西)의 정예병만을 선발하여 훈련시켰으니, 장수와 병사들이 서로 익숙하니, 지금에 와서 경솔히 바꾸기는 어렵다. 명나라 장수의 말을 그대로 따르지만 말고 오직 패하지 않을 방도를 강구하는 데 힘을 쓰라. —『광해군일기』—
- 비변사가 아뢰기를, "적신 강홍립 등이 명을 받고 싸움터로 나갔다면 오직 적만을 쫓아야 할 일입니다. 그런데 도중에 먼저 통역을 보내어 미리 출병하는 까닭을 통지하는 등 마치 당초에 싸울 뜻이 없는 것처럼 하였습니다. …… 신하로서 적에게 항복하는 것은 천하에 가장 나쁜 행실입니다." —『광해군일기』—
- [광해군 폐위 교서] …… 우리나라가 중국 조정을 섬겨 온 것이 2백여 년이다. 의리로는 군신이며, 은혜로는 부자와 같다. 임진년에 재조(再造)해 준 은혜는 만세토록 잊을 수 없는 것이다. …… 광해는 배은망덕하여 천명을 두려워하지 않고, 속으로 다른 뜻을 품고 오랑캐에게 성의를 베풀었으며, 기미년(1619) 오랑캐를 정벌할 때에는 은밀히 장수를 시켜 동태를 보아 행동하게 하여 끝내 전군이 오랑캐에게 투항함으로써 추한 소문이 사해에 펼쳐지게 하였다. …… 그러므로 이에 폐위하고 적당한 데 살게 한다. —『인조실록』—

(5) 주전론과 주화론 및 호란
- [인조 14년 11월, 1636] 부교리 윤집이 상소하기를, "화의가 나라를 망친 것은 …… 명은 우리나라에 있어서 곧 부모의 나라이고, 오랑캐(청)는 곧 부모의 원수입니다. 신하 된 자로서 부모의 원수와 형제의 의를 맺고 부모의 은혜를 저버릴 수 있겠습니까. —『인조실록』—
- [인조 15년 1월, 1637] 예조판서 김상헌이 아뢰기를, "…… 옛날이나 고금 천하에 망하지 않는 나라는 없으니, 만약 군신이 굳게 지켜 뜻을 확고히 한다면 비록 망하더라도 무엇이 부끄럽겠습니까. 지금 형세가 궁박하고 역량이 부족하다고 해서 곧바로 항복한다면 천하가 무어라 하겠으며 후세에서 무어라 하겠습니까. 지금 저들이 성을 나와 항복하라고 요구하는데, …… 만약 군신의 의리를 고집하며 멋대로 명령을 내리면 장차 어찌하겠습니까. —『승정원일기』—
- 화친을 맺어 국가를 보존하는 것보다 의를 지켜 망하는 것이 옳다고 하였으나 이는 신하가 절개를 지키는 데 쓰이는 말입니다. …… 자기의 힘을 헤아리지 않고 경망하게 큰소리를 쳐서 오랑캐의 노여움을 도발, 마침내는 백성이 도탄에 빠지고 종묘와 사직에 제사 지내지 못하게 된다면 그 허물이 이보다 클 수 있겠습니까. — 최명길, 『지천집』—
- 우리나라는 바다 동쪽 한구석에 있어 중국과 멀리 떨어져 있으니 이미 명나라의 수도 부근의 나라도 아니고, 항복하여 봉토를 받은 신하도 아니며, 태조 대왕이 스스로 건국한 후 명을 섬긴 명의 영토 밖 국가입니다. 임금이 외적에 항복해 치욕을 당하는 것은 신하로서 차마 볼 수 없는 일이지만, 임금께서는 백성과 종묘사직을 지켜야 하는 책임이 있습니다. — 최명길, 『지천속집』—
- 청군이 돌아가는 날, 세자와 빈궁, 대군과 대군 부인도 함께 가야만 했다. 또한, 청군은 조선인 남녀 수 백 명을 세 줄로 세워 끌고 갔는데, 종일토록 그치지 않았다. — 이긍익, 『연려실기술』—

(6) 북벌론
- 저 오랑캐는 반드시 망할 날이 있을 것이다. …… 정예 포병 10만 명을 양성해 자식처럼 아껴 죽음을 두려워하지 않는 용사로 만들고자 한다. 그 후 저들에게 틈이 있기를 기다려 불시에 쳐들어가면 중원의 의사와 호걸이 어찌 호응하지 않겠는가. — 송시열, 『송서습유』—
- [현종 15년, 1674] 윤휴가 비밀리에 상소를 올리기를, "…… 아, 병자·정축년의 일은 하늘이 우리를 돌봐주지 않아 일어난 것입니다. 그리하여 짐승 같은 것들이 핍박해 와 우리를 남한산성으로 몰아넣고 우리를 삼전도에서 곤욕을 주었으며, 우리 백성을 도륙하고 우리 의관(衣冠)을 갈기갈기 찢어 버렸습니다. …… 머리털을 깎인 유민들이 가슴을 치고 울먹이며 명나라를 잊지 않고 있다 하니, 가만히 태풍의 여운을 듣건대 천하의 대세를 알 수 있습니다. …… 우리나라의 정예로운 병력과 강한 활솜씨는 천하에 소문이 난 데다가 화포와 조총을 곁들이면 넉넉히 진격할 수 있습니다. ……"라고 하였다. —『현종실록』—

(7) 세계관의 변화
- 우리 동방 사람들은 요수 동쪽에 살았으며 만리지국(萬里之國)이라 불렀습니다. …… [중국과] 풍토와 기후가 달라 단군 이래 관아와 주군을 설치하고 독자적인 성위(聲威)와 교화를 펴왔습니다.
  — 『세조실록』 —
- 우리나라는 본디 예의 나라로 소문이 나서 천하가 소중화(小中華)라 일컫고 있으며, 열성(列聖)들이 서로 계승하면서 한마음으로 사대하기를 정성스럽고 부지런히 하였습니다.
  — 『인조실록』 —
- 둥글며 이를 감싸고 있는 공기가 태양의 빛을 받아 광채를 내니, 이를 지구라고 한다. …… 대지는 바다와 함께 하나의 둥근 모습을 이루고 있는데, 포르투갈 사람 마젤란이 지구를 일주하고 돌아와 땅이 둥근 것임을 분명히 밝혔다.
  — 최한기, 『기측체의』 —
- 중국인은 중국을 중심으로 삼고 서양을 변두리로 삼으며, 서양인은 서양을 중심으로 삼고 중국을 변두리로 삼는다. 그러나 실제로는 하늘을 이고 땅을 밟는 사람은 땅에 따라서 모두 그러한 것이니, 중심도 변두리도 없이 모두가 중심이다.
  — 홍대용, 『의산문답』 —
- [호락논쟁] 이간이 말하였다. "인의예지신과 같은 덕성(德性)은 짐승 역시 동등하게 받았습니다. 다만 차이가 있다면 인간은 덕성이 온전하고 짐승은 치우쳐 있다는 정도입니다." / 한원진이 말하였다. "그것은 이(理)의 관점에서만 본 것입니다. 기(氣)의 관점에서 보면 어떨지요? 만물은 제각각 다릅니다. 짐승이 어찌 인의예지신을 가지고 있다고 하겠습니까?"
  — 이간, 『한산기행』 —

(8) 실학(토지개혁론)
- [균전론] 토지 경영이 바로 잡히면 모든 일이 제대로 될 것이다. 백성은 일정한 직업을 가지게 되고, 군사 행정에는 도피자를 찾는 폐단이 없어지며, 귀천상하가 모두 자기 직책을 가지게 될 것이므로 민심이 안정되고 풍속이 도타워질 것이다. …… 농부 한 사람이 토지 1경을 받아 점유하여 법에 따라 조세를 낸다. 4경마다 군인 1인을 낸다. [농부] 네 사람 중에 씩씩하고 튼튼한 사람 1명을 골라 군인으로 삼고, 농부 세 사람은 보인으로 삼는다. …… 토지를 받은 자가 죽으면 반납한다.
  — 유형원, 『반계수록』 —
- [한전론] 국가는 마땅히 한 집의 재산을 헤아려 전(田) 몇 부(負)를 한정하여 1호의 영업전을 삼기를 당의 제도처럼 해야 한다. 그렇다고 해서 많이 소유한 자의 것을 줄이거나 빼앗지 않고, 모자라게 소유한 자라고 해서 더 주지 않는다. 돈이 있어 사고자 하는 자는 비록 천백 결이라도 모두 허가하고, 토지가 많아 팔고자 하는 자도 단지 영업전 몇 부 이외에는 역시 허가한다.
  — 이익, 『성호집』 —
- [여전론] 지금 농사를 짓는 사람에게는 토지를 갖게 하고, 농사를 짓지 않는 사람에게는 토지를 얻지 못하도록 한다. 여전의 법을 시행하면 나의 뜻을 이룰 수 있다. …… 무릇 1여의 토지는 1여의 사람들에게 공동 경작하게 하고, 내 땅 네 땅의 구분 없이 오직 여장의 명령만을 따른다. 매 사람의 노동량은 매일 여장이 장부에 기록한다. 가을이 되면 무릇 오곡의 수확물을 모두 여장의 집으로 보내어 그 식량을 분배한다. 먼저 국가에 바치는 공세를 제하고, 다음으로 여장의 녹봉을 제하며, 그 나머지를 날마다 일한 것을 기록한 장부에 의거하여 여민들에게 분배한다.
  — 정약용, 『여유당전서』 —

(9) 실학(상공업 진흥론)
- 지금 양반이 명분상으로 상공업에 종사하는 것을 부끄러워하나 그들의 비루한 행동은 상공업자보다 심한 자가 많다. …… 상공업을 두고 말업(末業)이라 하나 본래 부정하거나 비루한 일이 아니다. …… 스스로의 노력으로 물품 교역에 종사하면서 남에게서 얻지 않고 자기 힘으로 먹고사는 것이니, 어찌 천하거나 더러운 일이겠는가.
  — 유수원, 『우서』 —
- 우리나라는 본시 명분을 중히 여겼다. 양반들은 아무리 심한 곤란과 굶주림을 겪더라도 팔짱 끼고 편하게 앉아 농사를 짓지 않는다. 간혹 실업에 힘써 몸소 천한 일을 달갑게 여기는 자가 있다면 모두들 나무라고 비웃으며 노예처럼 무시하니, 자연 노는 백성은 많아지고 생산하는 자는 줄어든다. 그러므로 재물이 어찌 궁하지 않을 수 있으며, 백성이 어찌 가난하지 않을 수 있겠는가.
  — 홍대용, 『담헌서』 —

- 무릇 물건이 귀하다는 것은 잠시 귀한 데 지나지 않을 뿐, 아주 없어질 이치는 없는 것이어서 상업이 크게 융성하면 귀하다고 하는 것이 귀하지 않으리니, 사방에서 모여들 것이 틀림없기 때문이다. — 유수원, 『우서』 —
- 우리가 그 기예를 배우고 그 풍속을 찾아 나라 사람들에게 그 견문을 넓혀 주고, 천하의 위대함과 우물 안 개구리의 부끄러움을 알게 한다면, 곧 그것은 세상의 이치와 형편을 배우는 것이다. …… 단지 중국의 배만 통상하고, 해외의 모든 나라와 통상하지 않는 것은 역시 일시적인 술책이고, 정론은 아니다. 국가의 힘이 조금 강해지고 백성의 생업이 안정되면 차례로 이를 통하는 것이 마땅하다. — 박제가, 『북학의』 —

(10) 북학론

- 우리를 저들과 비교해 본다면 진실로 한 치의 나은 점도 없다. 그럼에도 단지 머리를 깎지 않고 상투를 튼 것만 가지고 스스로 천하에 제일이라고 하면서 지금은 옛날의 중국이 아니라고 한다. 그 산천은 비린내 노린내 천지라고 나무라고, 그 인민은 개나 양이라고 욕하고, 그 언어는 오랑캐 말이라고 모함하면서, 중국 고유의 훌륭한 법과 아름다운 제도마저 배척해 버리고 만다. 그렇다면 장차 어디에서 본받아 행하겠는가. — 박지원, 『연암집』 —
- [6월 27일] 책문 밖에서 책문 안을 바라보니 여염집들이 모두 대들보 다섯 개가 높이 솟았고 … 길거리는 평평하고 곧아서 양쪽 연도가 마치 먹줄을 튕긴 듯 반듯하다. 담장은 모두 벽돌로 쌓았고, 사람 타는 수레와 짐 싣는 마차가 길 가운데 종횡무진 누비며, 진열된 살림살이 그릇은 모두 그림을 그린 도자기이다. / [7월 15일] 중국의 풍부한 재화와 물건이 어느 한곳에 막혀 있지 않고 사방에 흩어져 옮겨 다닐 수 있는 까닭은 모두 수레를 사용하는 이점 때문이다. / [7월 28일] 아! 명나라 왕의 은택은 이미 다 말라버렸다. 중국에 사는 선비들이 자발적으로 오랑캐의 제도를 좇아 변발을 한 지도 백 년이나 되었건만, 그래도 오매불망 가슴을 치며 명 왕실을 생각하는 까닭은 무슨 이유인가? 중국을 차마 잊지 않으려는 까닭이다. / [8월 10~14일] 서양인은 지구가 둥글다고 인정하면서도 둥근 것이 돈다고 말하지는 않았다. 이는 지구가 둥글다는 사실만 알았지, 둥근 것은 반드시 회전한다는 사실을 몰랐던 것이다. 그러므로 지구가 한번 돌아서 하루가 되고, 달이 지구 주위를 한번 돌아서 한 달이 되며, 태양이 지구를 한번 돌아서 한 해가 된다. — 박지원, 『열하일기』 —
- 청이 천하를 차지한 지 100년이 지났지만 그 자녀와 벼슬아치들이 나온 바와 궁실·배·수레·농경의 법과 최(崔)·노(盧)·왕(王)·사(謝)씨 등의 사대부 씨족들이 그대로 있으니 여기에 있는 사람들을 모조리 오랑캐라 하고 중국의 법마저 폐기해 버린다면 크게 옳지 못하다. …… 명의 원수를 갚고 우리의 부끄러움을 씻으려면 20년 동안 힘껏 중국을 배운 다음, 함께 의논하여도 늦지 않을 것이다. — 박제가, 『북학의』 —
- 지금 우리나라 안에는 금은보화를 캐지도 않고 재물이 있어도 시장에서 물건을 살 수도 없다. 이것이 정말 검소한 풍속 때문일까? 이는 물건을 이용하는 방법을 모르기 때문이다. 이용할 줄 모르니 생산하지 않고, 생산하지 않으니 백성은 나날이 궁핍해지는 것이다. 대체로 재물이란 우물과 같다. 퍼내 쓰면 가득차고 버려두면 말라 버린다. — 박제가, 『북학의』 —

(11) 국학 운동 등

- 정통은 단군, 기자, 마한, 신라 문무왕[9년 이후], 고려 태조[19년 이후]를 말한다. — 안정복, 『동사강목』 —
- 언문이 부녀자의 학문이라 하여 경홀히 하지 말라. — 유희, 『언문지』 서문 —
- 안용복은 동래부 전선(戰船)에 예속된 노군이었다. …… 안용복이 오랑도 도주에게 "울릉과 우산(독도)은 본래 조선에 속해 있으며, 조선은 가깝고 일본은 먼데 어찌 나를 감금하고 돌려보내지 않는가?" 하니, 오랑도 도주가 안용복 일행을 백기주로 보냈다. 이에 백기주 태수가 극진히 대우하고 많은 은자를 주니 모두 사양하고 받지 않았다. 백기주 태수가 "그대가 바라는 것은 무엇인가?" 하니 안용복이 전후 사실을 말하고 이르기를, "침략을 금하고 이웃 나라끼리 친선을 두텁게 함이 나의 소원이다."라고 하였다. 백기주 태수가 이를 승낙하고 에도 막부에 보고하여 문서를 주고 돌아가게 하였다. — 이익, 『성호사설』 —

주제6   양반 신분제 사회와 상품 화폐 경제

1 양반 중심의 신분제와 향촌 지배 질서의 변화

(1) 양반 중심 신분제 사회
  ① 양천제(법제) : 양인(조세·국역, 과거·관직 가능), 천인(천역, 원칙상 관직 불가능)
  ② 4신분제(현실) : 양반-중인-상민-천민의 4신분제 사회 정착
    ㉠ 양반 : 개념 확대(문·무반 관료 → 그 가족이나 가문까지 포함), 각종 특권(관직 진출, 국역 면제)
    ㉡ 중인 : 하급 관리(서리, 향리, 기술관 등), 서얼(서자·얼자)은 중인과 같은 대우
    ㉢ 상민 : 농민·수공업자·상인, 전세·공납·역의 의무, 과거 응시 가능
    ㉣ 천민 : 노비(매매·증여·상속)·백정·무당·광대, 노비 분류(공·사노비, 솔거·외거 노비)

(2) 사족 중심 향촌 질서
  ① 향촌 지배 체제
    ㉠ 모든 군현에 지방관(수령) 파견
    ㉡ 사족 중심 사회 운영 : 유향소(향청, 수령 보좌·향리 감찰), 향회, 향약(교화, 질서 유지), 서원(학문 연구, 여론 형성)·사우, 『주자가례』 보급, 족보 편찬
  ② 신분제의 동요와 향촌 질서의 재편
    ㉠ 배경 : 양난 이후 농업 생산력 증가, 상품 화폐 경제 발달, 부 축적, 정부의 재정 부족
    ㉡ 현상 : 납속(벼슬·면역·면천), 공명첩, 족보 위조 / 서얼의 허통 운동, 기술관의 소청 운동
    ㉢ 향전 : 구향(전통 사족)과 신향(새롭게 양반이 된 부농층)의 주도권 다툼(향안 등재, 향임직 선출)
    ㉣ 향회 역할 축소(부세 자문기구화) → 수령권 강화 / 19세기 수령·향리의 농민 수탈 배경
  ③ 부계 중심 가족제 강화 : 성리학적 윤리, 장자 중심(상속·제사), 여성의 사회적 지위 하락

(3) 사회 변혁 움직임
  ① 새 시대의 예언
    ㉠ 예언 사상 : 『정감록』, 도참설, 미륵신앙, 선운사 마애여래 좌상
    ㉡ 천주교 : 17C 서학 → 18C 신앙, 평등·영생, 남인계 학자·하층민·중인·상민·부녀자, 제사 거부
    ㉢ 동학 : 최제우 창시, 인내천(평등)·후천개벽, 하층민 호응, 최시형(『동경대전』, 『용담유사』)
  ② 농민의 저항 : 삼정의 문란(19C 세도정치) → 농민 의식 성장, 사회개혁 요구
    ㉠ 홍경래의 난(1811) : 서북 지역 차별 및 지배층의 수탈 → 다양한 세력(양반, 신흥상공 세력, 광산노동자, 농민) 참여
    ㉡ 임술 농민 봉기(1862) : 단성·진주 농민 봉기를 거치며 전국 확산, 지역별로 전개
    ㉢ 정부 대응 : 암행어사·안핵사 파견, 삼정이정청 설치 → 큰 성과 없음

PLUS 더 알아보기

- **신량역천** : 양인 신분이나 천역을 담당한 자들로, 수군, 조례(관청의 잡역), 나장(형사 업무), 일수(지방 고을 잡역), 봉수군(봉수 업무), 역졸(역에 근무), 조졸(조운 업무) 등이 있어 칠반천역이라고도 한다.
- **상한** : '천민에서 신분을 사 상민이 된 사람'과 '돈이 없어 양반이 되지 못한 사람들'만 상민으로 남게 되어, 양반들이 이를 '상한', '상것', '상놈'이라 불렀다. 원래 뜻은 '보통 사람'인데, 천한 사람을 가리키게 되었다.
- **경재소** : 중앙 고관이 출신 지역의 경재소를 관장하여 지역과 중앙의 다양한 일을 주선하였으며, 유향소를 통제하였다.
- **노비종모법** : 상민의 수를 늘리기 위하여 아버지가 노비라도 어머니가 양인이면 자녀는 양인이 되는 법이다.
- **노비속량문서** : 노비에게 몸값을 받고 노비를 양인이 되게 하는 것을 확인하는 문서이다.
- **향안** : 지방 양반들의 명부로, 향안에 이름을 올려야만 양반 대접을 받을 수 있어, 신향들이 향안에 이름을 올리는 것을 두고 구향들과 충돌하기도 하였다. 서원이나 향교의 유생 명부는 청금록이라 한다.
- **향회** : 향촌 사족 명단인 향안에 이름이 올라 있는 지방 양반들의 총회이다.
- **이황의 예안 향약** : 부모에게 불순한 자, 형제가 서로 싸우는 자, 가문의 도리를 어지럽히는 자, 일이 관청에 간섭되고 향촌의 풍속에 관계되는 자, 위세를 부려 관을 흔들며 자기 마음대로 행하는 자, 향장(鄕長)을 능욕하는 자, 수절하는 부인을 유인하여 더럽히는 자 등 7항목을 극벌에 처하였다.
- **요호부민** : 조선 후기에 농민 중 지주로 성장한 사람들, 상인, 광산업자, 공인 등 다양한 분야에서 부를 축적한 사람들이 증가하였는데, 19세기에 이들을 요호(饒戶)라고 불렀다.
- **안핵사** : 조선 후기, 지방의 농민 봉기를 수습하기 위해 중앙에서 파견된 임시 벼슬이다.
- **삼정이정청** : 1862년 5월, 박규수가 진주 봉기를 조사하고 농민을 달래기 위해 삼정 개선을 건의하자 정부가 설치한 임시 기구이다.

사료 더하기

(1) 4신분

- [양반] 우리나라에는 양반만큼 이점을 누리는 것이 없다. 그래서 양반이 될 수만 있다면 패가망신도 각오하였기에 과거로 인해 패가망신한 자가 많았다. 그러나 사람들은 패가망신을 두려워하지 않고 더욱 과거에 매진하였으니 큰 이익이 있기 때문이다.
  — 성대중, 『청성잡기』 —
- [중인] 역관이 당상관으로 진급하면 영광스럽다고 할 만한데도 동료들이 마음에 들지 않는 자를 꾸짖을 때는 반드시 "너는 지지리도 복이 없으니 빨리 당상관이나 되어라."라고 한다. 당상관이 되면 중국으로 갈 기회가 드물어져서 돈을 벌 기회가 적어지기 때문이다.
  — 고상안, 『효빈잡기』 —
- [상민] 어떤 사람은 팔고 어떤 사람은 사고 또 어떤 사람은 거간 붙이며, 해가 뜨면 모였다가 해가 지면 파한다. 시장에서 걸어 다니는 사람은 어깨와 등이 부딪힐 정도이고 서 있는 사람은 관이 바를 수가 없다.
  — 이옥, 『시간기』 —
- [상민] 농(農)·공(工)·상고(商賈)도 모두 국민이지만 농가의 괴로움은 더욱 심한데도 오히려 10분에 1로 세(稅)를 내는데, 공인과 상인은 일찍이 세가 없었습니다. 비록 10분의 1을 세로 받지 못한다고 하더라도 30분의 1을 세로 받도록 허용하여 ……
  — 『태종실록』 —
- [천민] 한 의금부 종이 등에 쌀을 지고 강을 건너는데 얼음이 꺼져 몸의 절반만이 얼음 위에 걸쳐 있게 되었다. 같이 가던 이가 "등에 지고 있는 짐을 풀어 버리면 살 수 있네."라고 하자, 의금부 종이 말하기를 "당신이 나보고 이 짐을 버리라고 하는가? 이 짐을 버리고 산다면 살아서 당할 고통이 죽는 것만 못할 것이오."라고 하였다.
  — 유몽인, 『어우야담』 —

(2) 노비

- [경국대전 규정] 천인의 계보는 어머니의 역을 따른다. 천인이 양인 아내를 맞이하여 낳은 자식은 아버지의 역을 따른다. / 노비의 매매는 관청에 신고하여야 한다. 사사로이 몰래 매매하였을 때는 관청에서 그 노비와 그 대가로 받은 물건을 몰수한다. / 나이 16세 이상 50세 이하는 가격이 저화 4천 장이고, 15세 이하 51세 이상은 저화 3천 장이다. / 공노비의 경우 1년 몸값은 남자 노비는 면포 1필과 저화 20장, 여자 종은 면포 1필과 저화 10장이다.
  —『경국대전』—

- [노비종모] 공·사천(公私賤) 중 양민 처의 소생은 한결같이 모친의 역을 따르도록 규식을 제정해 세우라고 명하였다. 이에 앞서 판부사 송시열이 아뢰었다. "이경억이 충청 감사로 있을 때 상소하여 공·사천 양민 처의 소생은 남녀를 막론하고 모친의 역을 따르도록 하기를 청했습니다. 이는 일찍이 이이가 주장한 것인데, 당시 조정에서 막아 시행하지 못하였습니다. 지금 양민이 날로 줄어들고 있는 것은 실로 이 법이 시행되지 않기 때문입니다. 속히 제도를 만들어 변통하소서."
  —『현종실록』—

- [노비종모] 김상성이 군역에서 인징과 족징의 폐해를 통절히 아뢰고, 이어 금년 이후로는 모든 노비의 양인 처의 소생은 공천·사천을 막론하고 모친의 역에 따르게 하여 양인 장정의 수효를 늘릴 것을 청하므로, 임금이 대신들에게 물으니, 우의정 조문명이 힘주어 찬성하였다. 전교하기를, "어사가 보고한 바를 들으니, 양민이 날로 줄어든 폐단이 오로지 여기에 연유한 것이다. 사소한 폐단 때문에 크고 중요한 일을 소홀히 할 수는 없는 일이니, 금년부터 …… 공천·사천을 막론하고 모친의 역에 따르게 하라."라고 하였다.
  —『영조실록』—

(3) 기술관의 지위

- 예조판서 허종 등이 의논하기를, "…… 의관, 역관, 음양관, 산관과 율관 등은 모두 한결같은 무리이니, 양반 사대부들과 같은 열에 둘 수 없습니다."
  —『성종실록』—

- 하늘이 백성을 내시고 이를 나누어 사민을 삼으셨으니, 사농공상(士農工商)이 각각 자기의 분수가 있습니다. 선비는 여러 가지 일을 다스리고, 농부는 농사에 힘쓰며, 공장은 물건 만드는 일을 맡고, 상인은 물화의 유무를 상통하게 하는 것이니 뒤섞어서는 안 됩니다. 만약 선비가 농사에 힘쓰고 농부가 여러 가지 일을 다스리려 한다면, 어찌 거스르고 어지러워 성취하기가 어렵지 않겠으며, 어찌 전도되어 법이 없는 것이 되지 않겠습니까? 지금 전하께서 의원과 역관을 권장하고자 하시어 그 재주에 정통한 자를 특별히 동반과 서반에 뽑도록 하셨으니 …… 이제 의원과 역관에게 의술이나 통역의 일을 익히게 하지 않고 사대부의 벼슬을 시키고자 하시니, 농부에게 모든 일을 다스리게 하고 약한 재목을 동량에 쓰려 함과 무엇이 다르겠습니까? …… 군자를 욕되게 하시고, 선왕의 제도를 버리시어 미천한 사람을 높이려고 하시니, 신 등은 그것이 옳은지를 알지 못하겠습니다. 엎드려 바라건대, 속히 명을 거두시어 신민의 소망에 부응케 하소서.
  —『성종실록』—

(4) 서얼 허통 주장

- 우리 왕조가 서얼의 벼슬길을 막은 지 300여 년이 되었으니, 이보다 폐단이 더 큰 정책이 없습니다. 옛날을 상고해도 그러한 법이 없고, 예법과 형률을 살펴봐도 근거가 없습니다.
  — 박지원, 『연암집』—

- "평생 서럽기를 아비를 아비라 부르지 못하옵고, 형을 형이라 부르지 못하여 상하노복이 다 천하게 보고, 친척 고두도 손으로 가리키며 아무개의 천한 소생이라 이르오니 이런 원통한 일이 어디에 있습니까?" 길동이 대성통곡하니, 대감이 측은한 마음이 드나 만일 그 마음을 위로하면 조금이라도 방자할까 하여 꾸짖어 말하였다. "재상의 천비 소생이 너뿐만이 아니다. 자못 방자한 마음을 두지 말라. 이후에 다시 그런 말을 하면 눈앞에 용납하지 않으리라." 하시니 길동은 감히 한마디도 더 하지 못하고, 다만 땅에 엎드려 눈물을 흘릴 뿐이었다.
  — 허균, 『홍길동전』—

- 오래도록 막혀 있으면 반드시 터놓아야 하고, 원한은 쌓이면 반드시 풀어야 하는 것이 하늘의 이치다. 중인, 서얼의 벼슬길이 막힌 일은 우리나라의 편벽된 일로 원통하고 답답함을 품은 지 이에 몇 백 년이 되었다.
  —『규사』—

(5) 향약

- 처음 향약을 정할 때 약문을 동지에게 두루 보이고 그 마음을 바로잡고, 몸가짐을 단속하고, 착하게 살고 허물을

고치기 위해 약계(約契)에 참례하기를 원하는 자 몇 사람을 가려 서원에 모아 놓고 약법을 의논하여 정한 다음 도약정, 부약정 및 직월·사화를 선출한다.
― 이이, 『해주향약』 입약 범례 ―

- [향약 처벌 대상] 염치를 돌보지 않고 사풍(士風)을 허물고 더럽히는 자 …… 유향소의 의논에 복종하지 않고 도리어 원망을 품는 자 …… 서인(庶人)이 문벌 있는 자손을 능멸하는 자
― 이황, 『퇴계 선생 문집』 ―

(6) 신분제 동요와 개혁론

- 정조 10년 1월 정묘, 근래 세상의 도리가 점점 썩어 가 돈 많고 힘 있는 백성들이 군역을 피하고자, 간사한 아전, 임장(任掌)과 한통속이 되어 뇌물을 쓰고 호적을 위조하여 유학(幼學)이라고 거짓으로 올리고 면역(免役)하거나, 다른 고을로 옮겨 가서 스스로 양반 행세를 한다. 호적이 밝지 못하고 명분이 문란함이 지금보다 심한 적이 없었다.
― 『일성록』 ―

- 옷차림은 신분의 귀천을 나타내는 것이다. 그런데 어찌 된 까닭인지 근래 이것이 문란해져 상민과 천민이 갓을 쓰고 도포를 입는 것이 마치 조정의 관리나 선비같이 한다. 진실로 한심스럽기 짝이 없다. 심지어 시전상인이나 군역을 지는 상민까지도 서로 양반이라 부른다.
― 『일성록』 ―

- 요즈음 아전들의 풍습이 날로 나빠져서 길에서 고위직 양반을 만나도 절을 하려 하지 않고, 아전의 자식이나 손자가 양반을 대함에 있어 너니 나니 하며 자를 부르고 예를 하지 않는다. 또한, 지금은 천한 사람들도 모두 큰 소매와 긴 옷깃의 도포를 입으니 면포나 비단은 날로 품귀해지고 기강은 날로 무너져 가니, 작은 걱정이 아니다.
― 정약용, 『목민심서』 ―

- 공명첩을 전라도에 팔아 진휼의 자본에 보태도록 허락하였다. 이는 도신(道臣)의 청에 따른 것이다. 대개 공명첩은 60세 이하의 사람에게는 허락하지 않은 것이 법례였으나, 흉년이 들어 응모하는 자가 적어서, 나이와 값을 감하여 50세 이상으로 한정하고, 쌀 여섯 섬을 바치는 자에게 팔았다.
― 『숙종실록』 ―

- 공명첩의 값이 근래 매우 싸져서 …… 시내의 하천인들이라도 머리에는 금으로 된 옥관자를 쓰고 허리에는 홍자색의 띠를 차고 다닙니다. 또한, 백성의 습속이 점점 각박해지고 있습니다. 흉년에는 곡식 2, 3석 가격으로 공명첩을 판매하니 지방의 백성들은 친척이 굶주려 거의 죽을 지경에 이르러도 전혀 돕지 않고, 오로지 관아에 곡물을 바쳐 공명첩만 얻으려고 합니다.
― 『일성록』 ―

- [족보 매매] 양반 중 가난한 사람들은 사족의 위세를 계속 누리기 위해 재물이 필요하며, 내세울 것이 없는 집안 출신이라도 재산이 넉넉한 자는 어떻게든 그 지위를 높이려 하므로, 족보를 팔아먹고 성씨를 바꾸는 일이 일어납니다. 할아버지를 고치고, 자식이나 아버지를 빌리기도 하니, 천리(天理)와 인심이 모두 사라져 버렸습니다.
― 위백규, 『존재집』 ―

- [양반전] 정선 고을에 한 양반이 살고 있었다. 그는 어질고 글 읽기를 매우 좋아하였다. …… 하지만 몹시 가난하여 환곡을 타 먹은 지 여러 해가 되어 천 섬의 빚을 지게 되어 옥에 갇히게 되었다. …… 때마침 그 동네 부자가 이 소문을 듣고 가족끼리 비밀회의를 열어 말하였다. 이제 저 양반이 환곡을 갚을 길이 없어서 곤란한 모양이니 그 양반 자리를 더 유지할 수 없을 것이다. 이 기회에 내가 양반 신분을 사서 가지는 것이 어떨까? …… 하늘이 백성을 낳았는데, 그 백성이 넷이다. 그 중에 으뜸은 선비(士)인데, 양반이라고 불리며 이익이 이보다 큰 것이 없다. 농사를 짓지 않고 장사도 하지 않으며, 문사를 대강 섭렵하면 크게는 문과에 급제하고 적어도 진사가 된다. 문과 급제 증서인 홍패는 길이가 두 자에 불과하여도 온갖 물건을 얻을 수 있으니, 이게 바로 돈 자루이다. …… 이웃 소를 가져다 먼저 밭을 갈고, 마을 사람들을 불러다 김을 매도 누가 감히 거역하겠는가?
― 박지원, 『양반전』 ―

- 사·농·공·상에 관계없이 놀고먹는 자는 관에서 벌칙을 마련하여 세상에 용납할 수 없도록 하여야 한다. 재능과 학식이 있다면 비록 농부나 장사치의 자식이 낭묘(조정)에 들어가 앉더라도 참람스러울 것이 없고, 재능과 학식이 없다면 비록 공경의 자식이 하인으로 돌아간다고 하여도 한탄할 것이 없다. 위와 아래가 힘을 다하여 함께 그 직분을 닦는데, 부지런하고 게으름을 살펴서 상벌을 베풀어야 한다.
― 홍대용, 『담헌서』 ―

(7) 향촌 질서의 변화
- 향회라는 것이 한 마을 사족의 공론에 따른 것이 아니고, 수령의 손아래 놀아나는 좌수·별감들이 통문을 돌려 불러 모은 것에 불과합니다. 그 향회에서는 관의 비용이 부족하다는 핑계로 제멋대로 돈을 거두고 법을 만드니, 일의 원통함이 이보다 심한 것이 없습니다. — 『질암유고』 —
- 영덕의 오래된 가문은 모두 남인(사족)이며, 이른바 신향(新鄕)은 모두 서리와 품관의 자손으로 자칭 서인이라고 하는 자들이다. 근래 서인(신향)이 향교를 주관하면서 구향(舊鄕)과 마찰을 빚었다. 주자의 영정이 비에 손상되자 신향배들은 구향이 죄를 물을까 걱정하여, 남인에게 죄를 전가할 계획을 세우고는 주자와 송시열의 초상을 숨기고, "남인이 송시열의 영정을 봉안하는 것을 꺼려 야음을 틈타 영정을 훔쳐 갔다."라고 말을 퍼뜨렸다. — 『승정원일기』 —
- 임금이 명하셨다. "향전은 엄히 금해야 한다. 향임이 권한을 마음대로 행사하여 이 같은 일이 생긴다. 수령이 한쪽 만을 편들어 주면 싸움을 조장하는 것이니 주의해야 한다. 구향과 신향을 모두 잘 타일러 서로 화합하게 하라. 이후에도 다시 다툼을 벌이면 구향이나 신향을 막론하고 국법을 어긴 난민으로 처벌할 것이다." — 『정조실록』 —
- 향전은 통렬히 금해야 할 일이다. …… 한쪽의 공초만을 편파적으로 신뢰하여 그 사이에서 한쪽을 편들고 다른 한쪽을 억누른다면, 이는 분란을 조장하는 것이나 다름이 없다. 이 재판은 시행하지 말고, 조정에서 말을 잘 만들어 해당 관찰사를 엄히 꾸짖게 하되, 관찰사가 임금이 허가한 내용을 가지고 모든 마을의 유생을 거듭 타일러서 구향과 신향이 각각 구습을 통렬히 혁파하고 반드시 화합하게 하라. — 『일성록』 —

(8) 상속 제도의 변화
- [조선 전기] 무릇 유서에는 자손을 경계하는 말도 있고, 노비나 전택을 처리하는 가정사도 있습니다. 가령 어떤 사람에게 아들도 있고 딸도 있고, 또 친손도 있고 외손도 있는데, 유서를 작성한다면 그 뜻에 어찌 아들과 딸, 친손과 외손을 구별할 수 있겠습니까? 조부모나 부모의 마음으로 본다면 애당초 친손이나 외손의 구별이 없는 다 같은 자손입니다. — 『성종실록』 —
- [조선 후기] 아비와 자식 사이의 정이라는 면에서 본다면 아들과 딸 사이에 차별이 있어서는 안 되겠지만 생전에 봉양할 방법이 없고, 사후에 제사의 예마저 차리지 않는데 어찌 유독 재산만을 남자 형제와 균등하게 나누어 가질 수 있겠는가. 그러므로 딸들은 재산의 3분의 1만 나누어 갖도록 해라. — 『부안 김씨 우반 고문서』 —

(9) 동학
- 경상도 경주 등지에서 동학의 괴수를 자세히 탐문하여 잡아 올릴 목적으로 바삐 성 밖으로 나가 신분을 감추고서 밤낮을 가리지 않고 달려갔습니다. 조령에서 경주까지는 400여 리가 되고 주군이 모두 10여 개나 되는데 거의 어느 하루도 동학에 대한 이야기가 귀에 들어오지 않는 날이 없었으며 주막집 여인과 산골 아이들까지 그 글을 외우지 못하는 자가 없었습니다. 그리고 '위천주(爲天主)'라고 명명하고 또 '시천주(侍天主)'라고 명명하면서 조금도 부끄러워하지 않고 또한 숨기려고도 하지 않았습니다. 그러니 얼마나 오염되고 번성한지를 이를 통해서 알 만합니다. 그것을 전파시킨 자를 염탐해보니, 모두 말하기를 '최선생이 혼자서 깨달은 것이며 그의 집은 경주에 있다.'고 하였는데 ……. — 『고종실록』 —
- 최복술(최제우)은 경주 백성으로서 아이들에게 공부를 가르치는 것을 직업으로 삼아왔습니다. 그런데 양학(洋學)이 나왔다는 말을 듣자 의관을 갖추고 행세하는 사람으로서 양학이 갑자기 퍼지는 것을 차마 보고 앉아 있을 수 없어서, 하늘을 공경하고 하늘에 순종하는 마음으로 '위천주고아정 영세불망만사의'라는 13자로 된 말을 지어서 동학이라고 불렀는데, 동쪽 나라의 학문이라는 뜻에서 취한 것입니다. — 『고종실록』 —
- 우리나라는 악질이 세상에 가득 차 백성들이 편안할 때가 없으니 이 또한 상해의 운수요, 서양은 싸우면 이기고 치면 빼앗아 이루지 못하는 일이 없으니, 천하가 다 멸망하면 또한 순망지탄이 없지 않을 것이라. 보국안민의 계책이 장차 어디에서 나올 것인가. — 『동경대전』 —

(10) 세도정치의 폐단
- [외척 박종경은] 관작(官爵)을 모조리 움켜쥐고서 …… 문관의 권한, 무관의 권한, 인사의 권한, 비변사의 권한, 군사의 권한, 재정의 권한, 토지세의 권한, 시장 운영의 권세를 모두 장악하여 의기양양하게 좌우로 권력을 휘둘러 조금도 꺼리낌이 없습니다.
  - 『순조실록』 -
- 관직을 돈을 주고 산 수령은 그것을 보충하고자 부유한 주민들에게 환곡을 억지로 대여하고, 죄를 뒤집어씌워 재물을 수탈합니다.
  - 정원용, 『경산집』 -
- 제 지아비 작년에 돌아가셨는데 / 남편은 세상을 떴으나 뱃속에 아기가 있었지요. / 천행으로 사내아이를 낳았는데 그 아기 배내털 마르기도 전에 / 이장이 관가에 알려 군액에 충원되었네요. / 포대기에 쌓인 갓난아기 장정으로 군적에 올려서 / 문이 닳도록 찾아와 군포를 바치라고 독촉하고 / 어제는 아기를 업고 관가에 점호를 받으러 갔다오. …… 점호라고 받고 돌아오니 아기는 이미 죽어 있었지요.
  - 정민교, 「군정탄」 -
- 빌려주고 빌리는 건 양쪽 다 원해야지 / 억지로 시행하면 불편한 것이다. / 온 땅을 돌아봐도 모두 고개를 저을 뿐 / 빌리겠다는 사람은 하나도 없는데 / 봄철에 좀먹은 쌀 한 말 받고서 / 가을에 온전한 쌀 두 말을 바치고 / 게다가 좀먹은 쌀값 돈으로 내라 하니 / 온전한 쌀 판 돈을 바칠 수밖에 / 이익으로 남는 것은 교활한 관리만 살을 찌워 / 한번 벼슬길에 천 마지기 밭이 생기고 / 쓰라린 고초는 가난한 자에게 돌아가니 / 휘두르는 채찍질에 살점이 떨어진다.
  - 정약용, 「하일대주」 -

(11) 홍경래의 난
- [격문] 평서 대원수는 급히 격문을 띄우노라. 관서의 부로자제(父老子第)와 공사천민(公私賤民)은 모두 이 격문을 들으라. 무릇 관서 지방은 성인 기자의 옛터요 단군 시조의 옛 근거지로서 의관(衣冠)이 뚜렷하고, 문물이 융성한 곳이다. 임진왜란 때는 나라를 지키는 데 공을 세웠다. 그러나 조정에서는 관서를 버림이 분토(糞土)와 다름없다. 심지어 권세 있는 가문의 노비들조차 서토 사람들을 보면 반드시 평안도 놈이라 일컫는다. 어찌 억울하고 원통하지 않겠는가. 지금 나이 어린 임금이 위에 있어 권신들의 간악한 짓은 날이 갈수록 더 심해지고, 김조순, 박종경의 무리가 국가의 권력을 가지고 노니, 어진 하늘이 재앙을 내려 겨울 번개와 지진이 일어나고 바람과 우박이 없는 해가 없으니, 이 때문에 큰 흉년이 들고, 굶어 죽는 사람들이 셀 수 없다. …… 이제 격문을 띄워 각 주·군·현의 군후(君侯, 수령)에게 알리노니, 절대로 동요하지 말고 성문을 활짝 열어 우리 군대를 맞이하라. 만약 어리석게도 항거하는 자 있으면, 기마병의 발굽으로 남김없이 밟아 무찌를 것이니, 마땅히 속히 명령을 받들어 거행하라.
  - 『패림』 -
- 순무영에서 아뢰기를, "…… 홍경래의 수급과 함께 각각 목함에 담고 …… 우군칙은 계속 수색하였으나 아직까지 잡지 못하였는지라 …… 남녀 총 2,983명을 생포하였으며, 그중 여자 842명과, 열 살 이하 남자아이 224명은 다스리지 않는 데 부쳐 모두 풀어주었습니다. 그 외 1,917명은 …… 모두 진 앞에서 효수하였습니다."
  - 『순조실록』 -

(12) 임술농민봉기
- 임술년(1862, 철종 13) 2월 19일 진주민 수만 명이 머리에 흰 수건을 두르고 손에 몽둥이를 들고 무리를 지어, 진주 읍내에 모여 이서(吏胥)와 하급 관리들의 가옥 수십 호를 태우니, 그 움직임이 가볍지 않았다. 병마절도사(백낙신)가 해산하고자 장시에 가니, 흰 수건을 두른 백성들이 길 위에 그를 빙 둘러싸고 백성의 재물을 횡령한 조목, 아전이 세금을 포탈하고 강제로 징수한 일들을 면전에서 여러 번 질책하였는데, 그 능멸하고 위협함이 조금도 꺼리낌이 없었다.
  - 『임술록』 -
- 철종 13년(1862) 4월, 경상도 안핵사 박규수가 포리(逋吏)를 조사하고, 옥사를 다스리는 문제로 계를 올리기를, "금번 진주의 난민들이 소동을 일으킨 것은 오로지 전 우병사 백낙신이 탐욕을 부려 수탈하였기 때문입니다."
  - 『철종실록』 -
- 진주 양민이 소동을 일으킨 것은 우병사 백낙신의 탐학 때문이다. 그가 부임한 이래 한 짓은 법에 어긋나고 인정에 거슬리지 않는 것이 없고, 오로지 자기 이익만을 추구하였다. 신유년(1861) 병고의 돈 3,800여 냥으로 쌀 1,226

석을 장만해 가지고 이를 병고 구폐미라 하여 백성들에게 (환곡으로) 나누어 주고, 가을에 가서 가외로 매석하여 본전은 넣고 나머지를 먹었다. …… 병영의 아전들이 먹어 치워 부족하게 된 환곡을 걷어 들이기 위하여 고을 안의 우두머리급 백성을 초청하여 잔치를 벌여 꾀기도 하고 잡아 가두는 등 위협하면서 6만여 냥을 집집마다 이유 없이 징수하였다.
- 『진주초군작변등록』 -

- [공주부 농민의 요구사항]
  1. 세미(稅米)는 항상 7량 5전으로 정하여 거둘 것
  2. 각종 군포를 농민에게만 편중되게 부담시키지 말고, 각 호마다 균등하게 부담시킬 것
  3. 환곡의 폐단을 없앨 것
  4. 군역의 부족분을 보충한다거나 환곡의 부족분을 보충한다는 명분으로 결렴(토지에 부과하여 조세를 거두어들이는 방식)하는 제도를 폐지할 것
  5. 아전과 장교의 침탈을 금지할 것
  - 송근수, 『용호한록』 -

2 조선후기 상품 화폐 경제의 발달

(1) 수취 제도의 개편
① 대동법 : 공납(戶별 현물 징수) → 토지 1결당 쌀 12두(삼베·무명·동전) 징수 → 공납의 전세화(지주 부담 증가, 농민 부담 감소), 상품 화폐 경제 발달(공인 등장, 상품 수요 증가)
② 영정법 : 풍흉에 관계없이 토지 1결당 4-6두의 전세를 징수
③ 균역법 : 군포 부담 감소(1필로 경감), 부족분 충당(결작, 선무군관포, 어·염·선세를 정부 재정으로)

(2) 농업과 수공업·광업의 발달

농업	• 모내기법 : 노동력 절감, 단위 면적당 생산량 증가, 이모작 확대, 광작 가능 / 정부 금지(가뭄 위험) → 18C 전국적 보급 • 상품 작물 재배 확대 : 인삼·면화·담배·채소·약초 등 → 높은 소득
수공업	• 관영 수공업 쇠퇴 및 민영 수공업 발달(도시 인구, 상품 수요 증가) • 선대제 : 대상인이 영세 수공업자에게 자금과 원료를 미리 지불하고 완제품을 받아 감 • 독립 수공업자 : 18C 후반, 자기 자본으로 물품을 생산하고 판매 • 점촌 형성 및 농촌 수공업의 변화(자급자족 → 시장 판매 증가)
광업	• 17C 이후 민간의 광산 개발 허용(세금 징수) 및 잠채, 은 수요 증가(대청 무역) • 덕대가 물주로부터 자본을 받아 광산 경영[혈주(채굴업자)와 노동자 고용]

(3) 상품 화폐 경제 발달
① 배경 : 농업 생산력 증대, 도시 인구 성장, 수공업·광업 발전, 공인과 사상(私商)의 활동
② 사상의 성장 : 일부는 도고(독점적 도매상)로 성장
  ㉠ 송상(개성, 송방), 유상(평양), 만상(의주, 대청 무역), 내상(동래, 대일 무역), 경강 상인(선박)
  ㉡ 신해통공 : 정조가 육의전을 제외한 시전의 금난전권 폐지 → 상업 통제 완화

③ 장시 : 18C 중엽 1,000여 개, 보부상의 활동 및 지역 시장권 형성(5일장), 일부 상설화
④ 포구 : 선상, 객주·여각(중개·보관·운송·숙박·금융 등)의 활약
⑤ 화폐 유통 : 17C 말 상평통보 전국적 유통, 세금·소작료 화폐납, 어음 등 신용 화폐 등장, 전황
⑥ 대외 무역 : 개시와 후시, 대청 무역(사행 무역, 수입-비단·약재·문방구, 수출-인삼·쌀·무명), 대일 무역(왜관, 수입-은·구리·유황·후추, 수출-인삼·쌀·무명, 청에서 수입한 물품 중계)

(4) 조선 후기 문화
① 서민문화 발달
㉠ 작품 주인공으로 서민 등장, 감정 솔직·양반 위선 풍자, 한글 소설(홍길동전, 흥부전) 유행
㉡ 서민층 경제력 향상 및 서당 교육 확대 : 서민 의식 수준 향상
㉢ 판소리, 사설시조(서민의 애환), 탈놀이(봉산탈춤)
② 조선 후기 회화
㉠ 풍속화 : 서민의 일상, 양반의 풍류·연애, 부녀자의 모습 등, 김홍도(타작도, 씨름도, 서당도, 자리짜기), 신윤복(연소답청, 월하정인, 단오풍정), 김득신(노상알현도, 대장간), 장승업, 권용정, 김준근 등
㉡ 민화 : 무명 작가, 민중의 염원과 미의식 표현, 까치와 호랑이, 문자도, 화조도, 책거리 등

PLUS 더 알아보기

- **공법** : 전분 6등법(비옥도, 6단계), 연분 9등법[풍흉, 1결당 20두(상상) ~ 4두(하하)]
- **결작** : 줄어든 군포 수입을 보충하기 위해 지주에게 토지 1결당 쌀 2두를 징수하였다.
- **선무군관포** : 일부 상류층에게 선무군관의 칭호를 주고 매년 군포 1필을 징수하였다.
- **육의전** : 시전 중 여섯 가지 상점을 말한다. 시기에 따라 조금씩 다르지만 대체로 옷감(비단·명주·무명·모시), 종이, 어물 등을 취급하는 상점이 포함되었다.
- **금난전권** : 한양의 시전은 각기 취급하는 물품을 도성 안에서 독점하는 대신 궁궐이나 관청에 필요한 물품을 공급하거나 각종 공사 비용을 조달해야 하였다. 대신 난전을 단속하는 권한을 부여받게 되었다.
- **전황** : 재산 축적에 화폐를 이용한 것과, 구리 가격이 상승하여 동전을 주조하는 비용이 높아진 것 등이 전황의 원인이 되었다. 동전을 고리대에 이용하여 농민이 피해를 입기도 하는 등 상품 화폐 경제 발달을 저해하는 요소였다.

사료 더하기

(1) 대동법
- 선혜법(대동법)을 경기 지방에 실시한 지 지금 20년이 되어 가는데, 백성들이 매우 편하게 여기고 있습니다. 8도 전체에 통용시키면 8도 백성들이 그 혜택을 받을 수 있을 텐데, …… 그 편리한 점을 알면서도 시행하지 못한 지 오래입니다. 현재 갖은 부역이 중첩되고 백성들이 도탄에 빠졌으니, 반드시 대대적으로 고쳐서 민심을 위안할 소지를 만들어야 합니다.
  — 『인조실록』 —
- 외방에서 온 사람이 "민간이 모두 한꺼번에 납부하는 것을 고통스럽게 여긴다"라고 하였습니다. 대체로 먼 외방은 경기와 달라 부자의 전결이 매우 많은데, 10결을 소유한 자는 10석을 내야 하고 20결을 소유한 자는 20석을 내도록 되어 있으니, 전결이 많으면 많을수록 더욱 고통스럽게 여길 것은 당연합니다. …… 대가(大家)와 거족(巨族)이 불편하게 여기며 원망한다면, 이 또한 어려운 시기에 심히 우려되는 일이라 할 것입니다.
  — 『인조실록』 —
- 우의정 김육이 아뢰기를, "…… 대동법은 역을 고르게 하여 백성을 편안케 하기 위한 것이니 실로 좋은 계책입니다. …… 이 법의 시행을 부호들이 좋아하지 않으나 국가에서 법령을 시행하는 데 있어서 마땅히 소민들의 바람을 따라야 합니다."
  — 『효종실록』 —
- 각 고을의 공물은 각각 사주인(방납인)이 있어 자기네끼리 서로 나누어 점유하여 부자 간에 계속 전하고 있는데 본색(本色)의 물건이 좋더라도 10배의 값을 내지 않으면 바칠 수가 없습니다.
  — 『선조실록』 —
- 좌의정 이원익의 건의로 대동법을 비로소 시행하여, 백성의 토지에서 미곡을 거두어 서울로 옮기게 하였는데, 먼저 경기에서 시작하고 드디어 선혜청을 설치하였다.
  — 『만기요람』 —
- 강원도에는 대동법을 싫어하는 자가 없는데, 충청도와 전라도에는 좋아하는 자와 싫어하는 자가 있습니다. …… 특히 전라도에는 싫어하는 자가 많은데, 이는 토호가 많은 까닭입니다. 이로 볼 때 단지 토호들만 싫어할 뿐 백성들은 모두 대동법을 보고 기뻐합니다.
  — 조익, 『포저집』 —

(2) 균역법
- [군포 징수 폐단] 현재 10여 만 호로 50만의 양역을 충당해야 하니, 한 집에 비록 남자가 4,5명 있어도 모두 군역을 면할 수가 없습니다. …… 비록 날마다 매질을 가하더라도 군포를 마련할 길이 없어 결국 죽지 않으면 도망가게 되는 것입니다. 도망한 자와 죽은 자들의 몫을 채우기 위해 백골징포, 황구첨정의 폐단이 생겨나게 되었습니다.
  — 『영조실록』 —
- 임금이 대신에게 말하기를, "…… 양역을 끝내 변통하지 못한다면 조선은 반드시 망할 것이다. 호포·결포·구전이 모두 폐단이 있다고 하지만, 만약 현명하고 명철한 임금으로 하여금 맡게 한다면 어찌 변통할 방도가 없겠는가? 금일 차대(次對)는 이 일을 묻고자 하였던 것이다."
  — 『영조실록』 —

(3) 농업 경영 방식의 변화
- [농업의 중요성] 나라는 백성을 근본으로 삼고, 백성은 먹는 것을 하늘로 삼는 것인데, 농사짓는 것은 옷과 먹는 것의 근원으로서 왕의 정치에서 먼저 힘써야 할 것이다.
  — 『세종실록』 —
- 농민들은 모내기를 좋아하지만 가뭄이 들면 농사를 망칩니다. 그러나 백성들은 모내기를 편한 일로 여긴 지 오래되어 모두 모내기하는 것이 습속이 되었습니다.
  — 『일성록』 —
- 모내기법은 직접 논에 벼를 심는 직파법보다 노동력이 5분의 4나 절약이 된다. 따라서 집안에 아이들을 비롯하여 집안에 부릴 수 있는 노동력이 있는 사람들은 경작을 거의 무한으로 할 수 있다. 땅이 없는 자는 빌려서 농사지을 수도 없다.
  — 이익, 『성호사설』 —
- 일반적으로 이앙(모내기)을 귀중하게 여기는 이유는 세 가지가 있다. 김매기의 노력을 줄이는 것이 첫째요, 두 땅의 힘으로 하나의 모를 서로 기르는 것이 둘째요, 옛 흙을 떠나 새 흙으로 가서 고갱이를 씻어 내어 더러운 것을 제거하는 것이 셋째이다. 어떤 사람은 모낸 모가 큰 가뭄을 만나면 모든 노력이 허사가 되니 이를 위험하다고 하나 그렇지 않다. 벼를 심는 논은 반드시 물을 끌어들일 수 있는 하천이나 물을 댈 수 있는 저수지가 꼭 필요하다. 이러한 것이 없다면 볏논이 아니다. 볏논이 아니더라도 가뭄을 우려하는데 어찌 이앙만 그렇다고 하는가?
  — 서유구, 『임원경제지』 —

- 밭에 심는 모든 곡식은 그 땅에 알맞아야 한다. …… 농민이 밭에 심는 것은 9곡뿐이 아니다. 모시·오이·배추·도라지 등의 농사도 잘 지으면 한 이랑에서 얻는 이익이 헤아릴 수 없이 크다. 한양 근교와 지방 대도시 주변의 파·마늘·배추·오이 농사는 4마지기(10무, 4두락)에서 수만 전(錢)의 수입을 올릴 수 있다. 특히 서북 지방의 담배밭, 관북 지방의 삼밭, 한산의 모시밭, 전주의 생강밭, 강진의 고구마밭, 황주의 지황밭에서의 수확은 모두 상상등전(上上等田)의 논에서 나는 수확보다 그 이익이 10배에 이른다. ─ 정약용, 『경세유표』 ─

(4) 농민 분화

- [광작] 정조 22년 5월 이병모가 말하였다. "직파법으로 불과 10두락 농사짓던 사람이 이앙법으로 농사지으면 적어도 20-40두락을 농사지을 수 있습니다. 같은 힘으로 넓은 땅에서 농사를 지을 수 있으니 넓은 땅을 경작하는 사람이 늘어났습니다. 하지만 가난하고 힘없는 농민들은 토지를 확보하는 것이 어려워 늘 근심합니다. ─『일성록』─

- 부유한 백성은 토지 겸병에 힘쓰고 농사를 많이 짓는 것에 욕심을 내어 적게는 3,4석씩 많게는 6,7석씩 한꺼번에 모내기를 하여 수고를 줄입니다. 비록, 어쩌다가 가뭄을 당하더라도 대부분 좋은 논을 소유하고 있어서 수확이 많습니다. 그러나 가난한 백성은 볍씨를 뿌리고 모내는 일을 맨 나중에 하므로 가뭄을 만나 흉년이 들면 입에 풀칠할 길이 없습니다. ─『정조실록』─

- 부농층은 땅이 넓어서 빈민을 농업 노동에 고용함으로써 농사를 짓지 않고서도 향락을 누릴 수 있다. 가난한 사람은 송곳 꽂을 땅도 없다. 빈농층 가운데 어떤 농민은 지주의 농지를 빌려 경작할 수 있지만 겨우 그 수확량의 반만 얻을 수 있다. …… 임금 노동자가 되어 타인에게 고용됨으로써 생계를 유지한다. …… 또 그러하지 아니하면 가히 고용될 밭이 없거나, 가히 고용될 집이 없다. 이에 농민들은 농촌을 떠나 이리저리 떠돌아다니며 구걸하게 된다. 혹은 가난하여 도적이 된다. ─ 정상기, 『농포문답』 ─

- 놀부는 부모께서 물려주신 그 많은 논과 밭을 저 혼자 차지하고 농사짓기 일삼는다. 물 좋은 논에 모를 심고, 살진 밭에 면화하기, 자갈밭에 서숙(조) 갈고, 황토밭에 참외 심고, 비탈 밭에 담배하기 …… 흥부는 이월 동풍에 가래질하기, 삼사월에 부침질하기, 일등 전답 무논 갈기, 이집 저집 돌아가며 이엉 엮기, 궂은 날에 멍석 말기 ……. ─『흥부전』─

(5) 수공업

- 각 고을에 점(店)의 폐단이 있다. 이른바 무쇠점, 침점, 옹기점 등 다양한 점들이 생겨나 군역을 져야 할 사람들조차도 점으로 몰려들고 있다. ─『승정원일기』─

- [장인등록제 폐지] 여러 관청 중에 사섬시, 전함사, 소격서, 사온서, 귀후서 등 여러 관청이 지금은 없어졌고, 내자시, 내섬시, 사도시, 예빈시, 제용감, 전설사, 장원서, 사포서, 양현고, 도화서 등은 소속 장인이 없어졌다. 그 밖의 여러 관청은 장인의 종류도 서로 달라졌고, 정해진 인원도 들쑥날쑥하다. 그리고 장인들을 공조에 등록하던 규정은 점점 폐지되어 시행되지 않는다. ─『대전통편』─

(6) 광업

- 조정에서 은산지에 은점 설치를 허가해 주면, 부상대고는 재물을 내어 일꾼을 모집할 것입니다. 땅이 없어 농사를 짓지 못하는 백성이 점민이 되어 그곳에 모여 살며, 은을 캐어 제련하게 되는데, 호조와 각 영, 고을에 세를 바치고 남은 것은 물주 몫으로 돌아가게 됩니다. 땅이 없는 백성들도 이것에 힘입어 살아갈 수 있으니 공사(公私)가 모두 유익할 것인데 어찌해서 민폐가 되겠습니까? ─ 우정규, 『경제야언』 ─

- 우리나라는 물력(物力)이 부족하고 요역이 매우 무거운데, 매번 나라에서 채굴하면 비용이 많이 들 것입니다. 은광 채굴을 담당하는 관리로 하여금 은혈(銀穴)을 찾아서 개발한 이후 백성을 모집하여 채굴할 것을 허락해주고 세를 바치게 하되 많고 적음을 적당하게 헤아려 수량을 정한다면 나라의 힘을 허비하지 아니하여도 세입(稅入)이 절로 많게 될 것입니다. ─『증보문헌비고』─

- [수안 금광] 황해도 관찰사 이의준의 보고에 의하면, 수안군에는 본래 금점이 다섯 곳이 있었는데, 그중 두 곳의 금맥은 이미 바닥이 나서 철폐하는 상황이고, 세 곳의 금맥은 풍성합니다. 금년(1798, 정조 22) 여름에 새로 뚫은 금혈이 39곳이고, 비가 와서 채굴을 중지한 금광이 99곳입니다. 현재 550여 명의 광꾼이 모여들었는데, 도내의 무뢰배들이 농사를 그만두고 다투어 모여들 뿐만 아니라 다른 지방에서 이익을 탐하는 무리들도 소문을 듣고 몰려왔습니다. …… 그리하여 금점 앞에는 700여 채의 초막이 세워졌고, 광꾼과 그 가족, 좌고, 행상, 객주 등 인구도 1500여 명에 이른다.
  - 『비변사등록』 -

(7) 상업 발달

- 행랑 하나 점포 하나 가게마다 열려있고 떠들썩하고 분주한 곳 육주비(육의전)라네, 즐비한 물건이 산처럼 쌓여 있으니 누가 한 것인가.
  - 신관호, 『성시전도시』 -

- [도고] 도성 백성들이 의지하여 살아가는 것은 오로지 시사(시장)를 벌여 놓고 있고 없는 것을 팔고 사며 교역하는 데 달려 있습니다. 그런데 근래에는 기강이 엄하지 않아 간사한 무리들이 어물과 약재 등의 물종은 물론이고, 도고(都賈)라 이름하면서 중앙에서 이익을 독점하는 폐단이 그 단서가 한둘이 아닙니다. …… 근래에는 이 법이 점차 더욱 해이해져 온갖 물건의 가격이 크게 오른 것이 오로지 이에서 말미암은 것이라고 합니다. 평시서와 집법사(執法司, 형조와 한성부의 통칭)에서 참으로 적발하여 통렬하게 다스린다면 어찌 이런 일이 있겠습니까.
  - 『영조실록』 -

- [도고] "내 조금 시험해 볼 일이 있어 그대에게 만금(萬金)을 빌리러 왔소."라고 하였다. 변씨는 "그러시오."하고 곧 만금을 내주었다. …… 허생은 만금을 얻어 생각하기를 "저 안성은 기(畿)·호(湖)의 어우름이요, 삼남의 어귀이다."하고는 안성의 한 주막에 머물러 살았다. 그리하여 대추, 밤, 감, 배, 석류, 귤 유자 등의 과실을 모두 2배 값으로 사서 저장하였다. 허생이 과실을 몽땅 사들이자 온 나라가 잔치나 제사를 치르지 못하게 되었다. 그런지 얼마 안 돼, 두 배 값을 받은 장사꾼들이 도리어 10배의 값을 치렀다. 이어서 허생은 그 돈으로 곧 칼, 호미, 삼베, 명주 등을 사 가지고 제주도로 들어가 말총을 모두 사들였다. 말총은 망건의 재료였다. 얼마 되지 않아 망건 값이 10배나 올랐다. 이렇게 하여 허생은 50만 냥에 이르는 큰돈을 벌었다.
  - 박지원, 『허생전』 -

- [포구] 우리나라는 동, 서, 남의 3면이 모두 바다이므로, 배가 통하지 않는 곳이 거의 없다. 배에 물건을 싣고 오가면서 장사하는 사람들은 반드시 강과 바다가 이어지는 곳에서 이익을 얻는다. 전라도 나주의 영산포, 영광의 법성포, …… 충청도 은진의 강경포는 육지와 바다 사이에 위치하여 바닷가 사람과 내륙 상인이 모두 여기에서 서로 물건을 교역한다.
  - 이중환, 『택리지』 -

- [신해통공] 좌의정 체제공이 아뢰기를, "도성에 사는 백성의 고통으로 말한다면 도거리 장사가 가장 심합니다. 난전을 금하는 법은 오로지 육전(육의전)이 위로 나라의 일에 응하므로 그들로 하여금 이익을 독점하게 한 것입니다. 그런데 지금은 무뢰배들이 삼삼오오 떼를 지어 스스로 가게 이름을 붙여 놓고 사람들의 일용품을 제각기 멋대로 전부 주관을 합니다. …… 만약 물건 주인이 듣지 않으면 곧 난전이라 부르면서 결박하여 형조와 한성부에 잡아 넣습니다. …… 형조와 한성부에 분부하여 육의전 이외에 (다른 이에게) 난전이라 하여 잡혀오는 사람들에게는 벌을 주지 말도록 하고 반좌법(反坐法)을 적용하게 하시면 장사하는 사람들은 서로 매매하는 이익이 있을 것이고 백성도 곤궁한 걱정이 없을 것입니다.
  - 『정조실록』 -

(8) 동전의 유통과 전황

- 숙종 4년 1월 을미, 대신과 비변사의 여러 신하들을 접견하고 비로소 돈을 사용하는 일을 정하였다. 돈은 천하에 통하는 재화인데 오직 우리나라에서는 예부터 누차 행하려고 하였으나 행할 수 없었던 것은 동전이 토산이 아닌데다 풍속이 중국과 달라 막히고 방해되어 행하기 어려운 폐단이 있었기 때문이다. 이때에 이르러 대신 허적과 권대운 등이 시행하기를 청하였다. 임금이 여러 신하에게 묻자 그 자리에 있던 신하들이 모두 그 편리함을 말하였다. 왕이 그대로 따르고 …… 상평통보를 주조하여 400개를 은 1냥의 값으로 정하여 시중에 유통하게 하였다.
  - 『숙종실록』 -

- 지금 돈이 귀해진 것은 공가(公家)에서 간직하고 부유한 백성들이 쌓아 두어 유통이 되지 않는 까닭입니다. 만일 관가의 돈을 쌓아 두는 폐단을 없애고 민간의 돈을 유통시키는 효과가 있게 한다면, 전황의 폐단을 해결할 수 있을 것입니다.   　　　　　　　　　　　　　　　　　　　　　　　　　　　　　　　　　－『영조실록』－
- 우리 숙종 때 옛 제도를 고증하여 비로소 동전을 주조하였는데 나라의 재용이 이로 인해 넉넉해지고 백성들이 그 혜택을 입었으며, 시행한 지 1백여 년이 되었어도 위아래가 다 편리하게 여기고 있습니다. 다만 일본 구리의 값이 비싸고 주조하는 비용이 많이 들기 때문에 돈의 품귀가 근래에 심해졌고 은의 생산도 줄고 하여 장사치와 역관들이 생업을 잃게 되었습니다.   　　　　　　　　　　　　　　　　　　　　　　　　　－『정조실록』－

(9) 대외 무역

- 나라 안에서 생산되는 은을 모두 연경으로 보내어 금세 떨어지는 비단이나 쓸데없는 그릇, 사치스러운 식품으로 바꾸며 부족하면 일본에서 수입한 은으로 충당하는데, 일본 은은 쌀이나 포목과 바꾸어 얻은 것이다. 이 때문에 나라의 창고가 항상 비어있게 된다.   　　　　　　　　　　　　　　　　　　　　　　　－ 이익, 『성호사설』 －
- 일본이 이전에는 스스로 나가사키에서 (중국) 남경과 무역하였으나 지금은 청이 무역을 금하였다. 그리하여 우리나라가 청에서 사들인 백사(白絲)는 모두 왜관에서 팔았다. …… 연경에서 은 60냥으로 백사 100근을 구입해서 왜관에 가면, 백사 100근의 가격은 은 160냥이 되었다.   　　　　　　　　　　　　　　　　　－『승정원일기』－
- 동래부에서 인삼을 밀거래한 일본인을 처벌할 것을 요구하자 왜관의 우두머리가 말하기를, "일본에서는 인삼이 생산되지 않아 모두 귀하게 여깁니다. 또한, 쓰시마 도주가 에도(쇼군)에 진공(進貢)해야 하는데 금제(禁制)에 구애되어 매매할 수 없기 때문에 이번의 지시(밀거래)는 부득이한 것이었습니다."라고 하였다.   　－『숙종실록』－
- 김상성이 아뢰기를, "근래 삼화가 점점 귀하여 씨가 마를 지경에 이르렀습니다. 전에는 좋은 품질의 강계삼이 2냥에 지나지 않았으나 근래 값이 뛰어 아주 귀하게 되었습니다. …… 사려고 해도 이를 구할 수 없습니다. …… 강계에 몰래 들어가 삼을 사는 상인들은 동래 왜관에서 매매하기 위해서 입니다. 허가 받지 않은 상인을 처벌하는 법은 속대전에 있으니 이로 다스려야 합니다.   　　　　　　　　　　　　　　　　　－『비변사등록』－

PART

02

근대 국민 국가 수립 운동

02 근대 국민 국가 수립 운동

교육과정 감잡기

중단원	성취 기준
1. 서구 열강의 접근과 조선의 대응	• 흥선 대원군의 통치 체제 재정비 노력과 통상 수교 거부 정책, 강화도 조약 체결의 대내외적 배경, 개항 이후 추진된 개화 정책의 내용을 파악한다.
2. 동아시아의 변화와 근대적 개혁의 추진	• 개화 정책을 둘러싼 갈등과 근대 국가 수립을 위한 노력을 살펴보고, 근대 문물 수용에 따른 사회 변화를 탐구한다.
3. 근대 국민 국가 수립을 위한 노력	
4. 일본의 침략 확대와 국권 수호 운동	• 일제의 국권 침탈에 맞선 의병 운동, 애국 계몽 운동, 경제적 구국 운동의 내용을 파악한다. • 독도가 우리의 영토임을 역사적 연원을 통해 증명하고, 일제에 의해 이루어진 독도 불법 편입 과정의 문제점과 간도 협약의 부당성을 이해한다.
5. 개항 이후 경제적 변화	• 일제의 국권 침탈에 맞선 의병 운동, 애국 계몽 운동, 경제적 구국 운동의 내용을 파악한다.
6. 개항 이후 사회·문화적 변화	• 개화 정책을 둘러싼 갈등과 근대 국가 수립을 위한 노력을 살펴보고, 근대 문물 수용에 따른 사회 변화를 탐구한다.

주제1 서구 열강의 접근과 조선의 대응

1 서구 열강의 침략적 접근

(1) 제국주의의 등장
  ① 제국주의 : 서구 열강이 우세한 경제력과 군사력으로 식민지를 차지하려는 대외 팽창 정책
  ② 등장 배경 : 산업 혁명 이후 자본주의 급성장 → 독점 자본주의 형성
  ③ 성격
    ㉠ 독점 자본주의 : 상품 시장, 원료·노동력 확보, 잉여 자본 투자를 위해 식민지 확보
    ㉡ 배타적·침략적 민족주의 : 서구 열강의 국민이 국내 문제 해결과 국가 위신 고양을 위해 대외 침략 지지
    ㉢ 사회 진화론 : 적자생존의 논리를 인간 사회와 국제 관계에 적용
    ㉣ 백인 우월주의 : 백인이 유색 인종을 문명의 길로 이끌어야 한다고 주장
  ④ 제국주의 열강의 침략적 접근
    아프리카, 인도, 동남아시아를 거쳐 19세기 중엽부터 동아시아로 적극 진출 → 청, 일본 개항

(2) 서구 열강의 동아시아 침략과 개항
  ① 청의 개항
    ㉠ 배경 : 영국이 무역 적자를 해결하기 위해 인도산 아편을 청에 밀수출
    ㉡ 아편 전쟁(1842) : 청이 막대한 은 유출, 국민 건강을 이유로 아편 단속 강화 → 영국의 아편 전쟁 도발
    ㉢ 아편 전쟁의 결과 : 영국의 승리, 청의 문호 개방(난징 조약 체결) → 홍콩 할양, 광저우 등 항구 개항, 불평등 조약 체제 성립(영사 재판권, 최혜국 대우 허용)
  ② 일본의 개항
    ㉠ 개항 전 상황 : 에도 막부가 서양의 통상 요구 거부, 네덜란드에만 제한적 무역 허용
    ㉡ 개항 : 미국 함대의 무력 시위, 개항 요구(포함 외교) → 미·일 화친 조약(1854), 미·일 수호 통상 조약(1858) 체결 → 불평등 조약 체제(영사 재판권, 최혜국 대우 허용)

PLUS 더 알아보기

- **영사 재판권** : 영사가 외국에서 자국 국민이 저지른 사건을 자국 법률에 의거하여 재판을 할 수 있는 권리를 말한다.
- **최혜국 대우** : 한 나라가 제3국에 부여하고 있는 가장 유리한 조건을 조약 상대국에도 자동으로 부여하는 것이다.
- **만국 공법** : 조약을 통하여 주권 국가 간의 대등한 관계를 지향하는 '국제법'을 번역한 말이다. 제국주의 국가들이 불평등한 통상 조약 체결을 합리화하는 명분으로 이를 이용하였다.

사료 더하기

(1) 제1, 2차 아편 전쟁과 개항
- 난징 조약(1842)
  2. 광저우, 푸저우, 샤먼, 닝보, 상하이 등 다섯 항구에서 무역 통상을 하고, 이곳에 영사를 파견한다.
  3. 영국에 홍콩섬을 할양하여 통치하게 한다.
  10. 영국은 항구에서 편의대로 교역한다.
- 한성에서 시작하여 전국으로 번진 엄청난 공포와 심각한 경악을 말하는 것은 불가능한 일일 것이다. 모든 일이 중단되었고 부자나 넉넉한 집안들은 산골로 도망하였다. 또 높은 관직에 있는 관리들은 천주교 신자들에게 신변 보호를 부탁하고 혹시 모를 사태에 대비하여 종교 서적이나 십자가상 혹은 성패(예수, 성모 등을 새긴 패)를 장만하고자 하였다. 어떤 관리들은 공공연하게 천주교의 이 표지들을 허리에 차고 다니기까지 하였다고 한다.
  – 달레, "한국 천주교회사" –
- 양이가 이미 황성에 가득 찼으므로 혹시 그 기세로 동쪽(조선)을 침범할지도 모른다는 것입니다. 신은 반드시 그렇지는 않다고 말합니다. 그들은 교역하는 것을 일로 삼는데, 우리나라는 바꿀 만한 재화와 보물이 없습니다. 다만 사교에 물들거나 양약을 복용하는 무리가 몰래 잘못 끌어들이면 그들이 오지 않는다고 보장하기 어렵습니다.
  – 『일성록』, 신석우의 보고 –
- 그대의 양심은 어디에 있는가? 나는 그대의 나라에서 아편 흡연이 엄격히 금지되어 있다고 들었다. 아편의 해악을 잘 알고 있기 때문일 것이다. 자기 나라에서 해를 입히지 못하게 한다면 그 해악을 다른 나라에 전가해서는 안 될 것이다.
  – 청의 임칙서가 영국 빅토리아 여왕에게 쓴 편지(1839) –

(2) 일본의 개항
- 미일 수호 통상 조약(1858)
  3. 시모다와 하코다테 이외에 다음 장소를 개방한다. 가나가와, 나가사키, 니가타, 효고
  4. 수출입품은 모두 일본의 세관을 경유한다.
  6. 일본인에 대한 범죄를 저지른 미국인은 미국 영사 재판소에서 조사를 받고 미국법에 의해 처벌한다.
- 미·일 화친 조약(요약, 1854)
  – 미국 선박에 연료 및 식량을 공급한다.
  – 2개 항구의 개항과 영사의 주재를 인정한다.
  – 미국에게 최혜국 대우를 인정한다.
- 옛것을 버리고 새로운 것을 얻는 과정에서 가장 핵심적인 것은 '아시아를 벗어나는 것'이다. 비록 일본이 이미 정신적으로는 아시아를 벗어났지만, 이웃 두 나라(조선과 청)는 개혁을 생각조차 하지 못하고 있다. …… 중국과 일본의 개혁이 실패한다면, 이들은 곧 세계 열강에 나라를 빼앗길 것이다. – 『시사신보』(1885. 3. 26.) –
- 후먼 조약(1843)
  제4조 광저우, 푸저우, 샤먼, 닝보, 상하이를 개항되면 영국 상인은 오직 이 다섯 항구에서만 무역이 허용된다.
  제8조 청이 다른 나라와 새로운 조약을 체결할 경우, 그 조약이 영국과 맺은 것보다 유리하면 영국에도 그 조건을 인정한다.
  제9조 영국인이 청의 영토에서 죄를 범하면, 영국 관헌이 체포하여 조사한다.
  – 『청과 서양 열강이 맺은 조약들』, 1902 –

2 흥선 대원군의 개혁 정치

(1) 흥선 대원군의 집권 상황
① 배경 : 세도 정치의 폐단, 삼정의 문란 → 전국적 농민 봉기, 천주교·동학의 확산
② 고종 즉위(1863) → 흥선 대원군이 실권 장악, 개혁 정치 실시

(2) 통치 체제 정비
① 세도 정치의 폐단 시정 : 소외되었던 정치 세력과 종친 등용, 안동 김씨 세력 약화
② 비변사의 기능 축소(이후 폐지) → 의정부의 기능 회복, 삼군부 부활
③ 법전 편찬(『대전회통』, 『육전조례』 등)

(3) 경복궁 중건
① 목적 : 왕실의 위엄 회복
② 과정 : 원납전 징수, 당백전 발행, 백성의 노동력을 강제 동원, 양반들의 묘지림 벌목
③ 결과 : 당백전 남발로 물가 폭등, 과중한 노동력 동원 → 양반과 백성의 반발 초래

(4) 삼정의 문란 시정
① 전정 : 양전 사업 실시 → 은결을 찾아 조세 부과
② 군정 : 호포제 실시(양반도 군포 징수)
③ 환곡 : 사창제 실시(향촌에서 자치적으로 운영)

(5) 서원 철폐
① 배경 : 붕당의 근거지로서 폐단 초래, 면세·면역의 혜택으로 국가 재정 악화
② 결과 : 전국의 서원을 47개소만 남기고 철폐
→ 국가 재정 확충, 유생의 횡포로부터 농민 보호, 양반 유생의 반발

PLUS 더 알아보기

- **삼군부** : 군사 업무를 총괄하던 최고 기관으로, 조선 초기에 한때 설치되었던 것이 흥선 대원군 때 부활하였다.
- **사창제** : 민간에서 곡식을 저장해 두었다가 대여해 주도록 한 제도이다. 각 면에서 인구가 많은 리(里)에 지역민 스스로 사창을 설치하고 덕망과 경제적 여유를 갖춘 사람에게 운영을 맡겼다.
- **군포 납포층의 변화(경북 영천)** – 김용섭, 「조선 후기 군역제 이정의 추이와 호포법」 –
  [시행 전(1792)] 면제층 양반 49%, 면제층 노비 36%, 납부층 양인 15%
  [시행 후(1872)] 납부층 양반·양인 74%, 면제층 관리 19%, 면제층 노비·백정·포수 7%

사료 더하기

(1) 흥선 대원군의 집권
- 대원군이 10년 동안 집권하면서 그 위세를 내외에 떨쳤다. '대원위 분부'라는 다섯 글자가 바람처럼 전국을 횡행하였는데 우레나 불과 같아서 관리와 백성이 두려워하였다.
  – 황현, 『매천야록』 –

(2) 흥선 대원군의 인사 정책
- 흥선 대원군이 집권한 후 어느 회의 석상에서 여러 대신에게 말하기를 "나는 천리(千里)를 끌어다 지척(咫尺)을 삼겠으며, 태산(泰山)을 깎아 내려 평지를 만들고 또한 남대문을 3층으로 높이려 하는데, 여러 공들은 어떠시오?"라고 하였다. …… 천리 지척이라 함은 종친을 높인다는 뜻이요, 태산 평지라 함은 노론을 억압하겠다는 뜻이요, 남대문 3층이라 함은 남인을 천거하겠다는 말이다.
  – 황현, 『매천야록』 –

(3) 경복궁 중건
- 경복궁 타령
  에–에헤이야 얼널널 거리고 방에 홍애로다. / 조선 팔도 좋다는 나무는 경복궁 짓느라 다 들어간다. / 도편수란 놈의 거동 보소. / 먹통 메고 갈팡질팡한다. / 에–나 떠난다고 네가 통곡 말고 / 나 다녀올 동안 네가 수절을 하여라. …… / 남문 열고 바라 둥둥 치니 계명 산천에 달이 살짝 밝았네. / 경복궁 역사가 언제나 끝나 그리던 가족을 만나 볼까.

(4) 원납전과 당백전
- 경복궁 중건 비용과 백성의 노역에 대한 절차를 의논하였는데, …… 선비와 서민층은 한성과 지방을 막론하고 스스로 납부하는 자는 상을 주기로 하고 이를 8도에 전달하였다. …… 한성의 원납전이 20만 냥이 되었다.
  – 『승정원일기』 –
- 경복궁 중건을 시작할 때 재정이 부족하여 일을 할 수 없게 되자, 팔도 부자의 명단을 뽑아 돈을 거두어들였다. …… 이때 거두어들인 돈을 원납전이라 하였는데, 백성들은 입을 삐쭉거리면서 "스스로 원해 내는 돈이 아니라 원망하며 바친 돈이다."라고 하였다. 이때 돈을 거두어들이기 위해 …… 도성에서는 문세전(통행세)을 받았다.
  – 황현, 『매천야록』 –
- 당백전을 혁파해야 합니다. 전하께서 경비가 부족한 것을 근심하시어 이렇게 의로운 뜻을 펼친 것은 훌륭한 조치입니다. 그러나 시행한 지 2년 동안에 사·농·공·상이 모두 그 해를 입었는데, 그 피해가 되풀이되어 온갖 물건이 축나고 손상을 입었습니다.
  – 『고종실록』 –

(5) 호포제의 실시
- 군역에 뽑힌 장정들에게 군포를 받아들였으므로 그 폐단이 많아 백성들이 뼈를 깎는 원한을 갖고 있었다. 사족들은 한평생 한가하게 놀며 신역(身役)이 없었으므로 과거에도 이에 대한 여론이 있었다. 그러나 관행에 이끌려 결국 논의되지 못하였다. 갑자년(1864) 초 대원군이 뭇사람의 원망을 무릅쓰고, 귀천이 동일하게 장정 한 사람마다 세납전 2꾸러미를 바치게 하였는데, 이를 동포전(洞布錢)이라고 칭하였다.
  – 황현, 『매천야록』 –
- 근래에 호포가 한 번 나오면서 등급이 문란해져 벼슬아치나 선비, 하인들이 똑같이 취급되고 상하의 구별이 없어졌으니, 한탄스러움을 이길 수 없습니다. 단지 황구(黃口, 어린아이에게 군포를 물리는 것)나 백골(白骨, 죽은 자에게 군포를 물리는 것)만을 불쌍히 여겨서 귀천에 관계없이 고르게 배분하려는 뜻에서 나온 것에 지나지 않습니다. 명분이 한번 무너지면 나라는 앞으로 어떻게 다스리겠습니까? 부디 호포를 혁파하여 명분을 바로잡으며 군액(軍額)을 바르게 하여 뜻하지 않는 사변에 대처하소서.
  – 『고종실록』 –

- 왕이 하교하였다. "근래 군정의 폐단이 매우 심하다고 한다. 작년부터 대원군의 분부로 양반호는 노비의 이름으로 군포를 내고, … 지금은 이미 죽은 사람이나 어린아이에게 군포를 물리는 잘못된 일이 없으니, 이것은 상서롭고 화기로운 기운을 가져오는 일이다. 앞으로 오래도록 시행할 법으로 삼는 것이 좋겠다." ―『고종실록』―
- [호포제에 앞서 시행된 동포제] 나라의 제도로서 인정(人丁)에 대한 세를 신포(身布)라 하였는데, 충신과 공신의 자손은 모두 신포를 면제받았다. 대원군은 이를 수정하고자 동포(洞布)라는 법을 제정하였다. …… 이 때문에 예전에 면제되었던 자라도 신포를 바치지 않을 수 없게 되었다. 조정의 관리들이 이 법의 시행을 저지하고자 하여, "만약 이처럼 하면 국가에서 충신과 공신을 포상하고 장려하는 후한 뜻이 자연히 사라지게 됩니다."라고 하였다. 대원군은 이를 듣지 않으면서, "충신과 공신이 이룬 사업도 종사와 백성을 위한 것이었다. 지금 그 후손이 면세를 받기 때문에 일반 평민이 법에 정한 세금보다 무거운 부담을 지게 된다면 충신의 본뜻이 아닐 것이다."라고 하며 그 법을 시행하였다. ― 박제형, 『근세조선정감』 ―
- 조선의 세금 가운데 군포라는 것이 있는데 천하의 세금 중에 이보다 더 악독한 것은 없었다. 군포는 400년 동안 시행된 오랜 악습이었고 …… 양반 가문, 충신 가문, 효자 및 열녀 가문, 과거 급제자, 현직 관리는 전부 군포가 면제되었다. ……대원군이 굳세게 단행하여 군포를 혁파하고 호포를 징수하여, 귀천 없이 국세를 고르게 부담하게 하니 쌓인 폐단이 한꺼번에 정리되었다. ― 박은식, 『한국통사』 ―

(6) 사창제의 시행
- 사창에는 관장할 사람이 없어서는 안 되니 반드시 면에서 근면 성실하고 넉넉한 자를 택하여 관에 보고한 뒤 뽑는다. 또한 관에서 강제로 정하지 말고 그를 '사수'라 하여 환곡을 나누어 주고 수납하는 때를 맡아서 검사한다. …… 창고지기 1명도 사수가 지역민 중에 잘 선택하여 지키고, 출납하고 용량을 재는 등 모든 것을 해당 지역의 백성에게 맡긴다. ―『일성록』―
- 여러 동리와 면에 창고를 설치하게 하고 사창이라 하였다. …… 가까운 창고에서 환곡을 받고 상환하며 흉년에는 사창에서 진휼을 하니 모두 편리하게 여겼다. ― 박제형, 『근세조선정감』 ―

(7) 서원 정리
- 대원군에게 문의한 결과 …… 남달리 뛰어난 사람을 모시는 데 부합되는 47개 서원을 제외하고 모두 제사를 중지하고 현판을 떼라는 지시를 받았습니다. ―『고종실록』―
- 대원군이 …… 영을 내려 나라 안 서원을 모두 허물고 서원 유생들을 쫓아 버리도록 하였다. …… 양반들이 크게 놀라 온나라 안이 물 끓듯 하였고, 대궐 문간에 나아가 울부짖는 자도 수십만 명이나 되었다. 조정에서는 어떤 변이라도 있을까 하여 대원군에게 간언하기를, "선현의 제사를 받드는 것은 선비의 기풍을 기르는 것이므로 이 명령만은 거두기를 청합니다."라고 하였다. 대원군이 크게 노하여 말하기를, "진실로 백성에게 해가 되는 것이 있으면 비록 공자가 다시 살아난다 하더라도 용서하지 않겠다. 하물며 지금 서원은 도둑의 소굴이 되지 않았더냐."라고 하였다. 그러고는 형조와 한성부 병사들을 풀어서 대궐 문 앞에서 호소하려는 선비를 강 건너로 몰아냈다. ― 박제형, 『근세조선정감』 ―
- 사족이 있는 곳마다 평민을 못살게 굴지만 가장 심한 곳이 서원이었다. 먹도장을 찍은 다음 편지 한 통을 고을에 보내서 서원 제수전을 바치도록 명령하였다. 사족이나 평민을 막론하고 그 편지를 받으면 반드시 주머니를 쏟아야 했다. …… 화양동 서원 같은 곳은 그 권위가 더욱 강대하였다. …… 대원군이 영을 내려 나라 안 서원을 죄다 허물고 서원 유생들을 쫓아 버리도록 하였다. ― 박제형, 『근세조선정감』 ―

3 통상 수교 거부 정책과 양요의 발발

(1) 배경

이양선 출몰, 서구 열강의 통상 요구, 러시아의 남하 정책 추진
→ 서구 열강에 대한 경계심 고조

(2) 병인양요(1866)

① 배경: 흥선 대원군이 프랑스를 이용해 러시아 견제 시도(실패), 천주교 금지 여론 고조
→ 병인박해 발생(1866)
② 전개: 병인박해를 구실로 프랑스 함대가 강화도 공격
→ 한성근(문수산성), 양헌수(정족산성) 부대가 항전
③ 결과: 프랑스군이 강화도의 외규장각 도서와 각종 문화재를 약탈하고 철수

(3) 오페르트의 남연군 묘 도굴 사건(1868)

① 배경: 독일 상인 오페르트가 통상을 요구 → 조선 정부 거절
② 전개: 오페르트 일행이 흥선 대원군의 아버지인 남연군의 묘를 도굴하려다 실패
③ 결과: 서양인에 대한 거부감 확산, 흥선 대원군의 통상 수교 거부 의지 강화

(4) 신미양요(1871)

① 배경: 미국이 제너럴 셔먼호 사건(1866)을 빌미로 조선에 통상 요구 → 조선 정부 거부
② 전개: 미국 함대의 강화도 침략 → 미군이 초지진과 덕진진 점령 → 미군이 광성보를 공격
→ 어재연 부대의 항전
③ 결과: 미군 철수, 흥선 대원군이 전국 각지에 척화비를 건립하여 서양과의 통상 수교 거부 의지를 널리 알림

사료 더하기

(1) 통상 수교 거부 정책
- 흥선 대원군이 관료에게 보낸 문서(1866)
  1. 괴로움을 참지 못하고 화친을 허락한다면 이는 나라를 파는 것이다.
  2. 교역을 허락한다면 이는 나라를 망하게 하는 것이다.
  3. 적이 경성에 다다를 때 도성을 버리고 간다면 이는 나라를 위태롭게 하는 것이다. ─『용호한록』─
- [서양 세력의 접근] 의정부에서 아뢰기를, "방금 강화 유수 이인기가 올린 장계를 보니, '승천보에 와서 정박하고 있는 영국 상선에 서울에서 내려온 역관을 보내어 사정을 물어보게 하였더니 그들은 통상의 한 가지 일만을 가지고 거듭 간청하는 것이었습니다. 그래서 다반사로 잘 알아듣도록 말하였는데도, 아직 물러갈 생각을 하지 않고 있으니 다시 잘 타일러서 꼭 돌려보내도록 하겠습니다.'라고 하였습니다." ─『고종실록』─

(2) 병인박해
- [남종삼은] 러시아에 변란이 있을 것이며, 프랑스와 조약을 맺을 계책이 있다고 하였습니다. 그러나 명백하게 근거할 만한 단서도 없는데 요망한 말을 만들어 여러 사람을 현혹하였습니다. 감히 나라를 팔아먹을 계책을 품고 몰래 외적을 끌어들일 음모를 하였으니, 그가 지은 죄를 따져 보면 만 번을 죽여도 오히려 가볍습니다.
─『고종실록』─

(3) 병인양요

- 조선 국왕이 프랑스 신부를 잔인하게 살해한 날이 곧 조선국 최후 멸망의 날이 될 것이다. 수일 내로 조선 정복을 위해 출정할 것이다. 조선을 정복해서 국왕을 책립하는 문제는 프랑스 황제의 명령에 따라 시행할 것이다. …… 이에 본관은 중국이 조선 문제에 간섭하지 않는다고 믿으며, 이후부터 본국과 조선 간에 전쟁이 있더라도 간섭하지 않기를 바란다.
  – "청계 중·일·한 관계 사료집", 벨로네 공사 대리의 서한(1866) –

- 양헌수가 순무중군으로 있었다. …… 광성보에서 몰래 전등사로 가서 주둔하였다. …… 전등사는 높은 산 위라 매복하고 있다가 한꺼번에 북과 나발을 불며 좌우에서 총을 쏘았다. 장수가 총에 맞아 말에서 떨어지고 서양인 십여 명이 죽었다. 혼쭐이 난 서양인들을 쫓아가니 제 동료의 시체를 옆에 끼고 급히 본진으로 도망갔다.
  – 『병인양난록』 –

- 10월 15일 도세리 함장은 (강화도의 갑곶) 마을을 정찰하러 갔다. 사격이 오가던 끝에 우리 병사(프랑스군)가 성벽을 타고 올라가자 배후를 공격당한 조선인 초병들이 도망쳐 버렸다. 이 교전으로 우리는 초병들의 깃발을 차지하였다.
  – 「앙리 주앙의 보고서」 –

(4) 오페르트 도굴 사건

- 남의 무덤을 파헤치는 것은 예의 없는 행동이지만 무력을 사용하여 백성을 괴롭히는 것보다 나을 것 같아 그렇게 했다.
  – 오페르트의 서신, 『고종실록』 –

- 영종 첨사의 명의로 회답 편지를 써서 보냈다. "너희 나라와 우리나라(조선) 사이에는 원래 왕래도 없었고 또 서로 은혜를 입거나 원수진 일도 없었다. 그런데 이번 덕산 묘소에서 저지른 사건은 어찌 인간으로서 차마 할 수 있는 일이겠는가? 또 방비가 없는 것을 엿보고서 몰래 침입하여 소동을 일으키며 무기를 약탈하며 백성들의 재물을 강탈한 것도 사리로 볼 때 차마 할 수 있는 일이겠는가? 이런 지경에 이르렀기 때문에 우리나라 신하와 백성들은 단지 힘을 다하여 한마음으로 귀국과는 한 하늘을 이고 살 수 없다는 것을 다짐할 따름이다."
  – 『고종실록』 –

(5) 제너럴 셔먼호 사건

- 평안 감사 박규수의 장계에서, "평양부에 와서 정박한 이양선이 더욱 미쳐 날뛰면서 포와 총을 쏘아 우리 쪽 사람들을 살해하였습니다. 그들을 제압하고 이기는 방책으로는 화공 전술보다 더 좋은 것이 없으므로 일제히 불을 질러서 보내어 그 불길이 저들의 배에 번지도록 하였습니다."라고 하였다.
  – 『고종실록』 –

(6) 신미양요

- 배에서 포를 쏜 게 어찌 호의인가? 지난번에 너희의 선박이 포를 쏘며 우리와 대치하였는데, 이를 호의라고 말하며 이런 일을 일으켰다니 실로 개탄스럽다. 조정에서는 귀국 함대가 불상사를 일으키지 않도록 엄중히 경고하였다. 하지만 귀국 선박이 우리 영토로 침범하니 방어를 담당하고 있던 군민들이 어찌 그냥 보고만 있을 수 있겠는가?
  – 『고종실록』 –

- 흉악한 적들을 무찌르다가 수많은 총알을 고슴도치의 털처럼 맞아서 마침내 순직하였으니, …… 죽은 진무중군 어재연에게 특별히 병조판서와 지삼군부사의 관직을 내리고…….
  – 『승정원일기』 –

- 양인들이 마을을 떼 지어 다니며 여인을 욕보이고 세간을 빼앗았다. …… 양헌수가 …… 몰래 광성보에서 전등사로 가서 주둔하였다. 전등사 높은 산(정족산성) 위에 매복해 있다가 한꺼번에 북과 나발을 불며 좌우에서 총을 쏘았다. …… 혼쭐난 양인들을 쫓으니 제 동무의 시체를 끌고 급히 본진으로 도망하였다.
  – 『병인양난록』 –

- 그들은 창과 검으로 공격하였다. 무기도 없이 맨주먹으로 싸울 때는 모래를 뿌려 침략군의 눈을 멀게 하려 하였다. 그들은 끝까지 저항하였다. 수십 명은 탄환에 맞아 강물 속으로 뒹굴었다. 부상자 대다수는 물에 빠져 익사하였고, 어떤 사람들은 물속에 뛰어들면서 목을 찔러 자살하였다.
  – '미 해군 쉴레이의 회고록' –

- 조선군은 용감했다. 그들은 항복 같은 것은 아예 몰랐다. 무기를 잃은 자들은 돌과 흙을 집어 던졌다. 전세가 결정적으로 불리하게 되자 살아남은 조선군 1백여 명은 한강 물에 투신했고, 일부는 스스로 목을 찔러 자결했다.
  – 신미양요 참전 미군 가스텔의 기록 –

- 조선군은 낡은 무기를 가지고 근대적인 미국 대포에 맞서 싸워 이기려 하였다. 그들은 제압당하기 전까지 결사적으로 싸웠고, 아무런 두려움 없이 진지에서 영웅적으로 전사했다. 가족과 국가를 위해 이보다 더 용감하게 싸운 국민은 찾아볼 수 없다.
  – 슐리, "깃발 아래 45년" –

(7) 척화비
- [척화비] 서양 오랑캐가 침범하는데 싸우지 않는 것은 화친하는 것이요, 화친을 주장하는 것은 나라를 파는 일이다. 이를 자손만대에 경계하노라. 병인년에 짓고 신미년에 세운다.
- 홍순목이 아뢰기를, "병인년 이후 서양인을 배척한 것은 온 세상에 자랑할 만한 일입니다. 오랑캐들이 침범하고 있지만 화친에 대해서는 절대로 논의할 수 없습니다. 먼저 정벌하는 위엄을 보이면 …… 누군들 우러러 받들지 않겠습니까?" …… 이때에 종로 거리와 각 도회지에 척화비를 세웠다.
  – 『고종실록』 –

(8) 병인양요 당시 외규장각 도서 약탈
- 겉으로 보기에 꽤 가난해 보이는 강화읍에는 각하에게 보내 드릴 만한 것이 별로 없습니다. 그러나 조선 국왕이 간혹 거처하는 저택에는 아주 중요한 것들로 여겨지는 수많은 서적으로 가득 찬 도서실이 있습니다. 위원회는 공들여 포장한 340권을 수집하였는데, 기회가 닿는 대로 프랑스로 발송하겠습니다.
  – 『한불 관계 자료』, 2001 –
- 2011년 프랑스 국립 도서관에 있던 외규장각 도서가 145년 만에 한국으로 돌아왔다. 외규장각은 정조가 왕실 관련 서적을 보관하기 위해 강화도에 만든 규장각의 부속 도서관이다. 병인양요 당시 프랑스군은 외규장각에 보관되어 있던 도서들을 약탈해 갔다. 병인양요에 참전하였던 프랑스 군인 쥐베르는 강화도의 초라한 집에서 공부하고 있던 조선 선비의 모습을 보고 충격을 받았다. 쥐베르는 "이렇게 가난한 사람의 집에도 책이 있다. 선진국이라고 자부하고 있는 우리의 자존심을 건드리는 일이다."라고 말하였다. 한편 1975년 박병선 박사가 297책을 발굴하여 공개하면서 약탈된 외규장각 도서의 존재가 알려졌다. 1993년 고속 철도 건설을 위한 협상 과정에서 프랑스의 미테랑 대통령이 의궤 1책을 우리나라에 가져온 적이 있었다. 이후 정부와 민간단체들이 지속적으로 회수를 요구한 결과 2011년에 외규장각 도서 297책이 우리나라로 돌아왔다. 하지만 5년 단위로 갱신하여 대여하는 방식이었기 때문에 아직 외규장각 도서의 소유권은 프랑스에 있다.

주제2 동아시아의 변화와 근대적 개혁의 추진

1 강화도 조약의 체결과 문호 개방

(1) 조선의 문호 개방
  ① 배경
    ㉠ 통상 개화론 대두 : 박규수, 오경석, 유홍기 등이 문호 개방의 필요성 주장
    ㉡ 조선 정부가 일본의 서계 접수 거부 → 일본에서 정한론 대두
    ㉢ 흥선 대원군이 물러난 뒤, 고종이 친정 실시 → 통상 수교 거부 정책 완화
  ② 강화도 조약(조일 수호 조규, 1876)
    ㉠ 계기 : 운요호 사건(1875)
    ㉡ 내용 : 조선이 자주국임을 규정, 부산 외 2개 항구 개항, 해안 측량권 허용, 영사 재판권(치외 법권) 인정 등
    ㉢ 성격 : 외국과 맺은 최초의 근대적 조약, 조선의 자주권을 침해한 불평등 조약
    ㉣ 부속 조약
      ⓐ 조일 수호 조규 부록 : 개항장에서의 일본 화폐 사용과 일본인 거류지(조계) 설정 등을 규정
      ⓑ 조일 무역 규칙 : 양곡의 수출입 허용 등을 규정

(2) 서구 열강과의 조약 체결
  ① 조미 수호 통상 조약(1882)
    ㉠ 배경 : 제2차 수신사 김홍집이 들여온 『조선책략』 유포, 청이 러시아와 일본을 견제하고 조선에 대한 종주권을 국제적으로 인정받고자 조약 체결 알선
    ㉡ 내용 : 영사 재판권, 최혜국 대우, 거중 조정, 관세 부과 등을 규정
    ㉢ 성격 : 서양과 맺은 최초의 조약이자 불평등 조약
  ② 기타 서구 열강과의 수교 : 영국, 독일, 러시아, 프랑스 등과 수교
    → 최혜국 대우 등을 인정한 불평등 조약 체결

PLUS 더 알아보기

- **영사재판권** : 외국인에 대한 재판을 그 나라 영사 등에게 허용한 것이다. 일본은 강화도 조약을 통해 일본인이 조선에서 저지른 범죄를 일본법으로 재판할 수 있었다.
- **거류지** : 조약으로 한 나라가 그 영토의 일부를 한정하여 개방한 곳으로, 외국인의 거주와 영업을 허용하였다. 중국에서는 조계라 불렀다.
- **거중 조정** : 조약 당사국 중 한 나라가 다른 나라의 압박을 받을 경우 서로 도와 중재한다는 규정이다.

사료 더하기

(1) 개항을 둘러싼 논란
- 강화가 우리의 약점을 보여서 나왔다면 …… 그런 강화는 믿을 수가 없습니다. …… 저들이 왜인이라고 하나 실은 서양 오랑캐와 같습니다. 강화가 한번 이루어지면 서학의 서적과 천주의 초상화가 들어올 것입니다. …… 지금 온 왜인들은 서양 옷을 입고 서양 대포를 사용하며 서양 배를 탔으니, 이는 서양과 왜가 한 몸이 되었음을 보여 주는 분명한 증거입니다.
  - 최익현, 『면암집』 -
- 처음부터 지금까지 합하(흥선 대원군)께서 깊이 걱정하시는 것은 일본이 서양과 하나가 되었다는 점과 그들의 외교 문서를 받으면 약점 잡히지 않을까 하는 점입니다. 그러나 제가 깊이 걱정하는 것은 왜와 서양이 일치하는 현실 속에서 우리가 틈을 보여서는 안 되는데, 오히려 외교 문서를 받지 않아 그들에게 빌미를 줄 수 있다는 점입니다.
  - 박규수, 『환재집』 -
- 왜인을 제어하는 일은 왜인을 제어하는 일이고, 양인을 배척하는 일은 양인을 배척하는 일이다. 왜인이 양인의 척후(앞잡이)라 하더라도 각각 대처할 방도가 있을 것이다.
  - "승정원일기" -

(2) 운요호 사건과 협상
- 의정부가 "일본 군함이 경내에 들어온 사정을 알아본 내용을 잇달아 받아 보니, 반드시 우리나라의 대관(大官)을 만나려 한다고 합니다. 멀리서 온 사람을 어루만지는 뜻에서 그들이 원하는 대로 한번 만나 이야기하는 것이 마땅할 듯합니다."라고 아뢰었다.
  - 『승정원일기』, 1876. 1. -
- "우리나라는 일본과 300년 동안 사신을 보내어 친목을 닦고 왜관을 설치하여 교역하였습니다. 그러다가 몇 해 전부터 외교 문서 문제로 서로 대립했으나, 지금은 계속 좋게 지내자는 처지에서 반드시 통상을 거절할 필요는 없습니다. 수호 조약 등의 문제는 충분히 상의하여 양측에서 서로 편리하게 하지 않을 수 없습니다. 먼저 이런 내용으로 접견대관(接見大官)에게 알리는 것이 어떻겠습니까?" 하니, 이를 허락하였다.
  - 『고종실록』 -
- 지금 저들(조선)이 서로 싸우고, 쇄국 세력이 아직 그 기세를 되찾지 못하고 있을 때 우리 군함 한두 척을 급파하여 대마도와 이 나라 사이를 드나들게 하고, 해로를 측량하는 척하여 저들이 우리가 의도하는 것을 헤아리지 못하도록 해야 합니다. …… 다른 때 대규모로 군사를 동원하지 않고도 목적을 달성할 수 있습니다.
  - 『일본 외교 문서』, 1875 -

(3) 강화도 조약(조・일 수호 조규, 1876)
제1관 조선은 자주국이며 일본과 평등한 권리를 가진다.
제4관 조선국 정부는 부산 이외에 제5관에 제시한 두 곳의 항구를 별도로 개항하여 일본국 인민이 왕래하면서 통상하도록 허가한다.
제5관 경기・충청・전라・경상・함경 5도 연해 가운데 통상에 편리한 항구 두 곳을 골라 개항한다.
제7관 조선국 연해의 도서와 암초는 종전에 자세히 조사하지 않아 매우 위험하므로 일본국 항해자가 자유로이 해안을 측량하고 지도를 만들도록 허가한다.
제10관 일본국 인민이 조선국이 지정한 각 항구에서 죄를 범하였을 경우 모두 일본국이 심리하여 판결한다.
  - 『고종실록』 -

(4) 조・일 수호 조규 부록
제4관 부산 항구에서 일본 인민들이 다닐 수 있는 거리는 부두로부터 계산하여 동서남북 각 지름 10리로 정한다.
제7관 일본 인민은 본국에서 통용되는 여러 화폐로 조선 인민이 보유하고 있는 물자와 교환할 수 있다.

(5) 조・일 무역 규칙
제6칙 조선국 항구에 거주하는 일본인은 쌀과 잡곡을 수출, 수입할 수 있다.
제7칙 (상선을 제외한) 일본국 정부에 속한 모든 선박은 항세를 납부하지 않는다.

(6) 조·미 수호 통상 조약(1882)

제1관 조선과 미국은 영원히 화평하고 우호를 지키되 만약 어느 한 나라가 제3국으로부터 어려움을 겪을 경우 원만하게 타결하도록 주선하여 그 우의를 표시한다.
제4관 미국 국민이 조선에서 조선인을 때리거나 재산을 훼손하면 미국 영사나 관리가 미국 법률에 따라 처벌한다.
제5관 일용품의 수출입품에 관한 관세율은 종가세 10%를 초과하지 않는다.
제14관 조약을 체결한 후 통상, 무역, 상호 교류 등에서 본 조약에 부여되지 않은 어떠한 권리나 특혜를 다른 나라에 허가할 때에는 자동적으로 미국 관민에게도 똑같이 주어진다.

2 개화 정책의 추진과 갈등

(1) 개화파의 형성과 정부의 개화 정책 추진
① 개화파의 형성
  ㉠ 배경 : 통상 개화론의 대두(박규수, 오경석, 유홍기 등)
  ㉡ 형성 : 박규수 등의 영향을 받은 김옥균, 박영효, 김홍집 등이 개화 정책에 참여
② 정부의 개화 정책 추진
  ㉠ 개화 정책 총괄 기구로 통리기무아문 설치(1880)
  ㉡ 신식 군대인 별기군을 창설(1881)
  ㉢ 구식 군대인 5군영을 2영(무위영과 장어영)으로 개편
  ㉣ 기기창(근대식 무기 제조), 박문국(한성순보 발간) 등 근대 시설 마련

(2) 외교 사절과 시찰단의 파견
① 수신사 : 강화도 조약 체결 이후 제1차에는 김기수(1876), 제2차에는 김홍집 파견(1880)
② 조사 시찰단 : 일본의 근대 문물 시찰과 개화 정책에 대한 정보 수집 목적
③ 영선사 : 청의 근대식 무기 제조법과 군사 훈련법 습득 등을 목적으로 파견(1881) → 귀국 후 기기창 설치 주도
④ 보빙사 : 미국과 수교 후 미국 공사의 파견에 대한 답례로 파견(1883)

(3) 개화 정책에 대한 반발
① 위정척사 운동 : 유생 중심으로 전개 → 항일 의병 운동으로 계승

1860년대	서구 열강과의 통상 반대 운동 전개, 척화주전론 주장(이항로 등)
1870년대	최익현 등이 왜양일체론을 주장하며 개항 반대 운동 전개 → 강화도 조약 체결 반대
1880년대	정부의 개화 정책 추진, 『조선책략』 유포 → 개화 정책 반대 운동 전개, 미국과의 수교 반대(이만손의 영남 만인소 등)
1890년대	항일 의병 운동으로 계승

② 임오군란(1882)
  ㉠ 배경 : 별기군에 비해 차별 대우를 받던 구식 군대의 불만, 개항 이후 일본으로 쌀 유출 심화, 쌀값 폭등으로 민중의 생활 악화

ⓛ 전개 : 구식 군인 봉기, 도시 빈민 합세 → 일본 공사관과 궁궐 습격 → 흥선 대원군의 재집권(개화 정책 중단) → 청군의 개입(흥선 대원군을 청으로 납치) → 민씨 세력의 재집권(친청 정권 수립)
ⓒ 결과 및 영향
　ⓐ 청의 내정 간섭 : 청군의 조선 주둔, 청이 조선에 마건상(마젠창)과 묄렌도르프를 고문으로 파견하여 내정 간섭
　ⓑ 조선-일본 : 제물포 조약 체결(배상금 지불, 공사관 경비를 위한 일본군 주둔 허용)
　ⓒ 조선-청 : 조청 상민 수륙 무역 장정 체결

사료 더하기

(1) 개화 정책의 추진
- 그들의 종교는 배척하면서, 기술을 본받는 것은 진실로 사리에 어그러지지 않는다. …… 서울과 지방에 세워 놓은 척양에 관한 비문들은 모두 뽑아 버려라.
　　　　　　　　　　　　　　　　　　　　　　　　　　　　　　　　　　　　　　－『고종실록』－

(2) 조사 시찰단
- [조사 시찰단의 보고]
고종 : 일본의 제도는 장대하고, 정치는 부강하다고 하는데 살펴보니 이와 같더냐?
홍영식 : 일본의 제도가 비록 장대하나 모두 모이고 쌓여서 이루어진 것이며, 그 군정(군사력)도 강하다고 할 수 있습니다. 하지만 이것은 모두 밤낮을 가리지 않고 부지런히 마음과 힘을 하나로 모아 이룩한 것입니다. 일본이 노력한 바를 갖고 현재 이룩된 것을 보면 그렇게 어려운 일이 아닙니다.
　　　　　　　　　　　　　　　　　　　　　　　　　　　　　　　　　　　　　　－『승정원일기』－
- 일본은 겉모습을 보면 자못 부강한 듯합니다. …… 서양과 통교한 이후로는 단지 교묘한 것을 좇을 줄만 알고 재정이 고갈되는 것은 생각하지 않았으므로 기계를 설치할 때마다 각국에 진 부채의 액수가 심히 많습니다. 이러는 사이에 서양인에게 제재를 받아 감히 기운을 떨치지 못하고 …… 절차가 변하지 않은 것이 없습니다.
　　　　　　　　　　　　　　　　　　　　　　　　　　　　　　　　　　　　　　－박정양,『박정양 전집』－
- 일본은 서양의 달력을 채용한 이후로 일, 월, 화, 수, 목, 금, 토의 7일로 구분해 위로는 태정관에서부터 아래로는 말단 벼슬아치에 이르기까지 매일 진시(辰時)에 출근하여 신시(申時)에 퇴근하며 일요일에는 쉽니다.
　　　　　　　　　　　　　　　　　　　　　　　　　　　　　　　　　　　　　　－박정양,『일본국문견조건』－
- 동래부 암행어사 이헌영은 들어보라. 일본 사람의 조정 논의와 시세 형편, 풍속, 인물과 다른 나라들과의 수교·통상 등의 대략을 한번 염탐하는 것이 아주 좋겠다. …… 이 밖에 뒷일은 별도 문서로 조용히 보고하라.
　　　　　　　　　　　　　　　　　　　　　　　　　　　　　　　　　　　　　　－이헌영,『일사집략』－
- 메이지 유신 후 일본 정부는 전신의 가설에 착수하였습니다. 이에 1880년에는 전신이 증가하고 선로가 연장되어 대략 1,600리가 되었습니다. …… 또 우편을 처음 실시하여 그 선로가 15,700리로 연장되어 어느 때나 2전의 비용으로 국내 각 지방과 통신합니다.
　　　　　　　　　　　　　　　　　　　　　　　　　　　　　　　　　　　　　　－어윤중,『재정문견』－

(3) 이항로의 상소
- 오늘날 서양 오랑캐의 화가 홍수나 맹수의 해로움보다도 더 심합니다. 전하께서는 …… 안으로 관리들로 하여금 사학(邪學)의 무리를 잡아 베게 하시고, 밖으로 장병들로 하여금 바다를 건너오는 적을 정벌하게 하소서.
　　　　　　　　　　　　　　　　　　　　　　　　　　　　　　　　　　　　　　－이항로,『화서집』－
- 대체로 우리나라에 몰래 잠입하여 사학(邪學 : 천주교)을 널리 전파하는 것은 자기의 패거리들을 늘려서 안팎에서 서로 호응함으로써 우리나라의 형편을 탐지하여 군사를 거느리고 쳐들어와 우리의 문물제도를 어지럽히고 우리나라의 재물과 여자들을 약탈함으로써 그 끝없는 욕심을 채우려고 하는 데 있습니다.
　　　　　　　　　　　　　　　　　　　　　　　　　　　　　　　　　　　　　　－이항로의 상소,『고종실록』－

(4) 최익현의 상소

적들이 노리는 것은 물화를 교역하는 데 있습니다. 일단 강화를 맺고 나면 저 적들의 욕심은 물화를 교역하는 데 있습니다. 저들의 물화는 모두 지나치게 사치하고 기이한 노리개입니다. 공산품이어서 양도 무궁합니다. 우리 물화는 모두가 백성들의 생명이 달린 것이고 땅에서 나는 것으로 한정이 있는 것입니다. 피와 살같이 목숨이 달려 있는 유한한 물화를 가지고 사치하고 기이하며 심성을 좀먹고 풍속을 무너뜨리는 물화와 교역을 한다면, 그 양은 틀림없이 1년에도 수만에 달할 것입니다. 그렇게 되면 몇 년 안 지나 땅과 집이 모두 황폐하여 다시 보존하지 못하게 될 것이고 나라도 망하고 말 것입니다.
― 최익현, 『면암집』 ―

(5) 『조선책략』과 영남 만인소

- [척사윤음] 이후로부터 만약 다시 사교(邪敎)에 깊이 물들어서 자기 습성을 고치지 않고 어리석은 사람을 속이고 유인하여 깨끗한 것을 더럽히는 자가 있다면 가족과 종족을 멸살하는 처벌이 또한 부득이 있을 것이다.
― 『고종실록』 ―

- 조선은 실로 아시아의 요충을 차지하여 지리적으로 반드시 쟁탈의 대상이 될 것인바, 조선이 위태로워지면 중앙 및 동아시아의 정세도 날로 위급해질 것이므로 러시아가 영토를 확장하려 한다면 반드시 조선으로부터 시작할 것이다. …… 그렇다면, 오늘날 조선의 책략은 러시아를 막는 일보다 더 급한 것이 없을 것이다. 러시아를 막는 책략은 무엇인가? 중국과 친하고 일본과 맺고, 미국과 연결함으로써 자강을 도모할 따름이다.
― 『조선책략』 ―

- 수신사 김홍집이 가지고 와서 유포한 황쭌셴의 사사로운 책자를 보노라면 어느새 털끝이 일어서고 쓸개가 떨리며 울음이 북받치고 눈물이 흐릅니다. 청은 우리가 신하로서 섬기는 바이며 해마다 옥과 비단을 보내는 수레가 요동과 계주를 이었습니다. 신의와 절도를 지키고 속방의 직분을 지킨 지 벌써 200년이나 되었습니다. …… 일본은 우리에게 매여 있던 나라입니다. 삼포왜란이 어제 일 같고 임진왜란의 숙원이 가시지 않았습니다. 그들은 이미 우리 땅을 잘 알고 수륙 요충 지대를 점거하고 있습니다. …… 미국은 우리가 본래 모르던 나라입니다. 잘 알지 못하는데 공연히 타인의 권유로 불러들였다가 그들이 재물을 요구하고 우리의 약점을 알아차려 어려운 청을 하거나 과도한 경우를 떠맡긴다면 장차 이에 어떻게 응할 것입니까? 러시아는 본래 우리와 혐의가 없는 나라입니다. 공연히 남의 말만 듣고 틈이 생기게 된다면 우리의 위신이 손상될 뿐 아니라 만약 이를 구실로 침략해 온다면 장차 이를 어떻게 막을 것입니까?
― 『일성록』 ―

(6) 홍재학의 상소

- 전하께서 즉위하신 이래로 어느 하루라도 척사위정의 명령을 내린 적이 있습니까? 사학(邪學)의 무리들을 언제 잡아서 처단하신 적이 있었습니까? …… 역사책에 기록된다면 후세에 전하를 어떤 임금이라고 하겠습니까? 전하께서는 한가한 때에 다시 한번 생각해 보시기 바랍니다.
― 『고종실록』 ―

(7) 임오군란(1882)

- 임오년(1882) 6월 9일, 서울 군영의 군사들이 큰 소란을 피웠다. …… 이때 군량이 지급되지 않은 지 이미 반년이 지났는데 마침 호남의 세금 거둔 배 수 척이 도착하자, 서울 창고를 열어 군량을 먼저 지급하라는 명이 떨어졌다. 선혜청 당상관 민겸호의 하인이 선혜청 창고지기가 되어 그 군량을 지급하였다. 그가 쌀에 겨를 섞어서 지급하고 남은 이익을 챙기자 많은 백성이 크게 노하여 그를 구타하였다. …… 일본인 호리모토 레이조가 별기군을 가르쳤으며, 남산 밑에다 훈련장을 마련하였다. 그곳에서 총을 메고 훈련하였으므로 먼지가 허공을 가리어, 이 광경을 처음 본 장안 사람들은 놀라지 않은 자가 없었다. 개화 이후 이해를 분별하지 않고 일본인이라는 말만 들으면 이를 갈며 죽이려고 하였으니 서민층에서 더욱 심하게 나타났다. …… 10일, 난병들이 대궐을 침범하니 왕비는 밖으로 피신하고 이최응, 민겸호, 김보현 등이 모두 피살되었다. 이후 흥선 대원군이 정사를 돌보았다.
― 황현, 『매천야록』 ―

- 난병들은 자신들의 죄를 용서받지 못할 줄 잘 알고 있는 데다가 소속된 곳도 없으므로 운현궁으로 몰려가 …… 난병들이 서로 앞을 다투어 소란을 피우자 대원군은 고함을 지르며 그들이 물러가기를 꾸짖고, 그 우두머리 몇 명을 남게 하여 그들과 무슨 이야기를 나누었으나 그 내용은 전해지지 않았다.
― 황현, 『매천야록』 ―

(8) 제물포 조약(1882)

1. 지금부터 20일을 기한으로 하여 조선국은 흉도들을 잡아 그 수괴를 심문하여 엄하게 징벌한다.
4. 일본국이 입은 손해와 공사를 호위한 해군과 육군의 비용 중에서 50만 원을 조선국에서 보충한다.
5. 일본 공사관에 군사 약간을 두어 경비를 서게 한다.

(9) 조청 상민 수륙 무역 장정(1882)

이번에 제정한 수륙 무역 장정은 중국이 속방을 우대하는 뜻이며, 각국이 똑같이 같은 이득을 보도록 하는 것은 아니다. ……
제2조 청 상인이 조선 항구에서 개별적으로 소송을 제기하였을 경우에는 청 상무위원에게 넘겨 심의·처리한다.
제4조 …… 청 상인은 조선의 양화진과 서울에 들어가 상점을 열거나 영업소를 개설할 수 있도록 하고 …….

3 갑신정변의 전개와 영향

(1) **개화파의 분화** : 임오군란을 전후하여 분화
  ① 온건 개화파 : 청의 양무운동을 모델로 동도서기론의 입장에서 점진적 개혁 추구(김윤식, 김홍집 등)
  ② 급진 개화파 : 일본의 메이지 유신을 모델로 급진적 개혁 추구(김옥균, 박영효, 홍영식 등)

(2) **갑신정변(1884)**

배경	• 임오군란 이후 청의 내정 간섭 심화 • 김옥균이 일본으로부터 차관 도입 시도했으나 실패 • 청이 베트남 문제로 프랑스와 대립 → 조선에 주둔한 청군 일부 철수 • 일본의 군사적 지원 약속
전개	• 정변 발발 : 급진 개화파가 우정총국 개국 축하연을 이용하여 민씨 정권의 고관들을 살해하고 정권 장악 • 개화당 정부 수립 : 개혁 정강(청과의 사대 관계 청산, 인민 평등권 마련, 내각제 실시 등) • 정변 실패 : 청군의 개입으로 3일 만에 실패("3일 천하")
결과 및 영향	• 청의 내정 간섭 심화 : 민씨 세력의 재집권, 개화 정책 추진의 어려움 고조 • 한성 조약 : 조선이 일본 공사관 신축 비용을 부담할 것과 배상금을 지불할 것 등 규정 • 톈진 조약 : 청·일 양국 군대의 동시 철수, 향후 조선에 파병할 때 상호 통보할 것 등 규정
의의와 한계	• 의의 : 근대 국가 수립을 위한 정치·사회 개혁 운동 • 한계 : 일본의 군사 지원 약속에 의존, 민중의 지지를 이끌어 내지 못함

(3) **갑신정변 이후의 국내외 정세**
  ① 거문도 사건
    ㉠ 배경 : 고종의 조러 비밀 협약 추진 및 러시아 세력을 이용한 청 견제 시도
    ㉡ 전개 : 러시아 견제를 구실로 영국이 거문도 불법 점령(1885~1887)
    ㉢ 결과 : 청의 중재로 영국군 철수

② 조선 중립화론 대두
  ㉠ 부들러 : 한반도를 둘러싼 열강의 충돌을 막기 위해 조선 중립화 방안을 조선 정부에 건의
  ㉡ 유길준 : 열강의 침략으로부터 조선의 안전을 강대국에 보장받는 중립화론 구상

PLUS 더 알아보기

- **문명개화론(文明開化論)** : 서양의 기술뿐만 아니라 문화와 사상까지 전면적으로 수용해야 한다는 주장으로, 후쿠자와 유키치가 이론화하였다.
- **당오전** : 1883년에 재정 부족을 해결하기 위해 발행하였다. 명목상 상평통보의 5배 가치였으나, 실질적으로는 2배 가치에 지나지 않아, 물가가 폭등하는 원인이 되기도 하였다.
- **혜상공국** : 보부상의 독점적 행상권을 보호하기 위해 1883년에 설치한 기구이다.
- **내무부** : 고종은 청의 간섭으로부터 기밀을 유지하는 동시에 군주권 및 조선의 주권을 보존할 목적으로 1885년 궁궐 내에 내무부를 설치하였다. 이는 1894년까지 존속하였다.

사료 더하기

(1) 개화파의 형성

- 서양 오랑캐가 북경에 들어온 지 여러 해가 지났는데 초반에는 서양 물건의 매매가 심하였습니다. 최근에는 중국인들이 서양 물건은 눈을 현혹시킬 뿐 실용에는 맞지 않는다는 것을 깨달아 교역이 심하지 않으니 서양인들이 이익을 얻지 못하고 있습니다. 전에 강남에서 병력을 사용할 때에는 중국이 서양의 대포를 많이 구매해 전쟁에 사용하여 서양인들이 이익을 보았습니다. 그러나 최근에는 중국이 서양의 대포를 모방하여 만들어 그들의 대포를 구매하지 않으니 서양인들이 이익을 얻지 못하게 되었습니다. 전날에는 청 상인이 화륜선을 빌려 썼기 때문에 서양인들이 이득을 얻었으나, 오늘날에는 청 역시 화륜선을 모방해서 만들어 다시는 빌려 쓰지 않음으로써 서양인들이 또한 이득을 잃게 되었습니다. — 『승정원일기』, 1872. 12. —
- 개화의 첫걸음은 무엇보다 중국이 세계의 중심이라는 중화사상을 극복하는 것이었다. 어느 날 박규수는 지구의를 돌리면서 김옥균을 돌아보고 웃으며 "오늘날 중국이 어디 있단 말인가? 이리 돌리면 미국이 중국이 되고, 저리 돌리면 조선이 중국이 되며, 어느 나라건 가운데로 돌리면 중국이 된다. 오늘날 어디에 정해진 중국이 있단 말인가?"라고 말하자 여전히 중화사상에 얽매여 있던 김옥균이 박규수의 말에 크게 깨닫고 무릎을 치며 일어났다. — 신채호, "지동설의 효력"—
- 지금 우리는 …… 자주적으로 개국해야 합니다. 일본과의 외교 교섭에서 우리나라가 주도권을 잡고 능동적으로 개국하지 않는다면 일본이 무력으로 개항을 요구할 것이고, 그러면 조선은 굴복하게 되어 국가적으로 큰 위험에 부딪히게 될 것입니다. — 박규수, 『환재집』—
- 미국 측에서 비록 수호의 말이 없더라도 우리가 마땅히 먼저 해야 할 일은 미국과 교분을 맺고 견고한 맹약을 체결함으로써 고립되는 환난을 면하도록 하는 것이다. — 박규수, 『환재집』—
- 중국에 머물면서 세계 각국의 겨루는 상황을 견문하고 크게 느낀 바가 있었다. 뒤에 열국의 역사와 각국의 흥망사를 연구하여 조선 정치의 부패와 조선이 세계 대세에서 멀어지고 있음을 깨닫고 언젠가는 반드시 비극이 일어날 것이라고 크게 탄식한 바가 있었다. …… 오경석은 중국에서 가져온 근대 서적을 친구 유홍기에게 주어 연구를 권하였다. …… 유홍기가 오경석에게 개혁의 방법을 묻자 오경석은 "먼저 북촌의 양반 자제 중에서 동지를 구해 혁신의 기운을 일으켜야 한다."라고 하였다. — 『김옥균전』—

(2) 온건 개화파

- 그들의 종교는 사교이므로 마땅히 음탕한 음악이나 미색처럼 여겨서 멀리해야 하겠지만, 그들의 기계는 이로워서 진실로 이용후생할 수 있으니 농기구·의약·병기·배·수레 같은 것을 제조하는 데 무엇을 꺼리며 하지 않겠는가? 그들의 종교는 배척하고, 기계를 본받는 것은 진실로 병행하여도 사리에 어그러지지 않는다. 더구나 강약의 형세가 이미 현저한데 만일 저들의 기계를 본받지 않는다면 무슨 수로 저들의 침략을 막고 저들이 넘보는 것을 막을 수 있겠는가?　　　　　　　　　　　　　　　　　　　　　　　　　　　　　　　　　- 『고종실록』 -

- 서양에서 유행하고 있는 천주교가 우리나라에 유포되는 것은 금지해야 합니다. 우리가 부족한 것은 기술뿐이기 때문에 그 기술만을 받아들이면 됩니다. 과학 기술 문명은 인간의 도리에 해롭지 않고 백성들이 살아가는 데 도움이 되기 때문에 이를 배워야 합니다.　　　　　　　　　　　　　　　　　　　　　- 김윤식의 상소문 -

- 황준헌의 책은 우리와 관계되는 긴급한 적대국의 상황 등을 조치하는 방안이므로, 그것을 사용할 것인가, 말 것인가는 오직 조정에서 결정하여 처리할 일입니다. …… 다만 적절한 조치로써 자강을 꾀할 수밖에 없으며, 안으로는 피폐한 내정을 고쳐서 바로잡고 밖으로는 외적을 막으면 됩니다. 그리고 서양이라고 하더라도 기계에 관한 기술이나 농서가 이익이 될 만한 것이 있다면 반드시 선택하여 행하고, 그들의 것이라 해서 좋은 법까지 내칠 필요는 없습니다.　　　　　　　　　　　　　　　　　　　　　　　　　　　　　　　　　　- 『고종실록』 -

- 군신, 부자, 부부, 장유, 붕우 간의 윤리는 하늘로부터 얻어서 본성에 부여된 것인데, 천지에 통하고 만고에 뻗치도록 변하지 않는 이치로서 위에서 도(道)가 되었습니다. 수레, 배, 군사, 농업, 기계 등은 백성에게 편하고 나라에 이로운 것으로 밖에 드러나 기(器)가 되니, 제가 바꾸고자 하는 것은 기(器)이지 도(道)가 아닙니다.
　　　　　　　　　　　　　　　　　　　　　　　　　　　　　　　　- 윤선학의 상소, 『일성록』 -

(3) 급진 개화파

- 오늘날의 급선무는 반드시 인재를 등용하며 국가 재정을 절약하고 사치를 억제하며, 문호를 개방하고 이웃국들과 친선을 도모하는 데 있다고 한다. 그러나 내 생각에는 실사구시하는 것이 제일이라고 여겨진다. …… 일본은 법을 변경(변법)한 이후로 모든 것을 경장했다고 들었다.　　　　　　　　　　　　- 김옥균, 『치도약론』 -

- 국고가 부족하여 …… 우리나라에서 은화와 아울러 상평통보 1개가 5문(文)에 해당하는 것을 주조하고 있지만 그 정도로는 감당할 수 없다. 이에 외채를 들여와 병비, 광산 등에 종사하라는 국왕의 명을 받았다.
　　　　　　　　　　　　　　　　　　　　　　　　　　　　　　　　　- 『한국차관관계잡찬』 -

- 나(김옥균)는 자금이 없이는 아무것도 할 수 없고 지금 빈손으로 귀국하면 집권 사대당은 나를 비판하며 궁지에 몰아넣을 것임을 알고 있다. …… 우리의 개혁안도 없어질 것이며 조선은 청국의 속국이 될 수밖에 없다. 우리 당과 사대당은 공존할 수 없기에 최후의 선택을 할 수밖에 없다.　　　　　　　　　　- 『후쿠자와 유키치전』 -

(4) 갑신정변(1884)

음력 10월 17일 밤 우정국에서 낙성식 연회를 가졌는데 총판 홍영식이 주관하였다. 연회가 끝나갈 무렵에 담장 밖에서 불길이 일어나는 것이 보였다. 이때 민영익도 우영사로서 연회에 참가하였다가 불을 끄려고 먼저 일어나 문밖으로 나갔다가 칼을 맞고 대청 위에 돌아와서 쓰러졌다. 자리에 있던 사람들이 모두 놀라서 흩어지자 김옥균, 홍영식, 박영효 등이 자리에서 일어나 궐내로 들어가 왕에게 변고에 대하여 급히 아뢰고 속히 피할 것을 청하였다. 왕이 경우궁으로 거처를 옮겼다. 김옥균 등은 왕의 명으로 일본 공사에게 와서 지원해줄 것을 요구하자 밤이 깊어서 일본 공사 다케조에가 병사를 거느리고 와서 호위하였다. 10월 18일 김옥균 등이 민태호, 조영하 등을 죽였다. 왕이 죽이지 말라고 하였으나 명을 듣지 않았다. 이때 곁에는 김옥균의 무리 십수 명만 있었는데, 왕이 행동을 자유로이 할 수 없게 하였다. 10월 19일 밤에 청 병사들이 궁문으로 들어오면서 총포를 쏘았고 우리나라 좌영과 우영의 병사들도 따라 들어오니 일본 병사들이 힘을 다해 막았다. 일본 공사가 병사를 거느리고 궁을 떠났는데, 김옥균, 박영효, 서광범, 서재필 등도 모두 따라서 나갔다.
　　　　　　　　　　　　　　　　　　　　　　　　　　　　　　　　　　　　- 『고종실록』 -

(5) 개혁 정강
1. 대원군을 가까운 시일 안에 돌아오게 하고, 청에 조공하는 허례를 폐지할 것
2. 문벌을 폐지하여 인민 평등의 권리를 제정하고, 능력에 따라 관리를 임명할 것
3. 지조법을 개혁하여 간사한 관리를 뿌리 뽑고 백성의 곤란을 구제하며 국가 재정을 넉넉하게 할 것
6. 각 도의 환상(환곡)은 영구히 중단할 것
8. 급히 순사(巡査)를 두어 도둑을 막을 것
9. 혜상공국을 혁파할 것
12. 재정은 모두 호조에서 관할하게 하고 그 밖의 재무 관청은 폐지할 것
13. 대신과 참찬은 합문 안의 의정소에서 회의 결정하고 정령을 공포해서 시행할 것
14. 의정부와 6조 외에 무릇 불필요한 관청은 모두 혁파하고, 대신과 참찬으로 하여금 참작 협의하여 아뢰도록 할 것
― 김옥균, 『갑신일록』 ―

(6) 한성 조약(1884)
1. 조선국에서는 일본에 국서를 보내 사의를 표명한다.
4. 일본 공관을 새로운 자리로 옮겨서 지으려고 하는데, …… 그것을 수리하고 증축하는 데에 다시 조선국에서 2만 원을 지불하여 공사 비용으로 충당하게 한다.

(7) 톈진 조약(1885)
1. 청은 조선에 주둔한 군대를 철수한다. 일본은 공사관 호위를 위해 조선에 주둔한 병력을 철수한다.
3. 장래 조선국에 만약 변란이나 중대 사건이 일어나 청·일 양국 혹은 어떤 한 국가가 파병하려고 할 때에는 응당 그에 앞서 쌍방이 문서로 통지해야 한다. 그 사건이 진정된 뒤에는 즉시 병력을 전부 철수하며 잔류시키지 못한다.

(8) 갑신정변 평가
- 김옥균은 청의 종주권 아래에 놓여 있는 굴욕감을 이겨내지 못하여 어떻게 하면 이 같은 치욕에서 벗어나 조선이 세계 각국 가운데에서 평등하고 자유로운 일원이 될 것인가 밤낮을 가리지 않고 노심초사하였다. 김옥균은 근대 교육을 받지 못했으나 시대 추이를 통찰하고 조선도 강력한 현대 국가가 되어야 함을 절실하게 바랐다. 그리하여 새로운 지식을 받아들이고 새로운 기술 채용에 따라 정부와 일반 사회의 인습을 일변할 필요를 확신하였다.
― 서재필, 『회고 갑신정변』 ―
- 현재 세계는 상업을 주로 하여 서로 산업의 크고 많음을 경쟁하고 있는데, 아직도 양반을 제거하여 뿌리를 뽑지 않는다면 국가의 패망은 기어코 앉아서 기다리는 꼴이 될 뿐입니다. 전하께서 이를 철저히 반성하시어 하루빨리 무식 무능하고 수구 완고한 대신배를 축출하시고, 문벌을 폐하고 인재를 골라 중앙 집권의 기초를 확립하여 백성들의 신용을 얻으시고, 널리 학교를 세워 백성이 지식을 깨우치게 하옵소서.
― 고균기념회, 『김옥균전』 ―
- 전에는 …… 개화당을 꾸짖는 자도 많이 있었으나, 개화가 이롭다는 것을 말하면 듣는 사람들도 감히 크게 반대하지는 않았다. 그런데 정변을 겪은 뒤부터 조정과 민간에서 모두 "이른바 개화당이라고 하는 자들은 충의를 모르고 외국인과 연결하여 나라를 팔고 겨레를 배반하였다."라고 말하고 있다.
― 윤치호, 『윤치호 일기』 ―
- 임금을 위협한 것은 순리를 따르지 아니하고 거스르는 것이니 실패할 첫째 이유이다. 외세를 믿고 의지하였으니 반드시 오래가지 못할 것이 실패할 둘째 이유이다. 백성이 따르지 아니하여 변이 안에서부터 일어날 것이니 실패할 셋째 이유이다. …… 숫자가 적은 일본군이 어찌 많은 청군을 대적할 수 있겠는가? 이것이 실패할 넷째 이유이다. …… 이미 여러 민씨와 임금께서 친애하는 신하들을 죽였으니 이는 왕과 왕비의 뜻에 어긋나는 것이다. 임금과 부모의 뜻을 거스르고서 그 자리와 세력을 지킬 수 있겠는가? 이것이 실패할 다섯째 이유이다. …… 일이 반드시 실패할 터인데 도리어 스스로 깨닫지 못하고 있으니 어리석고 한스럽다.
― 윤치호, 『윤치호 일기』 ―
- 갑신정변의 여러 적들(김옥균 등)은 서양을 존중하고 요순과 공맹을 비판하면서 유교를 야만이라고 하고, 도를 바꾸려 하면서 매번 개화라 일컬었다.
― 김윤식, 『속음청사』 ―

- 임오군란 때 나는 청군을 따라 돌아왔고, 이때부터 청국이 우리나라의 내정을 많이 간섭하였으므로, 나는 청나라 당으로 지목되었다. 김옥균 등은 청이 우리의 자주권을 침해하는 데 분노하여, 마침내 일본 공사와 갑신정변을 일으켜 일본 당으로 지목되었다. 갑신정변이 실패하자 세상이 그를 역적이라 하였는데, 나는 정부에 몸을 담고 있어 그를 토벌하여 죽여야 한다는 외의 다른 목소리를 낼 수 없었다. 그러나 두 마음(김옥균과 나의 마음)을 비춰 보면, 그 뜻이 다른 데 있는 것이 아니라 나라를 사랑하는 데서 나온 것이었다. — 김윤식,『속음청사』 —
- 대저 혁명가는 …… 오로지 자기의 힘으로써 나와야 하는데 오히려 외국인이 우리나라의 내부 분쟁을 이용하여 간섭함에 있어서랴. …… 다른 나라의 힘에 의지하여 얻을 것 같으면 소위 독립이 되었다고 하더라도 어찌 고귀하다고 하리오. — 박은식,『한국통사』 —
- 개화당의 실패는 우리에게 매우 애석한 일이다. 내 친구 중에 갑신정변의 내용을 상세히 알고 있는 사람이 있다. 그는 일류 수재들이 일본인에게 이용당해 그처럼 크나큰 착오를 저질렀으니 참으로 애석한 일이라고 하였다. 어찌 일본인이 진심으로 김옥균을 성공하게 하고, 성의 있게 조선의 운명을 위해 노력하겠는가? …… 일본이 이를 이용하여 청으로부터의 독립을 권하고 원조까지 약속하였지만, 사실은 조선과 청의 악감정을 도발하여 그 속에서 이익을 얻으려는 속셈이었다. — 박은식,『한국통사』 —
- 그들이야말로 이제까지 한국이 배출했던 인물들 중에서 가장 순수한 애국자들이었다. 그들은 같은 시대에 사람들을 훨씬 앞서고 있으며 조선국에게 가장 바람직한 것을 실현하고자 했다. — 헐버트,『대한 제국 멸망사』 —

(9) 조선 중립화론
- 지금 우리나라의 지리는 아시아의 목구멍에 처해 있어서 …… 오직 중립 한 가지만이 진실로 우리나라를 지키는 방책이다. …… 중국이 맹주가 되어 영국·프랑스·일본·러시아 등 아시아 지역과 관계가 있는 여러 나라와 회동하고 이 자리에 우리나라를 보내어 공동으로 맹약을 체결하기를 구해야 한다. …… 유럽의 대국들이 러시아를 막아 자국을 보존할 계책에 급급하다가 벨기에와 불가리아 양국의 중립이 한번 제창되자 모두 동의하여 잠깐 사이에 성취되었는데 어찌하여 아시아 지역의 대국들은 단지 우려만 할 줄 알고 이를 꾀할 바를 알지 못하는가. — 유길준, "유길준 전서" —
- 우리나라가 아시아의 중립국이 되는 것은 러시아를 막는 중요한 계기가 될 것이며, 또 아시아의 여러 대국이 서로 균형을 이루는 정략도 될 것이다. …… 오직 중립 한 가지만이 진실로 우리나라를 지키는 방책이지만, 이를 우리가 먼저 제창할 수 없으니 중국이 이를 맡아서 처리해 주도록 청하는 것이 좋을 것이다. — 유길준,「중립론」 —

주제3 근대 국민 국가 수립을 위한 노력

1 동학 농민 운동의 전개

(1) 개항 이후 농촌 사회의 동요
  ① 일본의 경제 침탈 : 일본 상인의 곡물 유출로 곡물 가격 폭등, 외국산 면직물 유입으로 농촌의 가내 면직물 수공업 타격
  ② 정부의 무능과 수탈 : 일본에 대한 배상금 지불 등에 따라 재정 악화, 개화 정책을 위한 재정 지출 증가, 수령과 아전 등의 수탈로 전국 각지에서 농민 봉기 발생

(2) 교조 신원 운동
  ① 내용 : 동학교도가 교조 최제우의 신원과 동학의 합법화 요구
  ② 전개 : 삼례 집회, 보은 집회 등을 거치면서 종교 운동에서 정치·사회 운동으로 변화

(3) 동학 농민 운동의 전개
  ① 고부 농민 봉기
    ㉠ 배경 : 고부 군수 조병갑이 만석보를 쌓게 하고 수세를 강제로 징수하는 등 비리와 수탈 자행
    ㉡ 경과 : 전봉준 등이 사발통문을 돌려 봉기를 호소 → 농민들의 고부 관아 점령, 만석보 파괴 → 후임 군수의 회유로 농민들 자진 해산
  ② 제1차 봉기
    ㉠ 배경 : 안핵사 이용태가 고부 농민 봉기의 주모자 등을 탄압
    ㉡ 경과 : 전봉준과 손화중을 중심으로 무장에서 대규모로 농민군 봉기 → 백산에서 4대 강령과 격문 발표, '제폭구민', '보국안민' 등의 구호 사용 → 황토현과 황룡촌에서 관군에 승리 → 전주성 점령(1894. 4.)
  ③ 전주 화약 체결
    ㉠ 배경 : 동학 농민군 진압을 위해 정부가 청에 지원병 요청 → 청군과 일본군의 조선 출병
    ㉡ 경과 : 정부와 동학 농민군이 전주 화약 체결 → 정부의 폐정 개혁 약속과 동학 농민군의 자진 해산, 농민군이 전라도 각지에 집강소를 설치하고 폐정 개혁 추진
  ④ 제2차 봉기
    ㉠ 배경 : 전주 화약 체결 후 조선 정부가 청군과 일본군에 철수 요구 → 일본군이 경복궁을 기습 점령한 후 내정 개혁을 강요하고 청일 전쟁을 일으킴
    ㉡ 경과 : 동학 농민군의 재봉기 → 논산에서 북접과 남접이 합류하여 서울로 북상 → 공주 우금치 전투에서 동학 농민군이 일본군과 관군에게 패배(1894. 11.) → 전봉준 등 동학 농민군 지도자 체포, 농민군 잔여 세력 진압

(4) 동학 농민 운동의 성격과 영향
① 성격 : 반봉건(신분제 개혁 등 정치·사회 개혁 요구), 반침략(일본을 비롯한 외세에 저항)
② 영향 : 동학 농민군의 요구가 갑오개혁에 일부 반영, 잔여 세력이 항일 의병 운동에 참여

PLUS 더 알아보기

- **포접제** : 동학은 마을이나 군 단위로 접을 조직하고 수십 개의 접을 포로 묶어 포교의 기초 조직으로 삼았다. 접의 책임자는 접주, 포의 책임자는 대접주라고 불렀다.

사료 더하기

(1) 동학 농민 운동의 배경
- 근래 수령들이 직임(職任)에 임하는 자세가 전과는 매우 달라져 관아를 지나는 여관쯤으로 여기고, 장부는 아전에게 맡겨 두고 뇌물을 주고받는 일을 당연한 일로 여기며, …… 심한 경우 강제로 백성들에게서 돈을 억로 빼앗고, 호구 수와 토지 면적을 더하기도 빼기도 하며, 장시나 포구에서 새로 세금을 만들어 내게 하여 백성들이 살아갈 수가 없습니다.
 — 『비변사등록』, 1892
- 탐관오리가 온 나라에 깔려 있어 어지럽지 않은 고을이 없는데, 더욱 심한 자만 조사해서 죄를 주었다. …… 그러나 그물이 새어 정작 큰 고기는 다 빠져나갔으니 제대로 징계할 수 없었다.
 — 황현, 『매천야록』 —
- 안핵사 이용태가 부임해서는 박원명이 한 일을 모두 뒤집고 백성들에게 반역죄를 적용하여 죽이려고 하였다. 또한 부자들을 얽어매어 난을 일으켰다는 혐의로 협박하며 많은 뇌물을 요구하였다. 감사 김문현과도 흉계를 꾸며 감영 감옥으로 이송되는 죄수들이 줄을 이었다.
 — 황현, 『매천야록』 —

(2) 교조 신원 운동과 반외세
- [동학교도들이 주장한 외세 배척(1893)] 아직도 탐욕스러운 마음으로 다른 나라에 웅거하여 공격하는 것을 으뜸으로 삼아 혈육을 본업으로 삼으니 진실로 무슨 마음이며 필경 어찌하자는 것인가. …… 하늘은 이미 너희들을 증오하며 스승님은 이미 경계하였으니 안위의 기틀은 너희가 취함에 달려 있다. 뒤늦게 후회하지 말고 빨리 너희 나라로 돌아가라.
 — 『구한국 외교 문서』, 1965 —
- 각각 깃발마다 칭호가 있는데, 큰 깃발은 '왜와 서양을 물리치기 위해 창의하였다.'라고 하였고 …… 돌로 쌓은 담장은 그전 모양과 같고, 사람의 수는 약 2만여 명을 헤아리는데…….
 — 『취어』 —
- 의(義)를 내세워 왜와 서양을 배척하는 것이 무슨 큰 죄가 되기에 체포하고 소탕하려고 합니까? 왜와 서양이 우리 임금을 끊임없이 협박하는 데도 조정에서는 아무도 부끄럽게 여기는 자가 없으니, 임금이 모욕을 당하면 신하가 목숨을 바쳐야 하는 의리는 대체 어디에 있습니까?
 — 보은 집회 때 동학교도들이 서울에서 파견된 어사에게 보낸 글, 『취어』 —
- 공주 집회(1892)
  - 동학은 사학(邪學)이 아니라 유·불·선을 합일한 것으로 유교와는 대동소이하고 이단이 아니다.
  - 가혹한 탄압으로 교도들이 극심한 고통을 당하고 있다. 체포된 교도들을 석방해 달라.
  - 최제우의 신원(伸寃)을 조정에 아뢰어 달라.
 — 「각도동학유생의송단자」 —

(3) 사발통문
- 고부성을 격파하고 군수 조병갑을 효수할 것
- 군기창과 화약고를 점령할 것
- 군수에게 아첨하여 인민을 침탈한 탐관오리를 징계할 것
- 전주영을 함락하고 경사(한성)로 직행할 것

(4) 백산 격문
우리가 의(義)를 들어 이에 이르렀음은 그 뜻이 결코 다른 데 있지 않다. 백성을 도탄에서 건지고 국가를 반석 위에 두고자 함이라. 안으로는 탐학한 관리의 머리를 베고, 밖으로는 횡포한 강적의 무리를 구축하고자 함이라.

— 오지영, 『동학사』 —

(5) 농민군 4대 강령
1. 사람을 죽이지 않고 물건을 파괴하지 않는다.
2. 충과 효를 모두 온전히 하며 세상을 구하고 백성을 편안케 한다.
3. 일본 오랑캐를 몰아내어 없애고 왕의 정치를 깨끗이 한다.
4. 군대를 몰고 서울로 들어가 권세가와 귀족을 모두 없앤다.

— 정교, "대한계년사" —

(6) 폐정 개혁안
1. 동학도는 정부와 원한을 씻어 버리고 모든 행정에 협력할 것
2. 탐관오리는 그 죄목을 조사하여 엄하게 징벌할 것
3. 횡포한 부호를 엄하게 징벌할 것
4. 불량한 유림과 양반의 못된 버릇을 징벌할 것
5. 노비 문서는 불태워 버릴 것
6. 칠반천인의 대우를 개선하고, 백정이 쓰는 평량갓은 벗겨 버릴 것
7. 청춘과부의 재가를 허용할 것
8. 무명잡세는 일체 거두어들이지 말 것
9. 관리의 채용은 지벌(地閥)을 타파하고 인재를 등용할 것
10. 왜적과 통하는 자는 엄하게 징벌할 것
11. 공사채를 막론하고 기왕의 것은 무효로 돌릴 것
12. 토지는 평균으로 분작하게 할 것

— 오지영, 『동학사』 —

(7) 폐정 개혁 추진
- 우리 정부는 왕명을 받들어 교정청을 설치하고 당상관 15명을 두어 먼저 폐정 몇 가지를 개혁하였는데, 모두 동학당이 사정을 하소연한 일이었다. 자주적 개혁을 추진함으로써 일본인들의 요구와 끼어듦을 막고자 하였다.

— 김윤식, 『속음청사』 —

- 교정청이 논의해 결정한 각종 폐단 혁파 조항
  1. 세금 포탈이 많은 아전은 절대 용서하지 말고 곧바로 최고 형벌을 적용할 것
  1. 공사의 채무를 막론하고 채무자의 친족에게 징수하는 일을 절대 금할 것
  1. 각 읍의 향리는 신중하게 뽑아 대장에 올리고, 임명하는 데 뇌물을 바쳐 규정을 위반하면 뇌물죄로 다스릴 것
  1. 지세를 징수하는 논밭의 원래 결수 외에 결수를 더 배정하거나 호포(戶布) 외에 더 거두어들이는 것을 엄금하며, 만일 드러나면 곧바로 다스릴 것

— 김윤식, 『속음청사』 —

- 주인을 협박하여 노비 문서를 불태우고 천민에서 면해 줄 것을 강요하였다. 이들 중 몇몇은 주인을 결박하여 주리를 틀고 곤장을 때리기도 하였다. 이 무렵 노비가 있는 집안에서는 이런 소문을 듣고 노비 문서를 불태워 화를 피하기도 하였다.
  – 황현,『오하기문』–
- [집강소] 동학도들은 각 읍에 할거하여 집강소를 세우고 서기와 집사 등의 임원을 두니 완전히 하나의 관청이었다. …… 고을 군수는 다만 이름만 있을 뿐 행정을 맡을 수 없었다. 심지어는 고을 군수를 추방하니 아전들이 모두 동학당에 들어 목숨을 부지하였다. …… 전봉준은 동학도들에 의지하여 혁명을 꾀하고 있었다. …… 부호들은 흩어지고 천민들은 …… 부호들의 재산을 빼앗아 쌓인 원수를 갚으려고 했다.
  – 정석모,『갑오약력』–

(8) 제2차 봉기

- 이번 평양 전투에서 승리한 기회를 이용해 각하(일본 공사)는 조선 조정에 우리 세력을 확장하는 데 주의하여, 제3국에 대한 피국(조선)의 외교는 물론 내치와 관련된 일이라도 중대한 건은 반드시 각하의 자문과 동의를 얻은 후 시행하도록 유도하기 바랍니다.
  – '무쓰 무네미쓰 훈령' (1894) –
- [제2차 봉기 당시 격문] 일본 오랑캐가 구실을 만들어 군대를 동원하여 우리 임금을 핍박하고 우리 백성을 근심케 하니 어찌 그대로 참을 수 있겠습니까. …… 지금 조정의 대신들을 보건대 망령되이 자기의 안전만을 생각하여 위로는 임금을 위협하고 아래로는 백성을 속여서 일본 오랑캐와 손을 잡아 남쪽의 백성에게 원한을 펴서 망령되이 임금의 군사를 동원하여 선왕의 백성을 해치려 하니 참으로 무슨 뜻이며 끝내 무엇을 하려는 것입니까.
  –「선유방문병동도상서소지등서」–

(9) 우금치 전투

두 차례 접전 후 1만여 명의 군사를 다시 확인해 보니 3천여 명을 넘지 않았으며, 그 후 또 두 차례 접전 후 다시 세어 보니 5백여 명에 불과했다.
– '전봉준 공초' –

(10) 전봉준 공초

심문 : 다시 기포한 것은 무슨 까닭인가.
진술 : 일본이 개화라 칭하고 처음부터 민간에 일언반구도 언급하지 않고, 또 격문도 없이 군사를 이끌고 우리 도성에 들어가 깊은 밤에 왕궁을 습격하여 임금을 놀라게 하였다기에 초야의 선비와 백성들이 나라를 위하는 마음으로 비분강개하여 의병을 규합하여 일본인과 전투하여 이런 사실을 우선 한 차례 따져 묻고자 함이었다.
심문 : 재차 기포한 것을 일본 군사가 궁궐을 침범하였다고 한 까닭에 다시 일어났다 하니 다시 일어난 후에는 일본 병사에게 무슨 행동을 하려 하였느냐.
진술 : 궁궐을 침범한 연유를 따져 묻고자 하였다.
심문 : 그러면 일본 병사나 각국 사람이 경성에 머물고 있는 자를 내쫓으려 하였느냐.
진술 : 그런 것이 아니라 각국인은 다만 통상만 하는데 일본인은 병사를 거느리고 경성에 진을 치고 있으므로 우리나라 영토를 침략하는가 하고 의아해한 것이다.
– '전봉준 공초' –

(11) 동학 농민 운동 평가

갑오 동학란은 그 허물이 정부에 있다는 것을 감출 수 없다. 그런데도 정부는 반란의 원인을 백성에게 돌리며, 우리 백성이 사납고 간교해서 난을 일으켰다고 하며 청에 원병을 구걸하였다. …… 자유를 생명으로 삼는 유럽이나 미국 같으면 이토록 부패한 정부가 하루라도 남아 있겠는가? …… 탐학과 불법이 누적되어 오늘날 반란이 일어나게 된 것은 누구 때문인가?
– 박은식,『한국통사』–

2 갑오개혁의 추진

(1) 개혁 추진의 배경
동학 농민군의 요구 → 정부는 교정청 설치하고 개혁 추진

(2) 제1차 갑오개혁
① 경과 : 일본군이 경복궁을 무력으로 점령하고 내정 개혁 강요
→ 김홍집 내각 수립, 군국기무처 설치 및 개혁 추진
② 주요 개혁
㉠ 정치 : 궁내부 신설(왕실 사무와 정부 사무 분리), 6조를 8아문으로 개편, 과거제 폐지, 개국 기년 사용, 경무청 설치
㉡ 경제 : 탁지아문으로 재정 일원화, 은 본위 화폐 제도 채택, 도량형 통일
㉢ 사회 : 공·사노비 제도를 혁파, 신분제 철폐, 조혼 금지, 과부 재가 허용, 고문·연좌제 폐지 등 봉건적 악습 개선

(3) 제2차 갑오개혁
① 경과 : 청일 전쟁에서 승세를 잡은 일본이 개혁에 적극 간섭 → 김홍집·박영효 연립 내각을 수립하고 군국기무처 폐지 → 고종이 국정 개혁의 기본 강령인 홍범 14조 반포
② 주요 개혁
㉠ 정치 : 내각 제도 실시, 8아문을 7부로 개편, 지방 8도를 23부로 개편
㉡ 사회 : 재판소 설치(지방관의 사법권 폐지)
㉢ 교육 : 교육 입국 조서 반포, 한성 사범 학교 관제 등 마련

(4) 을미개혁(제3차 갑오개혁)
① 배경 : 일본이 청일 전쟁에서 승리한 뒤, 시모노세키 조약을 체결하여 랴오둥반도 차지 → 러시아가 주도한 삼국 간섭으로 일본이 랴오둥반도를 청에 돌려줌 → 고종과 명성 황후가 러시아를 이용하여 일본 견제 시도 → 일본이 명성 황후 시해(을미사변) → 김홍집 내각이 구성되어 개혁 추진
② 주요 개혁 : 태양력 사용, '건양' 연호 사용, 단발령 실시, 종두법 실시 등
③ 개혁 중단 : 아관 파천(1896) 직후 중단

PLUS 더 알아보기

- **8아문** : 내무, 외무, 탁지, 법무, 학무, 공무, 군무, 농상을 담당하는 8개의 기구를 말한다.
- **개국기년** : 조선이 건국된 1392년을 원년으로 하여 연도를 표기하는 방식이다. 1894년을 개국 503년으로 표기하였다.
- **상리국** : 보부상을 통합하여 관할하던 기관이다. 1883년에 설치된 혜상공국이 1885년 내무부에 속하게 되면서 상리국으로 명칭이 바뀌었다.
- **궁내부** : 조선 시대에 정부와 왕실 사무가 서로 혼합된 것을 완전히 분리하여 왕실 업무를 궁내부가, 정부 업무를 의정부가 총괄하도록 하였다.
- **건양** : 건양은 '양력을 세운다.'라는 뜻이다. 음력 1895년 11월 17일을 1896년 1월 1일로 하여 태양력을 사용하기 시작하였다.

사료 더하기

(1) 갑오개혁 추진의 배경

[유길준이 갑오개혁에 참여하며] "지금 우리는 조선국 사람으로 어떻게 처신하는 것이 옳은가. 한 나라의 신민으로 그 나라의 정치 개혁을 스스로의 힘으로 하지 못하니 세 가지 부끄러움이 있다. 그것이 무엇인가 하면, 전 인민을 향하여 부끄러움이 그 하나이며, 세계 만국에 대하여 부끄러움이 그 둘이며, 후세 자손에게 부끄러움이 그 셋이니, 이 같은 세 가지 부끄러움은 과거, 현재, 미래에 걸쳐 그 허물을 벗을 수 없는 가죽과 살이다."

― 유길준, 『유길준 전서4』 ―

(2) 군국기무처와 제1차 갑오개혁

- 군국기무처 회의 총재는 영의정 김홍집이 맡고, 내무독판 박정양 …… 모두 회의원으로 임명하여 날마다 와서 모여 크고 작은 사무를 협의한 뒤 품지(稟旨)하여 거행하도록 하라. ―『고종실록』―
- 제1차 갑오개혁 때의 법령(경장의정존안)
  1. 국내외 공사 문서에 개국 기년을 사용한다.
  2. 문벌과 양반·상민 등의 계급을 타파하여 귀천에 구애됨이 없이 인재를 뽑아 쓴다.
  4. 죄인 자신 이외의 일체의 연좌율을 폐지한다.
  6. 남자 20세, 여자 16세 이하의 조혼을 금지한다.
  7. 과부의 재혼은 귀천을 막론하고 자유에 맡긴다.
  8. 공사 노비법을 혁파하고 인신매매를 금지한다.
  9. 평민도 좋은 의견이 있으면 군국기무처에 올려 토의에 부치게 한다.
  19. 과거제로 인재를 뽑기 어려우니 임금의 재가를 얻어 변통하되 따로 선용 조례를 제정한다.
  20. 각 도의 각종 세금은 화폐로 내게 한다.
- [갑오개혁에 대한 일본의 입장] 나는 처음부터 조선 내정의 개혁을 정치적 필요 이상의 의미가 있는 것으로 보지 않았으며, …… 조선 내정의 개혁은 제일로 일본의 이익을 주된 목표로 삼는 정도에 그치되 이 때문에 굳이 일본의 이익을 희생시킬 필요가 있는 것으로 보지 않았다. …… 이는 원래 청일 양국 간에 얽혀 있는 난국을 조정하기 위한 하나의 정책이었던 것인데 상황이 바뀌어 결국 일본이 독자적으로 이를 담당하게 되었다. 나는 애당초 조선과 같은 나라에서 과연 만족스러운 개혁이 이루어질 수 있을지 의심하였다. ― 무쓰 무네미쓰, 『건건록』 ―

(3) 홍범 14조

1. 청에 의존하는 생각을 버리고 자주독립의 기초를 세운다.
2. 왕실 전범을 제정하여 왕위 계승의 법칙과 종친과 외척과의 구별을 명확히 한다.
3. 임금은 각 대신과 의논하여 정사를 행하되, 종실·외척의 간섭을 용납하지 않는다.
4. 왕실 사무와 국정 사무를 나누어 서로 혼동하지 않는다.
5. 의정부 및 각 아문의 직무, 권한을 명백히 한다.
6. 납세는 법으로 정하고 함부로 세금을 거두지 않는다.
7. 조세의 징수와 경비 지출은 모두 탁지아문에서 관할한다.
8. 왕실 경비는 솔선하여 절약한다.
9. 왕실과 관청의 1년 회계를 예정하여 재정의 기초를 확립한다.
10. 지방 제도를 개정하여 지방 관리의 직권을 제한한다.
11. 총명한 젊은이들을 파견하여 외국의 학술, 기예를 견습시킨다.
12. 장교를 교육하고 징병을 시행하여 군제의 근본을 확립한다.
13. 민법, 형법을 제정하여 국민의 생명과 재산을 보전한다.
14. 문벌을 가리지 않고 인재 등용의 길을 넓힌다.

(4) 제2차 갑오개혁
내각제 개혁 이후에는 국왕권이 극도로 제한되었다. 이로 인해 고종은 격분하여 "대신들이 원하는 대로 국체를 바꾸어 새로 공화 정치를 만들든지, 또는 대통령을 선출하든지 너희들 마음 내키는 대로 하는 것이 좋을 것이다."라고 토로하였다.
- 주한 일본 공사관 기록 -

(5) 을미사변
- [1895년 8월 20일] 나는 결코 민비(명성 황후)의 집권을 지지하는 사람이 아니다. 오히려 민비의 음모와 사악한 간신배들을 응징하기 위해 폐위도 주장하였을 것이다. 그러나 일본인 암살자가 우리의 왕후를 잔혹하게 시해한 행위는 결코 용납할 수 없다.
- [1895년 10월 25일] 민비의 집권 기간 내내 압제와 폭정과 부패의 연속이었다. 민비는 몇 사람을 부유하게 만들었지만, 수백만 명을 굶주리게 하였다. 그러니 사람들이 그녀의 죽음에 대해 그다지 슬퍼하지 않는 것도 이상한 일이 아니다.
- 윤치호, 『윤치호 일기』 -

(6) 단발령
- 단발령을 내리자 곡소리가 하늘을 울렸고, 사람들이 분하고 노하여 숨이 끊어질 듯 했다. 형세가 격변하자 왜적들이 군대를 동원하여 대기시켰고, 경무사 허진이 순검들을 이끌고 칼을 가지고 길을 막으며 만나는 사람마다 머리를 깎았다. 그들은 인가에 들어가 모두 단속해 찾아내므로 깊이 숨어 있는 사람이 아니면 머리를 깎이지 않는 사람이 없었다. 그중 서울에 온 시골 사람들은 문밖을 나섰다가 상투가 잘리면 대개 그 상투를 주워 주머니에 넣고 통곡을 하며 도성을 빠져나왔다.
- 황현, 『매천야록』 -
- 상투는 몇 세기의 역사를 가지고 있으며 그 역사는 국가의 발생 시기까지 거슬러 올라간다. …… 상투가 없으면 성인으로 간주하지 않고 존칭도 붙이지 않으며, 정중한 대우도 받지 못한다. …… 그들의 자존심과 위엄은 모두 비난받고 발아래서 짓밟혔다. …… 성문에는 파수꾼들이 지키고 서서 지나가는 사람들의 상투를 잘랐으며, 모든 공직자와 군인은 일시에 삭발을 당하였다. 통곡과 비탄과 울부짖음 소리가 들려왔다.
- 언더우드(Underwood, L. H.), 『상투의 나라』 -
- 오늘 [11월] 15일 대군주 폐하께서 내리신 조칙에서 "짐이 신민(臣民)에 앞서 머리카락을 자르니, 너희들은 짐의 뜻을 잘 본받아 만국과 나란히 서는 대업(大業)을 이루라."라고 하시었으니, 지금 경장하는 때를 맞아 크게 분발하신 조칙을 엎드려 읽어 보니 무릇 우리 대조선국 신민인 자가 누가 감읍하지 아니하며 진작하지 아니하리오. 한마음으로 덕을 같이하여 경장하시는 폐하의 뜻을 받들기를 몹시 바람.
개국 504년 11월 15일
내부대신 서리 내부협판 유길준
- 『관보』 제214호, 1896. 1. 4. -

(7) 갑오·을미개혁에 대한 서로 다른 견해
- 지금 스스로 개혁하지 못해 세상에 나설 면목이 없습니다. 하지만 일본의 강요를 받는 이 치욕에도 불구하고, 개혁을 잘 이루어 독립을 보존하며, 남에게 굴욕을 당하지 않으면서 개화의 실효를 거두어 보국안민하는 것만이 오히려 허물을 벗어날 수 있을 것입니다.
- 유길준, 「삼치론」(1894. 10.) -
- 아, 나라의 운명을 남에게 맡겨 망해가는 것을 내버려 둘 것인가? …… 지금 당당한 이 나라를 어찌 소일본(小日本)이 되게 한단 말인가! …… 국모의 원수도 통탄하고 있는데, 부모로부터 받은 머리카락마저 자르게 하다니 …… 나는 오랑캐로 변화된 자가 세상에 서면 안 된다고 생각한다.
- 유인석, 「격고팔도열읍」(1895. 12.) -

★ 일본군은 어떻게 경복궁을 점령하였을까?
1894년 조선에 들어온 일본군은 경복궁 앞에서 총을 쏘며 무력시위를 벌이다 경복궁을 공격하였다. 궁궐을 수비하던 시위대가 격렬히 저항하였으나 일본군은 경복궁의 서문(영추문)을 부수고 궁궐 내부로 진입하였다. 일본군은 고종을 인질로 삼아 조선군의 무장을 해제하였다. 이로써 일본군이 경복궁을 완전히 점령하였다. 이때 일본 공사가 흥선 대원군과 함께 궁궐로 들어왔다. 이는 경복궁 점령을 정당화하기 위해서였다.

★ 우리나라 최초의 명예 훼손 재판이 열리다

1896년 7월, 우리나라 최초의 명예 훼손 재판이라고 할 수 있는 재판이 열렸다. 당시 정성우라는 진사는 박정양, 이윤용, 안경수, 김가진, 서재필 등 개화파 대신들에 대해 관직을 탐하는 간사한 자라고 비판하는 상소를 올렸다. 이러한 일이 있으면 관리들은 사직 상소를 올려 억울함을 호소하거나 상소한 사람을 재판 없이 유배지로 보내는 경우가 대부분이었다. 그러나 개화파 대신들은 정성우를 피고로 하여 고등 재판소에 민사 소송을 제기하였다. 고등 재판소는 정성우가 대신들의 명예를 손상하였다며 명예 회복금으로 각각 1천 원씩을 보상하라는 판결을 내렸다. 그러나 정성우가 가난하여 이 돈을 못 낸다고 하자 재판소는 그를 형사 재판에 회부하여 태형 100대, 징역 3년에 처하였다.

★ 명성황후 혹은 민비

조선 시대에는 살아 있는 왕의 부인을 '왕비' 또는 '왕후'로 칭하였다. 을미사변 후 고종은 왕후에게 '문성'이라는 시호를 내렸다가 아관 파천 후 '명성'으로 다시 고쳤다. 그리고 1897년 고종이 대한 제국을 선포하고 황제에 즉위하자 명성 왕후 역시 '명성 황후'로 승격하게 된다. 외국인들은 명성 황후가 자국의 왕비가 아니므로 민씨 왕비라는 뜻으로 '민비'라고 불렀고, 주로 일본 측 기록에 많이 등장한다. 호칭 자체에는 큰 문제가 없지만 명확한 용어가 아니고 조선 시대에 등장하는 많은 '민비'들과 고종의 왕비 민씨를 구분할 수도 없다는 점에서 비판을 받기도 한다. 명성 황후는 일본의 침탈 야욕을 간파하고, 이를 막기 위해 러시아와의 외교를 주도하다가 비극적인 최후를 맞은 후 국모로 추앙받았다. 하지만 민씨 일족들을 중용하여 백성들의 원망을 사고, 임오군란과 갑신정변 등 위기 때마다 청군을 끌어들여 나라를 더욱 혼란에 빠뜨렸다는 부정적인 시선도 존재하고 있다.

3 독립 협회의 창립과 대한 제국의 수립

(1) 독립 협회
  ① 아관 파천 직후의 상황 : 한반도를 둘러싼 러·일 대립 지속, 러시아의 영향력 확대 및 서구 열강의 이권 침탈 가속화
  ② 독립 협회의 창립과 활동
   ㉠ 창립 : 미국에서 귀국한 서재필이 정부의 지원을 받아 독립신문 창간
      → 이후 독립 협회 창립(1896 7.)
   ㉡ 목표 : 모금 운동을 통해 독립문 건립, 강연회와 토론회 등을 통한 민중 계몽
      → 민중의 정치 의식 고취
   ㉢ 활동

자주 국권 운동	• 고종의 환궁 요구 • 만민 공동회를 개최하여 러시아의 내정 간섭과 이권 요구 규탄
자유 민권 운동	• 법률과 재판에 의한 신체의 자유와 재산권 보호 운동 전개 • 언론·출판·집회·결사의 자유 주장
자강 개혁 운동	• 의회 설립 운동 전개 • 관민 공동회를 개최하여 헌의 6조 결의 → 고종의 재가 → 중추원 관제 반포(중추원을 의회 형태로 개편)

㉣ 해산 : 보수 세력이 독립 협회가 공화정을 수립하려 한다고 모함
  → 고종이 황국 협회와 군대를 동원하여 독립 협회 강제 해산
㉤ 의의와 한계
  ⓐ 의의 : 열강의 침략으로부터 국권 수호 노력, 자유 민권 신장에 기여, 민중 계몽을 통한 근대화 운동 전개
  ⓑ 한계 : 외세 배척의 대상을 주로 러시아로 삼고 그 밖의 열강에 대해서는 우호적인 태도를 보이는 등 열강의 침략적 의도를 제대로 간파하지 못함

PLUS 더 알아보기

- **중추원 신관제** : 중추원 의관은 50명으로 구성되며, 그중 25명을 인민 협회(독립 협회)에서 선출하도록 하였다. 중추원은 법률 및 칙령의 개정·폐지, 의정부의 건의 사항, 국민의 청원 사항 등을 심의·의결하는 권한을 가졌다. 그러나 의관 선출 전날 고종이 독립 협회 해산을 명하여 인민 협회의 의관 선출은 좌절되었다.
- **노륙법** : 중대한 범죄를 저지른 사람의 가족까지 죽이는 것이다.
- **대한 제국 시기의 의정부** : 대한 제국 수립 이전의 의정부는 영의정·좌의정·우의정과 이를 보필하는 찬정·참찬으로 구성되었다. 반면, 대한 제국 시기의 의정부는 의정, 참정, 각부 대신과 찬정, 참찬으로 구성되었다. 기관 명칭은 조선과 같지만 오늘날의 국무 회의와 상원의 기능을 더한 것으로 볼 수 있다.
- **중추원** : 1894년 설치되어 전직 정2품 이상의 관료를 고문으로 임명하였다. 1895년부터 내각에서 의뢰한 사항을 자문하는 기구로 개편되고 50명 이하의 전직 고위 관료를 의관으로 임명하였다.

사료 더하기

(1) 독립문 건립

영은문이 있던 자리에 새로 문을 세우되 그 문 이름은 독립문이라 하고, 새로 문을 그 자리에다 세우는 뜻은 세계 만국에 조선이 완전 독립국이란 표를 보이자는 뜻이오.
— 『독립신문』, 1896. 6. 20. —

(2) 독립신문

- 우리가 『독립신문』을 오늘 처음으로 출판하는데 조선에 있는 내외국 인민에게 우리 주의를 미리 말씀하여 알리려 한다. 우리는 …… 정부에서 하는 일을 백성에게 전할 것이요 백성의 정세를 정부에 전할 것이니 …… 우리는 사실만을 다룰 것이고, 정부 관원이라도 잘못하는 사람이 있으면 우리가 말할 것이며, 탐관오리의 행적을 세상에 알릴 것이고, 백성이라도 불법을 저지르는 사람은 우리가 찾아서 신문에 설명할 것이다.
— 『독립신문』, 1896. 4. 7. —

- 우리가 이 신문을 출판하는 것은 이익을 얻으려 하는 게 아닌 고로 값을 헐하도록 하였고, 모두 언문으로 쓰기는 남녀 상하 귀천이 모두 보게 함이요. 또 구절을 떼어 쓰기는 알아보기 쉽도록 함이라. …… 또 한쪽에 영문으로 기록하기는 외국 인민이 조선 사정을 자세히 모른즉 혹 편벽된 말만 듣고 조선을 잘못 생각할까 보아 실상 사정을 알게 하고자 하여 영문으로 조금 기록함. …… 우리 신문을 보면 조선 인민의 소견과 지혜가 진보함을 믿노라.
— 『독립신문』, 1896. 4. 7. —

(3) 독립 협회 토론회 주제

1897. 8. 조선의 급선무는 인민의 교육에 있다.
1897. 9. 나라를 부강하게 하려면 먼저 상업에 힘써야 한다.

1897. 10. 국문을 한문보다 더 쓰는 것이 인민의 교육을 성하게 하는 것이다.
1897. 11. 동포, 형제, 남녀 간에 사고파는 것은 의리상 불가하다.
1897. 12. 인민의 견문을 넓히려면 국내의 신문 반포를 제일로 해야 한다.
1898. 1. 나라를 부유하게 하려면 금, 은, 동, 철, 석탄 등 광산을 확장해야 한다.
1898. 2. 수구파 탐관오리를 비판한다.
1898. 3. 우리 국토를 남에게 빌려주는 것은 온당치 못하다.
1898. 4. 위원회를 설치(중추원 개편)하는 것이 정치상 제일 긴요하다.
1898. 5. 백성의 권리가 높아질수록 임금의 지위가 높아지고, 나라가 떨칠 수 있다.

(4) 자주 국권 운동

- 나라가 나라답기 위해서 두 가지 필요한 조건이 있는데, 그 하나는 자립(自立)하여 다른 나라에 의지하지 않는 것이며, 다른 하나는 우리 스스로 정치와 법률을 온 나라에 바르게 행하는 것입니다. 이 두 가지는 하늘에서 우리 폐하에게 부여해 준 하나의 큰 권한입니다. 이 권한이 없으면 그 나라가 없는 것입니다. ─『고종실록』, 1898. 2. ─

- 슬프다. 대한 사람들은 남에게 의지하고 도움받으려는 마음을 끊고, 청국에 의지하지 말라. 종이나 잔심부름꾼에 지나지 못하리로다. 일본에도 의지하지 말라. 결국에는 내장을 잃으리로다. 러시아에 의존하지 말라. 끝에 가서는 몸뚱이까지 삼킴을 받으리라. ─『독립신문』, 1898. 1. 20. ─

- 국가의 국가 됨이 둘이 있으니 자립하여 타국에 의뢰치 아니하고 자수(自修)하여 일국에 정법(政法)을 행하는 것입니다. 그런데 자립에 있어서는 재정권과 병권·인사권을 자주하지 못하고, 자수에 있어서는 전장(典章)과 법도가 행하여지지 않고 있으니, 국가가 이미 국가가 아닌즉, 원컨대 안으로는 정장(定章)을 실천하시고 밖으로는 타국에 의뢰함이 없게 하시어 우리의 황권을 자주하고 국권을 자립하소서. ─ 정교, 『대한계년사』 ─

(5) 만민 공동회와 관민 공동회

- 3월 10일 오후 2시에 종로에서 만민 공동회가 되었는데 …… 인민이 군사와 재정의 권리를 외국에 맡기는 것은 원하는 바가 아니어서 이 기회를 타서 정부에서 (러시아) 사관들과 고문관을 해고하게 하고 …… 이 회에 잠시 모인 사람은 만여 명인데 사람마다 대한이 자주독립하는 것을 ……. ─『독립신문』, 1898. 3. 12. ─

- [관민 공동회] 1898년 10월 29일 오후 2시, 많은 정부 관리와 대중이 참여한 가운데 종로에서 관민 공동회가 열렸다. …… 백정 박성춘이 "이 사람은 바로 대한에서 가장 천한 사람이고 무식합니다. 그러나 임금께 충성하고 나라를 사랑하는 뜻은 대강 알고 있습니다. 이에 이국편민(利國便民)의 길인즉, 관민이 합심한 연후에야 가하다고 생각합니다. 저 차일(遮日)에 비유하건대, 한 개의 장대로 받친즉 역부족이나, 많은 장대를 합한즉 그 힘이 공고합니다. 원컨대 관리와 백성이 힘을 합하여 우리 대황제의 훌륭한 덕에 보답하고 국운이 영원토록 무궁하게 합시다."라고 연설하니 사람들이 박수갈채를 보내고 회원들이 각자 자신의 의견을 말한 후 …… 먼저 6개 조항을 만민에게 돌려 찬성을 받고 대신들도 모두 가(可) 자 아래 서명하였다. ─ 정교, 『대한계년사』 ─

(6) 자유 민권 운동

- 외국의 예를 가지고 말하면, 현재 허다한 민회가 있는데 정부 대신들이 정사를 할 때에 잘못하는 일이 있으면, 전국에 알려 민중을 모아 회의해서 질문하기도 하고 의논하고 탄핵하기도 하는데, 백성이 동의하지 않으면 대신들이 감히 떠나지 않을 수가 없습니다. 그렇다면 외국의 민회가 어찌 강의하고 담론하는 것으로 그친다고 할 수 있겠습니까. 돌아보건대, 우리나라 협회는 독립을 기초로 하고 있으며 임금에게 충성하고 나라를 사랑하는 것을 목적으로 하고 있습니다. 그리하여 황태자 전하가 하사금을 내려서 돕고 현판을 내려 주어서 걸게 하였으니, 이것은 사적으로 설치한 것이 아니고 사실 공적으로 인정한 것입니다. …… 신 등은 비록 거리낌 없이 할 말을 해서 죄를 얻게 되더라도 한 사람이 죽으면 열 사람이 계속해서 말을 하고 열 사람이 죽으면 백 사람, 천 사람이 계속해서 말을 할 것입니다. …… 권한을 가지고 논할 것 같으면, 황제로부터 서민에 이르기까지 각각 정해진 것이 있습니다. 6대륙과 동등하고 만국과 나란히 행하는 것은 폐하의 권한이고, 폐하의 백성이 되어 폐하의 땅을 지키는데 정사를

잘못하고 법을 문란하게 한 신하가 종묘사직에 해를 끼치면 이를 탄핵하고 성토하는 것은 신 등의 권한입니다. 말하는 사람들은 백성의 권한이 커지면 임금의 권한이 적어진다고 하는데, 이보다 더 무식한 말이 어디 있겠습니까. 이런 백성의 의견이 없다면, 오늘날 정치와 법률은 따라서 무너지게 되어 어떤 화가 어느 곳에서 일어날지 알 수 없을 것인데, 폐하께서는 어찌하여 이에 대해 유독 생각하지 않는 것입니까.
— 『승정원일기』 —

- 나라라 하는 것은 사람을 두고 이름이니 …… 사람이 토지를 의지하여 나라를 세울 때에 임금과 정부와 백성이 한마음으로 힘을 모아 나라를 세웠나니 …… 대저 동양 풍속이 나라를 정부가 독단하는 고로, 나라가 위태한 때를 당하여도 백성은 권리가 없으므로 나라 흥망을 온전히 정부에다가 미루고 수수방관만 하고, 정부는 몇몇 사람이 순절만 하는 것을 일삼는 고로, 나라 힘이 미약하여 망하는 폐단이 자주 나더라. 나라 망하는 형상을 보게 되면 종묘사직과 임금을 바꾸고 나라 이름을 고칠 뿐이요, 정부와 백성은 그대로 두는 고로, 그 정부 자손이 그 새 나라에 도로 벼슬하고 백성들도 그 새 나라에 도로 세금을 납부하는 고로, 나라 망하는 것을 관계없이 여기나니 어찌 한심하지 아니 하리오. …… 그런즉 지금 폐해를 바로잡을 방법은 다름 아니라 급히 백성의 권리를 모아 주어 나랏일을 하라 한 것도 아니요. 관민이 합심하여 정부와 백성의 권리가 상반된 후에야 대한이 억만년 무강할 줄로 나는 아노라.
— 『독립신문』, 1898. 12. 15. —

- 만약에 외국의 예를 들어서 말씀드린다면 현재 허다한 민회가 있어 정부 대신일지라도 실정이 있으면 전국에 널리 알려 민중을 모이게 하여서 질문이 있고 논쟁과 탄핵이 있으며…… 오늘날에 이와 같은 민의를 없애게 한다면, 정치·법률은 따라서 무너질 것이오며 어디서 무슨 화가 일어나게 될지 모르는 것이온데, 폐하께서는 홀로 이에 미처 마음을 쓰지 않으실 이유가 있사옵나이까.
— 정교, 『대한계년사』 —

(7) 의회 설립 운동
- 의회가 따로 설립되면 나라 안에 현명한 이들이 의원으로 선출되어 좋은 의논이 날마다 공평하게 토론되어 법률과 제도가 만들어지므로 폐정이 교정되고 나라가 융성하게 된다. 의회가 설립되면 …… 모든 사람이 각기 자기 의견에 따라 발언하여 참정을 하게 되며, 나라 일을 내 일과 같이 생각하여 정부와 국민 사이에 종래 없던 소통이 생겨나서 나라 사랑하는 마음이 전보다 배가 된다.
— 『독립신문』, 1898. 4. 30. —

- 의정원(의회)이 따로 있어 나라 안에 학문 있고 지혜 있고 좋은 생각 있는 사람들을 뽑아 …… 좋은 의논을 날마다 공평하게 토론하여 …… 대황제 폐하께 …… 뜻을 품하여 재가를 물은 후에는 그 일을 내각으로 넘겨 내각에서 그 결정한 의사를 가지고 규칙대로 시행만 할 것
— 『독립신문』, 1898. 4. 30. —

(8) 민권 보장책 5개조와 헌의 6조
- [헌의 6조]
  제1조 외국인에게 의지하지 말고 관민이 합심하여 황제권을 공고히 할 것
  제2조 외국과의 조약은 해당 부처의 대신과 중추원 의장이 함께 날인하여 시행할 것
  제3조 재정은 탁지부에서 전담하여 맡고 예산과 결산을 국민에게 공포할 것
  제4조 중대한 범죄는 공판하고 피고의 인권을 존중할 것
  제5조 칙임관은 정부에 그 뜻을 물어 과반수가 동의하면 임명할 것
  제6조 장정을 실천할 것
— 『고종실록』 —

- [민권 보장책 5개조]
  1. 인민의 생명과 재산에 해당한 일은 어디까지든지 보호할 일
  2. 무단히 사람을 잡거나 구류하지 못하며, 잡으려면 그 사람의 죄목을 분명히 공문에 써서 그 사람에게 보이고 포박할 일
  3. 잡은 후에도 재판하여 죄상이 뚜렷하기 전에는 죄인으로 다스리지 못할 일
  4. 잡힌 후에 24시간 내에 법관에게 넘겨서 재판을 청할 일
  5. 누구든지 잡히면 그 당사자나 친척이나 친구가 즉시 법관에게 말하여 재판할 일
— 『독립신문』, 1898. 8. 4. —

(9) 중추원 신관제

제1조 중추원은 아래에 열거한 사항을 심사하고 회의하여 결정하는 곳으로 할 것이다.
  1. 법률, 칙령(황제의 명령)의 제정, 폐지, 개정에 관한 사항
  2. 의정부에서 토의를 거쳐 임금에게 상주하는 일체 사항
제2조 …… (중추원) 의관은 그 절반은 정부에서 …… 추천하고, 그 절반은 인민 협회(人民協會, 독립 협회) 중에서 …… 투표해서 선거할 것이다.
                                                                                                                              - 『고종실록』 -

(10) 독립 협회 해산 과정

- 외국의 규례를 듣건대, '협회'라는 것이 있고 '국회'라는 것이 있다고 한다. '협회'라는 것은 백성이 사적으로 설치한 것으로서 공동으로 강의하고 대화하는 일을 하는 것에 불과한 모임을 말하며, '국회'라는 것은 나라에서 공적으로 세운 것으로서 바로 국민들의 이해관계에 대해서 의논하고 결정하는 곳을 말한다. 우리나라에도 백성이 사적으로 설치한 협회라는 것이 있는데, 처음부터 개명하고 진보하는 데에 일조를 하지 않은 것은 아니다. 그러나 정령을 평론하고 출척(관리 임명 및 해임)하는 데에 참여하는 것은 원래 협회의 규정이 아니다. 자리를 떠나 모임을 열고 상소하고 난 뒤에도 대궐을 떠나지 않으며 대신을 협박하는 등 전혀 제한을 받음이 없는 것처럼 하는 데에 이르러서는, 비록 국회라고 하더라도 이런 권한이 없는데, 하물며 협회의 경우야 더 말할 것이 있겠는가. 생각이 이에 미치니 너무도 두렵다. 지금부터 내부에게 경무사와 각 지방관에게 단단히 일러 협회라고 이름한 것에 대해서는 이런 회건 저런 회건 따질 것 없이, 만약 규례를 따르지 않고 전과 같이 제멋대로 무리 지어 쫓아다니면서 치안을 방해하는 자가 있으면 엄히 금지하도록 하라. 만일 영을 따르지 않는 자가 있으면 나라에 전형(형벌)이 있는 만큼 이치상 용서받기 어려울 것이다. 통상적인 규정에는 단지 원래 정해진 처소에서만 토론하고 그만두기로 되어 있으니, 그것은 저지하지 말고 되도록 백성의 지식이 발전하는 데에 효력이 있도록 하라.   - 『승정원일기』 -

(11) 독립 협회의 한계

- 조선에서는 해·육군을 많이 길러 외국이 침범하는 것을 막을 까닭도 없고, 다만 나라 안에 해·육군이 조금 있어 동학이나 의병 같은 지방의 도둑 떼나 평정시킬 만하면 넉넉하다. 만일, 어떤 나라가 조선을 침범하고자 하여도 조선 정부가 세상에 행세만 잘했을 것 같으면, 조선을 다시 남의 나라 속국이 되게 가만둘 리가 없다.
                                                                                                                          - 『독립신문』, 1897. 5. 25. -
- 아프리카는 (자원의) 풍부함으로 유명한 지방이다. 울창한 숲과 찬란한 금강석 및 다른 보석과 상아, 금, 은이 무수히 들어 있지만 아프리카 토인들이 이 좋은 지방을 몇 천 년을 가지고 있으면서 보배를 보배로 쓸 줄 모르고 …… 하늘이 그 토인들의 완악함을 미워하여 서구 각국 사람들이 근래 아프리카를 나눠 가져서 몇 만 년 억울히 묻혀 있던 보배를 파내 세계에 유용한 물건을 만드니 …… .   - 『독립신문』(1898) -
- 조선 백성은 언제든지 원통한 일을 당하여 마음에 둔 미흡한 일이 있으면 기껏 한다는 것이 반란을 일으킨다든지 다른 무뢰배의 일을 행하여 의병의 행세를 한다. 본래 일어난 까닭은 권력자들의 불법한 일을 분히 여겨 일어나서 고을 안에 불법한 일이 다시 생기지 않도록 하자는 주의인데 불법한 일을 저희들이 행하니 그건 곧 비도이다.
                                                                                                                      - 『독립신문』(1898) -
- [독립 협회의 영국의 북아메리카 침략에 대한 평가] 북아메리카는 땅이 비옥하고 자원이 풍부하며 강산이 웅장하고 수려함이 세계에서도 수위를 다툰다. 그러나 인디언들이 몇천 년을 맡아 가지고 있어도 이 좋은 강산을 무용지물로 만들고 …… 영국인의 땅이 된 후에는 세계에서 제일 부강한 나라가 되었다.   - 『독립신문』, 1898. 8. 31. -

★ 장작 집회, 한국 민주주의의 씨앗이 되다

1898년 무렵 서울 인구는 약 17만 명으로 추산되는데, 만민 공동회에는 보통 1~2만 명이 모일 정도로 열기가 뜨거웠다. 만민 공동회에서는 종로에 만들어진 연단에 신분과 나이의 구별 없이, 어린이조차도 올라가 연설할 수 있었다. 만민 공동회가 열리면 밥장사는 장국밥을 수백 그릇 가져왔고, 어떤 부자는 집 판 돈 500원을 모두 기부하였으며, 거지조차 기부금을 내놓는 등 참여자 사이에는 일종의 운명 공동체 의식이 형성되었다. 이때 나무꾼들이 기부한 장작을 태워 밤하늘을 훤하게 비추었고, 사람들이 산처럼 모여 밤을 지새우기도 하였다. 그래서 이를 '장작 집회'라고도 불렀다. 이러한 만민 공동회를 '한국의 직접 민주주의'의 원형이라고 평가하기도 한다.

★ 공화에 대한 인식
우리 역사에서 공화제와 관련된 가장 오래된 기록은 1857년 실학자 최한기의 『지구전요』에 나와 있다. 최한기는 이 책에서 서양의 정치 제도로 영국의 입헌 군주제와 미국의 공화제가 있다고 소개하였다. 그러나 청과 일본의 지식인들은 입헌 군주제가 가장 적합하다고 생각하였으며, 조선의 개화파들도 입헌 군주제를 도입하려는 모습을 보였다. 동아시아에서 공화제는 왕권을 위협하는 용어로 여겨졌다. 대한 제국 시기의 보수 세력이 독립 협회를 모함하기 위한 목적으로 공화제를 사용한 것도 이 때문이었다.

(2) 대한 제국과 광무개혁
① 대한 제국의 수립(1897)
  ㉠ 배경
    ⓐ 국내 : 고종 환궁을 요구하는 여론 고조, 자주독립 국가 수립의 필요성 자각
    ⓑ 국외 : 러시아를 견제하려는 국제적 여론 조성
  ㉡ 대한 제국 수립 선포 : 고종이 경운궁(덕수궁)으로 환궁, '광무'라는 연호 제정 → 환구단에서 황제 즉위식 거행 이후 선포
  ㉢ 대한국 국제 반포 : 독립 협회를 강제로 해산시킨 후 반포(1899) → 대한 제국이 자주독립 국가임을 국내외에 천명, 전제 정치 명문화
② 광무개혁
  ㉠ 방향 : '구본신참'의 원칙에 따른 점진적 개혁 표방
  ㉡ 개혁 내용

정치	궁내부 확대(황제권 강화)
군사	원수부 설치(황제가 군대 통수권 장악)
경제	• 양전 사업 추진 : 재정 수입 증대를 목적으로 토지 측량 및 소유자 조사 → 토지 소유자에게 지계 발급 • 식산흥업 정책 전개 : 근대적 회사·공장과 시설 마련 지원 • 근대 시설 도입 : 전화 가설, 전차·철도 부설 등 통신·교통 시설 확충
교육	기술·실업 교육을 강조, 유학생 파견

  ㉢ 의의와 한계

의의	자주독립과 근대화를 지향, 외세의 간섭을 배제하고자 한 자주적 개혁
한계	황제권 유지에 집중, 민권 보장을 위한 개혁 소홀, 열강의 간섭으로 개혁 성과 미약

(전공역사) 그물에 걸린 교과서 - **한국사**

PLUS 더 알아보기

- **무관 학교** : 대한 제국의 육군 무관 학교에서 김좌진, 지청천 등이 배출되었다.
- **황궁우와 환구단** : 고종은 천자가 하늘에 제사를 지내는 환구단을 건축하여 황제 즉위식을 거행하였다. 환구단은 일제 강점기에 철거되었고, 현재는 신위를 모신 부속 건물인 황궁우만 남아 있다.
- **한성부 도시 개조 사업** : 대한 제국은 도로를 신설하고 확장하여 경운궁을 중심으로 하는 도로망을 완성하였으며, 도로변의 건물을 없애고 우물과 개천을 정비하였다. 전기와 수도 설비를 갖추고 전차를 설치하였으며, 탑골 공원과 협률사 등 공원과 극장을 건설하여 제국의 수도로서 위용을 갖추고자 하였다.

사료 더하기

(1) 군권과 민권
- [정부 측 주장] 근래 새로운 것을 좋아하고 요원한 것을 따르는 무리들이 다른 나라의 민주와 공화의 제도를 채용하여 우리나라의 군주 전제법을 완전히 고치려고 합니다. 여기에서 군권과 민권이라는 명칭에 대해서는 비록 분명하게 드러내지 않았지만, 군권과 민권의 실제를 은연중에 분리하여서 두 갈래로 만들고 전자를 약화하고 후자를 신장하고 있습니다. …… 관리들 가운데서 민회에 나가서 조정을 욕되게 한 자들과 백성들의 마음을 선동한 자들은 모두 다 처벌하소서. ― 안태원 등의 상소문, 『고종실록』(1898. 12.) ―
- 우리나라 인민들은 몇백 년 교육이 없어서 …… 자유니 민권이니 하는 말도 모르고 혹 말이나 들은 사람은 아무렇게나 하는 것을 자유로 알고 남을 해롭게 하야 자기를 이롭게 하는 것을 권리로 아니 이러한 백성에게 홀연히 민권을 주어서 하의원을 실시하는 것은 도리어 위태함을 속하게 함이라. ― 『독립신문』, 1898. 7. 27. ―
- 이렇게 되어 사람은 권리가 없어지고 토지는 이익이 없어지면 정부와 백성이 무엇을 가지고 나라 노릇을 하며 무엇을 하여 생명을 보존하겠는가. 이 말이 나만의 생각이 아니며, 인도·베트남·이집트·페르시아를 보면 내 말이 맞음을 알 수 있다. 지금 폐단을 개혁할 방안은 당장 백성에게 권리를 모아 줘서 나라의 일을 하라는 것은 아니며, 관민이 합심하여 정부와 백성의 권리가 비슷해진 후라면 대한이 영원히 평화로울 것이다. ― 『독립신문』, 1898. 12. 15. ―

(2) 대한 제국 국호 제정
왕이 "우리나라는 곧 삼한의 땅인데, 국초에 천명을 받고 하나의 나라로 통합되었다. 지금 국호를 '대한(大韓)'이라고 정한다고 해서 안 될 것이 없다."라고 하니, 심순택이 "조선은 기자가 봉해졌을 때의 칭호이니, 당당한 제국으로서 그대로 쓰는 것은 옳지 않습니다."라고 하였다. ― 『고종실록』 ―

(3) 황제 즉위
천지에 고(告)하는 제사를 지냈다. 예를 끝내자 의정부 의정 심순택이 백관을 거느리고 아뢰었다. "하늘에 고하는 제사를 지냈으니 황제의 자리에 오르소서."라고 하였다. 신하들의 부축을 받으며 단에 올라 금으로 장식한 의자에 앉았다. 심순택이 옥새를 올리니 임금이 두세 번 사양하다가 마지못해 황제의 자리에 올랐다. ― 『고종실록』 ―

(4) 대한국 국제
제1조 대한국은 세계 만국이 공인한 자주독립 제국이다.
제2조 대한 제국의 정치는 오백 년간 전래하고 만세불변할 전제 정치이다.
제3조 대한국 대황제는 무한한 군권을 누린다.
제4조 대한국의 신민은 대황제의 군권을 침해할 수 없다.
제6조 대한국 대황제는 법률을 제정하여 그 반포와 집행을 명하고, 대사·특사·감형·복권을 명한다.
제7조 대한국 대황제는 행정 각 부의 관제를 정하고, 행정상 필요한 칙령을 발한다.
제9조 대한국 대황제는 각 조약 체결 국가에 사신을 파견하고, 선전, 강화 및 제반 조약을 체결한다.
― 『관보』, 1899. 8. 22. ―

(5) 지계 사업

제1조 지계아문은 한성부와 13도 각 부와 군의 산림, 토지, 전답, 가옥의 지계를 정리하기 위하여 임시로 설치한다.
제10조 대한 제국 인민이 아닌 사람은 산림, 토지, 전답, 가옥의 소유주가 될 수 없다. 단 개항장은 이 규정의 제한을 받지 않는다.
제11조 산림, 토지, 전답, 가옥의 소유주가 관계(官契)를 발급받지 않았다가 적발되었을 때는 그 가격의 10분의 4에 해당하는 벌금을 물리고 관계를 발급한다.
제22조 토지 매매 증권을 인출하여 절반을 나눠 오른쪽 편은 토지 주인에게 주고, 왼쪽 편은 해당 지방관청에서 보존한다.
- 「지계아문 규정」, 1901 -

(6) 대한 제국 시기의 궁내부

1898년 이후에는 국왕권 제한을 위해 설치되었던 궁내부가 의정부를 압도할 만큼 방대한 기구로 확대되면서 의정부를 대신하여 국정 운영의 중심 기구로 등장하였다. 갑오개혁기에 163명의 관원으로 조직되었던 궁내부는 1898년 이후 12개의 기구가 신설되어 1903년 말에는 470여 명의 관원을 거느린 거대한 관청으로 성장하였다. …… 이들 신설 기구는 기존의 탁지부, 농상공부, 외부 등이 관장하였던 재원이나 업무를 가져갔다. 탁지부가 관장하던 화폐 주조권, 홍삼 전매권, 역둔토 소작료 징수권, 상업세·어세·염세·선세 등 허다한 재원들이 궁내부 내장원으로 이관되었으며 이로 인해 정부 재정은 극도로 궁핍해졌다.
- 연갑수 외, 『한국근대사1』 -

(7) 상공 학교 관제

제1조 상공 학교는 상업과 공업에 필요한 실학을 교육하는 곳으로 정한다.
제2조 상공 학교에 상업과와 공업과를 나누어 설치하며, 수업 연한은 4년으로 한정한다.
- 『고종실록』 -

(8) 대한 제국 애국가

하느님은 우리 황제를 도우소서 / 성수무강하시어 / 용이 해마다 물어오는 구슬을 산같이 쌓으시고 / 위엄과 권세를 하늘 아래 떨치시어 / 오! 영원토록 복과 영화로움이 더욱 새로워지게 하소서 / 하느님은 우리 황제를 도우소서
- 『서울 2000년사』, 2014 -

(9) 대한 제국의 성소(聖所), 장충단

삼가 생각하건대 우리 대황제 폐하께서는 자질이 빼어나고 운수는 중흥을 만나시어 태산의 반석과 같은 왕업을 세우고 위험의 조짐을 경계하셨다. 그러나 어쩔 수 없이 가끔 주춤하기도 하셨는데 마침내 갑오·을미사변이 일어나 무신으로서 난국에 뛰어들어 죽음으로 몸 바친 사람이 많았다. 아! 그 의열(毅烈)은 서리와 눈발보다 늠름하고 명예와 절조는 해와 별처럼 빛나니, 길이 제향(祭享)을 누리고 기록으로 남겨야 마땅하다.
- 「장충단 비문」 -

(10) 활빈당의 13조목(대한사민논설)

5. 다른 나라로의 곡물 수출이 매우 많아 곡물 가격이 올라 가난한 백성이 굶어 죽고 있다.
6. 외국 상인들이 시장에서 곡물 매매하는 것을 금지하여야 한다.
7. 행상에 징세하는 폐단을 고쳐야 한다.
11. 악형의 여러 법을 혁파해야 한다.

★ 석조전, 몰락하는 황실의 사치?

덕수궁 석조전이 옛 궁궐의 모습을 복원하여 '덕수궁 대한 제국 역사관'으로 2014년 재개관하였다. 화려하고 웅장한 자태와 줄지어 선 기둥의 위용이 눈길을 끈다. 고종은 1900년 석조전 착공을 바라보며 근대 국가로의 도약을 꿈꾸었을 것이다. 고종은 석조전을 짓는 데 당시 돈 300만 원(현재 가치 약 2,500억 원)이란 엄청난 자금을 쏟아부었다. 그러나 당시 정부 재정은 관리에게 월급을 지급할 수 없을 정도였다. 반면 황실 재정은 정부 재정의 반을 넘을 만큼 규모가 컸다. 근대 개혁을 추진하며 황제권을 강화한 대한 제국의 기형적인 모습이 잘 드러난다. 1910년 석조전이 완성되어 갈 무렵 대한 제국은 일본에 강점당할 위기에 놓여 있었다. 고풍스러운 궁궐 내에 자리한 서양식 건축물 석조전의 화려함 속에는 이처럼 근대사의 질곡이 숨어 있다.

주제4 일본의 침략 확대와 국권 수호 운동

1 러일 전쟁과 국권 침탈

(1) 러일 전쟁과 일본의 침략
 ① 러일 전쟁 발발(1904. 2.) : 대한 제국의 국외 중립 선언 → 일본이 러시아를 기습 공격하면서 전쟁 시작
 ② 한일 의정서(1904. 2.) : 일본이 한반도 내에서 군사적 요충지 사용권 확보
 ③ 제1차 한일 협약(1904. 8.) : 대한 제국에 외교 고문과 재정 고문 파견 → 스티븐스(외교)와 메가타(재정)가 대한 제국의 외교와 재정 간섭(고문 정치)
 ④ 일본의 한국 지배에 대한 열강의 인정
  ㉠ 가쓰라・태프트 밀약 : 일본은 미국의 필리핀 지배 인정, 미국은 일본의 한국 지배 인정
  ㉡ 제2차 영일 동맹 : 일본은 영국의 인도 지배 인정, 영국은 일본의 한국 지배 인정
 ⑤ 러일 전쟁의 종결 : 포츠머스 조약 체결 → 일본이 한국에 대한 독점적 지배권 확보

(2) 일제의 국권 침탈
 ① 을사늑약(1905. 11.)
  ㉠ 과정 : 러일 전쟁 종결 후 일본이 대한 제국을 무력으로 위협하여 강제 체결
  ㉡ 내용 : 일본이 대한 제국의 외교권을 박탈하고 통감부 설치
  ㉢ 결과 : 초대 통감으로 부임한 이토 히로부미가 대한 제국의 외교 장악
  ㉣ 대응 : 헤이그 특사 파견(1907)
 ② 한일 신협약(정미 7조약, 1907. 7.)
  ㉠ 과정 : 고종 강제 퇴위 후 일본의 강요로 체결
  ㉡ 결과 : 행정 각부에 일본인 차관 임명, 비밀 각서(부수 각서)에 따라 대한 제국의 군대 해산
 ③ 한국 병합 조약(1910. 8.) : 일제가 대한 제국의 국권 강탈 → 조선 총독부 설치

PLUS 더 알아보기

- **일진회** : 1904년 송병준, 이용구 등이 조직한 친일 단체이다. 을사늑약을 찬성하고 고종의 강제 퇴위, 친일 여론 조성에 앞장섰다.
- **병합** : 당시 '합방'은 두 나라가 대등하게 합치는 것을 의미하였다. 그러나 실제로는 일본이 무력을 앞세워 일방적인 '병탄(竝呑)'이 이루어졌다. 반면, '병합'은 단지 '합친다.'라는 의미의 용어로 일본이 침략적 의도를 숨기고자 사용하였다.

사료 더하기

(1) 한일 의정서
- 제1조 한·일 양국은 영원히 변함없는 친교를 유지하고 동양 평화를 확립하기 위해 대한 제국 정부는 대일본 제국 정부를 확신하고 시정 개선에 관한 충고를 들을 것
- 제4조 제3국의 침해 또는 내란 때문에 대한 제국 황실의 안녕과 영토의 보존에 위험이 있으면 대일본 제국 정부는 곧 필요한 조처를 할 것이며, 대한 제국 정부는 대일본 제국 정부의 행동이 쉽도록 충분히 편의를 제공할 것 대일본 제국 정부는 전항의 목적을 달성하기 위해 전략상 필요한 지점을 수시로 사용할 수 있다.

(2) 제1차 한일 협약
1. 한국 정부는 일본 정부가 추천한 일본인 1명을 재정 고문으로 삼아 …… 재무에 관한 사항은 일체 그의 의견을 물어 시행해야 한다.
2. 한국 정부는 일본 정부가 추천한 외국인 1명을 외교 고문으로 삼아 …… 외교에 관한 중요한 사무는 일체 그의 의견을 물어서 시행해야 한다.

(3) 제1차 영일 동맹
1. 영국은 주로 청국에, 일본은 청국에서 가진 이익에 더하여 한국에서 정치상과 상·공업상 특별한 이익을 가진다.
3. 만약 타국이나 혹 여러 국가가 합력하여 체맹국을 적대하여 교전에 도움을 준다면 다른 체맹국이 원조하여 함께 전투를 수행한다.

(4) 가쓰라-태프트 밀약
- 제1조 필리핀은 미합중국에 의해서 통치되어야 하며, 일본은 필리핀을 침공할 의도가 없음을 밝힌다.
  제3조 한국은 러·일 전쟁의 원인이므로 전쟁의 결과 한반도 문제의 완전한 해결은 매우 중요하다. …… 조선이 일본의 동의 없이 대외 조약을 체결할 수 없다고 요구할 수 있을 정도의 권한을 일본이 가지는 것이 현 전쟁의 논리적 결과이다. - 『일본 외교 문서』 -
- 가쓰라는 한국 문제에 관해 다음과 같이 밝혔다. "한국은 대러시아 전쟁의 직접적 원인이므로 전쟁의 논리적 결과로서 한국 문제를 완전히 매듭짓는 것은 일본에게는 절대적으로 중요하다." 태프트는 …… 개인적 견해임을 전제로 "일본의 동의 없이 한국이 외국과 어떤 조약을 체결하지 못하도록 하는 범위에서 일본 군대에 의해 한국에 대한 종주권을 확립하는 것은 이 전쟁의 논리적인 결과이며 극동의 평화에 기여할 것"이라고 말하였다.

(5) 제2차 영일 동맹
- 제3조 일본국은 한국에서 정치, 군사 및 경제적으로 우월한 이익을 가지므로, 일본이 이를 보호·증진하기 위해 지도 감리 및 보호 조치를 한국에 취할 권리를 인정한다. - 『일본 외교 문서』, 1985 -

(6) 포츠머스 조약
- 제2조 러시아 제국 정부는 일본국이 한국에서 우월한 이익을 갖는다는 것을 인정하고, 일본국 정부가 한국에서 지도·보호·감리의 조치를 하는 것을 방해하거나 간섭하지 않는다. - 『일본 외교 문서』, 1985 -

(7) 을사늑약
- 제2조 일본국 정부는 한국과 타국 사이에 현존하는 조약의 실행을 완수할 임무가 있으며, 한국 정부는 금후 일본국 정부의 중개를 거치지 않고는 어떤 국제적 조약이나 약속도 하지 않기로 상약한다.
  제3조 일본국 정부는 그 대표자로 하여금 한국 황제 폐하의 궐하에 1명의 통감을 두며, 통감은 오로지 외교에 관한 사항을 관리한다. - 『고종실록』 -
- 이토는 군대를 인솔하여 입궐하였다. 총포와 창검을 궁전에 빽빽이 늘어 세우고 여러 대신들과 협의하였다. 참정대신 한규설이 극력 반대하니 이토는 헌병에게 명해 그를 별실에 가두었다. …… 이토가 말하였다. "참정대신은 반대하였으나 여러 대신들이 좋다 하였으니 이 안은 결정된 것이오."라고 하며 외부대신 도장을 빼앗아 조약에 날인하였다. - 박은식, 『한국독립운동지혈사』 -

(8) 헤이그 특사

스테드 : 여기서 뭘 하십니까? 왜 이 평화 회의에 파문을 던지려 하십니까?

이위종 : 저는 아주 먼 나라에서 왔습니다. 이곳에 온 목적은 법과 정의를 찾기 위해서입니다. 그런데 각국 대표단들은 무엇을 하는 겁니까?

스테드 : 그들은 세계의 평화와 정의를 구현하려는 목적으로 조약을 맺게 됩니다.

이위종 : 조약이라고요? 그렇다면 소위 1905년 조약은 조약이 아닙니다. 그것은 저희 황제의 허가를 받지 않은 채 체결된 하나의 협약일 뿐입니다. 한국의 이 조약은 무효입니다.

스테드 : 하지만 일본은 힘이 있다는 걸 잊으셨군요.

이위종 : 그렇다면 당신들의 정의는 겉치레에 불과할 뿐이며 기독교 신앙은 위선일 뿐입니다. ……

— 『만국 평화 회의보』, 1907. 7. 5. —

(9) 을사늑약에 대한 저항

- [민영환의 동포에게 고하는 유서] 아, 우리나라 우리 민족의 치욕이 이 지경까지 다다랐구나. …… 나 영환은 한 죽음으로써 황은(皇恩)을 갚고 우리 2,000만 동포에게 사(謝 : 사과)하려 한다. 영환은 이제 죽어도 혼은 죽지 아니하여 황천에서 여러분을 돕고자 한다. 바라건대, 우리 동포 형제여, 천만 배나 분려(奮勵 : 기운을 내어 열심히 함)를 더하여 지기(志氣)를 굳게 갖고 학문에 힘쓰며 맘과 맘을 합하고 힘과 힘을 아울러 우리의 자유 독립을 회복할지어다. 그러면 나는 지하에서 기꺼이 웃겠다. 아, 조금이라도 실망하지 마라. 대한 제국 2,000만 동포에게 마지막으로 고한다.

  — "대한매일신보"(1905) —

- [민영환이 외국 공사들에게 보낸 유서] "이 민영환이 나라를 위해 잘하지 못해서 국가의 위세와 백성의 삶이 여기에 이르렀으니, 한갓 한번 죽음으로써 황제의 은혜에 보답하고 2천만 동포에게 사죄하노라. 죽은 자는 그것으로 그치나 이에 우리 2천만 인민이 장차 생존 경쟁하는 가운데 진멸할 것이니 귀 공사들은 어찌 일본의 행위를 살피지 아니하는가?"

  — 황현, 『매천야록』 —

- [고종이 미국 대통령 루스벨트에게 보낸 친서(1905. 12.)] 1882년 이래로 아메리카 합중국과 한국은 우호 통상 조약 관계를 유지하여 오고 있습니다. …… 이제 일본은 1904년에 체결한 협정(한·일 의정서)에서 서약한 바를 정면으로 위배하는 우리나라에 대한 보호 정치를 선언하고 …… 나는 귀하가 지금까지 귀하의 생애의 특성인 아량과 냉철한 판단력으로 이 문제를 심사숙고하여 주기를 바랍니다.

- [시일야방성대곡] 천만 뜻밖에 5조약이 무슨 이유로 제출되었는고. 이 조약은 비단 우리 대한만이 아니라 동양 삼국이 분열하는 조짐을 나타내는 것인즉, 이토(이토 히로부미)의 본뜻이 어디에 있는고. 그러나 우리 대황제 폐하는 강경하신 뜻으로 이미 거절하였으니, 이 조약이 성립하지 못하는 것은 상상컨대, 이토가 스스로 알 수 있을 바이다. 아! 저 개돼지만도 못한 소위 우리 정부 대신이란 자들이 영달과 이득을 바라고 거짓된 위협에 겁을 먹고서 벌벌 떨면서 나라 파는 일을 달갑게 여겨 사천 년 강토와 오백 년 종사를 남에게 바치고, 이천만 생령으로 남의 노예가 되게 하였으니, 저들 개돼지만도 못한 외부대신 박제순 및 각 대신은 꾸짖을 가치도 없거니와 명색이 참정대신이라는 자는 정부의 우두머리로서 겨우 '부(否)' 자로 책임을 다했다고 둘러대어 이름을 남기려 했는가? …… 오호 원통하고 분하도다. 우리 이천만 노예가 된 동포여! 살았느냐 죽었느냐? 단군과 기자 이래의 사천 년 국민정신이 하룻밤 사이에 별안간 멸망하고 말았는가? 원통하고 원통하도다. 동포여 동포여! — 『황성신문』(1905) —

- [조병세의 상소] 천하(국가)라는 것은 천하 사람들의 것이지 한 개인이나 한 집안의 사적인 소유물이 아닙니다. 그러므로 나라에 중대한 일이 생기면 존엄한 임금도 위에서 독단하지 못하고 …… 그런데 한두 신하들이 폐하의 뜻을 받들지도 않고 …… 나라를 남에게 넘겨준단 말입니까?

  — 『고종실록』 —

(10) 안중근

- 오늘날 세계는 동서로 갈라져 있고 인종도 각각 달라 서로 경쟁하고 있다. …… 청년들을 훈련시켜 전쟁터로 내몰아 많은 귀중한 생명이 희생당하는 일이 날마다 그치지 않고 일어나고 있다. …… '동양 평화'와 '한국 독립'에 대한

문제는 이미 세계 모든 나라 사람들이 다 아는 사실이며 당연한 일로 굳게 믿었고, 한국과 청나라 사람들의 마음에 깊게 새겨졌다. …… 만일 일본이 지금의 정책을 바꾸지 않고 이웃 나라들을 날로 억누른다면, 차라리 다른 인종에게 망할지언정 같은 인종에게 욕을 당하지는 않겠다는 생각이 한국과 청나라 사람들의 마음에서 용솟음쳐서 …… 동양 평화를 위한 의로운 싸움을 하얼빈에서 시작하고, 옳고 그름을 가리는 자리는 뤼순으로 정했다.

– 안중근, 『동양 평화론』 –

- 러·일 전쟁에서 일본이 승리한 것은 일본이 강하였기 때문이 아니라, 한국과 청국 양국 국민이 일본의 선전 명분을 믿고 일본군을 지원하였기 때문이었다. 일본은 선전 포고문에서 '동양 평화'의 유지와 '한국 독립'의 공고화를 내세웠다. 당시는 서세동점 시대였으므로 이것은 대의를 얻은 것이었다. 한·청 양국 국민은 옛 원한을 접어두고 일본군에게 운수·도로·철도 건설·정탐 등에 수고를 아끼지 않았다. 하지만 일본은 러·일 전쟁에서 승리하자, 약속을 지키지 않고 도리어 한국의 국권을 빼앗아서 한국 국민과 원수가 되었다. 이에 한국 국민들은 일본에 속은 것을 깨닫고 의병을 일으켜 일본과 '독립 전쟁'을 하지 않을 수 없게 되었다. 청국은 일본이 한국을 침략한 다음에는 만주와 중국 관내를 차례로 침략할 것이라고 생각해 대책 수립에 부심하였다. – 안중근, 『동양 평화론』 –
- 슬프다! 일본은 가장 가깝고 가장 친하며 어질고 약한 한국을 억압하여 조약을 맺고 강점하였다. …… 서양 세력이 동양으로 침략의 손길을 뻗어 오고 있는 지금의 환란은 동양 사람이 일치단결해서 막아 내는 것이 최선책임은 어린 아이도 다 아는 일이다. 그런데도 무슨 이유로 일본은 이러한 당연한 형세를 무시하고 같은 동양의 이웃 나라를 약탈하고 친구의 정을 끊어, 서양 세력이 애쓰지 않고 이득을 얻게 하려 한단 말인가. – 안중근, 『동양 평화론』 –
- '내가 이토를 쏜 이유'
  1. 명성 황후를 시해한 죄요.
  2. 한국 황제를 폐위한 죄요.
  3. 5조약과 7조약을 강제로 체결한 죄요.
  4. 무고한 한국인들을 학살한 죄요.
  5. 정권을 강제로 빼앗은 죄요.
  6. 철도, 광산, 산림, 천택을 강제로 빼앗은 죄요.
  7. 제일 은행권 지폐를 강제로 사용한 죄요.
  8. 군대를 해산한 죄요.
  9. 교육을 방해한 죄요.
  10. 한국인들의 외국 유학을 금지한 죄요.
  11. 교과서를 압수하여 불태워 버린 죄요.
  12. 한국인이 일본인의 보호를 받고자 한다고 세계에 거짓말을 퍼뜨린 죄요. ……. – 안중근, 『안응칠 역사』 –

(11) 한일 신협약(정미 7조약)

제1조 한국 정부는 시정 개선에 관하여 통감의 지도를 받을 것
제2조 한국 정부의 법령 제정 및 중요한 행정상의 처분은 미리 통감의 승인을 받을 것
제4조 한국 고등 관리의 임면은 통감의 동의로써 이를 행할 것
제5조 한국 정부는 통감이 추천하는 일본인을 한국 관리에 임명할 것

　(부속 각서) 제3조 다음 방법에 의하여 군비를 정리함
　　　　　　　　1. 육군 1대대를 존치하여 황궁 수위를 담당하게 하고 기타를 해산할 것
　　　　　제5조 중앙 정부 및 지방청에 일본인을 한국 관리로 임명함
　　　　　　　　1. 각 부 차관

– 『순종실록』 –

(12) 한일 병합 조약

- 제1조 한국 황제 폐하는 한국 전체에 관한 일체 통치권을 완전하고도 영구히 일본국 황제 폐하에게 양여한다.
  제2조 일본국 황제 폐하는 앞 조에 기재된 양여한다는 것을 수락하고, 또 완전히 한국을 일본 제국에 병합하는 것을 승낙한다.
  제3조 일본국 황제 폐하는 한국 황제 폐하, 태황제 폐하, 황태자 전하와 그들의 황후, 황비 및 후손에게 각각 그 지위에 따라 상당한 존칭, 위엄과 명예를 향유하게 하고, 또 이를 유지하는 데 충분한 세비를 제공할 것을 약속한다.

- '합병'이라는 문자는 적절하지 않다. 그렇다고 해서 '병탄'이라는 용어는 침략적이어서 사용할 수 없었다. 여러 가지로 고심한 결과 나는 지금까지 사용된 적이 없는 '병합'이라는 문자를 새롭게 고안해 냈다. 이것이라면 다른 영토를 제국 영토의 일부로 삼는다는 의미가 '합병'보다 강하다.
  – 일본 외무성 정무 국장 구라치 데쓰키치, 『한국 병합의 경위』 –

(13) 식민지 체제를 구축하기 위한 악법

- 신문지법 (1907. 7.)
  21. 내부대신은 신문지가 안녕, 질서를 방해하거나 풍속을 괴란케 한다고 인정될 때는 …… 발행을 정지 혹은 금지할 수 있다.
  36. 본 법의 규정은 정기 발행의 잡지류에도 준용한다.
- 보안법 (1907. 7.)
  1. 내부대신은 질서를 유지하기 위하여 필요한 경우에 결사의 해산을 명할 수 있다.
  2. 경찰관은 …… 집회 또는 다중의 운동 또는 군집을 제한, 금지하거나 해산할 수 있다.
- 학회령 (1908. 8.)
  2. 학회를 설립하고자 하는 자는 …… 학부대신의 허가를 받아야 한다.
  8. 학회가 …… 공익을 해친다고 인정되는 행위를 할 때에는 학부대신은 인가를 취소할 수 있다.
- 출판법 (1909. 2.)
  2. 문서·도서를 출판하고자 할 때에는 …… 내부대신에게 허가를 신청해야 한다.
  13. 내부대신은 본 법을 위반하고 출판한 문서나 도서의 발매 또는 배포를 금하고, 해당 각판 인쇄본을 압수할 수 있다.

★ 을사늑약의 부당성

- 첫째, 일본은 을사늑약을 '협약'으로 표현한다. 협약은 정식 조약과 협정에 이은 세 번째 등급이다. 하지만 외교 주권을 넘기는 중요한 사항은 조약을 통해야 하는 것이 국제법적 상식이다. 둘째, 고종의 위임과 비준이 없다. 셋째, 일본은 군대를 동원하여 경운궁을 포위하고, 대신을 감금한 상태에서 을사늑약의 체결을 강제하였다.
- 파리 대학의 국제법 학자 프랑시스 레이는 「대한 제국의 국제법적 지위」(1906)라는 논문에서 "나는 망설임 없이 1905년의 조약이 무효임을 주장한다."라고 단언하였다. 프랑시스 레이는 을사늑약의 체결 과정에서 군사적 위협이 있었고, 조약의 이름뿐 아니라 서명자에 대한 양국 통치권자의 위임 절차와 승인이 없었음을 강조하였다. 또한 고종이 을사늑약의 무효를 선언한 국서를 해외 언론에 보냈다는 점, 일본 특파 대사의 보고서 초안에도 고종의 조약 반대 내용이 명시되어 있는 점 등을 근거로 을사늑약의 부당성을 주장하였다. 이렇듯 을사늑약은 체결 당시에도 국제적인 비판을 받을 정도로 문제가 많았다. 한편 레이의 논문 등에 근거하여 국제 연맹은 「조약법(Law of Treaties)에 관한 보고서」(1935)에서 역사상 효력이 없는 조약 3개 중 하나로 을사늑약을 선정하였다.

★ '한일 병합 조약'의 불법성

첫째, 순종의 비준이 없다. 1910년 8월 22일, 이완용과 데라우치가 조약을 체결하고 날인과 서명을 하였다. '병합 조칙'으로 순종의 비준을 대신하기로 하였는데 순종은 조약 공포 예정일인 8월 29일까지 '병합 조칙'에 서명을 하지 않았다. 이에 일제는 '병합 조칙'에 순종의 어새만 찍어 공포하였으나, 어새의 날인만으로는 순종의 비준이 이루어졌다고 할 수 없다. 둘째, 강제로 체결되었다. 일제는 조약 체결 이전 모든 단체를 해산하고, 신문 발행을 금지하였다. 또한, 한성에 대포까지 동원해 삼엄한 경계를 펼친 상황에서 조약 체결을 강요하였다.

★ 포츠머스 조약과 국제 정세
러일 전쟁이 장기화하자 러시아와 일본은 전쟁을 계속하는 데 어려움을 겪었다. 러시아 내부에서는 반정부 시위가 계속되었고, 일본은 늘어나는 전쟁 비용에 부담을 느꼈다. 이러한 상황을 알아차린 미국의 루스벨트 대통령이 러시아와 일본의 대사를 미국의 포츠머스로 불러 회담을 주선하였다. 약 한 달간의 협상 끝에 러시아와 일본은 한국에서 일본의 우월권을 승인한다는 내용으로 포츠머스 조약을 체결하였다. 이 조약은 한국에 대한 일본의 지도 보호 감리 조치를 승인하며, 일본에 사할린 남쪽과 연해주 연안의 어업권을 양도한다는 등의 조항을 담고 있다. 한편, 일본은 이에 앞서 미국, 영국과 각각 동맹을 맺어 이권 침탈을 준비하였고 러시아와도 포츠머스 조약을 체결하면서 열강으로부터 대한 제국에 대한 독점적 지배권을 승인받았다. 이는 이후 일본이 대한 제국과 을사늑약을 강제로 체결하는 데 영향을 주었다.

2 항일 의병 운동의 전개

(1) 을사늑약에 대한 항거
① 자결 : 민영환 등
② 의거 : 나철 등의 5적 암살 시도, 장인환·전명운의 스티븐스 저격(1908), 안중근의 이토 히로부미 처단(1909)

(2) 의병 항쟁의 전개

을미의병	• 배경 : 을미사변, 단발령 실시(1895) • 주도 : 이소응, 유인석 등 유생층 • 해산 : 아관 파천 후 고종이 단발령을 철회, 의병 해산 권고 → 대부분 활동 중단
을사의병	• 배경 : 을사늑약 체결(1905) • 주도 : 민종식, 최익현, 신돌석 등 • 활동 : 민종식이 홍주, 최익현이 태인에서 거병, 평민 출신 신돌석이 태백산 일대에서 큰 전과를 거둠
정미의병	• 배경 : 고종의 강제 퇴위, 대한 제국의 군대 해산(1907) • 연합 : 이인영 등이 13도 창의군 결성 → 서울 진공 작전 전개(1908) → 실패 • 특징 : 해산 군인의 가담으로 의병의 전투력 강화, 의병 전쟁으로 발전, 각국 영사관에 의병을 국제법상 교전 단체로 인정해 줄 것을 요구

(3) 호남 의병
서울 진공 작전 후에도 활발한 활동 지속 → 일제의 '남한 대토벌' 작전(1909)으로 위축

PLUS 더 알아보기

- 활빈당 : 활빈(活貧)은 있는 자의 재산을 빼앗아 없는 자를 살린다는 뜻이다. 활빈당은 주로 친일 관료, 양반 부호, 일본 상인들을 대상으로 활동하였다.
- 자신회 : 나철·오기호 등은 을사늑약 체결 이전 일본 정부 요인들에게 한국의 독립과 영토 보존을 약속하라는 서신을 보냈다. 그러나 이를 거부당하자 을사 5적을 처단하기 위해 자신회를 만들었다.

사료 더하기

(1) 매켄지가 본 의병
- "내 앞에 있는 사람 중 셋은 날품팔이 노동자였다. 오른쪽에 서 있는 영리하게 보이는 젊은이는 분명히 부사관으로서 행동하고 있었고, 그는 자기 전우들에게 군인으로서의 거동을 훈련하려고 최대한의 노력을 기울이고 있었다."
  – 매켄지, 『한국의 비극』 –
- 5, 6명의 의병이 뜰로 들어섰다. 나이는 18세에서 26세 사이였고, 그중 얼굴이 준수하고 훤칠한 한 청년은 구식 군대의 제복을 입고 있었다. 나머지는 낡은 한복 차림이었다. …… "일본을 이길 수 있다고 생각합니까?"라고 물었다. "이기기 힘들다는 것을 알고 있습니다. 우리는 어차피 싸우다 죽겠지요. 그러나 좋습니다. 일본의 노예가 되어 사느니 자유민으로 죽는 것이 훨씬 낫습니다."라고 그들은 대답하였다. – 매켄지, 『자유를 위한 한국의 투쟁』 –

(2) 을미의병
- 유인석은 경기도에서, 주용규는 호서에서, 권세연은 안동에서, 노응규와 정한용은 진주에서 각기 일어나니 원근이 서로 호응하였다. 내부대신 유길준은 경군을 보내서 치게 하였다. 유인석은 …… 기백과 정의감이 투철하였다. 낙동강 좌우에 있는 수십 군이 봉기하여 …… 수령 중 단발을 했던 자들이 가끔 살해당하였다. – 황현, 『매천야록』 –
- [의병 해산 조칙] 이번에 너희들이 의병을 일으킨 것은 어찌 다른 뜻이 있어서였겠는가? …… 나라를 어지럽힌 무리는 처단당하고 남은 수괴들은 이미 다 귀양 갔으니 …… 너희들 백성들은 …… 지금의 형세를 헤아리고 짐의 고충을 살피어 즉시 서로 이끌고 물러가서 원래의 생업에 안착하라. – 『고종실록』 –
- 아, 우리 8도의 동포들은 차마 망해 가는 나라를 내버려 두려 하는가. …… 국모의 원수를 생각하며 이미 이를 갈았는데 참혹한 일이 더하여 부모에게서 받은 머리털을 풀 베듯이 베어 버리니 이 무슨 변고란 말인가. …… 이에 감히 의병을 일으켜 마침내 이 뜻을 세상에 포고한다. – 유인석, 『의암집』 –
- 적을 토벌하여 복수하는 것으로 말씀드린다면 우리 전하의 적개심을 풀어드리며 왕후의 영혼을 거의 위로해 드리게 될 것입니다. …… 존화양이(尊華攘夷)로 말씀드린다면 우리 국가의 옛 법도를 따르게 되어서 도도히 흐르는 광란으로 이미 엎어진 것을 거의 회복하게 될 것입니다. – 유인석, 『의암집』 –

(3) 활빈당
- [활빈당의 활동] 부호들의 곡식을 빼앗아 빈민에게 나누어 주는데, 나이가 적고 젊은 사람에게는 주지 않고 나이 많고 가난한 사람에게 먼저 나누어 주니 빈민이 그 덕을 기려 세운 목비가 숲을 이루었다. – 김윤식, "속음청사" –
- 활빈당 강령
  - 시장에 외국 상인이 나오는 것을 엄금할 것
  - 사전을 혁파하고 토지를 균등하게 나눌 것
  - 외국에 철도 부설권을 허락하지 말 것
  – 『한성신보』, 1900. 10. 8. –

(4) 을사의병
- [최익현의 포고문] 오호라, 작년 10월에 저들이 한 행위는 만고에 일찍이 없던 일로서, 억압으로 한 조각의 종이에 조인하여 5백 년 전해 오던 종묘사직이 드디어 하룻밤 사이에 망하였으니, 천지신명도 놀라고 조종의 영혼도 슬퍼하였다. …… 이처럼 망해 갈진대 어찌 한번 싸우지 않을 수 있는가. 또 살아서 원수의 노예가 되기보다는 죽어서 충의의 혼이 되는 것이 나을 것이다. – 최익현, 『면암집』 –
- 을미년의 거사는 국가의 원수를 갚는 것을 의(義)로 삼았으나, 금년의 거사는 국권 회복을 명분으로 삼는다. – "대한매일신보", 1906. 5. 30. –

(5) 정미의병과 서울 진공 작전
- 군사장(허위)은 미리 군비를 신속히 정돈하여 철통과 같이 함에 한 방울의 물도 샐 틈이 없는지라. 이에 전군에 전령하여 일제히 진군을 재촉하여 동대문 밖으로 진군하였다. 대군은 긴 뱀의 형세로 천천히 전진하게 하고, 3백

명을 인솔하고 선두에 서서 동대문 밖 삼십 리 되는 곳에 나아가 …… 지원군이 이르지 않으므로 할 수 없이 마침내 퇴진하였더라.
— 『대한매일신보』, 1909. 7. 30. —

- 동포들이여, 우리들은 단결하여 우리 조국을 위해 몸 바쳐 우리의 독립을 회복하지 않으면 안 된다. 우리들은 전 세계를 향하여 야만적인 일본인의 흑심한 부정과 난폭함을 호소하지 않으면 안 된다. …… 우리들은 모든 일본인과 그 스파이 앞잡이 및 야만의 군대를 쳐부수기 위하여 최선을 다하여야 한다.
— 이인영, '재외 동포에게 보내는 격문' —

- 7월 이후로 황제의 자리까지 빼앗아 이를 선위라 거짓으로 말하고 안으로 10부의 대신과 밖으로 팔도 수령을 일진회로 메워 임용하고 …… 미관말직까지도 일본인이 차지하여 아무도 손대지 못하게 하여, 백성이 발 디딜 곳이 없어졌으므로 팔도의 의사가 아무 모의함도 없이 뜻을 같이하니 민심이 곧 하늘의 뜻인 것이다.
— 노희태, '격고문' —

- [의병장 허위가 통감부에 요구한 30개조 中]
  - 태황제(고종)를 복위시켜라.
  - 외교권을 되돌려 주고, 통감부를 철거하라.
  - 일본인을 관리로 임명하지 마라.
  - 형벌권, 통신권, 경찰권의 자유를 회복시켜라.
  - 을미·을사·정미의 국적(國賊)을 자유로이 처단케 하라.
  - 내지의 산림과 금광 등을 침해하지 마라.
  - 군용지와 철도를 되돌려 달라.
  - 일본인의 상업을 제한하라.
  - 일본 은행권을 시행하지 마라.
— 국사편찬위원회, 『한국 독립운동사 자료』 —

- 서울로 들어가 통감부를 타격하고 성하의 맹을 이루며 종래의 소위 신협약 등을 파기하여 대대적 활동을 기도함이라. 우선 신임하는 인물을 서울에 잠입시켜 각국 영사관을 순방하고 통문 한 통씩을 전달하니, 그 개략적 의도는 일본의 불의를 성토하고 한국의 불행한 상황을 상세히 진술하고 또 의병은 순수한 애국적인 혈단(血團)이니 열강도 이를 국제 공법상의 전쟁 단체로 인정해 줄 것과 또 정의와 인도를 주장하는 국가의 동성응원(同聲應援)을 호소하였다.
— 『대한매일신보』, 1909. 7. 30. —

- 나라에 대한 불충은 어버이에 대한 불효요, 어버이에 대한 불효는 나라에 대한 불충이다. 그러므로 나(이인영)는 3년상을 치른 뒤 다시 의병을 일으켜 일본을 소탕하고 대한을 회복하겠다.
— 『대한매일신보』, 1909. 7. —

- 정미의병 의병장의 직업 분포(1907~1909년간 체포된 의병장)

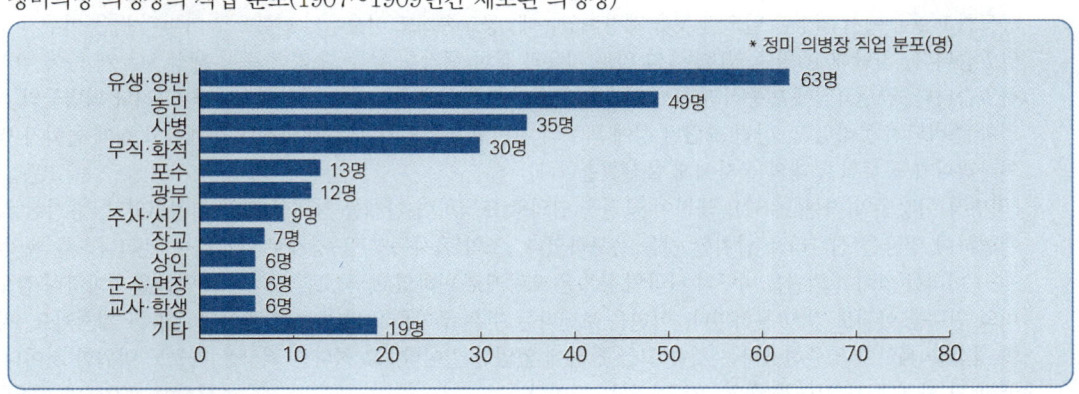

- 의병 항쟁의 추이(1910년 전후)

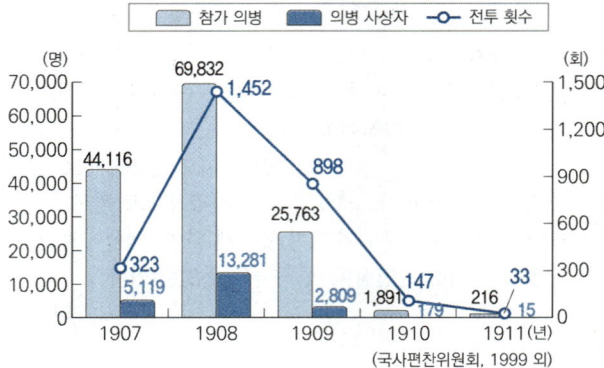
(국사편찬위원회, 1999 외)

(6) 호남의병과 남한 대토벌 작전

- [호남 의병] 그들(의병)의 행동은 극히 교묘하여 백주에는 양민으로 가장하고 공공연히 군청 소재지를 배회하면서 관서의 동정을 정찰하고, …… 혹은 허점을 틈타 습격을 하는 등 그들의 행동을 미리 헤아릴 수가 없었다. 또 (일본) 순사 주재소는 거의 전부가 습격을 당하였고, …… 다년간의 사업 경영을 포기하고 그 근거지로 퇴각하여야 하게끔 되었다.   - '일본 조선 주차군 사령부의 의병 탄압 기록' -
- [남한 대토벌 작전] 사방을 그물 치듯 해 놓고 순사를 파견하여 촌락을 수색하고 집집마다 뒤져서 조금이라도 혐의가 있으면 죽였다. 그래서 행인의 발길이 끊기고 이웃과 연락이 두절되었다. …… 의병들은 점차 그들에게 밀려나 강진, 해남 등 육지가 끝나는 곳까지 쫓기게 되었다. 이때 사망자 수는 무려 수천 명이었으며 고제홍, 심남일 등이 전후에 걸쳐 일본군에게 체포되었다.   - 황현, "매천야록" -
- "왜인들이 길을 나누어 호남 의병을 수색하면서 …… 사방을 그물 치듯이 해놓고 순사를 파견하여 마을을 수색하였다. 집집마다 빗질하듯이 뒤져서 조금이라도 혐의가 있으면 즉시 살육하기 때문에 행인들이 스스로 없어지고 이웃 마을끼리도 통행이 불가능하였다. 의병들은 삼삼오오 사방으로 흩어졌으나 숨을 곳이 없기 때문에 강한 자는 앞으로 돌진해서 싸우다가 죽고, 약한 자는 기어 달아나다가 칼을 맞았다. 점차 쫓기어서 강진·해남에 이르니 달아날 곳이 없어 죽은 자가 수천 명에 이르렀다."   - 황현, 『매천야록』 -

(7) 의병장

- [의병장 이세영의 재판 진술] 저는 을미년 8월에 극악한 변고가 있은 후에 김복한, 이설 등과 함께 복수할 것을 공모하고 홍주에서 의병을 일으킬 것을 제창하였는데, 공교롭게도 이승우의 번복으로 마침내 뜻을 이루지 못하고 말았습니다. 지난해 10월 늑약(勒約)의 일로 치욕과 분한 생각을 누를 길 없어 즉시 세상 모르게 죽어 버리려고 하였습니다. 금년 4월에 민종식과 함께 의병을 일으켜 홍주성에 들어가 차지하였습니다. 그러나 의병들의 식량이 얼마 준비되지 못하였고, 한편 고립된 성에 외부의 지원병이 없었기 때문에 마침내 실패하고 집에 돌아가 명령을 기다리다가 공주진 부대의 군사에게 붙잡혔습니다.   - 『고종실록』 -
- [의병장 이강년의 격문(1907)] 왜적이 국권을 임의로 조정하여 황제를 양위할 꾀가 결정되었고, 흉악한 칼날로 위협하여 임금을 섬나라로 납치할 것을 음모하였다. 조약(을사늑약)을 강제로 체결하여 우리나라를 빼앗았고, …… 머리를 깎이고 의관을 바꾸니 나라의 풍속은 오랑캐로 변하였고, 국모를 시해하고 임금을 협박하니 갑오·을미의 원수를 아직도 갚지 못하였다. 이민을 보낸다는 것은 우리를 바다 밖으로 쫓아낼 음흉한 계책이요, 저들이 이 강산을 빼앗아 영주하겠다는 것은 고금 천하에 없었던 일이다. 그 허다한 죄상은 하늘도 미워할 것이니 우리 국민 된 자 모두가 저들을 죽일 의무가 있는 것이다.   - 이강년, 『운강선생창의일록』 -
- [의병장 채응언의 창의문] 한때의 고난을 꺼리지 말고 일어나 싸우자! 어찌 편안히 앉아 이 나라를 좀먹는 간사한 도적과 강토를 잠식해 들어오는 외적을 그대로 두고 볼 것인가? …… 우리 이천만 동포는 한때의 고난을 꺼리지

말고, 마음과 힘을 뭉쳐 수십 년 골수에 맺힌 원수를 갚고 삼천리 강토를 회복해야 한다. …… 나가 싸워 원수를 갚지 않고 적에게 모욕을 받을 수 없다.
- 채응언, 「보국 창의문」(1908. 5.) -

(8) 의병 운동 평가

- 전술을 알지 못하는 유생이나 무기도 없는 농민이 순국을 각오하고 맨손과 맨주먹으로 적과 싸워 뼈를 들판에 파묻을지언정 조금도 후회하지 않았으니, 이것이야말로 오랜 역사적 전통 가운데 배양된 민족정신의 발로였다.
- 박은식, 『한국독립운동지혈사』 -

- 폭도(의병)는 전년(1908) 7월부터 금년 6월에 이르는 1년 동안 대략 3천 명에 육박하였다. 그들의 행동은 시간이 지남에 따라 더욱더 교묘해졌다. 첩보 근무 및 경계법 등은 놀랄 만큼 진보되고 행동도 더욱 민첩하여 때로는 우리 일본 토벌대를 우롱하는 태도로 나올 때도 있다. 세력이 작아졌지만 결코 가볍게 볼 수 없다. 과연 어느 때 완전 평정이 되느냐 하는 점에 대해 우려하게 되었다.
- 조선 주차군 사령부, 『조선 폭도 토벌지』 -

★ 이재명 의거

1909년 12월 명동 성당 앞에서 군밤 장수로 변장하고 있던 이재명은 벨기에 황제 추도식에 참석한 후 인력거를 타고 나오는 이완용을 습격하였다. 인력거꾼의 제지를 뿌리치고 인력거에 뛰어오른 이재명은 이완용의 허리와 어깨 등을 칼로 찔렀다. 그러나 이완용은 대한 의원에 긴급 이송되어 목숨을 건졌다. 재판에 넘겨진 이재명은 사형 선고를 받았고, 1910년 9월 서대문 형무소에서 교수형에 처해졌다. 이재명은 법정에서 "불공평한 너의 법으로 나의 생명을 빼앗기는 하지만 나의 충혼은 빼앗지 못할 것이다."라고 하며 의연함을 잃지 않았다. 현재 명동 성당 앞에는 이재명 의거 터를 알리는 조그만 비석이 세워져 있다.

★ 왕산로, 의병장 호에서 이름을 따다.

왕산로는 서울 동대문에서 청량리에 이르는 도로로, 조선 시대부터 역대 왕들이 동대문 밖에 있는 동구릉, 동묘, 선농단, 홍릉 등으로 참배 가는 길이기도 하였다. 도로명에 붙어 있는 '왕산'이라는 명칭은 의병장 허위의 호에서 따온 것이다. 13도 창의군 군사장으로 추대 받았던 허위는 서울 진공 작전 당시 결사대 300여 명을 이끌고 동대문 밖 30리 지점에 이르렀다. 이를 기념하여 1966년 서울시는 이 도로를 '왕산로'라 명명하였다.

★ 여성 의병장, 윤희순(1860~1935)

- 아무리 왜놈들이 강성한들
  우리들도 뭉쳐지면, 왜놈 잡기 쉬울세라.
  아무리 여자인들 나라 사랑 모를 소냐.
  남녀가 유별한들 나라 없이 소용 있나.
  우리도 의병 하러 나가보세.
  의병대를 도와주세. ……
  우리나라 성공하면 우리나라
  만세로다.
  우리 안사람 만만세로다.
  - 「안사람 의병가」, 1896 -

- 좋은 말로 달랠 때에 너희 나라로 가거라! 왜놈 대장 놈아. 우리 조선 안사람이 경고한다.
  - 「왜놈 대장 보거라」, 1896 -

윤희순은 「안사람 의병가」를 지어 여성도 의병에 참여하도록 항일 의식을 일깨웠으며, 의병을 진압하는 관군을 비판하였다. 또한 숯을 팔아 군자금을 모으고, 탄약 제조소를 운영하는 등 적극적으로 의병을 지원하였다. 특히 군대 해산 이후 일제와 맞서 싸우기 위해 30여 명의 여성으로 '안사람 의병대'를 조직하고, 고된 군사 훈련도 마다하지 않았다. 국권 피탈 이후 윤희순은 가족과 함께 만주로 이주하여 독립운동을 활발하게 펼쳤다. 이 과정에서 시아버지와 남편은 숨졌지만, 세 아들과 함께 항일 투쟁의 삶을 이어갔다. 죽는 순간까지 항일 투쟁에 열정을 불사른 그는 여성 항일 운동의 선구자였다.

★ **전명운과 장인환의 의거**
스티븐스는 1908년 미국 샌프란시스코에서 기자 회견을 열어 "일본이 한국을 보호하여 한국에 이익이 되는 일이 많다."라고 발언하였다. 이후에도 "한국은 독립할 자격이 없다."라고 하였다. 이에 격분한 전명운과 장인환은 스티븐스를 처단하기로 결심하였다. 그러나 이들은 아는 사이가 아니었고, 스티븐스 저격을 사전에 협의하지도 않았다. 1908년 3월, 거사 당일 전명운이 스티븐스를 향해 총을 쏘았으나 맞히지 못하였다. 이때 총성을 듣고 달려온 장인환이 스티븐스를 저격하였다. 이들의 의거 활동은 당시 교포들의 항일 의식을 고조하였다.

★ **진위대가 의병 투쟁에 합류하다**
1907년 8월 5일, 원주 진위대 병사 3백여 명이 민긍호의 지휘 아래 무기고를 습격하여 다량의 무기를 확보한 후 일제히 봉기하였다. 여기에 원주 주민이 합세함으로써 의병 투쟁이 일어났다. 이후 민긍호가 이끄는 의병 부대는 인근 지역 의병 부대와 긴밀한 관계를 유지하며, 강원·충청·경기도 일대에서 1백여 차례 치열한 전투를 치러 일본군에 타격을 주었다. 1907년 겨울에는 허위·이인영·이강년이 지휘하는 의병 부대와 함께 13도 창의군의 중요 구성원으로 활약하였다. 관동 창의대장이었던 민긍호가 이끈 의병 부대는 일본군의 집요한 추격을 받았다. 이듬해 민긍호는 일본군의 포위 공격 속에서 끝까지 항전하다가 체포되었다.

3 애국 계몽 운동의 전개

(1) 특징
을사늑약 전후로 관료·지식인 등이 점진적 실력 양성을 통한 국권 수호 추구 → 단체 결성, 교육 활동, 언론 활동, 산업 진흥 활동 등

(2) 애국 계몽 운동 단체
① 보안회 : 일제의 황무지 개간권 요구에 대한 반대 운동 전개 → 성공
② 헌정 연구회 : 입헌 정체 수립 추구 → 일제의 탄압으로 활동 중단
③ 대한 자강회 : 헌정 연구회를 계승하여 설립, 교육 진흥과 산업 육성을 통한 국권 수호 운동 전개, 고종 강제 퇴위 반대 운동을 펴다가 일제의 탄압으로 해산
④ 신민회
 ㉠ 결성 : 안창호, 양기탁 등을 중심으로 조직(비밀 결사)
 ㉡ 목표 : 공화 정체의 근대 국가 건설 지향, 실력 양성을 추진하면서 무장 독립 전쟁 준비
 ㉢ 활동 : 오산 학교·대성 학교 설립, 태극 서관·자기 회사 운영, 무장 투쟁 준비를 위한 국외 독립운동 기지 건설(남만주 삼원보에 신흥 강습소 설립)

(3) 항일 언론 활동
대한매일신보 등이 항일 논조의 기사를 게재하고 국채 보상 운동을 지원하는 등 항일 언론 활동 전개

PLUS 더 알아보기

- **사립 학교령(1908)** : 사립 학교는 교명, 교과용 도서 등 세부 사항을 학부대신에게 인가받은 후에 세워야 하며, 사회 질서나 풍속을 어지럽힌다는 등의 모호한 이유로 학교를 폐쇄할 수 있게 하였다.
- **105인 사건** : 1910년 12월 안명근이 황해도에서 군자금을 모금하다 체포되자 일제는 황해도 일대의 애국지사를 체포하였는데, 이를 안악 사건이라 한다. 더 나아가 일제는 1911년 9월 윤치호, 이승훈 등 신민회 회원 600여 명을 체포하고 이들에게 데라우치 총독 암살을 기도하였다는 죄목을 씌워 재판에 넘겼다. 1심 재판에서 105명이 유죄 판결을 받았다고 하여, 이를 105인 사건이라고 한다.
- **이회영** : 이회영의 6형제와 가족 및 친척 60여 명은 전 재산을 팔아 국권 피탈 직후 남만주 삼원보로 망명하였다. 이들이 처분한 재산은 오늘날 가치로 최소 6백억 원에서 수천억 원에 이른다고 한다. 독립 운동에 가담한 6형제 가운데 광복 후 이시영만 살아서 돌아와 대한민국의 초대 부통령이 되었다.
- **이상룡** : 고성 이씨 가문의 종손으로 편안히 여생을 즐길 수 있었지만, 1911년 쉰 살이 넘은 나이에 재산을 처분하여 일가친척과 사돈 집안까지 함께 남만주 삼원보로 집단 망명하였다. 그는 "국토를 회복하기 전에는 내 유골을 고국에 싣고 돌아와서는 안 된다."라는 유언을 남기고 사망하였다.

사료 더하기

(1) 보안회
- [보안회가 전국에 게시한 고시문] 만국 공법 제2장에 따르면 "한 나라는 반드시 국토를 독점적으로 관할하여 통제하고 운영할 수 있는 권리를 가진다. 따라서 국가는 토지, 물산, 민간 재산 등을 관리할 권한을 가지며, 다른 나라는 이 권리를 함께 가질 수 없다. …… 이는 한 나라가 공유하는 권리이지 한 사람이 사유하는 권리가 아니므로 국가가 함부로 그 권리를 포기할 수 없다."라고 하였습니다.
  - 『황성신문』, 1904. 7. 20. -

(2) 헌정 연구회 강령
- 제왕의 권위는 헌법에 정해진 바에 따라 존중할 것
- 정부의 명령은 법률 규칙에 정해진 바에 따라 복종할 것
- 국민의 권리는 법률에 정해진 바에 따라 자유로이 행사할 것
  - 「헌정 연구회 취지서」, 1905 -

(3) 대한 자강회 취지문
무릇 나라의 독립은 오직 자강의 여하에 달려 있는지라. 우리 대한이 자강을 배우지 못하여 인민이 스스로 우매해지고 국력이 쇠퇴하여 마침내 금일의 어려움에 이르러 필경 다른 나라의 보호를 받으니 이는 모두 자강의 도에 뜻을 두지 않은 이유라. …… 교육이 일어나지 못하면 국민의 지식이 열리지 않고, 산업이 일어나지 않으면 나라의 부가 늘어나지 못하는 것이다. …… 교육과 산업의 발달이 곧 하나뿐인 자강의 방도임을 알 수 있을 것이다.
  - 『대한 자강회 월보』 제1호, 1906. 7. -

(4) 신민회
- [4대 강령]
  1. 국민에게 민족의식과 독립사상 고취
  2. 동지를 발견하고 단합하여 국민운동 역량 축적
  3. 상공업 기관 건설로 국민의 부력(富力) 증진
  4. 교육 기관 설립으로 청소년 교육 진흥
  - 『도산 안창호』, 1947 -

- [신민회의 해외 독립군 기지 창건 운동]
  1. 독립군 기지는 일제의 통치력이 미치지 않는 청국령 만주 일대를 자유 지대로 보고 이곳에 설치하되, 후일 독립군의 국내 진입에 가장 편리한 지대를 최적지로 한다.
  2. 최적지가 선정되면 자금을 모아 일정 면적의 토지를 구입하되, 이에 소요되는 자금은 국내에서 신민회의 조직을 통해 비밀리에 모금한다.
  3. 토지가 매입되면 국내 애국적 인사와 청년들을 계획적으로 단체 이주를 시켜 신한민촌을 건설하고, 농업 경영으로 경제적 자립을 실현한다.
  4. 새로 건설된 신한민촌에서는 강력한 민간 단체를 조직하고, 교회와 무관 학교를 설립하여 문무 겸비의 교육을 실시하고 무관을 양성하도록 한다.
  5. 무관 학교 졸업생과 이주해 오는 청년들을 중심으로 강력한 독립군을 창건한다. 강력한 정병주의를 채택하고 현대식 훈련과 무기로 무장된 현대식 군대를 만든다.
  6. 독립군이 강력하게 양성되면 최적의 기회를 포착하여 독립 전쟁을 일으켜서 국내로 진입한다.
  – 주요한, 『안도산전서』 –

- 신민회는 자유 문명국을 성립시켜 열국의 보호 아래 공화 정체의 독립국을 만드는 데 목적이 있다고 한다.
  – 『일본 헌병대 기밀 보고』, 1909 –

- [신민회 취지서] 신민회는 무엇을 위해 일어났는가? 국민의 병든 관습에 신사상(新思想)이 시급하며, 국민 관습의 우매함에 신교육이 시급하며, …… 도덕의 타락에 신윤리가 시급하며, 실업(實業)의 침체에 신모범이 시급하며, 정치의 부패에 신개혁이 시급하다. 천만 가지 일에 신(新)을 기다리지 않는 바 없도다. …… 무릇 우리 대한인은 내외를 막론하고 통일 연합으로써 그 진로를 정하고 독립 자유로써 그 목적을 세우는 것이 신민회가 원하고 생각하는 바이니, 간단히 말하면 오직 신정신을 불러 깨우쳐서 신단체를 조직한 후에 신국을 건설할 뿐이다.
  – 『일본 헌병대 기밀 보고』, 1909 –

- 서간도에 단체 이주를 기도하여 조선 본토로부터 상당한 재력이 있는 다수 인민을 이주시켜 토지를 매입하고 촌락을 세워 새로운 영토로 삼고, 다수의 교육받은 청년을 모집하여 그곳에 보내어 민단을 조직하고 학교 및 교회를 세우고, 더 나아가 무관 학교를 설립하고 문무 겸비 교육을 실시하여 기회를 타서 독립 전쟁을 일으키고자 하였다.
  – '양기탁 판결문' (1911) –

- 우리의 목적은 우리 한국의 부패한 사상과 습관을 혁신하고 국민을 새롭게 하며, 쇠퇴한 교육과 산업을 개량하고 사업을 혁신하게 하여, 새로운 자유 문명국을 성립하게 함에 있다.
  – 안창호, 「대한 신민회 통용 장정」 –

- 신민회 목적의 실행 방법
  – 신문 잡지와 서적을 간행하여 인민의 지식을 계발하게 할 것
  – 학교를 건설하여 인재를 양성할 것
  – 실업장을 설립하여 실업계의 모범을 만들 것
  – 안창호, 「대한 신민회 통용 장정」 –

- 우당께서는 신흥 무관 학교를 필역(畢役 : 토목이나 건축 따위의 공사를 마침)하시고 자기 자택은 급한 대로 방 세 개만 만들고, 계축년(1913) 정월 초순에 떠나 조선에 무사히 가시었으나 어느 누가 있어 반기리오.
  – 이은숙, 『민족 운동가 아내의 수기 : 서간도 시종기』 –

(5) 오산학교

나라가 기울어 가는데 그저 앉아만 있을 수는 없다. 조상들이 지켜 온 강토를 원수인 일본인들에게 내맡길 수 있겠는가? 총을 드는 사람, 칼을 드는 사람도 있어야 할 것이다. 하지만 그보다도 더 중요한 것은 백성을 깨우치는 일이다. 그러기 위해서는 교육이 필요합니다. 오늘 이 자리에 7명의 학생밖에 없지만 차츰 70명, 700명에 이르는 날이 올 것입니다. 일심협력하여 나라를 빼앗기지 않는 백성이 되기를 부탁합니다. – 이승훈, 오산 학교 개교식 식사 –

(6) 애국 계몽 운동 평가
- 금일 의병 제군을 위해 충고함은 다른 것이 아니라 애국하는 마음에서 나옴이니 제군은 깊이 생각하라. 만약 단호한 충의의 열정을 참을 수 없고, 진실한 마음으로 국권을 만회하고자 한다면, 눈앞의 치욕을 참고 국가의 원대한 계획을 생각해 일체의 무기를 버리고 각자 고향으로 돌아가서, 농사꾼은 농사를 열심히 하고 장인들은 공업에 힘써서, 각기 산업에 종사하여 재산을 축적하고 자식을 교육하여 지성을 계발하며 실력을 양성하면 다른 날에 독립을 회복할 기회를 자연히 기대할 수 있을 것이니, 이것이 실로 금일 우리들이 마땅히 해야 할 정당한 의무요. 또 고금의 역사를 살펴봐도 그러한 것이다. 어찌 우리가 억지로 의병을 나무라는 것이겠는가? — "황성신문", 1907. 9. 25. —
- 오호라, 국권이 없는데 민권을 구하니 민권을 어찌 얻을 수 있으리오? 근일 한국에 어떤 어리석은 무리는 국가가 망하여 강토가 다른 사람의 소유가 되어도 …… 민권만 얻을 수 있으면 이를 노래하며 받겠다 하니 슬프다. 저 어리석은 무리여……. 저들이 시세(時勢)를 알지 못하는지라. …… 금일은 민족의 경쟁 시대라, 민족이 열등하여 패하면 쇠퇴할 뿐이며, 멸망할 뿐이거늘 …… 저런 어리석은 사람이 또 어디 있는가. — 『대한매일신보』, 1909. 10. 26. —

★ 신흥 무관 학교의 교육 과정
1910년 겨울 이회영 형제들은 압록강을 건너 유하현 삼원보에 옮겨가 경학사를 설립하고, 신흥 강습소를 세워서 무장 독립 투쟁을 위한 인재 양성을 꾀하였다. 이후 통화현 합니하로 옮겨 학교를 확장하고 이름을 신흥 무관 학교로 바꾸었다. 학제는 4년제의 본과와 6개월의 장교반, 3개월의 부사관반을 두었다. 입학의 최저 연령은 18세로 정하였으며 입학 이전에 엄격한 신체검사를 실시하였다. 보병·기병·포병 등 병과 훈련과 전략학 등을 가르쳤고, 일반 교과목으로『고등 산술』,『국어 문법』,『대한 지리』,『대한 국사』등도 가르쳤다. 엄정한 군기를 위해 전투 출동 준비를 알리는 비상 나팔 소리에 집합하고, 어두운 밤중에 자기의 이름이 붙은 총을 찾아서 휴대하는 등의 훈련을 하였다.

★ 애국 계몽 운동의 분화
- 애국 계몽 운동가들은 점진적인 실력 양성을 통해서만 자강 독립을 이룰 수 있다고 주장하며 항일 의병 투쟁을 부정적으로 보았다. 그러나 고종이 강제 퇴위되고 군대가 해산되는 등 일제의 침략이 가속화되자, 애국 계몽 운동가 중에서 문명개화만 강조하는 입장을 비판하며 국권 수호와 민족정신을 강조하는 국수보전론(國粹保全論)을 주장하는 이들이 나타났다. 이들은 국권을 수호하기 위해서는 우리의 역사와 문화에 대한 이해가 높아져야 한다고 주장하였으며, 국권 수호의 입장에서 의병 항쟁을 '우리 민족의 국수요 국성(國性)'이라고 높게 평가하기도 하였다.
- "국수(國粹)라는 것은 무엇인가. 그 나라에 역사적으로 전래하는 풍속, 습관, 법률, 제도 등의 정신이 이것이라. …… 외국 문명을 어쩔 수 없이 수입할지나 단지 이것만 의지하다가는 …… 마귀 시험에 빠질지니. 무겁도다 국수의 보전이여. 급하도다 국수의 보전이여." — 신채호,『대한매일신보』, 1908. 8. 12. —

4 간도와 독도

(1) 간도
① 귀속 분쟁 : 백두산정계비문의 토문강 해석을 두고 조선과 청 사이에 영유권 분쟁 발생
② 대한 제국의 대응 : 이범윤을 간도 관리사로 임명하여 간도 주민들을 직접 관할
③ 간도 협약(1909) : 일제가 남만주 철도 부설권 등을 얻는 대가로 간도를 청의 영토로 인정

(2) 독도
① 대한 제국 칙령 제41호(1900) : 대한 제국이 울릉도를 울도군으로 승격시키고 독도가 우리 영토임을 선포
② 일제의 강탈 : 러일 전쟁 중 일본이 시마네현 고시 후 독도를 불법적으로 일본 영토에 편입

PLUS 더 알아보기

- **이범윤** : 1903년 간도 관리사가 되어 간도에 있는 조선인을 보호하고 독립운동에 헌신하였다. 국권 강탈 후 의병을 모아 함경도 방면 일본 수비대와 싸웠고, 3·1 운동 후 남만주에서 의군부를 조직하여 청산리 전투에서 공을 세웠다.
- **삼국접양지도(1785)** : 일본인 하야시 시헤이가 만든 지도이다. 울릉도와 독도를 조선의 영토 색인 노란색으로 그렸고, 그 옆에 '조선의 것'이라고 기록하였다.
- **팔도총도** : 울릉도와 독도가 그려진 한국 인쇄본 지도 중 가장 오래된 것으로 조선 전기에 제작되었다.
- **대한전도** : 간도 협약이 체결되기 전 대한 제국 지도에는 두만강 건너 간도가 한국 땅으로 표시되어 있다.
- **연합국 최고사령부(SCAPIN) 지령 제677호** : 1946년 1월 29일 연합국 최고 사령부는 한반도 주변의 제주도, 울릉도, 독도 등을 일본 주권에서 제외하여 한국에 반환하였다.
- **조선국 교제시말 내탐서(1870)** : 메이지 정부가 조선과 새로운 관계를 맺기 위해 조선을 조사하는 과정에서 작성한 이 보고서에는 '죽도(울릉도)와 송도(독도)가 조선 부속이 된 경위'를 적고 있다.
- **실측 일청한군용정도(1895)** : 당시 가장 정밀하게 제작된 군사용 지도로, 울릉도와 독도가 한국의 경내에 있다.
- **원록구병자년조선주착안일권지각서** : 안용복이 일본에 갔을 때 안용복을 취조한 일본 관리가 기록한 문서이다. 울릉도와 독도가 조선의 강원도에 속해 있는 것으로 기록돼 있다.
- **신찬지지(1886)** : 19C 후반 일본의 지리 교과서로, 조선의 해역을 표시한 빗금 안에 울릉도와 독도가 그려져 있다.

사료 더하기

(1) 독도

- [지증왕] 13년 여름 6월에 우산국이 항복하여 해마다 토산물을 바쳤다. 우산국은 명주(강릉)의 정동쪽 바다에 있는 섬으로 혹은 울릉도라고도 하였다.
  — 『삼국사기』 —

- 우산(于山)과 무릉(武陵) 두 섬이 (울진)현의 정동쪽 바다 가운데에 있다. 두 섬이 서로 거리가 멀지 아니 하여, 날씨가 맑으면 가히 바라볼 수 있다. 신라 때에 우산국, 또는 울릉도라 하였다.
  — 『세종실록』「지리지」 —

- 제(안용복)가 "송도는 자산도(子山島)로서, 그것도 우리나라 땅인데 너희들이 감히 거기에 사는가?"라고 하였습니다. …… 이어서 (대마도주의 아버지가) 저에게 말하기를, "두 섬(울릉도와 독도)은 이미 너희 나라에 속하였으니, 뒤에 혹 다시 침범하여 넘어가는 자가 있거나 도주가 혹 함부로 침범하거든, 모두 국서를 만들어 역관을 정하여 들여보내면 엄중히 처벌할 것이다."라고 하였습니다.
  — 『숙종실록』 —

- 『여지지(輿地志)』에, "울릉·우산은 모두 우산국 땅이며, 이 우산을 왜인들은 송도(松島)라고 부른다."
  — 『동국문헌비고』, 1770 —

- 이 두 섬(울릉도와 독도)은 사람이 살지 않는 땅으로, 이 섬에서 고려(조선을 뜻함)를 보는 것이 운슈(雲州)에서 오키섬을 바라보는 것과 같다. 그러므로 일본의 북서쪽 경계는 이 섬(오키섬)을 한계로 삼는다.
  — 은주시청합기(1667) —

- [태정관 지령]
  - 울릉도를 관할로 할 것인가에 대해 시마네현으로부터 별지와 같이 질의가 있어서 조사해 본 결과, 울릉도는 1692년 조선인이 입도한 이후 별지 서류에서 요약 정리한 바, 1696년 정월 제1호 막부의 평의, 제2호 역관에의 통보서, 제3호 조선에서 온 서한, 제4호 이에 대한 우리나라(일본)의 답서 및 보고서 등과 같이 우리나라(일본)와 관계없는 곳이라고 들었습니다.
    — 일본 내무성이 태정관에 올린 품의서(1877) —
  - 품의한 취지의 죽도(울릉도) 외 일도(독도)의 건에 대해 일본은 관계가 없다는 것을 명심할 것
    — 태정관 지령(1877) —

- 울릉 군수 심흥택 씨가 내부에 보고하되, 일본 관원 일행이 우리 군에 와서, 우리 군에 있는 독도를 일본의 속지라 칭하고 땅의 크기와 호구의 수를 기록해 갔다고 했는데, 내부에서 지령하기를 …… 독도를 일본 속지라 칭한 것은 그럴 이치가 전혀 없는 것이니 지금 보고받은 바가 매우 놀랄 일이라고 하였다. – "대한매일신보", 1906. 5. 1. –
- [의정부 참정대신에게 올린 보고서와 답변]
  - 울도 군수 심흥택의 보고서는 다음과 같습니다. "본군 소속 독도가 바깥 바다 100여 리 밖에 있는데, 본월(3월) 초 4일 배 한 척이 군내 도동포에 정박하여 일본 관인 일행이 관사에 와서 '독도가 지금 일본 영토가 되었으므로 시찰차 왔다.'라고 말하온 바 …… 이에 보고하오니 살펴 헤아리시기를 엎드려 바라옵니다."
    – 강원도 관찰사 서리 춘천 군수 이명래, 『각관찰도안』(1906. 4.) –
  - 독도의 일본 영토설은 전혀 사실 무근이니, 그 섬의 형편과 일본인이 어떻게 행동하는지를 다시 조사해서 보고하라. – 참정대신 박제순의 지령, 『각관찰도안』(1906. 5.) –
- 독도는 우리 땅입니다. 그냥 우리 땅이 아니라 40년 통한의 역사가 뚜렷하게 새겨져 있는 역사의 땅입니다. 독도는 일본의 한반도 침탈 과정에서 가장 먼저 병탄되었던 우리 땅입니다. 일본이 러일 전쟁 중에 전쟁 수행을 목적으로 편입하고 점령했던 땅입니다. 러일 전쟁은 제국주의 일본이 한국에 대한 지배권을 확보하기 위해 일으킨 한반도 침략 전쟁입니다. …… 지금 일본이 독도에 대한 권리를 주장하는 것은 제국주의 침략 전쟁에 의한 점령지 권리, 나아가서는 과거 식민지 영토권을 주장하는 것입니다. …… 우리는 결코 이를 용납할 수 없습니다.
  – 「한일 관계에 대한 대통령 특별 담화문」, 2006. 4. 25. –

(2) 대한제국 칙령 제41호(1900)

제1조 울릉도를 울도로 개칭하여 강원도에 부속하고 도감을 군수로 개정하여 관제 중에 편입하고 군등은 5등으로 할 것

제2조 군청 위치는 태하동으로 정하고 구역은 울릉 전도(全島), 죽도(竹島), 석도(石島)를 관할할 것

(3) 간도

- 내부대신 임시 대리 의정부 잠정 김규홍이 제의하였다. "북간도는 우리나라와 청 사이에 끼인 지역입니다. 지금까지 수백 년 동안 그대로 비어 있었습니다. 수십 년 전부터 북쪽 변경의 고을 백성들이 이주하여 농사를 지어 먹고 살고 있는 사람이 이제 수만 호에 수십만 명이나 됩니다. …… 간도 백성들이 바라는 대로 시찰관 이범윤을 그대로 관리로 임명하여 간도에 머물며 사무를 맡아보게 하십시오. ……" 고종이 승인하였다. – 『고종실록』 –
- [간도 파출소 운영] 짐(순종)이 간도에 파견한 직원에 관한 건을 재가하여 이에 반포하게 하노라. 내부대신은 수시로 소속된 직원을 간도에 파견할 수 있다. 당해 직원의 복무는 통감부 임시 간도 파출소장의 지휘에 따르며 그에 대한 징계는 그 소장의 보고문에 의해서 실행한다. – 『승정원일기』 –
- [문학 작품으로 본 간도] '사이섬'이란 이곳, 종성부(鍾城府) 중에서 동쪽으로 십 리쯤 떨어진 이 동네 앞을 흐르는 두만강 흐름 속에 있는 섬이었다. …… '사이섬 농사'란 여기 가서 농사를 짓는다는 말이었다. 그러나 그것은 겉에 내세우는 표방에 지나지 않았다. 불모(不毛)의 섬에서 어떻게 곡식이 나랴? 그러므로 사이섬에 가서 농사를 짓는다는 건 핑계에 지나지 않는 것이었고, 사실은 청국 땅에 건너가는 것이었다. …… 더욱이 중흥기의 강희, 건륭 두 임금은 이 지방을 청조(淸朝) 발상의 성지라고 하여 통치하에 있는 타민족 외에는 이민을 허가하지 않았다. 제 백성을 그랬거든 다른 민족에 있어서랴. 우리나라와 청국 사이에는 서로 이민을 철거케 하는 비공식 협정이 맺어진 모양이었다. 조정에서는 어느 결에 두만강의 월강을 금지했고, 이를 범하는 자에게는 월강죄(越江罪)의 극형으로 임했다. 이러고 보니, 조·청 양국 민족이 이 지역에는 얼씬도 할 수 없었다. 가위 무인지경이었다. …… 아득한 옛날, 만주는 우리 민족의 발상지였고, 천여 년 전의 고구려와 그 뒤를 잇는 발해 때에는 우리 판도의 중심지였다. 지금은 청국의 영토로 되어 있으나 사실은 우리나라 땅이라고 할아버지는 말하였다. 그 증거로 할아버지는 1백 50여 년 전에 세운 정계비를 보면 알 일이라고 말했다. 마을 아이들의 훈장 노릇도 한 일이 있는 할아버지는 한복이를 무릎에 앉혀 놓고 비분강개한 어조로 말하곤 했다. "그 빗돌에는 강 건너가 우리 땅이라고 똑똑히 새겨 있다." – 안수길, 『북간도』 –

(4) 간도 협약

제1조 일・청 양국 정부는 도문강(圖們江, 두만강)을 청국과 한국의 국경으로 하고 강 원천지에 있는 정계비를 기점으로 하여 석을수(石乙水, 두만강 지류)를 두 나라의 경계로 함을 밝힌다.

제3조 청 정부는 이전과 같이 도문강 이북의 개간지에 한국 국민이 거주하는 것을 승인한다. 그 지역의 경계는 별도로 이를 표시한다.

제5조 도문강 이북의 잡거 구역 안에 있는 한국 국민 소유 토지와 가옥은 청국 정부로부터 청국 국민들의 재산과 똑같이 완전히 보호하여야 한다.

제6조 청 정부는 앞으로 길장(지린~창춘) 철도를 연길 이남으로 연장하여 한국의 회령에서 한국의 철도와 연결할 수 있다.

― 『순종실록』, 1909. 9. ―

★ 시마네현 고시의 불법성

북위 37도 9분 30초, 동경 131도 55분, 오키시마에서 서북으로 85해리 거리에 있는 섬을 '다케시마'라고 칭하고 지금 이후부터는 본 현 소속의 오키 도사의 소관으로 정한다.

― 시마네현 고시(1905) ―

㉠ 현청 게시판에 고시한 증거를 찾을 수 없다.

㉡ 당시 시마네현에서 발간된 '시마네현령'이나 '시마네현 훈령', 어디에도 수록되어 있지 않다.

㉢ 영토와 관련된 문제를 일개 현의 고시로 처리할 수 없다.

주제5 개항 이후 경제적 변화

1 열강의 경제 침략과 경제적 변화

(1) 개항 초기의 무역 상황
　① 일본 상인의 특권 : 강화도 조약과 부속 조약을 통해 각종 특권(영사 재판권, 일본 화폐 사용 등)이 일본 상인에게 부여
　② 일본 상인의 활동 범위 제한 : 개항장 10리 이내 → 일본 상인은 객주, 여각, 보부상 등 조선 상인의 중개로 무역(거류지 무역)

(2) 일본과 청의 무역 경쟁
　① 배경 : 임오군란 이후 청의 영향력 강화
　② 조청 상민 수륙 무역 장정 체결(1882) : 청 상인의 특권 보장(양화진과 한성에 상점 개설 허용, 영사 재판권 인정, 내지 통상 허용 등) → 청 상인의 본격 진출
　③ 조일 통상 장정 체결(1883) : 일본 상품에 관세 부과, 일본에 대한 최혜국 대우 규정
　④ 결과 : 청·일 상인 간 상권 경쟁 심화, 조선 상인에게 타격

(3) 열강의 이권 침탈
　① 상황 : 열강이 아관 파천 전후로 최혜국 대우 규정을 빌미로 자원·산업 부문의 이권 침탈

국가	이권 침탈
일본	경인선 부설권(1898), 경부선 부설권(1898), 경의선 부설권(1904), 경원선 부설권(1904), 해저 전신 가설권(1883), 직산 금광 채굴권(1900)
러시아	두만강·압록강·울릉도 삼림 채벌권(1896), 경성 광산 채굴권(1896), 용암포 점령(1903~1904), 마산만 조차(1900)
미국	운산 금광 채굴권(1896), 전등·전화·전차 부설권(1896), 경인선 부설권(1896 → 일본, 1898)
영국	은산 광산 채굴권(1900), 거문도 점령(1885~1887)
프랑스	경의선 부설권(1896 → 일본, 1904)
독일	당현 금광 채굴권(1897)
청	한성-의주 전신 가설권(1885)

　② 일본의 금융·재정 장악
　　　㉠ 차관 제공 : 개혁과 시설 개선 등의 명목으로 차관 제공 → 대한 제국 재정이 일본에 예속
　　　㉡ 화폐 정리 사업
　　　　　ⓐ 주도 : 일본인 재정 고문 메가타
　　　　　ⓑ 내용 : 백동화 등 구화폐를 일본 제일 은행권으로 교환
　　　　　ⓒ 영향 : 한국인이 설립한 은행과 한국인 상공업자에게 큰 타격
　③ 일본의 토지 약탈 : 철도 부지와 군용지 확보를 구실로 대규모 토지 차지

PLUS 더 알아보기

- **백동화** : 급증하는 재정을 감당하기 위해 전환국에서 주조한 화폐로, 액면가 2전 5푼으로 상평통보 1문전 25개에 해당하였다. 1892년부터 1904년까지 발행한 백동화는 발행 총액의 약 88%를 차지하였다. 여기에 다량의 위조 화폐가 유통되면서 백동화의 실제 화폐 가치가 명목 가치에 크게 미달하여 인플레이션을 유발하였다.
- **백동화 교환액** : 백동화는 화폐 정리 사업의 준비 단계로 1904년 11월 전환국이 폐지되면서 주조가 중단되었다. 1905년 유통액은 2,300만원이었고, 1909년 말 신화폐 교환액은 1,921만원으로 약 400만원은 교환되지 못하고 사장되었는데, 대부분은 한국인 소유였다.
- **한성 내 청상·일상** : 조청 상민 수륙 무역 장정 이후 청 상인의 거류지는 지금의 을지로 일대, 일본 상인의 거류지는 지금의 충무로 일대에 해당하는 지역에 형성되었다. 이는 시전 상인의 상권을 위협하였다.

사료 더하기

(1) 조청 상민 수륙 무역 장정(1882)

- 제2조 중국 상인이 조선 항구에서 개별적으로 소송을 제기할 일이 있을 경우 중국 상무위원에게 넘겨 심의·판결한다.
  제4조 조선 상인이 베이징에서 규정에 따라 교역하고, 청 상인이 조선의 양화진과 한성에 영업소를 개설한 경우를 제외하고, 각종 화물을 내지로 운반하여 파는 것을 허가하지 않는다. — 『고종실록』 —

- 청국 상인의 내륙 상업 활동은 이번에 순회한 곳에서는 실로 놀랄 만큼 많아졌다. 상업지라고 할 수 있는 곳에서는 반드시 청국 상인이 거주하면서 상업을 운영하고 있었고, 아무리 궁벽한 곳에 있는 촌락일지라도 장날에는 청국 상인들이 찾아온다고 한다. 공주·강경·예산 등의 시장에는 20~30인이 찾아왔다. 그중 다수는 장날을 따라 돌아다니는 자들이지만 공주·강경·예산 등에는 괜찮은 상인들이 들어와 상당히 큰 거래를 한다고 한다. …… 종래 안성시에는 수원 상인이 인천에서 구입한 외국 상품을 판매하였다. 이들 상인이 백 명이나 있었지만 요새는 많은 청 상인이 장날에 오기 때문에 상권을 점차 탈취당해 폐업하는 자가 많다. — 일본 외무성, "통상휘찬" —

- 청과 일본에서의 수입액 비율

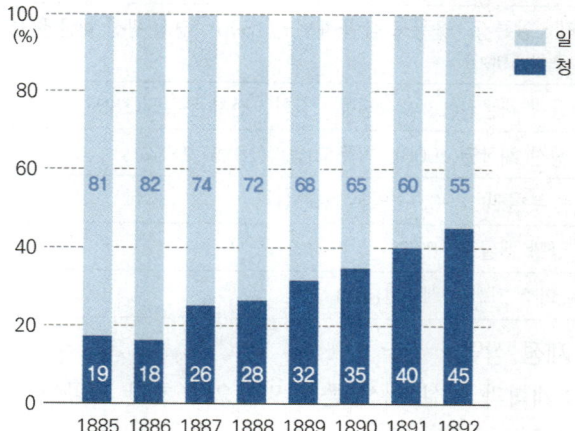

— 하원호, "한국 근대 경제사 연구" —

(2) 화폐 정리 사업

- [구 백동화 교환에 관한 건]
  제1조 구 백동화 교환에 관한 사무를 금고로 처리하도록 하며 탁지부 대신이 이를 감독한다.

제2조 교환을 위하여 제공한 구 백동화를 모두 화폐 감정인이 감정하도록 한다. 화폐 감정인은 탁지부 대신이 임명한다.

제3조 백동화의 품질, 무게, 인상(印象), 모양이 정화(正貨)로 인정받을 만한 것(갑종)을 1개당 2전 5리의 가격으로 새 화폐로 교환해 준다. 이 기준에 합당하지 않은 부정 백동화(을종)는 1개당 1전의 가격으로 정부에서 매수한다. …… 단, 형태나 품질이 조악한 백동화(병종)는 매수하지 않는다.

— 「탁지부령 제1호」, 1905. 6. —

- [기한을 정하여 구화폐를 교환하는 것에 대한 의견]

  제2조 구화 은 10냥은 신화 금 1환에 맞먹는 비율로 정부의 편의에 따라 점차로 교환하거나 환수한다.

  제4조 구 백동화의 교환을 끝내는 기한은 만 1년 이상으로 탁지부 대신이 편의에 따라 정한다.

  제5조 구 백동화의 교환 기간이 끝난 후에는 그 통용을 금지한다. 단, 통용을 금지한 후 6개월 동안은 공납(公納)에는 쓸 수 있게 한다.

  — "고종실록" —

- [상업 회의소 청원서] 무릇 어느 나라를 막론하고 문명으로서 자임(自任)하는 각국의 화폐 역사를 참조하건대 혹 악화(惡貨)를 함부로 발행한 일이 없지 않다. 그러나 그 정리 방법은 악화로부터 발생한 손해는 매번 국가에서 부담하고 재정상에 점차 정리하는 방법을 강구하여 인민에게 해를 끼치지 않는 길을 구함이 한두 사례에 그치지 않는다. 직접적으로 인민에게만 손해를 끼치고 국가는 상관없다 함은 보지 못하였을 뿐 아니라, 인민의 권리 이익을 존중함은 문명의 제1 핵심이라.

  — 『황성신문』, 1905. 11. 20. —

(3) 조일 수호 조규 부록(1876) 등

- [조일 수호 조규 부록(1876)]

  4. 이후 부산 항구에서 일본국 인민이 통행할 수 있는 도로의 이정은 부두로부터 기산하여 동서남북 각 직경 10리로 한다.

  7. 일본국 인민은 본국에서 통용되는 여러 화폐로 조선국 인민이 보유하고 있는 물자와 교환할 수 있다. 조선이 지정한 여러 항구에서 일본 화폐를 통용할 수 있다.

- [조일 무역 규칙(1876)]

  돛대가 여럿인 상선 및 증기 상선의 세금은 5원이다. …… 일본국 정부에 속한 모든 선박은 항세를 납부하지 않는다.

  — 『고종실록』 —

- [조일 수호 조규 속약(1882)]

  제1관 부산, 원산, 인천의 각 항구의 통행 이정(里程)을 이제부터 사방 각 50리로 넓히고, 2년이 지난 뒤 다시 각각 100리로 한다.

  — 『고종실록』 —

- [조일 통상 장정(1883)]

  9. 입항하거나 출항하는 각 화물이 해관을 통과할 때는 응당 본 조약에 첨부된 세칙에 따라 관세를 납부해야 한다.

  37. 조선국에서 가뭄과 홍수, 전쟁 등의 일로 국내에 양식이 부족할 것을 우려하여 일시 쌀 수출을 금지하려고 할 때에는 1개월 전에 지방관이 일본 영사관에게 통지하여 미리 그 기간을 항구에 있는 일본 상인들에게 전달하여 일률적으로 준수하는 데 편리하게 한다.

  42. 현재나 앞으로 조선 정부에서 어떠한 권리와 특전 및 혜택과 우대를 다른 나라 관리와 백성에게 베풀 때에는 일본국 관리와 백성도 마찬가지로 일체 그 혜택을 받는다.

(4) 외국 상인의 경제적 침투

- 청·일 양국 상인 모두 점점 많아지고 상업은 더욱 광범위해졌다. 청·일의 상인들은 큰 거리의 요지에 노점을 개설하는 자가 날로 늘어났다. 그 영향은 잡화 상점에까지 파급되어 도성 내 모든 조선 상인이 불평불만을 일으키는 지경에 이르렀다.

  — 『일본 외교 문서』 30, 1890 —

- [청 상인의 내륙 진출] 어떠한 벽촌이든지 장날에 청 상인이 오지 않는 곳이 없다고 한다. …… 지금까지 안성 시장에는 수원 상인이 많았다. …… 요즘 들어 안성 시장에 청 상인이 늘어나 점차 상권을 빼앗겨 폐업하는 자가 많아졌다. …… 공주·강경에서는 모두 자기 집을 갖고 장사를 하고 있다. 전라도 전주에는 청 상인이 30명 정도 들어왔다.
  - 일본의 무역 상황 보고서, 『통상휘찬』(1893) -
- [일본 상인의 횡포] 일본인의 해악이 곳곳에 넘쳐나고 있으며, 나라를 위험하게 할 외적이 서울에 가득 차 있으니, 이들은 모두 우리가 물리치고자 하는 것입니다. 심지어 일본 상인이 각 항구에 들어와 무역의 이익을 독차지하고, 곡식을 모조리 가져가 버리고 있으니 백성은 생활을 지탱하기 어렵습니다.
  - 동학교도들이 공주 집회에서 충청 감사에게 보낸 글(1892), 『동학서』 -

(5) 철도 건설과 민중의 저항

- 부산에서 의주 간의 철도는 동아시아 대륙으로 통하는 큰길로서, 장래 중국을 횡단하여 곧바로 인도에 도달하는 도로가 될 것은 조금도 의심할 여지가 없을 뿐만 아니라, 우리나라(일본)가 패권을 동양에 떨치고 오랫동안 열강 사이에서 일본의 위세를 드러내기를 바란다면, 이 길을 인도에 통하는 대도로 만들지 않으면 안 된다.
  - 야마가타 아리토모, '조선 정책 상주' -
- [경부 철도 합동(1898)]
  3. 철도 부지를 한국이 무상으로 제공할 것
  5. 철도 용품과 영업 이익에는 간섭하지 말 것
  12. 완공 후 15년간은 일본 측이 영업권을 가지고 한국이 매수할 수 없을 경우에는 10년씩 연장할 것
  15. 이 철도는 어떤 경우에도 제3국인에게 양도하지 말 것
- [군용 전선 및 군용 철도에 관한 군율(1904)]
  1. 군용 전선 및 철도에 위해를 가하는 자나, 그러한 사정을 알고 은닉하는 자는 사형에 처한다.
  2. 가해자를 체포한 자에게는 금 20원을, 가해자를 밀고하여 체포하게 한 자에게는 금 10원을 지급한다.
  3. 촌내에 가설한 군용 전선 및 철도의 보호는 그 촌민이 책임을 지되, 촌장을 우두머리로 하는 위원을 선출하여 매일 약간 명씩 교대로 이것들을 보호한다.
  4. 촌내의 군용 전선 및 철도가 절단되었음에도 불구하고 가해자를 체포하지 못한 경우에는 당일의 보호 위원을 태형 또는 구류에 처한다.
- 종점이 되는 곳이면 몰라도 중간 장시나 역참이 있는 마을에는 화물이 풍부하지 않고 탑승객이 많지 않은데 어찌 20만 평을 쓰는가? 이는 일본인의 식민 계략이니, …… 나라가 정거장 40여 곳을 나열하고 영호남 천리의 한복판을 관통하게 한다면 …… 멸망에 이름이 반드시 미국의 인디언과 같은 꼴이 될 것이다.
  - 『황성신문』, 1901. 10. 7. -
- 그놈이 쇠를 많이 먹어서 그런지 간간이 지르는 소리가 일단 쇳소리라 만일 우리나라 인민은 계속 어리석고, 그놈은 점차 왕성해지면 장차 전국의 쇳 조각이라고는 구경할 수 없을 것이다. 그놈이 왕래하는 곳마다 인민이 견딜 수가 없어 전토와 가옥을 부치지 못하고 청산에 묻힌 백골까지도 보전치 못할 것이다.
  - 『대한매일신보』, 1906. 3. 9. -
- 인부를 혹사하여 한시도 쉬는 일이 없고 하루의 공역에 반나절의 품삯도 지급하지 않으니 한국인이 어찌 기뻐하여 공역에 응할 것인가. …… 일본인들이 산을 억지로 팔게 하고, 한국인 인부로 하여금 억지로 나무를 베고 운반하게 하여 시장에서 전매하는 것을 일삼으니 어찌 일본인은 모리를 하고 한국인은 강제 노역을 감당해야 하는가.
  - 황성신문, 1906. 3. 27. -
- 지난 28일 수원 전신에 따르면 수원역 남쪽 3리쯤 되는 곳에서 한국인이 기차에 돌을 던져 유리창 1개가 파손되었다.
  - 대한매일신보, 1907. 8. 30. -
- 천안에 있는 경부 철도선에서 의병 100여 명이 갑자기 나와 정거장을 소각하였다. - 대한매일신보, 1907. 9. 4. -

- 저 농부가 삽을 메고 이 판국을 원망한다. / 군용 철도 부역하니 땅 바치고 종 되었네. / 일 년 농사 실업하고 유리걸 걸(流離丐乞) 눈물이라. ─『대한매일신보』, 1908. 2. 7. ─
- 문학 작품 속 철도 인식
  - [아리랑 타령] 아리랑 고개에 정거장 짓고 전기차 오기를 기다린다. / 문전의 옥토는 어찌 되고 쪽박 신세가 웬 말인가. / 밭은 헐려서 신작로 되고 집은 헐려서 정거장 되네. ─ 아리랑 타령 ─
  - [경부 철도가] 우렁차게 토하는 기적 소리에 / 남대문을 등지고 떠나 나가서 / 빨리 부는 바람의 형세 같으니 / 날개 가진 새라도 못따르겠네. / 늙은이와 젊은이 섞여 앉았고 / 우리 내외 외국인 같이 탔으나 / 내외 친소 다같이 익혀 지내니 / 조그마한 딴 세상 절로 이루었네. ─ 최남선, 「경부 철도가」─

★ 조선의 수출입 품목과 수출입 총액

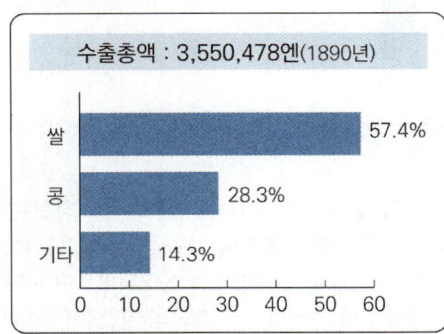
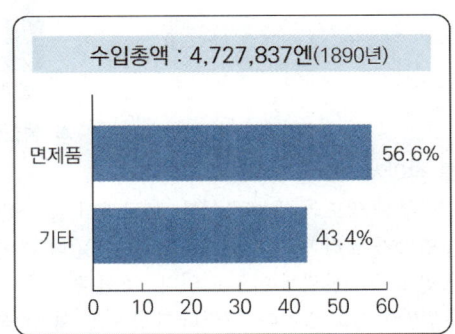

★ 동양 척식 주식회사

일제는 1908년 3월 일본에서 제정된 '동양 척식 주식회사법'을 순종 황제의 재가를 얻어 일본과 대한 제국에서 동시에 공포하였다. 이 법률에 의거하여 동양 척식 주식회사가 설립되었다. 회사의 설립 목적은 "식산흥업의 길을 열고 부원(富源)을 개척하여 민력의 함양을 기도해 한국민으로 하여금 문명의 혜택을 입게 한다."라는 것이었으나, 실제로는 한국 농민 수탈에 앞장섰다. 이 회사는 설립과 더불어 대한 제국 정부 출자분으로 논·밭·잡종지 등 대규모 토지를 인수받았고, 1910년 무렵에는 한국 내에서 토지를 매입하였다. 이렇게 확보한 토지는 약 450km²에 달하였다. 동양 척식 주식회사 소유의 토지는 한국으로 이주한 일본인 농민들에게 싼값에 팔아넘겼다.

★ 두모진 수세 사건

조·일 무역 규칙 체결 후, 일본은 조선 대표와의 추가 회의에서 화물의 출입에도 수년간 면세를 허용하기로 합의하였다. 이후 조선은 1878년 부산 두모진에서, 일본과 무역을 하는 조선 상인을 상대로 관세를 징수하였다. 징세가 시작되자, 무역 거래 물품 가격이 급등하였고, 이에 일본 상인들이 몰려와서 항의하였다. 조선 정부에서는 내국인에게 부과하는 세금이므로, 일본이 상관할 일이 아니라는 태도를 취하였다. 일본은 이를 강화도 조약에 대한 위반 행위로 보고 조선 정부에 항의서를 제출하고 무력시위를 벌였다. 결국 조선 정부는 이에 굴복하여 관세 징수를 중지하였다.

★ 운산 금광

1895년에 미국인 모스는 알렌의 주선으로 조선에서 운산 금광 채굴 특허를 얻었다. 고종은 25년간의 독점적 채굴권과 설비 및 자재의 무관세 통관, 법인세, 소득세 등을 면제해 주고, 운산 금광의 지분 25%를 넘겨받았다. 이후 미국인 헌트가 운산 금광 채굴권을 인수한 뒤 동양 합동 광업 주식회사를 차려 운산 금광을 개발하였다. 헌트는 고종이 소유한 지분을 사들이는 대신 매년 2만 5천 원을 상납하기로 하였으며, 계약 기간을 연장하였다. 동양 합동 광업 주식회사는 운산 금광에서 엄청난 수익을 거두었다. 하지만 계약에 따라 대한 제국은 상납액 외에는 수익이나 세금을 거둘 수 없었다. 1902년 당시 운산 금광의 총경비는 약 600,000원이었으며, 수출액은 1,255,700원인데 반해 대한제국에 상납하는 금액은 약 25,000원에 불과하였다. 1896년부터 1938년까지 약 900만 톤의 금을 생산하였으며, 총 순수익은 약 1,400만 달러 이상이었다.

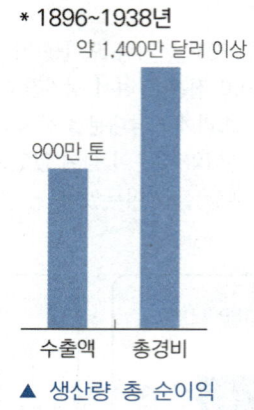

▲ 생산량 총 순이익

★ 절영도를 찾아서

절영도는 부산 영도의 옛 이름이다. 예로부터 말 사육장으로 유명하여 목도(牧島)라 부르기도 하였는데, 이곳에서 사육된 명마가 빨리 달려 그림자조차 볼 수 없다 하여 영도(絕影島)라고 불렸다. 1934년 영도 다리가 개통되면서 육지와 연결되어 현재에 이르고 있다. 조선 후기까지 영도는 목마장과 벌목장으로 운영되었으며 바닷가에 소수의 어촌 주민만이 살고 있었다. 그러나 개항 이후 제국주의 열강의 침략 속에서 일본 해군의 저탄장(貯炭場)으로 조차되기도 하였다. 아관 파천을 계기로 조선에 대한 영향력이 커진 러시아가 1897년 8월에 부산 절영도의 조차를 요구하였다. 이는 부동항을 얻기 위한 러시아의 전통적인 남하 정책의 일환이었던 동시에 일본의 대륙 침략 저지를 위한 거점을 확보하기 위해서였다. 이에 조선의 친러파 정부는 이를 승인하려고 하였으나 이 요구는 독립 협회를 비롯한 조선 민중의 강력한 저항에 부딪혀 철회되었고, 일본도 석탄고 기지를 반환하였다.

★ '인천 개항 누리길'을 가다

인천에는 강화도 조약으로 1883년 개항한 이후 외국인들이 살다 간 흔적이 남아 있다. 개항장을 중심으로 외국인들의 거류지(조계)가 만들어졌고, 한국 최초의 호텔인 대불 호텔, 독일 무역 회사 세창 양행, 외국인들의 사교 공간인 제물포 구락부 등의 근대 시설이 들어섰다. 또한 우리나라 최초의 철도인 경인선이 놓이면서 인천역이 세워졌다. 이 때 인천에 세워진 근대 시설 중 차이나타운, 청과 일본의 거류지 경계에 놓였던 계단, 일본이 한국 재정을 장악하는 데 협조하였던 일본 제1 은행, 일본 제18 은행 등이 현재까지 남아 있다. 인천광역시에서는 '인천 개항 누리길'을 만들어 인천의 근대 역사 건축물 등을 탐방할 수 있도록 하였다.

★ 한국 최초의 근대식 등대가 세워지다

한국 최초의 근대식 등대는 인천 팔미도에 세워졌다. 이곳에 등대가 세워진 것은 인천항이 개항되고, 일본을 비롯한 열강이 인천항을 원활하게 이용하기 위한 전진 기지로 삼으면서부터이다. 당시 인천항은 수심이 얕고 조수 간만의 차가 심할 뿐만 아니라 해안선도 복잡하여 입출항 자체가 쉽지 않았다. 일본은 이곳에 등대를 설치하고, 이 등대를 러・일 전쟁 수행에도 이용하였다. 팔미도 정상에 있는 이 등대는 인천항을 드나드는 외국 선박에게 나침반과 같은 역할을 하였다. 이 등대는 6・25 전쟁 당시 인천 상륙 작전에도 큰 역할을 하였다.

2 경제적 구국 운동

(1) 방곡령 사건
  ① 배경 : 일본 상인들에 의한 대량의 곡물 유출, 흉년 → 곡물 가격 폭등
  ② 경과 : 조일 통상 장정에 따라 함경도와 황해도 등지의 지방관이 방곡령 선포(1889, 1890) → 일본이 '1개월 전 통지' 규정 위반을 이유로 방곡령 철회 요구 → 방곡령을 철회, 배상금 지급

(2) 상업·금융 자본의 성장
  ① 배경 : 외국 자본의 내륙 진출
  ② 내용
    ㉠ 시전 상인의 상권 수호 운동 : 외국 상인 철수를 요구하는 시위와 철시 운동 전개, 황국 중앙 총상회 조직(1898)
    ㉡ 상회사 설립(대동 상회, 장통 상회 등), 은행 설립(조선은행, 대한 천일 은행 등)

(3) 이권 수호 운동
  ① 배경 : 아관 파천 이후 열강의 이권 침탈 심화
  ② 내용
    ㉠ 독립 협회 활동 : 러시아의 절영도 조차 요구 저지, 한러 은행 폐쇄, 프랑스·독일의 광산 채굴권 요구 저지
    ㉡ 보안회 활동 : 일제의 황무지 개간권 요구에 대한 반대 운동 전개(1904) → 성공

(4) 국채 보상 운동
  ① 배경 : 일본의 강요로 막대한 차관 도입 → 대한 제국 재정의 일본 예속
  ② 전개 : 대구에서 서상돈 등이 금연을 통한 국채 보상 운동 제창 → 서울에서 국채 보상 기성회 조직(1907) → 대한매일신보 등 언론 기관 및 애국 계몽 운동 단체의 호응 → 국채 보상을 위한 모금 운동이 전국으로 확산(금주, 금연, 가락지 모으기 등)
  ③ 결과 : 일제의 탄압과 방해로 실패

PLUS 더 알아보기

- **상회사** : 같은 업종의 상인들이 투자하여 설립한 합자 회사를 말한다. 1880년대에 다수의 상회사가 설립되어 외국 상인과 경쟁하였지만, 자본 규모가 적어 큰 성과를 거두지 못하였다.
- **회사 설립 현황(1895~1904)** : 대한 제국의 식산흥업 정책으로 회사 설립이 활발해져, 총 217개의 회사가 만들어졌다(상업 : 69개, 운수업 27개, 제조업 20개, 농림업 16개, 청부토건업 14개, 금융업 11개, 수산업 11개, 광업 9개, 기타 40개).
- **국채보상운동 기록물** : 2017년에 유네스코 세계 기록 유산에 등재되었다. 유네스코는 이 운동을 세계에서 가장 앞선 시기에 전 국민의 약 25%가 스스로 외채를 갚으려 했다는 점을 높게 평가하였다.

사료 더하기

(1) 국채 보상 운동

- [국채 1,300만 원 보상 취지서]
  지금 국채가 1,300만 원이 있으니, 이것은 우리나라가 존재하고 망하는 것에 관계되는 일입니다. 갚으면 나라가 보존되고, 갚지 못하면 나라가 망할 것은 형세상 틀림없는 일입니다. 그런데 현재 국고로 갚을 형편이 못 되니, 삼천리 강토는 장차 우리나라가 아니게 될 것입니다. …… 2천만 민중이 3개월 기한으로 담배를 피우지 말고, 그 대금으로 1인당 매달 20전씩 거둔다면 거의 1,300만 원이 되겠습니다. 그리고 다 차지 못하는 일이 있더라도 1원, 10원, 100원, 1,000원을 특별 출연하는 사람들도 있을 것입니다. …… 우리 2천만 동포 중에서 정말 털끝만큼의 애국 사상이라도 있는 자라면 반드시 두말을 하지 않을 것입니다. 저희들이 여기서 감히 발기하여 취지를 알리고 피눈물로 호소합니다.
  – 『대한매일신보』, 1907. 2. 21. –

- [국채 보상 기성회 취지문]
  지난날 우리 정부가 진보에 급급하여 들여온 국채가 1,300만 원이라. 그 마음에 어찌 차관으로 돈을 불려서 국가의 대사업을 일으킬 생각이 없었으리오. 그러나 오늘에 우리 2천만 동포들이 가령 한 사람이 1원을 낸다면 2천만 원이요, 50전씩이면 1천만 원이니 백성들이 진 빚을 갚는 일이 어찌 불가능하리오.   – 『황성신문』, 1907. 2. 25. –

- 어떤 사람들은 말하기를, "그 돈을 내가 썼나, 남이 쓴 것이라도 한 푼이나 누가 구경하였나. 왜 우리더러 물라고 하는가. 무슨 돈을 1,300만 원씩이나 차관하여서 다 무엇에 썼나?" …… 그 사람들의 말이 그러할 듯하나, 조금 잘못 생각한 듯하오. …… 나라의 토지를 빼앗긴다든지 재산을 빼앗긴다든지 하면 우리가 어찌 생활할 수 있겠소? …… 이 일이 성공하고 보면 천하만국에 그만큼 빛 날 일이 없고 국권도 회복할 날이 있소.
  – 『대한매일신보』, 1907. 2. 28. –

- 부인 동포에게 고하노라.
  우리가 함께 여자 몸으로 규문 안에 있어 삼종지의에 간섭할 일 오랫동안 없었으나, 나라 위하는 마음과 백성된 도리에 어찌 남녀가 다르리오. 들자 하니 국채를 갚으려고 이천만 동포가 석 달간 담배를 아니 피우고 금전을 모은다 하니, 족히 사람으로 감동케 할 일이오. …… 그러나 부인은 논하지 말라니 여자는 백성이 아니란 말인가. 여자인 까닭에 이 몸에 값진 것이 다만 패물뿐이다. 하지만 큰 산이 흙덩이를 사양치 아니하고 큰 바다가 가는 물을 가리지 아니하기로, 적음으로 큰 것을 도우리오.   – 『대한매일신보』, 1907. 3. 8. –

- [국채를 갚으려는 계몽 운동 단체] 지금 한성에는 국채 보상 기성회라는 것을 발기하는 자가 있다. 그 뒤에는 청년회, 기독교 청년회, 대한 자강회 등의 단체가 있고, 궁중에서도 암암리에 동정을 보내는 것 같다. 대한매일신보도 이를 고취하고 있어 의연금을 내는 자가 많다. 그 목적은 한국 정부가 부담하고 있는 일본의 국채 1,300만 원을 보상하는 데 있다고 표방하나, 국권 회복을 의미하는 배일 운동임은 말할 나위도 없다.
  – 『주한 일본 공사관 기록』, 1907 –

(2) 이권 수호 운동

- [독립 협회의 한·러 은행 설립 반대] 서울에 한·러 은행을 세우고 탁지부에서 조선은행과 한성은행 두 곳에 맡겨 두었던 은화와 탁지부가 갖고 있던 은을 한·러 은행에 옮겨 두었다 하니 …… 이 말이 맞으면 이는 온 나라의 재물 권리를 다른 나라 사람에게 사양하여 주는 것이요.   – 『독립신문』, 1898. 3. 8. –

- 광산과 철로를 타국 사람에게 몇 해씩 작정하고 합동하여 주었다니 듣기에 놀라우나 다시 생각하면 그 일로 나라가 망할 것은 없으니, …… 충군애국하는 여러 군자들은 철도·광산 까닭에 세월을 보내지 말고 정치가 일신하여 백성들이 내 나라를 사랑할 마음이 나도록 주선을 하시기를 바라노라.   – 『독립신문』, 1898. 9. 15. –

- [독립 협회의 이권 수호 운동] 러시아 공사 스페이에르가 부산 절영도를 조차하여 석탄 창고를 짓고자 하였다. 2월 27일 독립 협회 회원들이 독립관에서 회의를 열었다. 서기 정교가 말하였다. "…… 지금 황제 폐하께서는 자주독립의 권리를 세워 만국과 더불어 나란히 서게 되었거늘, 그 신하된 자들이 만약 한 치 한 자의 땅이라도 다른 나라 사람에게 내어 준다면 이는 황제 폐하에게 반역하는 신하요, 대대의 임금에게는 죄인이며, 우리 대한 이천만 동포 형제에게는 원수가 됩니다."
                                                                      – 정교, 『대한계년사』 –
- [활빈당]
  8. 금광의 채굴을 엄금할 것. 수십 년 동안 이어져 온 전답 만석지기가 금광용지로 편입되어 영원히 쓸모없는 땅이 되어 백성의 피해가 천만금이 되었다. …… 채굴을 금지하여 백성의 편안함을 도모할 것
  13. 우리나라 내의 철도 부설권을 타국에 양여하였다고 하는데, 사천여 년 전해 온 우리 땅이 타국에 허락된다면, 만약 각국이 우리 영토를 강제로 달라고 할 때에는 이를 거절할 수가 있겠는가? …… 철도 부설권을 양여하지 말 것
                                                                 – 활빈당, '대한 사민 논설' –
- 소위 군용지는 상업상 중요한 지점인데, 표시한 곳 안에 있는 한국인 가옥과 민유(民有) 토지를 점탈하여 일본 상민의 조차지를 만드니 무리한 일이오. 임시 군용 철도라 하고 각처 정거장 기지를 무한히 광점하니 역시 무리한 일이오.
                                                          – 『대한매일신보』, 1906. 4. 29. –

(3) 상권 수호 운동

- 한성의 외국 장사를 항구로 내쫓을 것, 나라의 외국 군사를 물러가게 할 것, 외국 상인의 내륙 행상을 금지할 것, 외국 화폐의 유통을 금지할 것, 곡물의 수출을 금지할 것, 한성에 외국인 거류지를 획정하고 거류세를 징수할 것
                                                                     – 『독립신문』, 1898. 4. 14. –
- 우리가 혈심으로 본회를 창립하고 규칙을 내었으니 …… 이름은 황국 중앙 총상회라 하고 …… 전(점포)의 지계를 정하되 동으로 철물교, 서로 송교, 남으로 작은 광교, 북으로 안헌까지는 외국 사람들이 장사하는 것은 허락하지 말고 그 지계 밖에 본국 각전은 본회에서 관할할 일이라.
                                                               – 『독립신문』, 1898. 9. 30. –
- [황국 중앙 총상회의 외국 상인 내륙 상행위 반대] 근일 외국인이 내지의 각부 각군 요지에 점포 가옥을 사서 장사하고 또 전답을 구매한다고 하니 이는 외국과 통상에도 없는 것이요, 외국인이 내지에 와서 점포를 열어 장사하고 전답을 사들이면 대한 인민의 상권이 외국인에게 모두 돌아가고 …… 우리나라 각부 각군 지방에 잡거하는 외국 상인을 모두 철거하게 하고 가옥과 전답 구매를 모두 엄금하여 대한 인민의 상업을 흥왕케 하여 달라.
                                                                    – 『독립신문』(1898) –
- 한성 시전 상인들이 그저께부터 상점 문을 닫고 독립 협회와 황국 중앙 총상회의 목적을 따라 군밤 장사하는 이들까지 모두 한마음이 되어 회중 소청에 가서 합동하였다. 이에 경무관이 순검을 많이 데리고 다니면서 상인들을 압제하여 억지로 상점을 열라고 하자, 상인 제씨가 "우리도 충애하는 마음으로 소청에 가서 합동하겠는지라, 지금은 이전과 달라 관인의 무례한 압제를 받지 않겠다."라고 하니 경무관도 어찌할 수 없는 것으로 알았다고 하더라.
                                                               – 독립신문, 1898. 10. 13. –

(4) 일제의 황무지 개간권 요구와 보안회

- 다수의 우리(일본) 농민이 한국 내지로 들어갈 수 있게 되면 우리의 과잉 인구를 위한 이식지를 획득하고, 부족한 식량 공급을 늘리게 되니 일거양득이다.
                                                               – '대한 시설 강령' –
- [황무지 개간권 요구]
  1. 한국 궁내부는 전국 13도의 관유·민유 외에 산림·천택·진황지(陳荒地)의 개간을 일본인 나가모리에게 허가할 것
  2. 나가모리는 그 특허에 기인하야 자기가 계산하여 전조의 황무지를 개척하되, 개간일로부터 만 5개년 후부터 궁내부에 세금을 납부할 것
  3. 합동 기한은 50개년으로 정하되, 사후에 다시 약정할 것
                                                               – "황성신문", 1904. 6. 23. –

- [보안회 운영 요강]
    1. 전국의 산림·천택·원야·진황의 토지를 청구한 일을 모여서 같이 의논할 것
    1. 회원의 발언권은 다만 위 항의 문제를 타정하는 것으로만 할 것
    1. 회를 폐하는 기한은 위 항의 문제가 귀결되는 그날로 정할 것
    − "황성신문", 1904. 7. 16. −

(5) 회사 설립
- [회사설(會社說)] 요즘 서양 제국에서는 모두 회사를 설립하여 상인들을 불러 모으고 있는데, 이는 실로 부강의 기초라 하겠다. …… 그러나 동방의 상인들은 지금까지 4,000여 년을 지내 오는 동안, 단지 한 사람 단독으로 무역하고 바꿀 줄만 알았지, 여러 사람이 모여 함께 경영할 줄은 몰랐기 때문에 상업이 성하지 못하고, 나라 형세가 떨치지 못한 지가 오래였다. 저 서양은 그렇지 않아서 한 사람 혼자 힘으로 무역할 수 없으면 반드시 10명이 함께 하고, 10명의 힘으로도 되지 않으면 반드시 100명, 1,000명이 함께한다. 그래서 크고 작은 일이 성사되지 않음이 없다. …… 무릇 회사란 여러 사람이 자본을 합하여 여러 명의 농공(農工), 상고(商賈)의 사무를 잘 아는 사람에게 맡겨 운영하는 것이다. …… 또 정부에서 그 사업을 장려하여 날로 발전하게 한 회사도 있다. 그러므로 각국 정부가 어떤 회사를 국가에 이로운 것으로 판단하면 장려하는 방법은 매우 많다. − 『한성순보』, 1883. 11. 20. −
- [회사 설립] 평안도 사람들이 상회를 설립하여 대동 상회라 하였고, 외아문이 관장·보호하고 있다. 또한 한성의 중촌인(中村人)이 상회를 장통방(長通坊) 준천사에 설립하여 장통 상회라 하였고, 내아문이 관장·보호하고 있다.
− 『음청사』 −

(6) 방곡령
금년 새 곡물이 여무는 형편이 기후 때문에 약간 늦게 되면 지방에서는 남아 있는 쌀도 부족할 정도로 형편이 어려워지고, 지방이 이미 이와 같으면 수도인 한성에도 쌀의 수송이 없기 때문에 역시 쌀이 부족해진다. …… 조선 정부의 대신들은 한성의 쌀값이 근래에 폭등한 것을 예사롭지 않게 생각하고 두려워하여 방곡령을 발령하였다고 한다.
− 일본 측 보도(조야신문, 1893. 11. 3.) −

★ 일본이 대한 제국에 강요한 차관(탁지부, 『한국 재정 시설 강요』, 1910)

차입 시기	차입 명목	차입 원금(원)
1905. 01.	화폐 정리	3,000,000
1905. 06.	국고 증권(대한 제국 부채 정리 및 재정 융통)	2,000,000
1905. 12.	금융 자금(화폐 정리 사업 추진 비용)	1,500,000
1906. 03.	제1 기업 자금('시정 개선' 및 기업 자금)	5,000,000

주제6　개항 이후 사회·문화적 변화

1 근대 문물의 수용과 생활의 변화

(1) 근대 시설의 도입

교통·통신	전신(국내 및 청, 일본과 연결), 우편(우정총국), 전차(서대문-청량리 구간), 철도(경인선, 경부선, 경의선) 등 도입
전기	경복궁에 전등 설치, 한성 전기 회사 설립
의료 시설	광혜원(제중원), 대한 의원 등 설립
건축	독립문, 명동 성당, 덕수궁 석조전 등 건립
의의와 한계	• 일상생활의 편리, 시간 개념 등 근대 의식의 확산 • 외세 침략에 이용

(2) 근대 교육의 전개

1880년대	원산 학사(최초의 근대적 학교), 동문학(외국어 강습소), 육영 공원(근대적 관립 학교), 배재·이화 학당 등 개신교 선교사들이 설립한 사립 학교가 근대 학문 교육
1890년대	교육입국 조서 반포(1895), 한성 사범 학교·소학교·외국어 학교 등 각종 관립 학교 설립
1900년대 이후	• 광무개혁으로 각종 기술 교육 기관 설립 • 애국 계몽 운동으로 오산 학교·대성 학교 등 수많은 학교와 각종 학회가 설립되어 민족 교육 강조 → 일제가 사립 학교령을 통해 탄압

(3) 신문 발행

종류	한성순보(정부가 발행한 최초의 근대적 신문, 박문국 발행), 독립신문(한글판·영문판), 제국신문, 황성신문, 대한매일신보(양기탁, 베델 등이 운영)
역할	민중 계몽과 민족의식 고취 노력
탄압	일제가 신문지법(1907)을 통해 언론 활동 탄압

PLUS 더 알아보기

- **대한 의원** : 일반 병원 업무를 담당하는 치료부, 의료 요원 양성을 담당하는 교육부, 질병의 예방과 조사를 담당하는 조사부를 두었다.
- **한성 사범 학교** : 1895년 정부가 소학교를 널리 보급할 목적으로 세운 최초의 관립 교원 양성 학교이다. 본과(100명, 2년 과정)와 속성과(60명, 6개월 과정)로 나뉘었으며, 1년을 2학기로 나누었고, 교사 두 사람이 한국사와 세계사, 초보 수학과 지리, 한문과 국어, 작문 등을 가르쳤다.
- **국민 소학 독본(1895)** : 우리나라 최초의 관찬 국어·수신 교과서이다.
- **유년필독(1907)** : 현채가 서술한 유년용 교과서로, 일제가 사용을 금지하였다.
- **신정심상소학(1896)** : 1896년 학부 편집국에서 편찬한 초등학교용 국어 교과서이다.
- **서전서숙** : 한성 사범 학교 교관을 지낸 이상설이 만주로 망명한 후 근대 민족 교육을 위해 세운 학교이다.
- **제중원** : 고종은 광혜원이라는 이름을 내렸으나 개원할 때는 제중원으로 바꾸었다. 하지만 이후 미국 선교부로 경영권이 넘어갔고 이름도 세브란스 병원으로 바뀌었다(1904).

사료 더하기

(1) 근대 신문

- [한성순보 창간사] 우리 조정에서도 박문국을 설치하고 관리를 두어 외국의 신문을 폭넓게 번역하고 아울러 국내의 일까지 기재하여 나라 안에 알리는 동시에 다른 나라에까지 공포하기로 하고, 이름을 순보(旬報)라 하여 견문을 넓히고, 여러 가지 의문점을 풀어 주고, 상업에도 도움을 주고자 하였다. —『한성순보』, 1883. 10. 31. —
- [독립신문] 한글과 한문을 비교했을 때 한글이 한문보다 무엇이 낫냐 하면, 첫째는 배우기 쉬우니 좋은 글이요, 둘째는 이 글이 조선 글이니 조선 국민들이 알아서 온갖 일을 한문 대신 한글로 써 전 국민이 모두 보고 알아보기가 쉽다는 것이요, …… 남녀노소 상하귀천 간에 우리 신문을 하루걸러 몇 달간 보면 새 지각과 새 학문이 생길 것을 미리 아노라. —『독립신문』(1896. 4. 7.) —
- [이토 히로부미의 발언] 한국 내 신문이 가진 권력이란 비상한 것이다. 나의 백 마디 말보다 신문의 기사 한 줄이 한국인을 훨씬 감동시키는데, 이에 더해 지금 한국에서 외국인이 발간하는 대한매일신보는 확증이 있는 일본의 제반 악정(惡政)을 반대하여 한국인을 선동함이 그칠 날이 없으니, 이에 관하여는 통감이 책임을 질 수밖에 없다. —『대한매일신보』, 1907. 2. 12. —
- 신문으로서 붓을 듦에 보호의 한 구절을 노래하고 춤을 추며, 노예 두 글자를 단꿀로 알아서 5조약(을사늑약)을 제1 경사의 개념으로 알고, 7조약(한·일 신협약)을 제2 경사의 개념으로 알며, (동양) 척식 회사를 설립하는 데 기꺼워하는 잔을 들고, 사법권을 내어 주는 데 하례하는 노래를 불러서 개와 돼지의 낯을 하고 사람의 말을 하니 이는 신문으로서 나라를 파는 자이오. —『대한매일신보』, 1909. 7. 31. —

(2) 근대 교육

- 짐이 정부에 명하여 학교를 널리 세우고 인재를 양성하는 것은 너희들 신하와 백성의 학식으로 나라를 중흥하는 큰 공로를 이룩하기 위해서이다. 너희들 신하와 백성은 임금에게 충성하고 나라를 사랑하는 심정으로 너의 덕성, 너의 체력, 너의 지혜를 기르라. 왕실의 안전도 너희들 신하와 백성의 교육에 달려 있고 나라의 부강도 너희들 신하와 백성의 교육에 달려 있다. —『고종실록』 —
  - [한성 사범 학교 학생 모집 광고]
    - 칙령으로 반포되는 한성 사범 학교가 5월 1일로부터 시작되니 본과 학생(2개년 졸업) 100명과 속성과 학생(6개월 졸업) 60명에 입학하기 원하는 자는 4월 27일에 학부로 와서 입학시험을 치를 것

- 속성과 입학자 연령은 22~35세이고, 입학시험은 '국문의 독서와 작문', '한문의 독서와 작문', '조선 지리', '조선 역사'임.
  － 『구한국 관보』, 1895 －
- 학생들은 여전히 규칙적으로 출석하고 있으며, 그만큼 빨리 익혀 나가고 있습니다. 우리는 수학·지리·문법 등의 몇 가지 분야를 시작하였으며, 학생들이 상당한 흥미를 가지고 있다는 것을 알 수 있습니다.
  － 헐버트의 서신 －

- 사립 학교 설립 현황

연도	학교	지역	연도	학교	지역
1897	숭실 학교	평양	1906	진명 여학교	한성
1900	기전 여학교	전주	1906	명신 여학교	한성
1904	광성의숙	한성	1906	중동 학교	한성
1905	양정의숙	한성	1907	오산 학교	정주
1906	보성학교	한성	1908	대성 학교	평양
1906	서전서숙	간도			

(3) 근대 문물의 수용

- 지금은 지혜와 재주가 날로 발전하여 선박이 전 세계를 누비고, 전신이 서양까지 연결되었으며, 공법(公法)을 제정하여 국교를 수립하고, 항만을 축조하여 서로 교역하므로 …… 수레와 의복, 기계의 사용에 있어서도 그 기술이 일만 가지이니 세상일에 마음을 둔 사람이라면 몰라서는 안 될 것이다. － 『한성순보』, 1883. 10. 31. －
- 이번 저희 세창 양행이 조선에서 개업하여 외국에서 자명종 시계, 각종 램프, 서양 단추, 각색 서양 직물, 서양 천을 비롯해 염색한 옷과 선명한 염료, 서양 바늘, 서양 실, 성냥 등 여러 가지 물건을 수입하여 공정한 가격으로 팔고 있으니 모든 손님과 상인은 찾아와 주시기 바랍니다. 은양(銀洋)은 시세에 맞게 계산하여 아이나 노인이 온다 해도 속이지 않을 것입니다.
  － 『한성주보』, 1886. 2. 22. －
- 어제 오후 3시쯤에 전기 철로에 운영을 시작하는데 …… 성에 꽉 찬 사람들이 처음 본 광경에 동서 상하로 분주히 다니며 감상하는지라, 순검들이 막아서 전차 근처에 접근치 못하게 하더라. － 『황성신문』, 1899. 5. 5. －
- 서울은 많은 면에서, 특히 남대문과 서대문 방향은 너무 변하여 옛 모습을 알아볼 수 없다. …… 넓고 평평한 길을 따라 자전거가 질주한다. 가까운 시일 안에 기차가 달리는 모습을 볼 수 있을 것 같다. 멋진 부지에는 프랑스식 호텔을 세우려는 준비가 진행되고 있다. 유리로 된 진열대가 있는 상점들도 많이 생겨났다. …… 가장 지저분하던 서울이 이제(1897년) 극동에서 가장 깨끗한 도시로 변모해 가는 중이다.
  － 이사벨라 비숍, 『한국과 그 이웃 나라들』 －
- 한성이라는 거대한 촌락에 꽉 들어찬 낮은 회색 지붕 위로 전선줄이 팽팽히 늘어져 있고 …… 전신주들이 우뚝 솟아 있는 모습을 본다면, 자신의 눈을 의심할 것이다. …… 사실 대도시의 교통을 원활히 해 주는 서양의 발명품을 이용한다는 점에서 한성은 아시아의 다른 대도시를 앞서고 있다. …… 조선 사람들은 한성의 황토집과 초가지붕 사이를 전차를 타고 돌아다녔다. 밤이면 눈부신 가로등이 한성의 거대한 촌락에 빽빽하게 늘어선 지붕들을 밝혀 주고 있었다. 그러나 남산 꼭대기에서 한성을 내려다보면, 한성의 조화로운 풍경을 방해하는 …… 몇 채의 낯선 석조 건물도 눈에 띈다. …… 외교 사절단이 거주하는 화려한 관저들이거나, 기독교 단체들이 단지 수백 명의 개신 교도들을 위해 많은 비용을 투자한 교회 건물들이다.
  － 겐테, "한국 여행기" －
- 물을 운반하는 직업은 비록 힘든 노동이 수반되지만 수입이 좋아 매우 인기가 있다. 보수도 좋을 뿐 아니라 백정이나 곡예사, 마술사보다 더 귀하게 평가되어, 이런 여러 이유로 물장사들 사이에는 막강한 조합이 형성되어 있다. 옛날에 사용되었던 나무 물통은 튼튼하긴 하였지만, 더 가볍고 용적이 큰 양철 물통에 완전히 밀려났다. 이렇게 되자 한국에서 그 전통을 자랑하던 수공업 중 하나가 문을 닫게 되었다.
  － 아손 그렙스트, 『스웨덴 기자 아손, 100년 전 한국을 걷다』 －

- 지난날의 서울의 모습이란 울퉁불퉁한 골목과 겨우내 쌓인 온갖 쓰레기, 발목까지 빠지는 진흙탕 등이었는데, 지금 신속하게 개선되고 있다. 어둡고 좁기만 하던 길이 차츰 넓어지고 있다. 복구된 대로를 따라서 초가지붕이 기와지붕으로 대부분 바뀌었으며, 가옥과 상점의 앞모양을 말끔하게 단장하였다. – 비숍, 『조선과 그 이웃 나라들』 –

(4) 철도가 불러온 시간 개념의 변화

- [시급히 걷는 서양 사람, 급히 걷지 않는 조선 사람] 서양 말에 시간이 돈이라 하고 …… 서양 대도시 길에 다니는 사람들을 보면 다 시급한 일이 있어 가는 모양이니 그 시급한 일은 무엇인고. …… 다 정한 시간이 있는 고로 급하여 그렇게 다니니 이것만 보아도 서양 사람들이 무단히 놀지 않는 것을 가히 알겠도다. 대한은 놀고 편히 지내는 것이 고질이 되어 시간 정하고 하는 일이 드물고 큰길의 행인을 보더라도 급히 걷는 사람은 몇이 못 되고 다 소일로 걸으니 그 여럿이 다 노는 사람은 아닐 터이나 일 없는 사람이 많은 것은 가히 알지라. – "독립신문"(1899) –
- [화륜거(열차) 시간표] 경인 철도의 열차 운행시간은 …… 매일 오전 7시에 떠나서 유현 7시 6분, 우각동 7시 11분, 부평 7시 36분, 소사 7시 50분, 오류동 8시 15분, 노량진 8시 40분에 당도하고 …….
 – 독립신문, 1899. 9. 16. –
- [갈 길이 바쁜 시골 양반, 인력거꾼에게 당하다] 시골 양반이 화륜차를 타고 어디를 가려고 급히 정거장에 가서 본즉 차는 반 시간이나 지나야 떠난다고 하니 갈 길이 바쁜데 어찌 반 시간이나 기다려야 한단 말인가 하며 얼굴을 찡그리고 돌아다니며 애쓰는 모양을 인력거꾼이 눈치를 채고 그 옆으로 가서 옆구리를 꾹 지르며 "여보시오. 이 아래 정거장으로 인력거를 타고 가시면 차를 곧 타고 떠나실 터이니 나에게 돈 삼십 전만 주고 가십시다." 하니, 그 양반이 반가워하면서 돈을 주고 앉으니 인력거꾼이 급히 끌고 이리저리 한참 다니다가 차 타는 편으로 놓으면서 "이제 다 왔습니다." 하니, 그 양반이 차를 타면서 하는 말이 "삼십 전이 싸다." 하면서 가더라.
 – "대한매일신보"(1907) –
- [철도가 가르치는 시간] 철도는 규율 바른 시간에 의하여 운행하는 것이므로 스스로 민중에게 시간을 엄수할 것을 가르치는 까닭에 이 점에 있어 철도는 한국 사람에 대한 문명적 지도자라 하지 않을 수 없을 것입니다.
 – 미국 공사 알렌이 경부선 개통식에서 한 말, 1905. 5. 25. –

★ 김구와 전보

1896년, 황해도 치하포의 한 주막에서 조선인이 일본인을 살해한 사건이 일어났다. 일본인을 살해한 사람은 21세의 김창수. 을미사변으로 격분해 있던 김창수는 조선인으로 위장한 일본 상인 쓰치다를 명성 황후를 시해한 일본군 장교일 것이라고 판단하고 국모의 복수를 하겠다며 살해한 것이다. 3개월 후 체포된 김창수는 사형 판결을 받았다. 그러나 사연을 들은 고종이 집행을 보류했기 때문에 극적으로 목숨을 건질 수 있었다. 『백범일지』에는 고종이 전화로 집행 보류를 지시했다고 기록되어 있다. 그러나 당시 서울-인천 간 전화가 설치되기 전이었으므로 실제로는 전신이 이용되었을 것이다. 목숨을 건진 김창수는 옥중에서 개화사상을 공부하였다. 또한 옥중 학교를 열어 문맹자가 대부분인 죄수들을 가르쳤으며, 이 사실이 『독립신문』을 통해 알려져 유명세를 타기도 하였다. 1898년 김창수는 탈옥하여 국권 회복 운동과 독립운동에 투신하였고, 이름도 김구로 고쳤다.

★ 서양 의료 기술

동양 의학에서는 몸과 마음을 하나로 여기는 인식에 따라 해부를 금기시하였다. 반면, 서양 의학에서는 몸과 마음을 별개로 보아 해부학이 빠르게 발달하였다. 한국에서는 1885년 서양식 병원인 광혜원(제중원)이 설립되었다. 1906년에는 의학생 김필순과 의학교수 올리버 에비슨이 최초의 한글 해부학 교과서인 『해부학』을 발간하였다.

★ 전화 설치

한국에서 전화를 도입하여 가장 먼저 설치한 곳은 경운궁(덕수궁)이었다. 당시 궁 안에서 고종의 전화를 받는 관리는 집무할 때 입는 옷인 사모관대를 갖추고 절을 올린 후 무릎을 꿇고 전화를 받았다. 한편, 전화가 보급되면서 예절을 지키지 않는 사람을 막기 위해 전화 교환소에는 통화 내용을 감찰하는 전어 감사가 배치되기도 하였다.

★ 전기와 전차
전등은 에디슨 전기 회사의 도움으로 경복궁 건청궁에 처음 가설되었다. 그러나 전기를 본격적으로 활용한 것은 한성 전기 회사가 설립된 이후의 일이다. 황실이 설립하고 미국인 콜브란이 운영한 한성 전기 회사는 동대문 지역에 발전소를 건설하고, 1899년 서대문과 청량리 사이에 전차를 개통하였다. 나아가 서울 일부 지역에 전등을 가설하였다.

★ 베델과 헐버트
- 베델은 1904년 러일 전쟁이 일어나자 영국 『데일리 크로니클』의 특파원으로 한국을 찾았다. 한국인의 독립 의지를 확인한 그는 양기탁과 함께 『대한매일신보』를 창간하여 일본의 침략을 비판하였다. 이 일로 일본의 항의에 부담을 느낀 영국 정부로부터 재판을 받아 6개월의 금고형에 처해졌으나 굴하지 않았다. 1909년 베델은 37세로 세상을 떠나 양화진 외국인 묘지에 묻혔다. 그의 유언은 "나는 죽을지라도 신보는 영생케 하여 한국인들을 구하시오."였다.
- 1886년 육영 공원의 교사로 한국으로 건너온 헐버트는 한글 교과서 『사민필지』를 출간하였고 「아리랑」에 최초로 음계를 붙이는 등 한국의 문화를 높이 평가하였다. 을사조약 직후 고종의 밀서를 들고 워싱턴으로 건너갔고, 1907년에는 헤이그 특사를 건의하고 현지에서도 적극 지원하였다. 그는 대한민국 정부가 수립된 후 1949년 86세의 나이로 국빈 초대를 받았다. 그러나 도착한 지 일주일 만에 여독을 이기지 못하고 숨을 거두어 양화진 외국인 묘지에 묻혔다.

★ 배재 학당과 근대 교육 기관
1885년 8월 미국인 선교사 아펜젤러가 빌린 집의 방 두 개를 터서 교실을 만들고 학생 두 명을 상대로 첫 수업을 하였다. 다음 해 고종은 '유용한 인재를 기르고 배우는 집'이란 뜻의 '배재 학당(培材學堂)'이란 이름을 하사하였다. 배재 학당은 우리나라 최초의 '서양식' 근대 교육 기관이었다. 최초의 근대 교육 기관은 1883년 함경남도 원산에 세워진 '원산 학사'이다. 1886년에 조선 정부가 최초의 근대 국립 학교인 육영 공원을 세웠고, 같은 해 최초의 근대 여성 교육 기관인 이화 학당이 문을 열었다. 예전의 학생들은 해 뜨면 일어나 서당에 갔다가 배고프면 다시 집으로 돌아오기 일쑤였다. 하지만 근대 학교의 학생들은 걷거나 뛰든지 콩나물시루 같은 전차를 타든지 하여 정해진 시간에 교실에 들어가야 하였다. 이승만, 여운형, 주시경, 나도향, 김소월 등도 배재 학당 출신이었다. 이승만은 과거 시험을 준비하다가 갑오개혁으로 과거 시험 자체가 폐지되어 결국 신학문의 길을 택하였는데, 배재 학당 졸업식에서는 졸업생 대표로 영어 연설을 하였다. 주시경은 배재 학당에서 공부한 신학문과 영어 문법을 토대로 한글 문법을 연구하였다. 근대 학교는 서구 문물을 들여오고 문학을 대중화하였으며, 한글을 과학화하는 등 많은 변화를 가져왔다.

★ 근대 건축 유적
- 약현 성당(1892, 서울 중구) : 한국 최초로 벽돌로 지은 서양식 성당 건축물
- 정동 제일교회(1897, 서울 중구) : 아펜젤러가 세웠으며, 초창기 한국 개신교 교회
- 대한 성공회 강화 성당(1900, 인천 강화) : 한국 최초의 성공회 성당
- 명동 성당(1898, 서울 중구) : 고딕 양식으로 지어진 한국 천주교 최초의 본당
- 대구 계산동 성당(1902, 대구 중구) : 로마네스크 양식으로 지어진 성당
- 전주 전동 성당(1908, 전북 전주) : 우리나라의 천주교 최초 순교자(윤지충, 권상연)의 사형 터에 세워진 성당
- 뚝도 수원지 제1 정수장(1908, 서울 성동) : 우리나라 최초의 정수장
- 구 목포 일본 영사관(1900, 전남 목포) : 목포의 외국인 거류지에 일본이 건립한 영사관
- 광혜원(1885, 복원, 서울 서대문) : 우리나라 최초의 근대식 병원
- 대한 의원(1907, 서울 종로) : 서양식 병원인 광제원과 궁내부의 적십자 병원, 학부의 경성의학부를 통합한 대한 제국의 국립 의료 기관
- 배재 학당(1885, 서울 중구) : 우리나라 최초로 외국인(선교사 아펜젤러)이 설립한 근대 사립 학교
- 덕수궁 석조전(1910, 서울 중구) : 덕수궁 안에 지어진 최초의 서양식 석조 건물
- 옛 경운궁 중명전 : 1901년에 완공된 서양식 건물로 황실 도서관으로 이용되었고, 1905년 을사늑약이 체결된 곳이기도 하다.

2 근대 의식의 확대와 근대 문화의 발달

(1) 사회 구조와 의식의 변화
① 갑신정변, 동학 농민 운동, 갑오·을미개혁 등을 겪으면서 평등 사회의 제도적 기틀 마련
② 독립 협회의 민권 운동 등을 통해 근대 의식 성장, 확산
③ 여권의 성장 : 여성의 교육·사회 진출 확대, 「여권통문」 발표

(2) 의식주의 변화
커피 등 서양 음식, 양복·양장, 서양식 건축물 등 보급

(3) 국학 연구

국어	국문 연구소 설립(1907), 주시경의 『국어 문법』 등
역사	• 근대 계몽 사학 : 위인전 간행(『을지문덕전』, 『이순신전』 등), 외국 역사 소개 등을 통해 민족의식 고취 • 신채호가 「독사신론」 발표 : 민족주의 역사 연구의 방향 제시

(4) 종교계의 변화

유교	박은식의 「유교 구신론」
불교	한용운이 일본 불교에 저항
천주교	고아원과 양로원 운영 등 사회 사업 추진
개신교	의료·교육 활동 전개
천도교	손병희가 동학을 천도교로 개칭
대종교	나철·오기호가 단군 신앙을 바탕으로 창시, 국외 무장 독립 투쟁 전개(만주에서 중광단 조직)

PLUS 더 알아보기

- **7종 천인** : 천한 일에 종사하는 가장 낮은 신분을 의미한다. 노비, 백정, 광대(사당패), 기생, 승려, 무당, 장인(수공업 기술자) 등이 있다.
- **원각사** : 서울 종로 새문안 교회 자리에 있었던 우리나라 최초의 서양식 사설 극장이다.
- **월남망국사** : 베트남이 프랑스의 침략에 무너지는 과정을 담은 책으로 주시경이 순 한글로 번역하였다. 『황성신문』에서 일부를 먼저 번역 소개하였고, 이후 전체 내용이 국한문 혼용체, 순 한글 등으로 번역되었다.
- **이태리 건국 삼걸전** : 신채호가 1907년 번역한 이 책은 전기와 영웅 소설의 성격이 섞여 있다. 이탈리아 통일 과정에서 활약한 마치니, 카보우르, 가리발디의 영웅적 일생을 그리고 있다.
- **최초의 여의사 박에스더** : 그녀는 1890년 이화 학당을 졸업한 후 의사이자 이화 학당의 교사로 취임한 로제타 셔우드의 통역을 맡으면서 의학에 관심을 가졌고, 1896년 미국 볼티모어의 여자 의과대학에 입학하여 한국 최초의 여의사가 되었다.

사료 더하기

(1) 근대 의식의 확산
- 나라가 진보되어 가는지 안 가는지 첫째 보이는 것은 그 나라 사람들이 자기들의 백성 된 권리를 찾으려고 하는 것이라. …… 그 나라에 사는 사람은 모두 그 나라 백성이라 …… 자주독립을 하려면 먼저 백성의 권리부터 보호할 생각들을 하시오. — "독립신문", 1897. 3. 9. —
- [민주주의와 각국의 헌법 및 의회] 서양 각국에서 행한 여러 가지 제도의 가장 중요한 요점으로 움직일 수 없는 기초는 나라를 다스리는 주권이 국민에게 있고, 모든 권력이 국민에게서 나와 시행되는 것이다. 그 근본 원인은 모든 사람은 평등하기 때문이다. — 『한성순보』, 1884. 2. 7. —
- 백성마다 얼마만큼 하느님이 주신 권리가 있는데, 그 권리는 아무도 빼앗지 못하는 권리 ……. — 『독립신문』, 1897. 3. 9. —
- 하느님이 세계 인류를 낳으실 때에 사나이나 아낙네나 사람은 다 한가지라 여성도 남성의 학문을 교육 받고 여성도 남성과 동등권을 가져 …… — 『독립신문』, 1898. 1. 4. —
- [군국기무처 의안]
  1. 문벌, 양반과 상민의 등급을 없애고 귀천에 관계없이 인재를 선발하여 등용한다.
  2. 공노비와 사노비에 관한 법을 일체 혁파하고 사람을 사고파는 일을 금지한다.
  3. 비록 평민이라도 나라에 이롭고 백성을 편안하게 할 수 있는 의견이 있으면 군국기무처에 글을 올려 회의에 부친다. — 『고종실록』 —

(2) 여성의 권리
- [여권 통문] 우리보다 먼저 문명개화한 나라를 보면 남녀가 동등권이 있는지라. 여자도 어려서부터 학교에 다니며 각종 학문을 다 배워 이목을 넓히고, 장성한 후에 남자와 부부의 의를 맺어 평생을 살더라도 남자의 압제를 전혀 받지 아니하고 후대함을 받음은 다름 아니라 그 학문과 지식이 남자와 못지않으므로 권리도 같으니, 어찌 아름답지 아니하리오. — 『황성신문』, 1898. 9. 8. —
- 지난번에 서양 친구 하나를 만나니 그 친구는 …… "한국 풍속에 괴이한 것이 많지만 그중에 심한 것은 음풍이라. 정부 관인으로부터 시골의 백성까지도 처첩 두기를 좋아하여 심한 자는 정실 하나에 별방이 삼사 처요, 그 다음은 1처 2첩이 대장부의 당연한 일이라 하며 아침밥과 저녁 죽을 먹을 만한 사람이면 의례히 첩을 두어 죄 없는 아내를 공연히 박대하고 쫓아내는 자도 있고, …… 태초에 하나님이 사람을 내실 적에 일남 일녀로 만드신 것은 음양의 공효가 서로 같음이요, 남녀의 권리가 동등됨이라."라고 하였다. — "제국신문", 1901. 1. 31. —

(3) 역사 연구
- [『을지문덕전』 서문] 그러나 저자가 이 책을 만든 목적은 독자들의 술자리나 찻자리에 이야깃거리를 제공코자 한 것이 아니라 조국의 명예로운 역사를 통해 못난 자를 경계하고 깨우쳐 주고자 함이며, 독자의 이부자리에 이야기책을 제공함이 아니라 선조의 위대한 사업을 칭송하여 국민의 영웅 숭배심을 고취하고자 함이고, 또한 이천여 년 전의 일을 한가로이 읊고자 함이 아니라 열성적, 모범적 위인의 행적을 그려 내어 이천 년 후 을지문덕과 맞먹는 인물을 기르고자 함이니 모든 독자는 항상 이에 유념하여 이 책을 읽어야 할 것이다.
- [신채호의 「독사신론」] 국가의 역사는 민족의 흥망성쇠 상태를 상세히 기록한 것이다. …… 역사를 쓰는 자는 반드시 그 나라의 주인되는 한 종족을 먼저 드러내어, 이것을 주제로 삼은 후에 그 정치는 어떻게 흥하고 쇠하였으며, 그 산업은 어떻게 번창하고 몰락하였으며, 그 무공(武功)은 어떻게 나아가고 물러났으며, 그 생활 관습과 풍속은 어떻게 변하여 왔으며, 밖으로부터 들어온 각각의 종족을 어떻게 받아들였으며, 그 다른 지역의 나라들과 어떻게 교섭하였는가를 서술하여야 이것을 역사라고 말할 수 있다. — 『대한매일신보』, 1908. 8. 27. —

(4) 국어 연구

- [주시경의 주장] 전국 인민의 사상을 돌리며 지식을 넓혀 주려면 국문으로 학문을 저술·번역하여 남녀를 물론하고 다 쉽게 알도록 가르쳐 주어야 될지라. 영국, 미국, 프랑스, 독일 같은 나라들은 한문을 구경도 못하였지만 저렇듯 부강함을 보라. …… 더 좋고 더 편리한 말과 글이 되게 할 뿐 아니라, 온 나라 사람이 다 국어와 국문을 우리나라 근본의 주장 글로 숭상하고 사랑하여 쓰기를 바라노라. ―『서우』 제2호, 1907. 1. ―

(5) 문예

- 처……ㄹ썩, 처……ㄹ썩, 척, 쏴……아. / 때린다, 부순다, 무너 버린다. / 태산(泰山) 같은 높은 뫼, 집채 같은 바윗돌이나. / 요것이 무어야, 요게 무어야. / 나의 큰 힘 아느냐, 모르느냐, 호통까지 하면서 때린다, 부순다, 무너 버린다. / 처……ㄹ썩, 처……ㄹ썩, 척, 튜르릉, 콱. ― 최남선, 「해에게서 소년에게」 ―

- 옥련이는 공부를 하고 귀국한 뒤에 우리나라 부인의 지식을 넓혀서 남자에게 압제받지 않고 동등한 권리를 찾게 하며 또 부인도 나라에 유익한 백성이 되고 사회에 명예 있는 사람이 되도록 교육할 마음이라. …… 당초에 옥련이가 피난 갈 때에 …… 난데없는 총알을 맞아 왼편 다리에 박혀 넘어졌다. …… 이튿날 일본군 적십자 간호수가 보고 야전 병원으로 실어 보내자 군의관이 본 즉 중상은 아니라, 총알이 다리를 뚫고 지나가기는 했으나 청군의 총알을 맞지 않았다. 군의관의 말에 따르면 청군의 총알을 맞았으면 온몸에 독이 퍼져 하룻밤만에 죽었을 것이나 일본군의 총알에 맞았으니 다행히도 치료하기 무척 쉽다고 하였다. ― 이인직, "혈의 누" ―

- "지금 세상 사람들은 당당한 하느님의 위엄을 빌려야 할 터인데, 외국의 세력을 빌려 의뢰하여 몸을 보전하고 벼슬을 얻으려 하며, 타국 사람에 빌붙어 제 나라를 망하게 하고 제 동포를 압박하니, 그것이 우리 여우보다 나은 일이오? 결단코 우리 여우만 못한 물건들이라 하옵네다." 여우가 말을 마치자마자 손뼉 소리가 천지를 진동하듯이 울렸다. ― 안국선, 『금수회의록』 ―

(6) 종교

- [유교 구신론] (유교계의) 3대 문제는 무엇인가. 첫째, 유교파의 정신이 오로지 제왕의 편에 있고 인민 사회에 보급할 정신이 부족한 것이다. 둘째, (공자가) 여러 나라를 다니면서 천하를 바꾸려 생각한 주의를 구하지 않고, "내가 학생을 찾는 것이 아니라, 학생이 나를 찾는다."라는 주의만을 지키는 것이다. 셋째, 우리 대한의 유가에서는 쉽고 정확한 가르침(양명학)을 구하지 않고 지루하고 산만한 공부(주자학)만을 전적으로 숭상하는 것이다. ― 박은식, 『서북 학회 월보 제10호』, 1909. 3. ―

★ 사람에게 귀천이 따로 없음을 증명한 백정의 아들

1892년 선교사 무어는 백정 소년 봉출의 아버지 박 씨가 위독하다는 소식을 듣고 고종의 주치의였던 애비슨과 함께 그의 집으로 가서 치료를 해 주었다. 그것을 인연으로 봉출과 박 씨는 무어 선교사가 세운 곤당골 교회(현 승동 교회)에 출석하게 되고 신문물에도 눈을 뜨게 되었다. 이에 백정 박 씨는 봄을 맞아 새 사람이 되었다는 의미로 성춘(成春)이라는 이름을 쓰고, 봉출에게는 서양이라는 이름을 쓰도록 하였다. 그리고 이후 백정 차별 철폐에 앞장섰고 관민 공동회의 연사로 나서기도 하였다.

박서양은 제중원에서 정식으로 의학 공부를 시작하였다. 영어와 함께 전문 지식까지 배워야 하는 쉽지 않은 길이었지만 결국 1908년에 6명의 동료들과 함께 한국인 최초의 서양 의사 자격을 얻게 되었다. 졸업 후 세브란스 병원에서 일하던 박서양은 1918년 만주 용정으로 떠나 구세 의원을 개업하고 의술로써 독립운동에 기여하였다. 박서양과 함께 졸업한 6명의 의사들 역시 만주와 중국 본토에서 독립운동에 투신하였다.

★ 금수회의록

『금수회의록』은 안국선이 1908년에 지은 소설이다. 이 소설은 동물들을 주인공으로 등장시켜 이들의 입을 빌려 인간 사회의 모순과 비리를 풍자하였다. 소설 속 화자는 꿈속에서 동물들이 회의하는 장면을 목격한다. 동물들은 각자 인간 행동의 옳고 그름을 토론하였다. 여우는 큰 나라나 힘센 자에게 기대어 개인의 이익을 추구하는 인간들을 비판하였다. 그리고 개구리는 사람들이 좁은 소견으로 외국의 형편도 모르면서 아는 체하고 나라가 망해가는 데도 썩은 생각만 하고 있다고 하였다. 까마귀는 인간의 불효를 비난하고, 벌은 서로 미워하고 속이는 인간들을 비난하였다. 이러하듯 소설에서는 개화 무렵의 인간 사회를 비판하는 동시에 외국 사람에게 아첨하거나 남의 나라를 위협하여 빼앗는 외국을 규탄함으로써 열강의 이권 침탈을 비판적인 시각에서 보았다.

★ **양복과 단발 그리고 한복과 상투**
단발령(1895)은 아관 파천 이후 폐지되었으나 단발과 양복은 개화파 관료를 중심으로 점차 유행하였다. 1907년경에는 상투를 틀고 한복을 입으면 낡은 관념과 습관을 지닌 사람으로 보았고, 머리를 짧게 깎고 양복을 입으면 시대를 앞서가는 사람으로 보는 풍조가 나타났다. 당시 대한매일신보에는 "한성과 지방의 경박한 자제들이 지리, 역사, 산술을 조금 배운 후 머리나 깎고 양복이나 입은 후에는 하늘로 오르고 땅으로 들어가는 재주나 배운 듯이 망녕되이 높은 체한다. …… 당시 이름이 사방에 떨치는 선배와 대인을 대하더라도 거만하기 짝이 없어 그 상투를 가리켜 야만이라 하며 그 의관을 완고라 하다가 …… 그 높은 분이 머리도 깎고 옷도 양복으로 바꾸매 …… 그때는 그 용모와 언사를 대하고 스스로 경애하는 마음이 생겨 전날 경박하고 거만한 태도가 없어지는지라."라는 내용의 기사가 실리기도 하였다.

3 해외 이주 동포들의 생활

(1) **배경** : 19세기 후반 경제적 빈곤과 사회적 혼란 속에서 해외 이주 급증

(2) **해외 이주**
① **만주** : 한인촌 건설 → 북간도(용정), 서간도(유화현 삼원보 등)
② **연해주** : 19세기 말 한인촌 개척(개척리) → 러시아 당국의 강제 이주로 신한촌 건설(1911)
③ **미주** : 1902년 노동자 이민 시작 → 하와이 노동 이민(사진 신부)

PLUS 더 알아보기

- **간도 지역 이주** : 1880년대 북간도에 이주하여 한인촌을 세웠으며, 1890년대에는 하얼빈 일대까지 이주하였다. 북간도로 이주한 한인은 옌볜 지역에서 우물을 발견하고 정자를 세웠는데, 이 우물의 이름을 따서 마을 이름을 용정(龍井)으로 지었다. 서간도에도 집안현, 통화현, 유하현, 장백현 등에 한인 사회가 형성되었다.
- **연해주의 신한촌** : 블라디보스토크에 사는 한인이 늘어나자, 시 당국은 1893년 한인 집단 거주 구역을 설정하고 '한인촌' 혹은 '개척리'라 불렀다. 1911년 러시아 당국은 페스트 창궐을 이유로 한인촌을 강제 철거하고, 한인들을 새로 설정된 구역으로 강제 이주시켰다. 한인들은 그곳을 개간하여 새 한인 마을을 만들었는데, 한국을 새롭게 부흥한다는 의미로 '신한촌'이라 명명하였다.
- **하와이 '사진 신부'** : 1902년 5월 미국이 한국인 노동자의 하와이 이민을 건의하자, 고종은 수민원을 설립하고 하와이 이민자를 선발하였다. 1902년 제물포를 떠나 신체검사를 통과한 97명이 하와이에서 새 삶을 시작하였다. 하와이 이주 노동자들은 중개업자를 통해 한국에서 신부를 구하였는데, 이때 하와이로 온 여성들은 배우자의 사진만 보고 결혼한다 하여 '사진 신부'라고 불렸다.

> **사료 더하기**

(1) 해외 이주

- [조선인 이주에 대한 러시아의 반응] 하루빨리 곡식 농사를 활성화하려고 노력하였습니다. 지방 정부는 이주한 조선인을 러시아인의 마을로 편입시키려고 계획하였습니다. 이러한 조선인의 거주 지역에서 생필품 및 식량을 자체적으로 조달할 수 있을 것으로 예상하였습니다. — '조선인 이주 관련 보고'(1865) —

- [간도] 청국 병사 400~500명을 풀어 한국 백성 30명을 묶어 가두고 몽둥이로 때리고 불로 지졌습니다. 또한 그들은 한인의 호적을 빼앗아 갔으며 재산까지도 약탈하였습니다. 그들은 트집을 잡으면서 "비록 한국 백성이라 말하지만 청국 땅에서 농사를 짓고 있으니 어떻게 한국을 위해 상복을 입고 슬퍼할 수 있는가."라고 말하고는 흰 갓을 쓴 자를 만나기만 하면 모두 그 갓을 찢어 없애고 12명을 붙잡아 머리를 깎고 협박과 공갈을 일삼고 있습니다. 간도의 한인 민심이 떠들썩합니다. — 『황성신문』, 1904. 3. 3. —

- [간도] 논을 개간하는 일은 여간 힘드는 일이 아니었다. 중국 사람들은 쌀을 주식으로 하지 않기 때문에 논이 없었다. 우리는 황무지를 우선 전답으로 만들어야 했다. …… 땅에는 올로초라고 하는 풀들이 멧방석만큼이나 잔뜩 엉켜 있었다. 뿌리는 둥근 상 같은데 단단히 엉켜 있어서 그걸 캐내기가 그렇게 힘들었다. 또 그 위로는 버드나무가 자라고 있어서 땅속으로는 뿌리들이 서로 뒤죽박죽이었다. 그것들을 쳐내고 땅을 고르게 해서 물을 대어 논을 만드는 일이다. — 허은, "아직도 내 귀엔 서간도 바람 소리가" —

- [하와이 이민 모집 공고]
    1. 하와이 군도로 누구든지 일신이나 혹은 권속을 데리고 와서 머물러 살고자 간절히 원하는 자에게 편리케 주선함을 공고하노라.
    2. 기후는 온화하여 심한 더위가 없으므로 각 사람의 기질에 합당함.
    3. 학교 설립이 광대하여 모든 섬에 다 학교가 있어 영문을 가르치며 학비는 받지 아니함.
    6. 농부의 유숙하는 집과 나무와 식수와 병을 치료하는 경비는 고용주가 지급하고 농부에게는 받지 아니함.

- [하와이 사탕수수 농장 노동자의 증언]
    - 나는 4시 반이면 일어나 밥을 지어 먹고 꼭 5시까지 정거장에 나가서 5시 반이면 일하는 곳에 들어갔지. 저녁 4시 반이면 파오가 되고 조반, 점심 반 시간씩 빼고 하루 10시간 정도 일하였소.
    - 우레바(채찍)가 날아오니까 꼼짝도 못 하지. 꼭 소나 말같이 생활했어. …… 내가 지금 영어를 할 줄 알면 대번에 항의하겠소. 그저 우레바로 농사를 지었으니 그것이 소위 3등국의 행세였소.

- [하와이 사진 신부] "할머니는 시집오기 전 한국에서 할아버지의 사진을 보고 행복했대요. …… 몇 날 며칠 배를 타고 할머니가 하와이에 도착했어요. …… 처음 할아버지 얼굴을 제대로 볼 수 있었지요. 그런데 그 순간 할아버지가 너무 늙어 보이더래요. 할머니는 속이 상해 울었대요." — 「우리 가족의 역사」 —

- [하와이 사진 신부] 과연 마쿨레(makule, 하와이 사투리로 늙은이) 영감이 와서 내가 길찬록 씨라 하며 만리타국에 오느라 얼마나 고생하였느냐고 묻더라. 그 소리는 귀에 들어오지 않고 천지가 아득하였으나 내색하지 않고 큰 마음으로 하나님께 기도하고 꿀꺽 참았다. 이미 당한 일이니 할 수 없지만 내 운명만은 원망했다. — 문옥표 외, 『하와이 '사진 신부' 천연희의 이야기』 —

- [멕시코 유카탄에 사는 김윤원의 투고] 멕시코에 재류(在留)한 일반 동포시여! 우리가 형편을 깨닫지 못하여 신성한 인민으로 천한 동물과 같이 남에게 팔려 온 바 되어 만리절역(萬里絕域)에 와서 우마(牛馬)의 일을 대신하며 노예의 학대를 무한히 당하였으니 ……. — 『신한민보』, 1909. 4. 14. —

★ 멕시코의 제물포 거리

"묵서가(멕시코)는 미국과 이웃한 문명 부강국이니 …… 한국인도 그곳에 가면 반드시 큰 이득을 볼 것이다.(황성신문, 1904. 12. 17)"라는 일본 인력 회사가 낸 광고를 보고 사람들이 술렁였다. 1905년 1,000여 명이 꿈을 안고 제물포를 떠나 멕시코 메리다에 도착하였다. 여기에서 끌려간 곳은 선인장 같은 가시가 치솟은 에네켄 농장. 살을 찌르는 태양 아래 노예처럼 채찍질 당하며 가혹한 노동에 시달리는 생활이 시작되었다. 4년의 계약 기간이 끝났지만 남은 것은 빈손뿐이고, 돌아갈 고국마저 절망적 상황에 놓여 있었다. 그러나 이들은 무너지지 않고 어렵게 번 수입의 일부를 독립 자금으로 지원하는 등 고향으로 돌아갈 날을 꿈꾸었다. 고된 노동에 시달린 한인이 애환을 풀던 작은 술집 '제물포 바'의 옆 골목길. 인천시와 메리다시는 이들의 고단했던 삶을 기리며 이곳을 '제물포 거리'로 지정하였다. 100여 년 전 돌아가지 못한 고국의 마지막 모습이었던 제물포는, 그들의 간절한 그리움과 고통의 눈물이 떨어진 메리다에서 새로운 길이 되었다.

PART

03

일제의 식민지 전개와 민족 운동의 전개

03 일제의 식민지 전개와 민족 운동의 전개

교육과정 감잡기

중단원	성취 기준
1. 일제의 식민지 지배 정책	• 1910년대 일제의 식민 지배 정책과 국내외에서 전개된 민족 운동을 살펴보고, 3·1 운동과 이를 계기로 수립된 대한민국 임시 정부의 역사적 의의를 파악한다.
2. 3·1 운동과 대한민국 임시 정부	
3. 다양한 민족 운동의 전개	• 3·1 운동 이후 일제 식민 지배 정책의 변화를 살펴보고, 1920년대 국내외에서 전개된 민족 운동의 흐름과 특징을 탐구한다.
4. 사회·문화의 변화와 사회 운동	
5. 전시 동원 체제와 민중의 삶	• 1930년대 이후 일제가 추진한 징병, 징용, 일본군 '위안부' 강제 동원 등의 전시 수탈과 우리말 사용 금지와 같은 민족 말살 정책을 파악하고, 1930~1940년대 국내외 민족 운동의 흐름과 건국 준비 활동을 이해한다.
6. 광복을 위한 노력	

주제1 일제의 식민지 지배 정책

1 국제 정세의 변화

(1) 제1차 세계 대전
① 원인 : 제국주의 국가들의 식민지 확보 경쟁
② 국제 갈등의 심화
　㉠ 3국 동맹(1882) : 독일, 오스트리아·헝가리 제국, 이탈리아
　㉡ 3국 협상(1907) : 프랑스, 영국, 러시아
　㉢ 발칸 반도 : 범게르만주의(독일, 오스트리아) VS. 범슬라브주의(러시아, 동유럽)
③ 제1차 세계 대전(1914-1918)
　㉠ 발단 : 사라예보 사건(1914)→오스트리아·헝가리 제국, 세르비아에 선전 포고
　㉡ 경과 : 3국 동맹 VS. 3국 협상→러시아, 혁명으로 이탈→독일, 무제한 잠수함 작전
　　→미국 참전→독일, 혁명으로 바이마르 공화국 수립 후 휴전 조약 협상→종전
　㉢ 일본 : 산둥 반도 점령 + '21개조 요구' 제출→중국에서의 권익 확대, 남태평양 공격

(2) 러시아 혁명
① 발단 : 차르 전제 정치·봉건적 압제, 피의 일요일 사건, 제1차 세계 대전의 무리한 참전 등
② 3월 혁명(1917) : 노동자·군인의 전쟁 중지 요구, 차르 전제 정치 타도→임시 정부 수립
③ 11월 혁명(1917) : 임시 정부 전쟁 지속→레닌, 볼셰비키 중심 소비에트 정부 수립
④ 혁명 이후 : 전쟁 후퇴, 코민테른 수립, 사회주의적 개혁 추진→소련 수립(1922)

(3) 전후 처리와 베르사유 체제
① 파리 강화 회의(1919) : 전승국의 이해관계에 따라 결정
　㉠ 평화 원칙 14개조 채택
　　ⓐ 민족 자결주의 원칙
　　ⓑ 비밀 외교 폐지, 국비 축소 보장, 국제 평화 기구 조직→국제 연맹 창설(1920)
　㉡ 베르사유 조약 체결 : 독일→군비 축소, 식민지 상실, 막대한 배상금 부담
　㉢ 일본 : 승전국 지위, 독일의 산둥반도 이권 계승→동아시아 영향력 확장
② 워싱턴 회의(1921) : 미국, 아시아·태평양 지역 열강 이해관계 조절, 일본 견제
③ 전쟁 이후 중국의 변화
　㉠ 5·4 운동(1919) : 산둥 반도 이권 반환, 21개조 요구 철폐 시위
　㉡ 제1차 국·공 합작(1924-27) : 군벌 타도 중국 통일 목표→공산당 확산에 국·공 대립
　　심화→장제스 쿠데타로 국·공 합작 결렬→난징 정부 수립(1927)
④ 전쟁 이후 일본의 변화 : 전쟁 후 불황, 사회주의 확산 등→치안 유지법 제정, 사회주의 운동
　탄압

PLUS 더 알아보기

- **피의 일요일 사건(1905)** : 생존권 보장·입헌 정치 요구 시위 → 무자비한 진압, 사상자 발생
- **사라예보 사건** : 오스트리아·헝가리 제국의 보스니아 합병에 반발한 세르비아 청년의 황태자 부부 암살
- **소비에트** : 러시아어로 '평의회', '대표자 회의'라는 뜻. 러시아 혁명 중 프롤레타리아 권력 기관 또는 권력 형태로 그 의미가 확대됨
- **볼셰비키** : '다수파', 레닌을 지지하는 급진파 중심. 11월 혁명 이후 러시아 공산당 개명
- **코민테른(1919)** : 모스크바에서 창설한 공산주의 국제 연합. 각국 민족·사회주의 운동 지원
- **무제한 잠수함 작전** : 제1차 세계 대전 중에 독일이 연합군의 보급로를 끊기 위해 잠수함으로 중립국의 선박까지 공격한 작전. 이 과정에서 미국인도 사망하였으며 미국이 연합국에 가담하는 계기가 됨
- **21개조 요구** : 산둥 지방의 이권 획득, 만주·내몽골 지역에서의 일본의 우월권 인정
- **워싱턴 회의** : 중국 주권 존중·영토 보존 약속, 일본 → 산둥 반도 반환, 군비 확장 제한

사료 더하기

(1) 제1차 세계 대전

- [이노우에 가오루의 제언] 이번 유럽의 대혼란은 일본 국운 발전에 있어 천우이다. 일본국은 즉각 일치단결하여 이 하늘의 뜻을 향유해야 한다. — 『일본 외교 연표 병 주요 문서』 —
- [레닌의 민족 자결의 원칙] 사회주의자들은 보상 없는 무조건적이고 즉각적인 식민지 해방(민족 자결권의 인정)을 요구해야 할 뿐만 아니라 …… 그들을 억압하는 제국주의 세력에 대한 저항을 지원해야 한다. — 레닌, 「사회주의 혁명과 민족 자결권 테제」 —
- [일본 유학생의 러시아 혁명 이해] 세계 각국 중 공산주의 및 사회주의를 발달시킨 것은 러시아다. …… 러시아는 세계 여러 나라 중 사상적으로 선구자라고 생각한다. 이후 점차 어떤 나라를 불문하고 러시아의 전철을 밟을 것이다. — 강덕상, 『현대사 자료』 25 —
- [윌슨의 14개조 평화 원칙]
  제1조 공개적으로 체결된 강화 조약 외에 어떠한 비밀 외교도 있을 수 없다.
  제5조 모든 식민지 문제를 결정하는 데에는 해당 식민지 주민의 이해가, 그 지배에 대한 결정권을 가지는 정부의 정당한 요구와 동등한 비중을 가진다.
  제14조 강대국과 약소국을 막론하고 동등하게 정치적 독립 및 영토 보전의 상호 보장을 목적으로 특정한 협정 아래 국제 연맹 기구를 구성한다.
- [베르사유 조약(1919)]
  19. 독일의 해외 식민지에 관한 모든 권리의 소유권을 연합군과 그 협력국에게 넘겨준다.
  191. 독일에서 잠수함의 건조와 취득은 금지된다. 이는 상업적 목적을 위한 경우에도 마찬가지이다.
  235. 독일은 연합국과 그 협력국의 최종 청구액이 확정되기 이전에, 비상 위원회가 정하는 방법에 따라 이들 나라의 산업 복구를 위해 시급히 필요한 200억 마르크 금화에 해당하는 돈을 1921년 4월까지 지불한다.
- [국제 연맹 규약(1920)]
  제12조 평화를 위태롭게 하는 회원국들 사이의 모든 분쟁은 반드시 중재 재판소에 회부되어야 한다.
  제16조 만일 어떤 회원국이 취해진 결정을 거부하고 전쟁에 호소한다면 그 나라는 나머지 다른 국제 연맹 회원국 전체를 상대로 전쟁 행위를 하는 것으로 사실상 간주할 것이다.

(2) 전후 처리와 베르사유 체제
- [사회주의의 확산] 민족과 식민 문제에 대한 코민테른의 모든 정책은 지주와 부르주아를 타도하기 위한 혁명적인 투쟁의 연대를 위해, 모든 국가 및 민족의 프롤레타리아와 노동 대중의 밀접한 연합에 초석을 두어야 한다. 이것만이 자본주의에 대한 승리를 보장하며, 이것 없이 국가 간의 억압과 불평등을 제거하는 일은 불가능하기 때문이다.
  – 레닌, 「민족과 식민지 문제에 대한 테제」 –

- [사회주의의 확산] 한 동지가 나에게 "루마니테"에 실려 있는 '레닌의 민족과 식민지 문제에 대한 테제'를 읽어보라고 주었다. 이 테제에는 이해하기 힘든 정치 용어가 많이 있었다. 그러나 여러 번 반복해서 읽은 결과 테제의 주요 부분을 이해할 수 있었다. …… 레닌주의는 기적을 가져다주는 '지혜의 책'이며 우리 베트남 혁명가와 인민에게는 나침반이다. 이는 또한 사회주의와 공산주의라는 마지막 승리로 가는 우리의 길을 밝혀주는 빛나는 태양이다.
  – 호찌민, 「나를 레닌주의로 인도한 길」 –

- [일본의 21개조 요구(1915)]
  1호 산둥 지역에서 설정된 독일의 모든 권리를 일본에 이양한다.
  2호 1912년 러시아와의 협정을 통해 획득한 남만주와 내몽골에서의 일본의 특권을 보장한다.
  3호 일본은 양쯔강 유역의 석탄과 철광석을 이용할 수 있다.
  4호 1900년 미국이 항구적인 조차를 시도하였던 푸젠에서의 일본의 특권을 보장한다.
  5호 중국 정부에 일본인 재정 고문과 군사 고문을 두고 일본 무기를 공급받으며, 남부 중국에서도 일본의 철도 부설권을 인정한다.

- [전체 학생 톈안먼 선언] 지금 일본은 칭다오를 삼키고 산둥에서의 모든 권리를 차지하기 직전에 와 있다. 산둥을 잃는 것은 중국이 망하는 것을 의미한다. 조선은 독립을 도모하여 '독립하지 않으면 차라리 죽겠다.'라고 하였다. 전국의 인민이 일제히 일어나 밖으로는 주권 수호를 위해 싸우고 안으로는 국가의 적을 제거하여야 한다. 중국의 흥망은 오직 이번 일에 달려있다. 중국 영토가 정복될지언정 넘겨줄 수는 없고, 중국 인민은 죽을지언정 머리를 숙일 수는 없다.

2 무단 통치와 식민지 수탈 체제의 확립

(1) 무단 통치(1910년대)

분야	내용
정치	• 조선 총독부 : 식민 통치 최고 기구, 입법·사법·행정·군사 총괄 　– 총독 : 육·해군 대장 출신 임명, 휘하 정무총감(행정)·경무총감(치안) 　– 경무총감 : 헌병 사령관 임명–경찰 업무 관할, 헌병 경찰 한국인 감시 • 범죄 즉결례·경찰범 처벌 규칙·조선 태형령(1912) 등 한국인 탄압
교육 사회	• 제1차 조선 교육령(1911) 　– 일본어('국어')·일본 역사('국사') 필수 교육 　– 한국인 보통·실업 교육 실시, 교육 연한 4년 • 사립 학교, 서당 등 탄압 • 신문·역사서·잡지 발행 금지, 계몽 단체 강제 해산 • 총독부 관리·교사들이 제복 및 칼을 착용
경제	• 토지 조사 사업(1910–1918) 　– 목적 : 일본인 토지 소유 확대, 지세 확보 　– 신고주의 원칙 → 미신고 토지·소유권이 불분명한 공유지 등 국유지 편입 　– 지주의 토지 소유권만 인정 → 농민의 관습적 경작권 보호 × • 동양 척식 주식 회사 : 일본 토지 회사·일본인 지주에 헐값으로 불하 • 회사령(1910) : 총독 허가제 → 일본 기업 한국 진출 지원, 한국 기업 제한 • 산림령·어업령(1911), 조선 광업령(1915) • 철도 추가 : 경부선(1905), 경의선(1906), 호남선(1914), 경원선(1914) 등 • 도로 수축 7개년 사업 : 간선 도로망 건설

(2) 민족 분열 통치(1920년대, '문화 통치') ※ 계기 : 3.1 운동(1919)

분야	내용
정치	• 문관 총독 임명 가능(실제로는 임명 ×) • 보통 경찰제 시행 : 헌병 경찰제 폐지, 경찰 관서·인원·비용 확대 • 치안 유지법 시행(1925) • 한국인 참정권 제한적 확대 : 도 평의회, 면 협의회 등 설치 → 자문 기능만
교육 사회	• 제2차 조선 교육령(1922) 　– 보통학교 교육 연한 확대(4년→6년), '3면 1교' 정책, 보통학교 증설 • 언론·출판·집회·결사의 자유 제한적 허용 　– 「조선일보」, 「동아일보」 등 한국인 발행 신문 창간 　– 검열 제도 : 식민 통치 비판·민족 의식 고취 기사 삭제, 신문 정간
경제	• 산미 증식 계획(1920~1934) 　– 일본 자국 산업화 → 쌀 생산량 감소 → 일본 내 식량 확보 목적 　– 일본 벼 품종 보급, 수리 시설 확충, 화학 비료 사용 등 　– 증산 대비 반출 비율 증가, 수리 조합비·비료 대금 등 한국 농민 전가 • 회사령 폐지(1920) : 허가제 → 신고제 전환 • 관세 폐지(1923)

PLUS 더 알아보기

- **중추원** : 한국인을 정치에 참여시킨다는 구실로 설치된 조선 총독의 자문 기구. 실질적인 권한이 없었으며 3·1 운동 때까지 단 한 번도 소집된 적이 없었음
- **즉결 처분권** : 헌병 경찰이 구류·태형·3개월 이하의 징역 등에 해당하는 범죄에 대해 법 절차나 재판 없이 형벌을 가할 수 있는 권리
- **신은행령** : 은행의 운영 주체를 자본금 200만원 이상의 주식회사로 한정한 법령. 자본금 규모가 크지 않은 한국인 소유 은행 다수가 일본 은행에 합병됨
- **관세 폐지** : 일본 상품에 대한 관세를 폐지하여 이전보다 유리한 조건으로 조선에 수출할 수 있도록 함. 주로 직물·기계류 등이 들어오면서 한국인 기업에게 큰 타격을 줌

사료 더하기

(1) 헌병 무단 통치의 실제

- 이전부터 불순하고 악한 무리가 원근에 출몰하여 …… 나라를 어지럽힐 계책을 기도하고, 소요를 일으키는 자가 있다. 이 때문에 제국 군대는 각도의 주요 지점에 주둔하여 유사시의 변란에 대비하고, 헌병 경관은 서울과 지방에 널리 퍼져 치안에 종사하며, …… 함부로 망상을 일으켜 정무를 방해하는 자가 있으면 결단코 용서하지 않을 것이다. — 초대 조선 총독 데라우치 마사타케 취임사(1910) —

- 제1조 국가 명칭의 건(칙령) 한국을 개정하여 조선으로 한다.
  제2조 [조선인의 국법상 지위] 조선인은 특별히 법령 또는 조약으로 달리 취급하도록 정한 경우 이외에는 모두 내지인과 동일한 지위를 갖는다. 간도 재주자에 대해서는 전항의 조약 결과로 현재와 똑같은 지위를 지닌 것으로 간주한다. 외국에 귀화해서 현재 이중 국적을 지닌 자에 대해서는 추후에 국적법을 조선에 시행할 때까지 우리나라의 이해관계에 따라 일본 신민으로 간주한다. — 『한국 병합 처리 방안』 —

- [경찰범 처벌 규칙]
  제1조 다음 각호에 해당하는 자는 구류 또는 벌금에 처한다.
   02 일정한 주거 또는 생업 없이 이곳저곳 배회하는 자
   07 구걸을 하거나 시키는 자
   08 단체 가입을 강요하는 자
   19 함부로 대중을 모아 관공서에 청원 또는 진정을 한 자
   20 불온한 연설을 하거나 또는 불온 문서, 도서, 시가를 게시, 반포, 낭독하거나 큰 소리로 읊는 자
   32 경찰 관서에서 특별히 지시 또는 망령한 사항을 위반한 자
   33 부정한 목적으로 사람을 은닉한 자
   49 전선에 근접하여 연을 날리는 자
   50 석전 등 위험한 놀이를 하거나 시키는 자, 또는 길거리에서 공기총류나 활을 가지고 넣거나 놀게 시키는 자
   64 관서의 독촉을 받고도 굴뚝의 개조, 수선 또는 청소를 소홀히 하는 자   — 『조선 총독부 관보』 —

- [조선 태형령]
  제1조 3개월 이하의 징역 또는 구류에 처하여야 할 자는 그 상황에 따라 태형에 처할 수 있다.
  제6조 태형은 태로 볼기를 때려 집행한다.
  제7조 ① 태형은 태 30 이하는 1회에 집행하며, 30이 증가할 때마다 1회를 추가한다.
       ② 태형의 집행은 1일 1회를 초과할 수 없다.

제11조 태형은 감옥 또는 즉결 관서에서 비밀로 집행한다.
제13조 본령은 조선인에 한하여 적용한다.
  *시행 규칙 1조 태형은 수형자를 형판 위에 엎드리게 하고 그자의 양팔을 좌우로 벌리게 하여 형판에 묶고 양다리도 같이 묶은 후 볼기 부분을 노출시켜 태로 친다.
― 『조선 총독부 관보』 ―

- [범죄 즉결례(1910)]
제1조 경찰서장 또는 그 직무를 취급하는 자는 그 관할 구역 안의 다음 각 호의 범죄를 즉결할 수 있다.
제2조 즉결은 정식 재판을 하지 않으며 피고인의 진술을 듣고 증빙을 취조한 후 곧바로 언도해야 한다.
― 조선 총독부, 「조선 총독부 제령」 ―

- [제1차 조선 교육령]
제1조 조선에 있는 조선인의 교육은 본령에 따른다.
제2조 교육은 교육에 관한 칙어에 입각하여 충량한 국민을 육성하는 것을 근본으로 한다.
제4조 교육은 크게 나누어 보통 교육, 실업 교육 및 전문 교육으로 한다.
제5조 보통 교육은 보통의 지식 기능을 부여하고 국민다운 성격을 함양하며, 일본어를 보급함을 목적으로 한다.
제6조 실업 교육은 농업·상업·공업 등에 관한 지식과 기능을 가르치는 것을 목적으로 한다.
― 『조선 총독부 관보』 ―

- [조선 혁명 선언]
강도 일본이 우리의 국호를 없이하여, 우리의 정권을 빼앗으며, 우리의 생존적 필요조건을 다 박탈하였다. …… 일본에서 오는 이민자들이 증가하여 '딸깍발이' 등쌀에 우리 민족은 발 디딜 땅이 없어 산으로 들로 서간도로 북간도로, 시베리아의 황야로 몰리어 …… 강도 일본이 헌병 정치를 단행하여 우리 민족이 한걸음의 행동도 임의로 못하고, 언론·출판·결사·집회의 일체 자유가 없어 …… 자녀가 나면 '일어를 국어라, 일문을 국문이라'하는 노예 양성소—학교로 보내고 …….
― 신채호, 『조선 혁명 선언』 ―

(2) 1910년대 일제의 경제 침탈
- [토지 조사령(1912)]
제1조 토지의 조사 및 측량은 본령에 의한다.
제4조 토지의 소유자는 조선 총독이 정하는 기간 내에 주소, 씨명, 명칭 및 소유지의 소재, 지목, 자번호, 사표, 등급, 지적, 결수를 임시 토지 조사 국장에게 신고해야 한다.
제5조 토지의 소유자 또는 임차인, 기타 관리인은 조선 총독이 정하는 기간 내에 그 토지의 사방 경계에 측량 표지 막대를 세우고, 지목 및 자번호와 민유지에는 소유자의 성명 또는 명칭, 국유지에는 보관 관청명을 기재하여야 한다.
― 『조선 총독부 관보』 ―

- [회사령]
제1조 회사의 설립은 조선 총독의 허가를 받아야 한다.
제3조 제1항 조선 외에서 설립하여 조선에서 사업을 경영할 것을 주목적으로 하는 회사가 그 사업을 경영하기 위하여서는 조선에 본점이나 지점을 설치하여야 한다.
제5조 회사가 허가의 조건에 위반하거나 공공질서와 미풍에 위반한 행위를 했다고 판단될 때에 조선 총독은 사업의 정지와 폐쇄를 명할 수 있다.
제11조 회사에 관하여는 이 영 및 조선총독부령의 규정 외에 상법 중 회사에 관한 규정에 의한다. 다만, 상법 중 일본은 조선, 외국은 조선 외로 한다.
― 『조선 총독부 관보』 ―

- [은행령]
제2조 은행업은 조선 총독의 면허를 받지 아니하면 경영할 수 없다.
제7조 은행의 영업시간 및 휴일은 조선 총독이 정한다.

　　　　제8조 조선 총독이 필요하다고 인정하는 때는 은행으로 하여금 그 업무 및 재산 상황을 보고하게 하거나 소부의
　　　　　　관리에게 검사하게 할 수 있다.
　　　　제10조 은행이 이 영, 이 영에 의한 명령, 전조의 명령 또는 면허의 조건에 위반하거나 공익을 해하는 행위를 한
　　　　　　때에는 조선 총독은 업무를 정지하거나 면허를 취소할 수 있다.　　　　　　　　　　　　　－『조선 총독부 관보』－
- [일제의 동양 척식 주식회사 이주민 정책 변경]
  - 이주민(2정보 이내 자작농)을 5호 이상의 단체와 단호(개인)로 구분 …… 개인의 경우 (당국의) 보조 없이는 곤란함에 따라 단체를 폐지하고, 개인에게 자금을 대부한다.
  - 10정보 이내의 지주 이민의 경우 지대 일시금을 1/2에서 1/4로 인하하고, 이자도 7푼 5리에서 7푼으로 인하한다. 　　　－『조선 총독부 관보』－

(3) 민족 분열 통치(문화 통치)

- 이전부터 불순하고 악한 무리가 원근에 출몰하여 …… 나라를 어지럽힐 계책을 기도하고, 소요를 일으키는 자가 있다. 이 때문에 제국 군대는 각도의 주요 지점에 주둔하여 유사시의 변란에 대비하고, 헌병 경관은 서울과 지방에 널리 펴져 치안에 종사하며, …… 함부로 망상을 일으켜 정무를 방해하는 자가 있으면 결단코 용서하지 않을 것이다.　　　　　　　　　　　　　　　　　　　　　　　　－ 초대 조선 총독 데라우치 마사타케 취임사(1910) －
- [조선 통치에 관한 의견서] 생각건대 앞으로 일어날 운동은 작년 봄에 일어난 만세 소동 같은 어린애 장난은 아닐 것이다. 그 근저에는 앞으로 실력을 갖춘 조직적 운동으로 발전할 가능성이 있음을 예상하고 이에 대해 각오를 다져 두어야 한다.　　　　　　　　　　　　　　　　　　　　　　－ 일본 육군 차관 야마나시 한조(1919) －
- (관제 개정의 취지는) 각기 일시동인하여 …… 시세에 맞추어 시정의 편리함을 도모하는 데 있다. 즉, 총독은 문무관 중에서 임용할 수 있는 길을 열었고, 헌병에 의한 경찰 제도를 바꿔 보통 경찰에 의한 경찰 제도로 바꾸었다. 또 복제를 개정하여 일반 관리와 교원 등의 제복 대검을 폐지하고 조선인의 임용과 대우 등을 고려하였다. 요컨대 문화적 제도의 혁신을 통해 조선인을 이끌어서 …… 정치·사회 사상의 대우에서 일본인과 동일하게 취급하려는 궁극적 목적을 달성하고자 한다. …… 시기를 보아 지방 자치 제도를 시행할 목적으로 신속히 그 조사 연구에 착수하고자 한다.　　　　　　　　　　　　　　　　－ 사이토 마코토, 『조선 총독부 관보』 제2121호, 1919. 9. 4. －
- [조선 민족 운동에 대한 대책(1920)] 근래 조선 청년들은 일반적으로 성급하고 열광적인 운동이 효과가 없음을 자각하고 점차 실력을 양성하여 일본의 속박에서 벗어나 독립을 회복하려 하고 있다. …… 그러나 여기에 압박을 가해 질식시킨다는 것은 결코 바람직한 일이 아니다. 그렇다고 해서 아무런 방책도 강구함이 없이 그대로 둔다는 것은 위험스럽기 짝이 없다. 오히려 이러한 경향을 이용하여 이를 일선 병합의 대정신과 대이상인 일선 동화로 귀결시켜야 한다. 그 방책은 위력 있는 문화 운동뿐이다.
  1. 당국의 태도 방침을 일층 철저하게 할 것 배일 사상을 품고 독립을 꾀하거나 또는 일본 제국의 통치로부터 벗어나기를 기도하는 자는 엄벌에 처하도록 하여야 한다.
  1. 친일 단체 조직의 필요 …… 중심적 친일 인물을 물색하게 하고, 그 인물로 하여금 귀족, 양반, 유생, 부호, 실업가, 교육가, 종교인 등 각기 계급 및 사정에 따라 각종의 친일적 단체를 만들게 한 후, 그에게 상당한 편의와 원조를 제공하여 충분히 활동토록 할 것
  1. 각종 종교 단체도 중앙 집권화해서 그 최고 지도자에게 친일파를 앉히고 고문을 붙여 어용화할 것
  1. 양반 유생 가운데 직업이 없는 자에게 생활 방도를 마련해 주는 대가로 이들을 온갖 선전과 민정 염탐에 이용할 것. 한국인 부호 자본가에게 일본과 조선 자본가의 연계를 추진할 것　　－ 조선 총독부, 『사이토 마코토 문서』 －
- 치안유지법(1925)
  　　제1조 ① 국체를 변혁하거나 사유 재산 제도를 부인하는 것을 목적으로 결사를 조직하거나 이에 가입한 자는 10년 이하의 징역 또는 금고에 처한다.
  　　　　　② 전항의 미수죄는 벌한다.

제7조 이 법은 이 법의 시행 구역 외에서 죄를 범한 자에게도 적용한다.
- 개정 치안유지법(1928)
  제1조 국체를 변혁하는 것을 목적으로 결사를 조직한 자 또는 결사의 임원, 기타 지도자의 임무에 종사한 자는 사형 또는 무기나 5년 이상의 징역 또는 금고에 처한다. 사정을 알고 결사에 가입한 자 또는 결사의 목적 수행을 위한 행위를 한 자는 2년 이상의 유기 징역 또는 금고에 처한다. 사유 재산 제도를 부인하는 것을 목적으로 결사를 조직한 자, 결사에 가입한 자, 또는 결사의 목적 수행을 위한 행위를 한 자는 10년 이하의 징역 또는 금고에 처한다.
- 일시동인의 성의에 기초하여 공명정대한 정치를 행하고 선량한 민중을 애호함과 동시에 다만, 국헌에 반항하고 병합의 정신에 어긋나는 등의 불령의 무리에 대해서는 추호도 가차없이 단속하는 방침으로 나간다.
  － 조선 총독부, 『조선 통치 방침』 －
- [지방 자치의 실제(1931)] 부·읍·면이나 도에 의원이 될 사람은 어떤 사람이어야 되는가? ……유권자의 자격을 제정하되 …… "조선 총독이 지정한 부·면세 5원 이상을 바치는 사람이어야 선거권을 가진다."라고 하였다. 그러나 부세 5원 이상을 바칠 수 있는 재산가가 얼마나 되겠는가? ……한국인은 일본 사람보다 인구는 많으나, 5원 이상의 부세를 낼 수 있는 재산가는 일본 사람보다 훨씬 적다. …… (이에) 오늘의 조선 사람은 지방 자치제에 간여할 자격을 상실하였다.
  － 『별건곤』 －

(4) 1920년대 일제의 경제 정책
- [산미 증식 계획 요강(1926)] 일본 내 쌀 소비는 6,500만 석인데 생산량은 5,800만 석을 넘지 못해 해마다 그 부족분은 조선 및 외국의 공급에 의지하는 형편이다. 게다가 일본의 인구는 해마다 70만 명씩 증가하고 있을 뿐만 아니라, 1인당 소비량도 증가할 것은 필연적인 대세이다. 장래 쌀의 공급이 계속 부족해질 것이고, 따라서 지금 미국의 증식 계획을 수립하여 일본의 식량 문제를 해결하는 것이 급무이다. － 조선 총독부 농림국 －
- [관세 철폐] 고무신의 수요 증가에 따라 양말의 사용이 현저히 증가하고 있어 제조업자가 늘어났다. 그러나 …… 뛰어난 기술과 대량 생산으로 만들어진 일본 상품에 대항할 여력이 없는 상황에서 조선의 제조업자들이 관세 철폐로 인해 큰 타격을 받을 것으로 예상된다.
  － 『동아일보』, 1923. 4. 4. －
- 소위 산미 증식 계획이라는 이름으로 수리 조합이 만들어지고 있으나, …… 조합원들은 수리 조합 때문에 크게 고통을 당하고 있는데, 경기도의 부평 수리 조합의 경우에는 조합원들이 수리 시설로 얻는 이익보다 조합비 부담액이 크다고 한다. 어떤 조합원들은 수리 조합이 만들어지기 전에 거두던 수확보다 열 배나 많은 조합비를 내고 있다고 한다.
  － 『동아일보』, 1926. 12. 6. －
- 대개 조선인들이 생산한 쌀을 수이출 할 때, 결코 자신들이 충분히 소비하고 남은 것을 수출하는 것이 아니다. 생계가 곤란하여 먹을 것을 먹지 못하고 파는 것이다. …… 그러므로 조선 쌀의 수출이 증가하고 외국 쌀의 수입은 감소하는 반면, 속(만주산 잡곡)의 수입만이 증가하는 사실은 조선인의 생활난이 점점 심각해지고 있음을 실증하는 것이다.
  － 『동아일보』, 1927. 4. 8. －

주제2 3·1 운동과 대한민국 임시 정부

1 1910년대 국내외 독립운동

(1) 국내의 비밀 결사 활동
① 특징 : 강압적 무단 통치 → 비밀 결사 활동, 소규모 의병 투쟁(채응언), 의병 + 애국 계몽 운동
② 독립 의군부(1912, 전라)
  ㉠ 임병찬 등 유생 세력 중심, 고종의 밀명으로 조직, 복벽주의 주장
  ㉡ 국권 반환 요구서·전국적 의병 봉기 계획 → 실패
③ 대한 광복회(1915, 대구)
  ㉠ 박상진 총사령, 공화제 수립 목표
  ㉡ 만주 사관 학교 설립 시도, 의연금 모집
④ 조선 국민회(평양), 자립단(함경남도 단천) 독립운동 지속

(2) 국외 독립운동 기지 건설
① 국외 독립운동 기지 건설

지역	단체	활동
남만주 (서간도)	경학사	• 부민단 → 한족회로 개편 • 신흥 강습소(신흥 무관 학교) 설립
동만주 (북간도)	간민회	자치 단체, 명동 학교 설립
동만주 (북간도)	중광단	무장 투쟁 전개, 사관 양성소 설립
연해주	권업회	전로 한족회로 개편
연해주	대한 광복군 정부	공화정 형태 정부 수립 시도
미국	대한인 국민회	민주 공화국, 군자금 모금
상하이	동제사	신한 청년당 개편 → 파리 강화 회의 대표 파견

② 독립 선언
  ㉠ 대동단결 선언(1917) : 박은식·신채호 등 주축, 독립 의지 및 민주주의 의식 확인
  ㉡ 독립 선언서(1919) : 조소앙·안창호 등 주축, 민주 공화제·평화·평등 바탕 독립 의지 확인

PLUS 더 알아보기

• **송죽회** : 송죽 결사대, 평양 숭의 여학교 교사 김경희와 황에스더 등이 학생들과 함께 조직하여 전국 각지로 활동 영역이 확대됨

사료 더하기

(1) 1910년대 국내의 독립운동

- [복벽주의] 독립을 도모하기 위해서는 먼저 국왕과 왕세자 등 누군가 한 분을 황제로 추대하고 민심을 수습해야 한다. …… 임시 정부가 주장하는 대통령이라든가 공화 정치라든가 하는 것은 믿는 사람이 적다. 반대로 복벽에는 찬성하는 사람이 적지 않다. — 「대동단 사건 판사 신문 조서」 —

- [복벽주의] (의친왕) 우리 집안은 남달리 조선 5백 년 동안의 주인으로서 …… 그 이외의 한국인은 하인 또는 손발과 같은 관계인데, 그 하인·손발인 2천만 사람들이 주인을 생각하여 조선 독립을 위해 소요하고 있음에 그 주신이 모르는 체하고 있을 수는 없다. — 국사편찬위원회, 『한민족독립운동사 사료집 5』 —

- [복벽주의] (전협) 우리나라가 오래 군주 국가로 내려온 터이니 지금 대통령을 세운다고 하여도 민족의 단결은 이루어지기 어렵소. 그러니 우리 왕을 하나 세웁시다. 고종 황제의 아드님 한 분을 모시고 상하이로 나가서 …… 임시 정부를 우리 왕통 정부로 만들어 봅시다. — 이현주, 「일제하 장지영의 민족운동」 —

- [공화주의] (신채호) 전제 군주와 봉건 제도의 적폐가 사라지고 공화 정치의 복음이 널리 펼쳐 국민이 국가의 주인이 되는 나라! 이것이 진정한 국가이다. — 신채호, 『20세기 신국민』 —

- [공화주의] (구춘선) 임시 정부 이외에 복벽주의 단체들의 군인이 되어 죽는다는 것은 하등의 가치도 없고 어떠한 성공도 이룰 수 없을 것이다. 가치 있고 성공적으로 죽으려 한다면 공화 정부의 군적에 등록하여 공화 정부의 군인이 되어라. — 김정명, 『명치백년사총서3』 —

- [대한 광복회 강령]
  1. 부호로부터 기부금을 거두고, 일본인이 불법으로 징수한 세금을 압수해 독립운동 자금으로 삼는다.
  2. 만주에 사관 학교를 설치하여 독립 전사를 양성한다.
  3. 종래의 의병 및 해산 군인과 만주 이주민을 소집하여 훈련한다.
  4. 중국, 러시아 등 여러 나라에 의뢰하여 무기를 구입한다.
  6. 일인 교관 및 한인 반역자를 수시로 처단하는 행형부를 둔다.
  7. 무력이 준비되는 대로 일본을 내쫓고 최후 목적을 달성한다. — 『광복회 부활 취지 급 연혁』 —

- [대한인 국민회의 신한국 건설 주장] 이제 형질상의 '구한국'은 이미 망하였으나 정신상의 '신한국'은 바야흐로 시작하니 어찌 희망이 깊지 아니함이요? 그것은 단지 이씨 조선의 통치권이 끝난 것뿐이다. …… 이는 우리 국민으로 하여금 하나의 새 나라를 만들게 함이라. — 『신한민보』 —

(2) 1910년대 국외의 독립운동

- [권업회의 활동상] 국치 무망일과 신한촌, 우리가 억만세에 잊지 못할 수치를 당한 날에 신한촌의 거류민들은 음식을 그 전날에 준비하였다가 이날에는 집마다 연기를 내지 아니하고, …… 권업회 안에 모여 연합 대연설회를 열어 격절강개한 연설이 있었다더라. — 『신한민보』, 1913. 10. 17. —

- 한국인은 세계 속에서 대한국의 이름을 간직하고 한국인이라는 지위를 계속 지켜 나가기로 다짐하였습니다. 한국인의 과업이 아무리 어렵다 할지라도 자유에 이를 때까지 무기를 들고 일본과 투쟁할 것을 각오하였습니다. 한국인을 옹호해 주십시오. 한국인을 옹호함으로써 귀국은 정의를 옹호하게 되는 것입니다. …… 한국인은 자유를 위해 죽을 각오가 되어 있습니다. — 『성명회 선언서』(1910) —

- [양기탁 보안법 위반 사건] 양기탁은 청국영토로 자유의 천지라고 믿는 서간도에 단체이주를 기획하여 조선 본토로부터 상당한 자력이 있는 다수의 사람들을 동지에 이주시키고 토지를 매입하여 그곳에 보내어 민단을 조직하고 학교와 교회를 세우고 더 나아가 무관학교를 설립하여 문무쌍전교육을 실시하여 기회를 틈타서 독립전쟁을 일으키고자 하였다. …… 동년(1910년) 11월 하순 동지 이동녕이 서간도 시찰을 마치고 돌아오자 동인과 임치정 집에

서 회합을 갖고 서간도에 관한 사정을 상세하게 들었다. 동년 12월 중순 피고(양기탁) 집에 김구, 김도희, 안태국, 주진수 등의 동지들이 모여 서간도 이주 방법을 강구했다. ─『양기탁 경성지방법원 제11회 공판시말서』─

- [신민회의 무장 독립운동 회의]
  - 독립 전쟁 전략을 최고의 전략으로 채택한다.
  - 국외에 독립군 기지와 그 핵심체로서 무관 학교를 설립한다.
  - 일제 헌병대에 구속되었던 간부들을 국외에 망명시켜 이 사업을 담당케 한다.
  - 국내에 남은 간부 및 회원들은 이 사업을 지원하는 한편 종래의 애국계몽운동을 계속한다. ─『안도산 전서』─
- [신흥 무관 학교 교가] 종 설움 받는 이 뉘뇨 / 우리 우리 배달나라의 / 우리 우리 자손들이라. / 가슴치고 눈물 뿌려 통곡하여라 / 지옥의 쇳문이 온다.
- [김산의 일대기] "학교는 산속에 있었으며 18개의 교실로 나뉘어 있었는데, 눈에 잘 띄지 않게 산허리를 따라 줄지어 있었다. 18세에서 30세까지의 학생들이 100명 가까이 입학하였다. …… 학과는 새벽 4시에 시작하여 취침은 저녁 9시에 하였다. 우리는 군대 전술을 공부하였고 총기를 가지고 훈련하였다. 그렇지만 가장 엄격하게 요구한 것은 게릴라 전술을 위해 산을 재빨리 올라갈 수 있는 능력이었다. 학생들은 강철 같은 근육을 가지고 있었다."
  ─ 님 웨일스·김산, 『아리랑』 ─
- [대동 단결 선언] 융희 황제가 3보를 포기한 8월 29일은 우리들이 3보를 계승한 날이다. …… 황제의 주권 포기는 우리 국민에 대한 양위와 마찬가지이다. 우리는 당연히 3보를 계승하여 통치할 권리가 있다. 2천만의 생령과 3천리의 영토와 4천 년의 주권은 우리가 상속했고, 앞으로도 상속할 것이다. ─ 독립기념관 정보시스템 ─
- [대한 독립 선언서] 일체의 방편을 다하여 군국주의 전제를 없애고 민족 평등을 전 세계에 밝힘으로써 우리 독립의 가장 중요한 뜻으로 삼을 것이며, 평등하고 균등한 세계의 공의를 만들어 나가는 것을 우리 독립의 본령으로 삼을 것이다. …… 동등한 권리와 동등한 경제적 부를 우리 동포들에게 베풀고 남녀 빈부를 없애고자 한다.
  ─ 국사편찬위원회, 『한국 독립운동사 자료 4권 임정편』 ─
- [대한인 국민회의 신한국 건설 주장] 이제 형질상의 '구한국'은 이미 망하였으나 정신상의 '신한국'은 바야흐로 시작하니 어찌 희망이 깊지 아니함이요? 그것은 단지 이씨 조선의 통치권이 끝난 것뿐이다. …… 이는 우리 국민으로 하여금 하나의 새 나라를 만들게 함이라. ─『신한민보』 1910. 10. 5. ─

2 3·1 운동의 전개와 영향

(1) 3·1 운동의 배경
  ① 국외에서의 준비
    ㉠ 미 대통령 윌슨의 민족 자결주의 주창(파리 강화 회의)
    ㉡ 신한 청년단(상하이) : 파리 강화 회의에 김규식 대표 파견
    ㉢ 대한인 국민회(미주) : 파리 강화 회의에서 미국에 한국 독립 문제 언급 요청 외교 활동
    ㉣ 2.8 독립 선언(1919) : 일본 유학 한국 청년들(조선 청년 독립당)의 독립 선언 발표
  ② 기미 독립 선언(1919) : 종교계 지도자 민족 대표 구성 → 제국주의 침략 반대, 독립 선언 발표

(2) 3·1 운동의 전개와 의의
　① 시작과 확산
　　㉠ 민족 대표(태화관)·학생 및 시민(탑골 공원)의 독립 선언식→주요 대도시로 확산
　　㉡ 농촌 지역 확대 과정에서 헌병 경찰·군인의 폭력적 진압↔시위 참가자, 식민 기관 파괴 저항
　　㉢ 국외 확산 : 부민단(서간도)-독립 축하회 및 만세 시위, 필라델피아 한인 자유 대회 개최
　② 3·1 운동의 의의와 영향
　　㉠ 의의 : 식민 지배 거부, 평화·민주주의 국가 건설 의지 표방
　　㉡ 영향
　　　ⓐ 일제 : 무단 통치→문화 통치(민족 분열 통치)
　　　ⓑ 대한민국 임시 정부 수립 : 3·1 운동 이후 각지에서 만들어진 임시 정부 통합
　　　ⓒ 노동자·농민 의식 고양→1920년대 노동·농민 운동 활발히 전개
　　　ⓓ 중국의 반일 감정 확산→5·4 운동에 영향

사료 더하기

(1) 독립 선언서
- [2·8 독립 선언] 우리 겨레는 이러한 무력과 억압을 사용한 국가 장악을 부정하고 불평등한 정치 아래에서 생존과 발전을 누릴 수 없다. …… 정의와 자유를 기초로 한 민주주의 위에 선진국의 본보기를 따라 새로운 국가를 건설한 뒤에는 건국 이래 문화와 정의와 평화를 애호하는 우리 겨레는 반드시 세계의 평화와 인류의 문화에 공헌할 것이다. 이에 우리는 일본이나 혹은 세계 각국이 우리 겨레에게 민족 자결의 기회를 주기를 요구한다.
  1. 우리는 한·일 합병이 우리 민족의 자유의사에서 나오지 아니하고 우리 민족의 생존 및 발전을 위협하며 동양의 평화까지도 교란하는 원인이 된다는 이유를 들어 독립을 주장함.
  2. 우리는 일본 의회 및 정부에게 조선 민족 대회를 소집하여 이 대회의 결의로 우리 민족의 운명을 결정할 수 있도록 기회를 부여할 것을 요구함.
  3. 우리는 만국 강화 회의에서 민족 자결주의를 우리 민족에게도 적용해 줄 것을 청구함. 오른쪽의 목적을 달성하기 위하여 일본에 주재한 각국 대공사에게 우리 단체의 주의를 각기 정부에 전달하기를 의뢰하고 동시에 위원 두 명을 만국강화회의에 파견함. 오른쪽 위원은 이미 파견한 우리 겨레의 위원과 일치 행동을 갖음.
  4. 전 항의 요구가 실패될 때에는 우리 겨레는 일본에 대하여 영원한 혈전을 선언함. 이로써 생기는 참화는 우리 겨레가 그 책임을 지지 아니함.　　　　　－ 재일본 한국 YMCA 2·8 독립 선언 기념 자료실 －
- [기미 독립 선언서] 우리는 우리 조선이 독립한 나라임과 조선 사람이 자주적인 민족임을 선언한다. …… 이는 하늘의 지시이며, 시대의 추세이며, 전 인류의 공동 생존권의 정당한 발동이다. 낡은 시대의 유물인 침략주의·강권주의에 희생되어 역사가 있은 지 몇 천 년 만에 처음으로 다른 민족의 억누름에 뼈아픈 괴로움을 당한 지 이미 십 년이 지났으니 ……아, 새로운 세계가 눈앞에 펼쳐졌도다. 위력의 시대가 가고 도의의 시대가 왔도다.
  1. 금일 우리의 거사는 정의, 인도, 생존, 존영을 위하는 민족적 요구이니, 오직 자유적 정신을 발휘할 것이요, 결코 배타적 감정으로 일주하지 말라.
  1. 최후의 일인까지 최후의 일각까지 민족의 정당한 의사를 쾌히 발표하라.
  1. 일체의 행동은 가장 질서를 존중하여 우리의 주장과 태도로 하여금 어디까지든지 광명정대하게 하라.
　　　　　－ 독립기념관 한국 독립운동 정보시스템 －

(2) 만세 시위와 일제의 폭력 진압
- 시위를 목격한 외국인들의 말에 의하면, 이번 시위는 그들이 이제까지 목격한 것 중에서 가장 특이한 것 중의 하나였다고 한다. 새롭게 눈을 뜬 자유로 맥박이 고동치는 이 거대한 백의의 군중은, 그들에게 아무런 명분도 없이 고문과 약탈을 자행해 온 바로 그 일본인들에 의해 사방이 포위되었다. 그러나 시위대는 일본인들의 과오에 대해 보복을 하지 않았는데, 이는 그와 같은 행동을 하는 것은 조국의 명예를 더럽히는 것이라고 생각했기 때문이다.
  - C.W.켄들, 『한국 독립운동의 진상』 -
- 그때 인심은 극도로 동요되고 학생은 교복을 벗고 백의에 흰 헌팅(모자)을 쓰고 서로 만나는 대로 인사뿐이요, 말은 하나도 건네지 않고 학생들의 강한 의지는 불타고 있었다. 거리의 긴장은 무서웠고, 비밀 신문 수십 종이 발행되어 돌며 거리마다 만세 소리가 물 끓듯 컸는지라 일경은 말을 타고 3척가량이나 되는 철 망치를 휘두르며, 소방부는 몽둥이를 들고 발광하듯이 우리 동포를 사상케 하였고, 거리며 동리 어귀마다 변장한 왜경이 서서 가해를 하니.
  - 『신천지』(1946) -
- 1919년 4월 1일, 경남 밀양에서 윤수선이 "부산에서는 학생들이 독립을 위해 만세를 외친다."라고 하자, 김성선과 강덕수가 만세 시위를 제안하였다. 윤차암과 박소수도 이에 동의하였다. …… 모두 20~30명에 달하자 박차용은 나팔을 불며 선두에 서고, 다른 사람들은 독립 만세를 외치며 행진하였다.
  - 학생 중심으로 만세 운동을 전개한 윤차암 등의 판결문(일부) -
- 이장옥은 군중 약 1,500명과 함께 '조선 독립 만세'라고 쓴 깃발을 세우고 독립 만세를 외쳤으며, 헌병 주재소에 달려들어 돌을 던졌다.
  - 밀양에서 만세 운동을 전개한 승려 이장옥 등의 판결문(일부) -
- "조선에서 일어난 소란이 점차 악화되고 운동 방법도 격렬하게 바뀌었다. 속히 진정시킬 필요가 있어 병력에 의하여 토멸하기로 하였다. 특히 시베리아는 과격파에 투입한 다수 조선인이 있고, 이전부터 쭉 간도 방면으로 남하하려는 정세도 있어 급속히 토벌하기로 하였다."
  - 『매일신보』, 1919. 4. 13. -
- 그 가운데 심한 사람은 미리 낫, 괭이, 몽둥이 등 흉기를 가지고 전투적인 준비를 갖추었다. 미리 훈련 받은 정규병과 같은 모습을 띠었다. 이들은 집합하자마자 우선 독립 만세를 소리 높여 외쳐 기세를 올렸다. 나아가 면사무소, 군청 등 비교적 저항력이 빈약한 데를 습격함으로써 군중의 사기를 높이고 마침내는 경찰 관서를 습격하여 때때로 파괴적 행동에 빠지려 하였다.
  - 조선 헌병대 사령부, 『조선 소요 사건 상황』 -
- [화성 제암리 학살 사건] 미국인 선교사 스코필드는 제암리 학살 소식을 미국 언론에 폭로하였다. 선교사 노블도 다음과 같이 당시의 참상을 전했다. "그들은 재가 되어 버린 교회와 숯덩이가 된 시신들을 보았으며, 살이 타면서 나는 냄새를 맡고 병이 날 지경이었다. 곡물 창고와 가축들도 모두 불에 탔다." - 노블, 『노블 일지 1892~1934』 -
- 피고 한이순 등은 천안 사립 광명학교 학생으로 독립 만세 운동을 공모하고 3월 20일 학생 약 80명을 인솔하여 양대리 시장에 이르러 국기를 흔들고 조선 독립 만세를 불렀다.
  - 공주 지방 법원, 1919 -

(3) 외신의 3·1 운동 보도
- 3월 중순경부터 경상남도 양도, 특히 불온한 주민의 소굴인 안동을 중심으로 폭도가 빈발하였다. …… 불량한 한국인의 선동이 군중을 몰아 제멋대로 흉폭함을 드러내는 경향이 있어서 관권(조선 총독부)은 주모자를 검거하고, 이에 대한 적극적인 진압에 힘쓰고 있다. 그러나 상황이 앞에 쓴 바와 같으므로 이를 진압하는 데에 부득이 무기를 사용하기에 이르렀기 때문에 …….
  - 일본 『아사히 신문』(1919. 4. 6.) -
- 한인들이 의거를 일으키는 것은 일본의 무도함 때문이다. 일본이 한인의 국가사상 소멸과 독립에 대한 희망을 파괴하려고 시도한 지 십여 년이 되었다. …… 한국인의 이번 독립운동으로 한인에 대해 더욱 잔혹해졌다. 오직 세계에 일본의 폭력성을 알리는 데 더 큰 의미가 있다. 일본이 비록 이를 감춘다고 할지라도 이미 천하에 드러났으니 이것은 한국인의 한 줄기 희망이다.
  - 중국 『민국일보』(1919. 3. 23.) -

- 사건의 발단은 조선의 사실상 마지막 황제 고종의 인산일을 이틀 앞둔 3월 1일부터 시작되었다. 그러나 소요의 기미가 있는데, 설사 독립운동과 같은 사건이 한국에서 일어나더라도 이에 대해 일체의 보도를 하지 말라는 경시청장의 통고문을 접수한 것은 이보다 앞선 1월 28일의 일이었다. 2월 14일에도 한국인의 독립 선언문 보도 금지 명령이 내려졌다. 2월 19일 『재팬 크로니클』지는 보도 금지된 사실과 선언문을 배포한 사람들이 비밀 재판을 받고 1년간의 징역을 선고받은 사실을 담은 기사를 크게 보도하였다. …… 그러나 2월 19일 기사 보도 후 경찰 당국으로부터 판매 금지를 당하고 말았다.
  – 재팬 크로니클, 『한국의 독립운동』 –
- 이번 한국의 독립운동은 위대하고 비장하다. 그들은 정확한 이념을 가졌고, 무력이 아니라 민의를 바탕으로 운동을 끌어가는 세계 혁명사의 신기원을 개척하였다.
  – 중국 『매주평론』(1919. 3. 23.) –
- 일본 정부는 한국을 일제의 한 지방으로 만들어 버리는 데 성공하리라고 믿었다. 그러기에 일본은 한국의 언어를 말살하고 …… 옛 전통을 말살하는 방법을 취했다. 멀리서 우리에게까지 전해진 한국인들의 고난의 절규를 강화 회의가 묵살해 버릴 것이 확실하다. 그러나 우리는 알자스로렌 지방을 해방한 뒤에도 한국인이 영원히 노예 상태에 머물러 있게 됨을 그대로 참고 보고만 있어야 할 것인가.
  – 프랑스 『앙탕트』(1919. 7. 7.) –
- 이집트 및 한국의 독립운동은 인민 자치권의 문제와 함께 더욱 중요한 인민의 자치 능력의 문제를 포함하고 있다. 한국과 이집트는 함께 이 능력을 결여하고 있기 때문에 영·일의 치하에 귀속된 것이다. …… 일본으로 하여금 한국인에게 자치를 약속하고 점차 이를 교도하여 진보된 정치 사상을 고취함이 바람직하다.
  – 미국 『뉴욕 타임스』(1919. 3. 20.) –
- 한국인들은 다른 나라가 자기를 지배하고 군대를 앞세워 압박하는 것을 반대하고, 그에서 벗어나고자 하였다. 제국주의 압박에서 벗어나고자 하는 것은 신성한 권리임에 분명하다.
  – 미국 『뉴욕 타임스』(1919.5.21.) –

(4) 3·1 운동이 끼친 영향

- [5·4 운동] 이번 조선 독립운동은 위대하고 간절하며 비장한 동시에 명료하고 정확한 관념을 갖추어 민의를 사용하되 무력을 사용하지 않음으로써 세계 혁명사의 신기원을 열었다. 우리는 이에 대해 찬미·비통·흥분·희망·부끄러움 등의 여러 가지 느낌을 갖게 된다. 우리는 조선의 자유사상이 이로부터 발전하기를 희망한다. 우리는 조선 민족이 머지않아 독립 자치의 영광을 발견할 수 있을 것으로 믿는다.
  – 천두슈, 『조선 독립운동의 감상』 –
- [인도의 반영 운동] 코리아는 조용한 아침의 나라라는 뜻의 조선이라는 옛 지명으로 다시 일컬어지고 있다. 일본은 코리아에서 어느 정도 근대적인 개혁을 실시했으나 한편 한민족의 정신을 가차없이 유린했다. 코리아에서는 오랫동안 독립을 위한 항쟁이 계속되어 여러 차례 폭발했다. 그 가운데서도 중요한 것은 1919년의 독립 만세 운동이었다. 한민족, 특히 청년 남녀는 우세한 적에 맞서 용감히 투쟁했다. …… 그들은 이와 같이 자신들의 이상을 위해 희생하고 순국했다. 일본이 한민족을 억압한 것은 역사상 보기 드문 쓰라린 암흑의 일막이다. 코리아에서는 대학을 갓 졸업한 젊은 여성과 소녀가 투쟁에서 중요한 역할을 하고 있다는 사실을 안다면 너도 틀림없이 깊은 감동을 받을 것이다.
  – 네루, 『세계사 편력』 –

3 대한민국 임시 정부

(1) 대한민국 임시 정부의 수립
   ① 임시 정부의 수립
      ㉠ 배경 : 3·1 운동 → 산발적 운동 전개의 한계 극복, 조직적 독립운동 지휘 본부 필요
      ㉡ 대한 국민 의회(연해주, 1919.3.) : 전로 한족회 중앙 총회 → 대한 국민 의회 개칭, 정부 수립
      ㉢ 한성 정부(서울, 1919.4.) : 이규갑, 홍진 등 중심
      ㉣ 임시 의정원(상하이, 1919.4.) : '대한민국' 국호, 임시 정부 구성
   ② 통합 : 상하이 임시 정부 & 연해주 대한 국민 의회 내각 해산 + 한성 정부 내각 구성안 수용
      → 상하이에 통합 대한민국 임시 정부 구성 → 대한민국 임시 헌법 공포(1919.9.)
   ③ 대한민국 임시 정부의 특징
      ㉠ 우리 역사상 최초의 민주 공화제 정부
      ㉡ 삼권 분립 제도 : 임시 의정원(행정), 국무원(입법), 법원(사법)
      ㉢ 국무원 이하 8개 부 설치, 이승만 임시 대통령·이동휘 국무총리 취임

(2) 대한민국 임시 정부의 활동
   ① 조직 : 연통제(비밀 행정 조직, 독판·군감), 교통국(통신 기관) → 이륭 양행·백산 상회 보조
   ② 외교 : 파리 강화회의 참여(김규식 전권 대사), 구미 위원부 설치(이승만)
   ③ 무장 투쟁 : 육군 주만 참의부 편성 → 남만주 무장 투장 조직, 군무부 직할
   ④ 『독립신문』 발간, 한·일 관계 사료집 간행(임시 사료 편찬소), 독립 공채 발행

(3) 국민 대표 회의(1923)
   ① 배경
      ㉠ 일제의 탄압 → 연통제·교통국 파괴 → 국내 연락·운동 자금 모금 불가
      ㉡ 외교적 성과 부족, 이승만 위임 통치 청원 사건 발생
      ㉢ 독립운동 방향 충돌 : 무장 투쟁(이동휘 등) VS. 실력 양성(안창호 등)
   ② 국민 대표 회의
      ㉠ 내용 : 임시 정부의 활동 방향 및 조직 개편 문제 논의
      ㉡ 임시 정부 해산(창조파) VS. 임시 정부 존속(개조파) 대립
      ㉢ 결과 : 내무총장 김구 내무령 제1호 공포 → 국민 대표 회의 해산 명령
   ③ 국민 대표 회의 이후
      ㉠ 임시 정부 침체 : 이승만 탄핵(1925), 박은식 2대 임시 대통령 선출
      ㉡ 개헌 : 국무령 중심 체제 개편 → 이후 김구 집단 지도 체제 도입 등 다양한 시도

PLUS 더 알아보기

- **연통제**: 임시 정부에서 국내외 민족 운동을 연결하고 독립운동 자금을 모으기 위해 시행한 제도. 서울에 총판, 도에는 독판을 두고 그 아래 군감, 면감 등을 두어 활동
- **교통국**: 정보 수집과 분석, 군자금 전달, 무기 수입 등을 담당함
- **이륭 양행**: 아일랜드계 영국인 조지 루이스 쇼가 설립한 무역 회사. 대한민국 임시 정부 교통국 역할 수행
- **백산 상회**: 독립운동가 안희제가 설립한 회사. 곡물·해산물 판매 → 독립운동 자금 지원, 연통제 조직과 연락
- **독립 공채**: 대한민국 임시 정부가 민족 운동에 필요한 자금을 조달할 목적으로 발행한 공채. 공채의 액면 금액은 1,000원·500원·100원 3종이었으며, 독립 공채 조례에 따르면 공채 원금은 광복 이후 5개년부터 30년 이내 수시 상환하며 원화 채권은 연 5%, 달러 채권은 연 6% 복리 이자로 정해져 있음
- **한·일 관계 사료집**: 국제 연맹에 한국 독립을 호소하기 위해 만든 자료집. 일제의 침략 과정과 식민 통치의 실상 등을 담음
- **구미 위원부**: 미국 워싱턴에 설치되어 한국 독립 문제에 대한 여론을 환기하고 워싱턴 회의에 참여하는 등 활발한 외교 활동을 펼침
- **군무부 포고 제1호**: 군무총장 노백린의 명의로 군인 양성과 군대 편성을 위해 국민 남녀의 동원을 촉구하는 내용을 담고 있다. 중간에 "제1의 급무는 전투의 기초인 군인의 양성과 군대의 편성이라."를 강조하고 있다.

사료 더하기

(1) 대한민국 임시 정부

- [한국 유림의 '파리·장서 사건'] 아! 우리 한국은 천하 만방의 하나입니다. 영토가 삼천 리이고 국민이 2천만이며 4천여 년을 유지·보존하면서 반도의 문명을 잃지 않았으니, 또한 만방에서 제외될 수 없습니다. …… 우리 한국은 비록 작지만, 2천만 국민과 4천 년 역사를 지니고 있으니, 족히 나라 일을 담당할 사람이 부족하지 않거늘, 애당초에 어찌 인국의 대치를 바라겠습니까? …… 10년간 고통 받은 사실을 갖추어 천애의 만리 밖에서 서신을 드리니, 참으로 비통하고 절박한 심정에 말할 바를 모르겠습니다. ― 「독립 청원서」(파리 장서, 1917) ―
- [대한민국 임시 정부 성립 축하문] 10년의 노예 생활을 벗어나 오늘에 다시 독립 대한의 국민이 되었도다. …… 우리 국민은 다시 다른 민족의 노예가 아니요, 또한, 다시 부패한 전제 정부의 노예도 아니요, 독립한 민주국의 자유민이라. 우리 환희를 무엇으로 표현하랴. 삼천리 대한 강산에 태극기를 날리고 2천만 민중의 함성을 합하여 만세를 부르리라. 오직 신성한 국토―아직 적의 점령하에 있으니 2천만 자유민아! 일어나 자유의 전쟁을 벌일 지어다. ― 『독립신문』, 1919. 11. 15. ―
- [대한민국 임시 정부 헌법]
  제1조 대한민국은 민주공화제로 함.
  제2조 대한민국은 임시 정부가 임시 의정원의 결의에 따라 통치함.
  제3조 대한민국의 인민은 남녀, 귀천 및 빈부의 계급이 없고, 일체 평등임.
  제4조 대한민국의 인민은 신교·언론·저작·출판·결사·집회·신서·주소 이전·신체 및 소유의 자유를 지님.
  제5조 대한민국의 인민으로 공민 자격이 있는 자는 선거권 및 피선거권이 있음.
  제6조 대한민국의 인민은 교육·납세·병역의 의무가 있음.

제7조 대한민국은 신의 의사에 의하여 건국한 정신을 세계에 발휘하며 나아가 인류의 문화 및 평화에 공헌하기 위하여 국제연맹에 가입함.
제10조 대한민국은 국토 회복 이후 만1개년 이내에 국회를 소집함.
- 국사편찬위원회, 『대한민국 임시 정부 자료집 1권』 -

- [임시 정부의 통합]
 상하이와 노령에서 설립한 정부들은 일체 없애고 오직 국내에서 13도 대표가 민족 전체의 대표임을 인정함이다. 정부의 위치는 아직 상하이에 둘 것이니 각지의 연락이 비교적 편리하기 때문이다.
 상하이에서 설립한 제도와 인선은 없는 것으로 하고 한성 정부의 집정관 총재 제도와 그 인선을 채용하되, 상하이에서 정부 수립 이래 실시한 행정은 그대로 유효 인정할 것이다.
 정부의 명칭은 대한민국 임시 정부라 할 것이니, 독립 선언 이후에 각지를 원만히 대표하여 설립된 역사적 사실을 살리기 위함이다.
 현재 정부의 각원은 일제히 퇴직하고, 한성 정부가 선택한 각원들이 정부를 인계한다. - 주요한, 『안도산 전집』 -

- [대한민국 임시 정부 헌법(1919. 9.)]
 제1장 총령
  제1조 대한민국은 대한 인민으로 조직한다.
  제2조 대한민국의 주권은 대한 인민 전체에 있다.
  제3조 대한민국의 강토는 구한국의 판도로 한다.
  제4조 대한민국의 인민은 일체평등하다.
  제5조 대한민국의 입법권은 의정원이, 행정권은 국무원이, 사법권은 법원이 행사한다.
  제6조 대한민국의 주권 행사는 헌법 규범 내에서 임시 대통령에게 전임한다.
  제8조 대한민국의 인민은 법률 범위 내에서 다음 각 항에 제시된 자유를 향유한다.
   1. 신앙의 자유 2. 재산의 자유 3. 언론·저작·출판·집회·결사의 자유
  제4장 제34조 임시 의정원은 완전한 국회가 성립되는 날에 해산하고 그 직권은 국회가 이를 행한다.
- 국사편찬위원회, 『대한민국 임시 정부 자료집 1권』 -

- [연통제] 한국에는 비밀 정부가 조직되어 연통제를 실시하였다. 이들은 흔히 소녀와 부인을 통해 법령을 반포하며 전달하지만, 실시 방법은 완전하게 비밀이다. 상하이, 영국, 미국, 기타 각 나라와 비밀리에 통신을 교환하며 자금을 모금하여 외국으로 보낸다. 이미 수백만 원이 압록강을 건너 멀리 만주로 갔고 중국으로도 갔다.
-C.W.켄들, 『한국 독립운동의 진상』

- [선거계의 신기원] 이번 열린 임시 의정원의 결원 의원을 보선키 위하여 황해도 선거회에서 지난 14일 보결 선거를 행한 결과 김구씨와 김마리아 여사가 의원에 당선되었는데, 여자로서 의원에 선거됨이 우리 선거계는 물론 이번이 처음일뿐더러 금일까지의 세계 열국을 통해서도 이것이 아직 몇째 안 가는 희귀한 일이더라.
-『독립신문』, 1922. 2. 20. -

(2) 국민 대표 회의

- [이승만의 위임 통치 청원서] 연합국 열강이 장래에 한국의 완전한 독립을 보장한다는 조건으로 현재와 같은 일본의 통치로부터 한국을 해방하여 국제 연맹의 위임 통치 아래에 두는 조치를 하도록 …… 간절히 청하는 바입니다. 이것이 이루어질 수 있다면 한반도는 모든 나라에 이익을 제공할 중립적 통상 지역으로 변할 것입니다. 아울러 이러한 조치는 극동에 새로운 하나의 완충국을 탄생시킴으로써 …… 평화를 유지하는 데 도움이 될 것입니다.
- 방선주, 『재미 한인의 독립운동』 -

- [신채호의 외교 독립론 비판] 강도 일본을 몰아서 내쫓을 것을 주장하는 가운데 또 다음과 같은 논자들이 있으니, 첫째는 외교론이니 …… 이들은 한 자루의 칼과 한 방의 총알로 어리석고 탐욕스러우며 포악한 관리나 나라의 원수에게 던지지 못하고, 청원서나 여러 나라 공관에 던지며 탄원서나 일본 정부에 보내 국세의 외롭고 약함을 슬피 호소하여 국가 존망, 민족 사활의 대문제를 외국인, 심지어 적국인의 처분으로 결정하기만 기다리었도다.
— 신채호, 『조선 혁명 선언』 —

- [국민 대표 회의 선언서] 본 국민대표 회의는 2천만 민중의 공정한 뜻에 바탕을 둔 국민적 대회합으로 최고의 권위를 가지고 국민의 완전한 통일을 공고하게 하며 광복 대업의 근본 방침을 수립하여 우리 민족의 자유를 만회하며 독립을 완성하기를 기도하고 이에 선언하노라. …… 본 대표 등은 국민이 위탁한 사명을 받들어 국민적 대단결에 힘쓰며, 독립운동이 나아갈 방향을 확립하여 통일적 기관 아래에서 대업을 완성하고자 하노라. 아, 국민적 대단합이 여기에 완성되도다. 운동의 신국면이 여기에 전개되었다. 우리 전 국민은 다 나와 동일한 주장과 방침으로 나아갈지어다.
— 『한국 민족 독립운동 사료(중국편)』 —

- [창조파의 주장] 우리는 적극적인 투쟁을 준비해야 하는 시기에 처해 있다. 신뢰를 잃은 기관을 개조하는 방식으로는 투쟁할 수 없다. …… 임시 정부는 독립운동 세력 전반과 연계가 부족하다. 임시 정부와 같이 비현실적인 행정 관청을 개조하는 것만으로는 독립운동을 지도할 수 있는 유능한 기관을 확보할 수 없다. …… 해방 운동은 더 직접적으로 추진되어야 한다.
— 국사편찬위원회, 『대한민국 임시 정부 자료집 별책 5』 —

- [창조파의 주장] 국제적으로 열강이 우리 독립운동에 주목하지 않고 내적으로도 독립운동 단체의 움직임이 위축되고 있는 것은 단체들이 통일되지 못했기 때문이다. 지금 임시 정부는 이러한 사태에 어떠한 대응도 하지 못하고 그저 어딘가에 있다는 말만 듣는 정도이니 다시금 무장 운동을 준비할 책임 있는 독립운동 기관을 하나 세워야 할 것이다.
— 『독립신문』, 1923. 1. 24. —

- [개조파의 주장] 임시 정부가 진가를 발휘하지 못한 것은 사실이지만, 이는 임시 정부에서 근무하는 사람의 능력 때문일 뿐이다. 정부 전체를 비난해서는 안 된다. 몇몇 사람을 면직하고 새로운 사람들을 선출한다면 실로 역할을 잘하게 될 것이다. 어떠한 경우에도 기관 그 자체는 폐지해서는 안 된다. …… 새로운 기관을 설립하게 되면 독립운동은 두 개의 중심을 지니게 될 것이고, 이로 인해 내부 투쟁만 커질 것이다.
— 국사편찬위원회, 『대한민국 임시 정부 자료집 별책 5』 —

- [개조파의 주장] 우리는 불과 2천만 동포를 통합하지 못하고 무슨 계열이니 하여 나뉘어 있다. 단체 불통일과 주도권 싸움 때문에 우리 군인들이 이국에서 무장 해제까지 당하고 목숨을 잃었다. 우리 정부는 마치 빈집과 같아서 이런 사태에 제대로 대응하지 못하고 있다. 그렇다고 해도 지난 5년 동안 활동한 역사가 있으니 이를 없애지 말고 고칠 것은 고쳐서 계속 유지하는 것이 가하다.
— 『독립신문』, 1923. 1. 24. —

- [이승만 대통령 탄핵] 정무를 총람하는 국가 총책임자로서 정부의 행정과 재무를 방해하고 임시 헌법에 의하여 의정원의 서거를 받아 취임한 대통령이 자기 지위에 불리한 결의라 하여 의정원의 결의를 부인하고 심지어 한성 조직(한성 정부)의 계통 운운함과 같은 것은 대한민국 임시 헌법을 근본적으로 부인하는 행위라, 이와 같이 국정을 방해하고 국헌을 부인하는 자를 하루라도 국가 원수의 직에 둠은 대업의 진행을 기대하기 불능하고 국법의 신성을 보존하기 어려울 뿐 아니라 순국 제현이 눈을 감지 못할 바요, 살아 있는 충용의 소망이 아니다.
— 『독립신문』, 1925. 3. 23. —

주제3 다양한 민족 운동의 전개

1 무장 투쟁과 의열 투쟁

(1) 봉오동 전투와 청산리 대첩
  ① 배경
    ㉠ 1910년대 만주 일대 서로 군정서, 북로 군정서, 대한 독립군, 광복군 사령부 등 독립군 조직
    ㉡ 국내 진공 작전 : 독립군 부대 국내 진격 → 일본 군대, 경찰, 식민 통치 기관 습격
  ② 봉오동 전투(1920.6.) : 대한 독립군(홍범도) 중심 독립군 연합 부대가 일본군 격파
  ③ 청산리 대첩(1920.10.)
    ㉠ 훈춘 사건 구실로 일제가 만주의 독립군 근거지 공격
    ㉡ 북로 군정서(김좌진) 등 독립군 부대들이 백두산 청산리 일대에서 일본군 격파

(2) 간도 참변과 자유시 참변
  ① 간도 참변
    ㉠ 청산리 대첩 전후 일제가 독립군 근거지 소탕을 구실로 간도의 한인을 무차별 학살
    ㉡ 독립군 부대 이동 → 북만주 밀산에서 대한 독립 군단 결성(서일 총재) → 러시아 혁명 세력의 원조를 기대하고 러시아령 자유시(스보보드니)로 이동
  ② 자유시 참변(1921)
    ㉠ 사회주의 계열 항일 유격 부대들이 자유시로 이동
    ㉡ 부대 통합 과정서 지휘권 다툼 + 러시아 혁명군(적군) 개입 → 내전으로 사상자 발생

(3) 독립운동 기지의 재정비
  ① 3부의 등장
    ㉠ 배경 : 간도·자유시 참변 이후 만주로 복귀한 독립군 부대 재정비
    ㉡ 3부 : 참의부(임시 정부 산하, 지안), 정의부(지린), 신민부(북간도·북만주) 조직
    ㉢ 특징 : 군사·행정 조직을 갖춘 자치 정부 성격

(4) 의열 투쟁
  ① 의열단
    ㉠ 3·1 운동 이후 만주에서 김원봉 등이 주도하여 조직(1919) → 베이징으로 근거지 이동
    ㉡ 조선 총독부(김익상), 종로 경찰서(김상옥), 동양 척식 주식회사(나석주) 등 폭탄 의거
    ㉢ 「조선 혁명 선언」 : 신채호 작성, 폭력 투쟁 통한 민중 직접 혁명 추구
    ㉣ 핵심 단원 황푸 군관 학교에서 수학 → 1932년 조선 혁명 간부 학교 설립

② 한인 애국단
　　㉠ 대한민국 임시 정부의 활성화를 위해 국무령 김구가 조직(1930)
　　㉡ 이봉창 : 일왕 암살 시도(도쿄)
　　㉢ 윤봉길 : 상하이 훙커우 공원 의거 → 중국 국민당 정부가 대한민국 임시 정부 지원

PLUS 더 알아보기

- **훈춘 사건** : 만주에 군대를 투입할 구실을 만들기 위해 일제가 중국 마적을 매수하여 훈춘의 일본 영사관과 일본인을 공격하게 한 사건
- **상하이 사변(1932)** : 만주 사변 이후 중국인의 반일 감정이 고조되는 가운데 상하이에서 중국인과 일본인 사이에 충돌이 일어나자, 이를 구실로 1932년 1월 일본군이 상하이를 침략하여 중국군을 제압한 사건
- **황푸 군관 학교** : 중국 국민당 정부가 장교를 양성하기 위해 세운 군사 학교
- **만보산(완바오산) 사건** : 1931년 중국 지린 만보산 지역에서 한국과 중국 농민이 충돌한 사건. 일제가 이를 이용하여 한국 내에서 중국인에 대한 반감을 높임

사료 더하기

(1) 봉오동 전투와 청산리 대첩

- 1919년 어느 가을날, 조국을 빠져나오면서 나(김산)는 조국을 원망하였다. 그리고 울음소리가 투쟁의 함성으로 바뀌기 전에는 절대로 돌아오지 않겠다고 굳게 맹세하였다. …… 한국은 세계 열강을 향하여 국제 정의를 실현하고 '민족 자결주의'라는 약속을 이행하라며 애원하고 있는 바보 같은 늙은이였다. 나는 분개하였다. 러시아의 시베리아에서는 남자이건 여자이건 모두 싸우고 있었다. 그들은 자유를 구걸하지 않았으며, 치열한 투쟁이라는 권리를 행사하여 자유를 쟁취하였다.
　　　- 김산, 님 웨일스, 『아리랑』 -
- [봉오동 전투] 6월 7일 상오 7시에 북간도에 주둔한 아군 700이 북로 사령부 소재지인 왕청현 봉오동을 향하여 행군할 때 불의에 같은 지점을 향하는 적군 300을 발견한지라. 군을 지휘하는 홍범도, 최명록(최진동) 두 장군은 즉시 적을 공격하여 급히 사격으로 적에게 120여의 사상자를 내게 하고, 적의 궤주함을 따라 즉시 추격전으로 옮겨 현재 전투 중에 있다.
　　- 『독립신문』, 1920. 6. 22. -
- [훈춘 사건] 종래 국경 지방에는 때때로 지나(중국) 마적이 침입한 일이 있었는데, 다이쇼 8년(1919) 2월(3월의 오인) 소요 사건 발발 후 이 사건에 관계된 자의 일부가 검거를 두려워하여 지나 땅(지금은 만주국)으로 숨어들어, 그곳에 사는 무뢰배들과 함께 각종 불온 단체를 조직하여 비적화하고, 각지에 근거지를 구축하여 항상 조선으로 무력 침입을 감행하려고 하며 우리 경비력을 엿보고 있다가, 교묘히 국경 연안의 경계망을 잠입하여 조선으로 들어와 약탈, 방화, 살상 등의 흉포한 짓을 하기에 이르렀다. 　　　- 조선 총독부 경무국, 『조선 경찰 개요』(1935) -
- [청산리 대첩 이후 북로 군정서 총재 서일이 임시 정부에 보고한 내용]
  - 생명을 돌보지 않고 용전분투하는 독립에 대한 군인 정신이 먼저 적의 사기를 압도하였다.
  - 양호한 진지를 미리 차지하고, 완전한 준비를 하여 사격 성능을 극도로 발휘할 수 있었다.
  - 임기응변의 전술과 예민·신속한 활동이 모두 적의 의표를 찔렀다. 　　　- 『독립신문』, 1921. 2. 25. -
- [독립군(북로 군정서)의 무장] 오랜만에 무기를 운반하러 가라는 통지가 와서 블라디보스토크 내 해변으로 어두운 밤에 행군하여 산 정상으로 70여 리를 가서 받아 메었다. …… 짐도 무겁지 길도 험하지 배도 고프지, 결사적으로 일본군 병참소를 지나 한 5리쯤 되는 곳에 동포의 가옥 10여 호가 보인다. 그곳에 와서 긴장도 풀리고 기진맥진한 우리는 쓰러졌다.
　　　- 이우석, 『이우석 수기』 -

(2) 간도 참변과 자유시 참변

- 교전은 아침부터 저녁까지 계속되었다. 굶주림! 그러나 이를 의식할 시간도 먹을 시간도 없었다. 마을 아낙네들이 치마폭에 밥을 싸 가지고 빗발치는 총알 사이로 산에 올라와 한 덩이 두 덩이 동지들 입에 넣어 주었다.
  － 이범석, 『우둥불』 －

- [간도 참변에 대한 선교사 마틴의 수기] 우리는 잿더미를 헤치고 한 노인의 시체를 보았다. 몸에는 총 맞은 곳이 두어 군데 있고 살은 벌써 다 타 버리고…… 방화한 지 36시간이 지났는데도 시체 타는 냄새가 났다. 각기 어린애를 업고 자기 가족의 무덤 앞에 앉아 우는 소리가 너무나 처량하여 차마 볼 수가 없었다. 우리는 돌아다니며 이 참경을 사진찍다가 살아남은 할아버지와 며느리가 통곡하면서 잿더미 속에서 불에 그슬린 …… 아직 타지 않은 것을 주고 있는 것을 보았다. …… 이때에 내 마음이 어찌나 가슴이 찢어지는지 사진기를 고정할 수 없어 몇 차례나 고쳐 찍었다. 내가 알고 있는 36개 촌락에서만 140여 명이 학살되었다.
  － 채근식, 『무장독립운동비사』 －

- [자유시 참변] 대한 독립 군단이 결성될 무렵 러시아에서는 러시아 혁명을 지지하는 군대(적군)와 이에 반대하는 제정 러시아 군대(백군)가 내전을 벌이고 있었다. 홍범도, 지청천 등이 이끄는 독립군은 민족의 독립운동을 지원하겠다는 러시아 적군의 약속을 믿고 러시아의 자유시로 이동하였다. 자유시에 집결한 독립군 부대 내에서 통합 지휘권을 놓고 내분이 발생하자 적군과 일부 독립군이 무장 해제를 요구하였다. 대다수 독립군들이 이에 반발하였고, 결국 적군과 이들을 지지하는 독립군이 나머지 독립군을 공격하였다. 이로 인해 수많은 독립군이 죽거나 실종되었다.
  － 박환, 『재노한인 민족 운동사』 －

(3) 의열 투쟁

- 우리는 외교론, 준비론 등의 미몽을 버리고 민중 직접 혁명의 수단을 취함을 선언하노라. 조선 민족의 생존을 유지하자면 강도 일본을 쫓아내야 할 것이며, 강도 일본을 쫓아내려면 오직 혁명으로써 할 뿐이니, 혁명이 아니고는 강도 일본을 내쫓을 방법이 없는 바이다. …… 민중은 우리 혁명의 대본영이다. 폭력은 우리 혁명의 유일한 무기이다. 우리는 민중 속으로 가서 민중과 손을 맞잡아 끊임없는 폭력, 암살, 파괴, 폭동으로써 강도 일제의 통치를 타도하고, 우리 생활에 불합리한 일체의 제도를 개조하여 인류로써 인류를 압박하지 못하며, 사회로써 사회를 박탈하지 못하는 이상적 조건을 건설할지니라.
  － 신채호, 「조선 혁명 선언」 －

- [의열 투쟁의 중요성] 돈 없는, 군대 없는 민중으로 백만의 군대와 억만의 부력을 가진 제왕도 타도하며, 외국의 도적도 몰아내나니 …… 우리의 민중을 깨우쳐 강도(일제)의 통치를 타도하고 우리 민족의 새로운 생명을 개척하자면 양병 십만이 한 번 던진 폭탄만 못하며, 억천 장 신문, 잡지가 한차례 폭동만 못할지니라.
  － 신채호, 『조선 혁명 선언』 －

- 의열단원들은 마치 특별한 신도처럼 생활했고 수영, 테니스 등의 운동을 통해 항상 최상의 몸 상태를 유지하였다. 이 젊은이들은 매일같이 저격 연습을 하였고, 독서도 하였으며, 쾌활함을 유지하고 자기들의 특별한 임무에 알맞은 심리 상태를 유지하기 위해 오락도 즐겼다. 명랑함과 심각함이 기묘하게 혼합된 그들은 언제나 죽음을 눈앞에 두고 살아가는 인생이기에 생명이 지속하는 한 마음껏 생활하였다.
  － 김산·님 웨일스, 『아리랑』 －

- 의열단은 1919년 9월, 만주 길림(지린)의 한 중국집에서 일제의 식민 통치 기구 파괴, 일본군과 친일파, 밀정의 처단, 반민족적 지주와 자본가 제거 등을 목적으로 결성되었다. 최초 단원은 모두 신흥 무관 학교 출신으로 13명이었고 단장에는 김원봉이 선출되었다. 의열단은 일부 민족주의자의 독립 노선이었던 외교론, 준비론 등 일체의 타협주의를 거부하였다. 의열단은 폭탄을 국내에 들여와 일제 식민 통치기구를 파괴하였으며, 일본인 고위 관료와 악덕 친일파를 처단하였다. 의열단은 일제와 친일파에게 공포의 대상이었다. 단장인 김원봉에게는 일제 강점기를 통틀어 가장 거액의 현상금이 걸렸다.
  － 한상도, 『김원봉의 항일 역정과 삶 : 대륙에 남긴 꿈』 －

- [의열단 격문] 우리는 자유를 찾지 못하면 영구히 멸망될 것을 알았다. 그러면 자유를 위하여 몸 바칠 뿐이다. 자유의 값은 오직 피와 눈물이다. 자유는 은혜로써 받을 것이 아니요, 힘으로써 싸워서 취할 것이다. 우리에게 얽매인 쇠줄은 우리의 손으로 끊어 버려야 한다. 우리 생활은 오직 자유를 위하는 싸움뿐이다. 용감한 형제자매여! 자유의

전우여! 오라! 온갖 수단과 모든 무기로 싸우자! 완전한 독립과 자유가 올 때까지 싸우자! 싸우는 날에는 자유가 온다.

- [의열단의 공약 10조]
  제1조 천하의 정의로운 일을 맹렬히 실행하기로 함.
  제2조 조선의 독립과 세계의 평등을 위하여 신명을 희생하기로 함.
  제9조 1이 9를 위하여, 9가 1을 위하여 헌신함.
  제10조 단의에 배반한 자는 처살함.
- [한인 애국단 결성] 임시 정부에는 돈도 사람도 들어오지 아니하여 대통령 이승만이 물러나고 박은식이 대신 대통령이 되었으나, 대통령제를 국무령제로 고쳐만 놓고 나가고, …… 이리하여 한참 동안 무정부 상태에 빠져서 의정원에서 큰 문제가 되었다. …… 당시 정세로 말하자면, 우리 민족의 독립사상을 펼치기로 보나 만보산 사건, 만주사변 같은 것으로 우리 한인에 대해 심히 악화된 중국인의 악감정을 풀기로 보나 무슨 새로운 국면을 타개할 필요가 있었다. 그래서 우리 임시 정부에서 회의한 결과 한인 애국단을 조직하여 암살과 파괴 공작을 하되, 돈이나 사람이나 내가 전담하고, 다만 그 결과를 정부에 보고하도록 위임을 받았다.
                                                          - 김구, 『백범일지』 -
- [한인 애국단 선언문] 우리가 허다한 희생을 돌보지 않고 끝끝내 폭력한 행동으로 대항하는 것은 우리 손에는 아무런 무기가 없고 사선에서 쫓겨났기 때문에 이 길을 버리고는 또 다른 길이 없는 까닭이다. 그러므로 한국의 독립이 성공하는 날까지 이런 폭력한 행동은 절대로 없어지지 않을 것이다.
                                                          - 엄항섭, 『도왜실기』 -
- 강보에 싸인 두 병정에게
  너희도 만일 피가 있고, 뼈가 있다면
  반드시 조선을 위하여 용감한 투사가 되어라.
  태극의 깃발을 높이 드날리고 나의 빈 무덤 앞에 찾아와 한잔 술을 부어 놓으라. …….
                                                          - 윤봉길 의사가 아들들에게 남긴 편지(1932) -
- 나는 적성(참된 정성)으로써 조국의 독립과 자유를 회복하기 위하여, 한인 애국단의 일원이 되어 적국의 수괴를 도륙하기로 맹세하나이다. 대한민국 13년 12월 13일 선서인 이봉창.
                                                          - 이봉창 선서 -
- [장건상의 증언] 1932년에 이봉창 의사의 의거와 윤봉길 의사의 의거, 특히 윤 의사의 의거가 있기 전에는 …… 장제스가 임정을 아무 것도 아닌 것으로 알고 동전 한 푼 안 도왔습니다. 윤 의사 의거를 보고서야 장제스가 전적으로 돕기 시작했던 것입니다.
                                                          - 김학준, 『혁명가들의 항일 회상』 -
- [이승만이 이시영에게 보낸 서한] 요즈음 미국의 신문 보도에 따르면, 내지에서 폭발탄을 사용하고 '독립'이라는 명목으로 강제로 재정을 징수하는 등의 일이 분명히 유해무익(有害無益)함을 알 수 있습니다. 이는 외국의 동정하는 마음을 상하게 할 뿐만 아니라 …… 독립 선언에서의 본래 의도는 아니며, 대사(大事)를 선전하는 데에 장애물이 되었습니다.
                                                          - 국사편찬위원회, 『대한민국 임시 정부 자료집』 -
- [강우규] 지난 2일 경성 남대문역에서 신임 총독을 살해하고자 폭탄을 던진 강우규가 오늘 경성 시내에서 체포되었다. 이 사건으로 경찰서 직원 등 36명의 중·경상자를 내었고 일본인의 간담을 서늘케 하였는데…….
                                                          - 『매일신보』, 1919. 9. 17. -
- [조명하] 타이완에서 일본 왕족의 승용차를 저격하다가 체포되었던 조명하가 타이완 총독부 고등 법원에서 사형 판결을 받았다.
                                                          - 『동아일보』, 1928. 7. 19. -

2 민족 운동의 분화와 실력 양성 운동

(1) 사회주의 사상의 유입
   ① 배경 : 러시아 혁명 → 레닌, 코민테른 등의 약소 민족 해방 지원 약속
   ② 사회주의 단체의 등장
      ㉠ 국외 : 만주·러시아 지역 사회주의자 중심으로, 한인 사회당 결성(1918, 이동휘)
      ㉡ 국내 : 3·1 운동 이후 청년, 지식인층에 사회주의 사상 전파 → 조선 청년 총동맹, 조선 노농 총동맹 등 전국적 연합 조직 등 결성 → 조선 공산당 결성(1925), 코민테른 지부 승인
   ③ 민족 운동의 분화 : 사회주의·민족주의 계열 분화

(2) 실력 양성 운동
   ① 물산 장려 운동
      ㉠ 배경 : 회사령 폐지(1920) + 관세 폐지 움직임 → 일본 자본에 저항
      ㉡ 내용 : 조선 물산 장려회(평양, 조만식) 조직 → 전국적 확산(자작회, 토산 장려회 등 조직)
      ㉢ '내 살림 내 것으로'·'조선 사람 조선 것' 구호
      ㉣ 토산품 애용·근검저축·금주·단연 등 주장
      ㉤ 한계 : 수요 증가로 토산품 가격 상승 → 사회주의 세력의 비판(자본가·상인만을 위한 운동)
   ② 민립 대학 설립 운동
      ㉠ 배경 : 한국인 학생의 고등 교육 기관 설립 목표
      ㉡ 전개 : 조선 민립 대학 기성회(1923) 조직 → 전국적 모금 활동
      ㉢ 결과 : 총독부의 방해 공작으로 실패, 일제-경성 제국 대학 설립(일본식 교육)
   ③ 농촌 계몽 운동
      ㉠ 문자 보급 운동 : 『조선일보』 주도 한글 교재 보급, 전국 강연회
      ㉡ 브나로드 운동 : 『동아일보』 주도 문맹 퇴치, 미신 타파 목표
      ㉢ 학생·청년 야학 → 한글 보급, 위생 개선, 미신 타파, 구습 제거, 근검절약 등 독려
   ④ 실력 양성 운동의 의의와 한계
      ㉠ 의의 : 민족 자본 육성, 근대 교육 보급, 신문화 건설 통한 발전 도모
      ㉡ 한계 : 일본의 허용 범위 내에서 전개, 초기 '선 실력, 후 독립' → 점차 사회 진화론·문명 개화론 등에 매몰
   ⑤ 참정권 청원 운동과 자치 운동의 한계
      ㉠ 타협적 민족주의자의 자치 운동 : '실력 양성 우선론', '단계적 운동론' 등으로 합리화
      ㉡ 참정권 청원 운동 : 국민 협회(1920) 주도 → 한국인의 일본 의회 선거 참여 요구
      ㉢ 자치 운동 : 이광수·최린·김성수 등 '조선 의회' 설립 목표
      ㉣ 한계 : 참정권 청원 운동·자치 운동 → 일제에 부역 변절

PLUS 더 알아보기

- **조선 교육회** : 1920년 이상재 등이 '한민족의 교육은 한민족의 손으로 이루어야 한다'라는 취지로 결성한 교육 운동 단체로, 조선 교육 협회라고도 함
- **제2차 조선 교육령(1922)** : 한국인이 다니는 보통학교의 수업 연한을 확대하여 일본인 학교와 동일하게 하고, 대학을 설치한다는 규정은 있으나 실제로 잘 이루어지지는 않음
- **『현대 신어 석의』(1922)** : 1922년 당시 새로운 용어들을 모아 주석을 단 책으로, 정치·사상과 관련된 단어가 많이 수록되어 있음
- **조선 공산당** : 1925년 서울에서 박헌영 등이 비밀리에 조직한 사회주의 단체
- **경성 트로이카** : '트로이카'는 러시아어로 세 마리 말이 이끄는 마차나 썰매를 뜻함. 트로이카 운동은 세 마리 말이 마차를 끌 듯이 조직 구성원이 분야별로 자유롭게 활동하여 당을 재건하자는 것
- **브나로드 운동** : '민중 속으로'라는 뜻의 러시아어에서 유래. 학생·청년이 농촌을 찾아 학습·생활 개선 독려
- **자치 운동** : 독립이 불가능하거나 무의미하다고 판단하여, 일본 제국의 지배를 받아들이고 조선 총독부와 협력하여 자치 정부 또는 자치 의회를 구성하려고 한 운동

사료 더하기

(1) 민족 운동의 분화

- "현하 우리 사회에는 두 가지 조류가 있다. 하나는 민족 운동의 조류요, 또 하나는 사회 운동의 조류인가 한다. 이 두 가지 조류가 물론 해방의 근본적 정신에 있어서는 조금도 다를 것이 없다. 그러나 왕왕 운동의 방법과 이론적 해석에 이르러서 털끝의 차이로 천리의 차이가 생겨 도리어 운동의 전선을 혼란스럽게 하여 당파적 분규를 소생케 하여 결국은 어부의 이를 취하게 골육의 다툼을 일으키는 것은 어찌 우리 민족의 장래를 위하여 통탄할 바가 아니랴 ……."
  － 『동아일보』, 1925. 9. 27. －

- [민주주의 정의] "민주주의를 지지하노라. …… 국내 정치에 있어서는 자유주의요, 국제 정치에 있어서는 연맹주의요, 사회생활에 있어서는 평등주의요, 경제 조직에 있어서는 노동 본위의 협조주의라. 특히 동아시아에 있어서는 각 민족의 권리를 인정한 위에서의 친목·단결을 의미하며, 세계 정세에 있어서는 정의·인도를 승인한 위에서의 평화 연결을 의미함이라. …… 우리는 천하 인민의 경복과 광영을 위하여 이를 지지하노라.
  － 『동아일보』, 1920. 4. 1. －

- [조선 공산당 선언]
  - 민주 공화국 건설
  - 국가의 최고 및 일체 권력은 국민으로부터 조직한 직접·비밀·보통 및 평등의 선거로 성립
  - 무제한의 양심, 언론·출판·집회·결사 및 동맹 파업의 자유
  - 문벌의 타파 및 전 인민 절대 평등의 권리, 여성의 모든 압박에서의 해탈
  - 공사 각 기관에서 조선어를 국어로 할 것
  - 야간 노동 및 아동 노동 금지 / 산모의 산전 2주, 산후 4주간 노동 금지
  - 대토지 소유자와 회사 및 은행이 점유한 토지를 몰수하여 국가의 토지와 함께 농민에게 교부할 일
  - 소작료를 3할 이내로 할 일 / 농민 조합을 법률로 승인할 일
  － 『불꽃』 －

(2) 실력 양성 운동

- [조선 물산 장려회 취지서] 부자와 빈자를 막론하고 우리가 우리 손에 산업의 권리 생활 제일 조건을 장악하지 아니하면, 우리는 도저히 우리의 생명, 인격, 사회의 발전을 기대하지 못할 것이다. 우리는 이와 같은 견지에서 우리 조선 사람의 물산을 장려하기 위하여, 첫째 조선 사람은 조선 사람이 지은 것을 사 쓰고, 둘째 조선 사람은 단결하여 그 쓰는 물건을 스스로 제작하여 공급하기를 목적하노라. ─『산업계』, 1923. 11. ─

- [조선 물산 장려회 궐기문] 내 살림 내 것으로! / 보아라! 우리의 먹고 입고 쓰는 것이 다 우리의 손으로 만든 것이 아니었다. 이것이 세상에 제일 무섭고 위태한 일인 줄을 오늘에야 우리는 깨달았다. 피가 있고 눈물이 있는 형제자매들아, 우리가 서로 붙잡고 서로 의지하여 살고서 볼 일이다. 입어라! 조선 사람이 짠 것을 / 먹어라! 조선 사람이 만든 것을 / 쓰라! 조선 사람이 지은 것을 / 조선 사람, 조선 것. ─『동아일보』, 1923. 2. 16. ─

- [조선 물산 장려가(2~3절)] 조선의 동무들아 이천만민아 / 두발 벗고 두팔 걷고 나아오너라 / 우리 것 우리 힘 우리 재조로 / 우리가 만들어서 우리가 쓰자 / 우리가 만들어서 우리가 쓰자
조선의 동무들아 이천만민아 / 자작자급 정신을 잊지를 말고 / 네 힘껏 벌어라 이천만민아 / 거기에 조선이 빛나리로다 / 거기에 조선이 빛나리로다 ─『동아일보』, 1924. 1. ─

- '누구를 위해' '생산기관을 발달'시키고 '산업의 진흥'과 '생활의 경제적 독립'을 표방하는지 계급적 경계선을 분명히 할 필요가 있다. …… 물산 장려 운동의 선봉이 된 것은 중산 계급이 아닌가. 노동자들에게는 이제 새삼스럽게 물산 장려를 말할 필요가 없다. 그들은 자본가, 중산 계급이 양복이나 비단옷을 입는 대신 무명과 베옷을 입었고, …… 저들은 민족적·애국적하는 감상적인 말로 노동 계급의 후원을 갈구하는 것이다. 그러나 노동자들에게 있어서는 저들도 외래 자본가와 조금도 다를 것이 없다. …… 민족적이라는 미사여구로 동족 안에 있는 상반적인 양극단의 계급적 의식을 가려 버리고, 일면으로는 애국적이라는 의미에서 외화 배척을 말하는 것이며, 그 이면에는 외래의 경제적 정복 계급을 축출하여 새로운 착취 계급으로서 자신들이 그 자리를 대신하려는 것이다. 이래서 저들은 민족적·애국적인 척하는 감상적 미사여구로 눈물을 흘리며 저들과 이해관계가 전혀 다른 노동 계급의 후원을 갈구하는 것이다. ─ 이성태, 「중산 계급의 이기적 운동」, 『동아일보』, 1923. 3. 20. ─

- [민립 대학 설립 운동] 근래 일반의 교육열이 매우 높아감에 따라 여러 가지 학교가 모두 부족하여 교육을 받고자 하는 청년의 곤란이 진실로 비상하지만 그중에도 조선 안에는 한 개의 대학교도 설립되지 않아 대학 교육을 받고자 하는 사람을 인도할 곳이 없을 뿐 아니라 …… 이번에 조선 전도의 다수의 유지를 망라하여 민중 운동으로 될 수 있는 대로 많은 사람의 힘을 합하여 민립 대학 한 곳을 세워 보고자 한다. ─『동아일보』, 1922. 11. 30. ─

- [조선 민립 대학 기성회 취지서] 우리의 운명을 어떻게 개척할까? 정치냐, 외교냐, 산업이냐? 물론 이와 같은 일이 모두 필요하도다. 그러나 그 기초가 되고 요건이 되며, 가장 급한 일이 되고 가장 먼저 해결해야 할 필요가 있으며, 가장 힘 있고 필요한 수단은 교육이 아니면 아니 된다. …… 민중의 보편적 지식은 보통 교육으로도 가능하지만, 심오한 지식과 학문은 고등 교육이 아니면 불가하며 …… 오늘날 조선인이 세계 문화 민족의 일원으로 남과 어깨를 견주고 우리의 생존을 유지하며 문화의 창조와 향상을 기도하려면, 대학의 설립이 아니고는 다른 방도가 없도다. …… 우리에게 아직 대학이 없는 일이다. …… 감히 만천하 동포에게 향하여 민립 대학의 설립을 제창하노니, 자매 형제는 모두 와서 성원하라. ─「개회된 민대 총회」, 『동아일보』, 1923. 3. 30. ─

- [브나로드 운동 선전문(1931)] 우리는 모름지기 자신을 초월한 것이다. 모든 이들을 위해 자신의 이해와 고락을 희생할 것이다. 우리는 보수를 바라지 않는 일꾼이 되어야 할 것이다. 새로운 사상을 갖는 새로운 학생들을 보라! 그들은 명예와 이익은 안중에도 없고, 오직 끓는 열과 성의에서 자신의 민족을 사랑하고 자신의 사회를 희생하였다 하지 않는가. 숨은 일꾼이 많아라! 참으로 민중을 생각하는 마음으로 민중을 대하라. 그리하여 민중의 계몽자가 되고 민중의 지도자가 돼라! ─『동아일보』─

- 계몽 운동의 횃불을 들고 어두운 농촌으로 가자. 그리하여 문맹의 그들에게 광명을 주자! 우렁차고 힘찬 이 운동에 벌써 전 조선 남녀 학생 1천 6백 명이 참가하고 (20일 오전까지) 계속하여 참가하는 중이다.
  －「계몽의 거화 들고 농촌으로 가자」, 『동아일보』, 1934. 6. 22. －
- 농민의 생활을 보라. 노동자의 생활을 보라. 그리고 부인의 생활을 보라. 그들이 무지몽매하기 때문에 그 생활은 한층 저열하고 향상되지 못하지 않은가. 전 인구의 1,000분의 20밖에 문자를 이해하지 못하고, 취학 연령 아동의 10분의 3밖에 학교에 갈 수 없는 조선의 현실에서 간단하고 쉬운 문자의 보급은 우리 민족이 해결해야 할 가장 시급한 일이라 하겠다.
  － 『조선일보』, 1934. 6. 10. －
- [자치 운동] 왜 지금의 조선 민족에게는 정치적 생활이 없나? 그 대답은 가장 간단하다. 일본이 한국을 병합한 이래로 조선인에게는 모든 정치적 활동을 금지한 것이 제1의 원인이요, 병합 이래로 조선인은 일본의 통치권을 승인하는 조건 밑에서 하는 모든 정치적 활동, 즉 참정권, 자치권 운동 같은 것은 물론, 일본 정부를 상대로 하는 독립운동조차도 원치 아니하는 강렬한 절개 의식이 있었던 것이 제2의 원인이다. …… 우리는 조선 내에서 (일본이) 허용하는 범위 내에서 일대 정치적 결사를 조직하여야 한다는 것이 우리의 주장이다.
  － 이광수, 「민족적 경륜」, 『동아일보』, 1924. 1. 2. －

3 6·10 만세 운동과 광주 학생 항일 운동

(1) 6·10 만세 운동(1926)
  ① 배경: 순종 황제 사망(1926. 4.) → 사회주의 계열(조선 공산당)·민족주의 계열(천도교계) 연대
  ② 만세 운동의 전개
    ㉠ 천도교 청년회의 격문 인쇄 계획 사전 발각, 조선 공산당 간부 체포 등 일제의 경계 강화
    ㉡ 조선 학생 과학 연구회 등 학생 조직 시위 준비 → 6.10. 만세 시위 전개
  ③ 의의: 학생이 항일 민족 운동 주체로 성장, 사회주의 + 민족주의 민족 협동 전선 공감대 형성

(2) 광주 학생 항일 운동(1929)
  ① 배경: 6·10 만세 운동 이후 학생 운동 조직적 전개 → 식민지 차별 교육 철폐 등 주장
  ② 발단: 나주역에서 일본인 남학생이 한국인 여학생 희롱(1929. 10.)
  ③ 전개: 경찰·교육 당국의 일본 학생 두둔 → 광주 학생들의 대규모 시위 전개(성진회·독서회 등 주도) → 전국적 확산, 신간회 지원
  ④ 의의: 3·1 운동 이후 일어난 최대 규모의 항일 민족 운동

PLUS 더 알아보기

- 조선 학생 과학 연구회: 1925. 9. 사회 과학의 보급 등을 목표로 만들어진 학생 운동 조직
- 일왕 생일 기념식(1929. 11. 3.): 1929년 11월 3일은 개천절(음력)이자 메이지 일왕의 생일이었다. 학생들에게 등교하여 신사 참배를 요구하였고 한국인 학생들의 불만이 높아지는 계기가 됨

사료 더하기

(1) 6·10 만세 운동과 광주 학생 항일 운동

- [6·10 만세 운동 당시의 격문(1926)]
  - 조선은 조선인의 조선이다
  - 학교 용어는 조선어로
  - 학교장은 조선인이어야 한다
  - 일본인 물품을 배척하자
  - 8시간 노동제를 실시하라
  - 동일 노동 동일 임금을 지급하라
  - 동양 척식 주식회사를 철폐하라
  - 일본인 지주에게 소작료를 바치지 말자
  - 소작원을 이동하지 못한다
  - 소작제를 4·6제로 하고 공과금은 지주가 납부한다

- [6·10 만세 운동 1회 공판]
  재판장 : 피고는 6월 10일 국장 지나갈 때 격문을 뿌리며 ○○○○ 만세를 불렀는가?
  피고 : 그렇소.
  재판장 : 그것은 무슨 목적으로 불렀는가?
  피고 : 그것은 세 살 난 아이라도 다 알 일이니 구태여 물을 필요도 없는 줄 아오. ― 『동아일보』, 1926. 11. 3. ―

- 나(박준채)는 피가 역류하는 분노를 느꼈다. 가뜩이나 그놈들하고는 한차에 통학을 하면서도 민족 감정으로 서로를 멸시하고 혐오하며 지내온 터인데, 그자들이 우리 여학생을 희롱하였으니 나로서는 당연한 감정적 충격이었다.
  ― 『신동아』, 1969. 9. ―

- [광주 학생 항일 운동 당시의 격문(1929)]
  - 검거자를 즉시 우리 손으로 탈환하자
  - 교우회 자치권을 획득하자
  - 언론, 출판, 집회, 결사, 시위의 자유를 획득하자
  - 식민지적 노예 교육 제도를 철폐하라
  - 전국 학생 대표자 회의를 개최하라
  - 만행의 광주 중학(일본인 학교)을 폐쇄하라
  - 일본 제국주의를 타도하자
  - 피압박 민족 해방 만세
  ― 독립운동사 편찬위원회, 『독립운동사 9 : 학생 독립운동사』 ―

- 경애하는 전 조선 피압박 계급 제군이여! 일본 제국주의는 전 조선 민족의 피를 착취하는 데 한순간도 쉬지 않고 있다. …… 피 끓는 용감한 학생 제군이여! 일어나라! 자유를 획득할 기회는 왔다. 우리는 활동할 때도, 또한 모든 결함과 불평불만을 배제하고 혁명을 일으키는 것도 이때다. 학생, 청년, 교원 제군이여! 우리는 공장, 농촌, 광산, 학교로 몰려가서 우리의 슬로건을 철저히 관철할 것을 기약하자! ― 광주 학생 항일 운동 격문(1930. 1.) ―

4 민족 유일당 운동과 신간회

(1) 민족 유일당 운동의 전개
- ① 배경 : 제1차 국·공 합작(중국, 1924) → 독립운동 진영에서 민족 유일당 건설 주장(안창호 등)
- ② 3부 통합 운동
  - ㉠ 배경 : 일본-만주 군벌의 미쓰야 협정 체결 → 만주 3부에 대한 탄압 목적
  - ㉡ 결과 : 국민부(남만주), 혁신의회(북만주, 이후 한족 총연합회)로 통합

(2) 신간회의 결성과 해소
- ① 배경 : 국내 민족 유일당 운동, 비타협적 민족주의자와 사회주의자의 연대 필요성
- ② 결성과 활동
  - ㉠ 결성 : 조선 민흥회 결성(1926. 7. 비타협적 민족주의자 및 일부 사회주의자) → 정우회 선언 발표(1926. 11. 사회주의자 중심) → 신간회 결성(1927.2.)
  - ㉡ 활동
    - ⓐ 강령 : 정치적·경제적 각성 촉진, 공고한 단결, 기회주의의 일체 부인
    - ⓑ 조직 : 140여 개 지회, 회원 4만 명까지 확대
    - ⓒ 활동 : 전국 강연회, 사회 운동 적극 지원(원산 총파업, 함경남도 갑산군 화전민 사건 등)
    - ⓓ 광주 학생 항일 운동 당시 현지 조사단 파견, 민중 대회 계획
- ③ 신간회의 해소
  - ㉠ 민중 대회 준비 중 지도부 체포 → 새 지도부의 타협적 방향 모색
  - ㉡ 코민테른의 방침 변화 : 계급 투쟁 강조 → 사회주의자들의 해소 주장 → 전체 대회에서 통과(1931)
- ④ 해소 이후의 국내 민족 운동
  - ㉠ 민족주의자 : 조선학 운동 등 문화·학술 활동 주력
  - ㉡ 사회주의자 : 조선 공산당 재건 운동 시도(이재유의 경성 트로이카, 박헌영의 경성 콤 그룹)

PLUS 더 알아보기

- **제1차 국·공 합작** : 중국 국민당과 중국 공산당이 군벌과 제국주의 세력에 대항하기 위해 연합한 사건
- **갑산군 화전민 사건** : 함경남도 갑산 지역의 화전민들이 일제의 추방 정책에 저항했던 사건
- **조선 민흥회** : 일부 사회주의자와 조선 물산 장려회 계열 민족주의자의 제휴로 이뤄진 한정된 규모의 민족 협동 전선 조직
- **신간회 해소론** : '해소'의 뜻은 단순한 해체가 아닌 다른 운동 형태로 발전한다는 것을 의미함. 사회주의자들은 신간회를 해소하고 노동자·농민이 중심이 되는 계급 투쟁을 더욱 적극적으로 전개할 것을 주장함.
- **조선학 운동** : 언어·역사·문화 등 조선 고유의 문화 전통을 연구 대상으로 민족 문화를 수호하고자 한 운동임. 조선 후기 성리학에 대한 비판적 움직임을 '실학'으로 해석하여 조선 사회에서도 사상적 변화와 발전이 있었음을 밝힘.

사료 더하기

(1) 민족 유일당 운동

- [안창호의 연설] 그러면 우리가 앞으로 어떻게 할까? …… 먼저 대혁명당이 조직되는 데 있습니다. 그렇지 않으면 될 수 없는 것은 무슨 까닭일까? 김가는 김가, 이가는 이가, 각각 제 조건대로 나아가는 까닭에 될 수 없습니다. 그런즉 이것을 다 총괄하여 김가든지 이가든지 일제히 대혁명당의 자격을 가지고 활동하는 것이 조직적 혁명체가 되는 것입니다. …… 우리는 각각 그 정신과 주의와 장단은 따지지 말고 대혁명당을 조직하도록 합하여야 하겠습니다. 각각 협의한 주의와 생각은 버리고 저 민중을 끌어 동일한 방향으로 나가야 할 것입니다.
  － 『신한민보』, 1926. 10. 21. －

- [북벌과 한국인의 민족 운동 전략] 북벌군의 승승장구하는 급진격이 한창이었을 때 모든 혁명가들이 느꼈던 환희와 열광은 지금도 기억하기도 어려울 정도였다. 화북으로! 그리고 한국으로! 우리의 가슴은 미칠 듯이 기뻐 날뛰었던 것이다! "전 아시아의 자유를 위하여, 제국주의를 타도하기 위해 무기를 잡고 일어서려고 했던 2천만 한국인이 국내에서 그리고 만주에서 기다리고 있다."라고 우리는 자신 있게 중국인에게 말한 것이다.
  － 님 웨일즈·김산, 『아리랑』 －

- [미쓰야 협정]
  1. 조선인이 무기를 가지고 다니거나 조선으로 침입하는 것을 엄금하며, 위반자는 검거하여 일본 경찰에 인도한다.
  2. 만주에 있는 한인(불령선인) 단체를 해산하고 무장을 해제하며 무기와 탄약을 몰수한다.
  3. 일본이 지명하는 독립운동가를 체포하여 일본 경찰에 인도한다.
  － 독립운동사 편찬위원회, 『독립운동사 자료집』 －

- [한국 독립 유일당 북경 촉성회 선언서(1926)] 동일한 목적과 동일한 성공을 위해 운동하고 투쟁하는 혁명자들은 반드시 하나의 기치 아래 모여 하나의 호령 아래 단결해야만 비로소 상당한 효과를 거둘 수 있다는 것은 말할 필요도 없다. …… 바란다! 일반 동지는 깊이 양해하라! 일본 제국주의를 타도하라! 한국의 절대 독립을 주장하라! 민족 혁명의 유일한 전선을 만들라! 전 세계 피압박 민중은 단결하라! － 조선 총독부 경북 경찰부, 『고등경찰요사』 －

- [국민부 성립 결의 당시의 강령(1929)]
  1. 전민족의 혁명 역량을 민족 유일당에 총집중함.
  2. 교거동포의 생활 안정을 도모하기 위해 통일적 자치기관을 실현함.
  3. 민족 유일당과 자치 기관의 조직 과정에서 당면전투 공안보장을 담임함.

- [3부 통일 회의에서 제정된 국민부의 헌장(1929)]
  제1조 본부는 국민 정부로 칭함.
  제2조 본부는 중국령에 교거하는 한국 민족으로 조직함.
  제3조 본부의 주권은 주민 전체에게 있고 그 행사권은 집행 위원회에 위임함.
  제4조 본부의 기관을 입법·행정·사법의 삼권으로 나누고 둔·구·지방·중앙의 4급으로 함.
  제5조 둔은 10호 이상, 구는 100호 이상, 지방은 1,000호 이상으로 하고 지리 관계에 따라 임의할 수 있음.

(2) 신간회의 결성과 활동

- 민족주의 좌익 전선을 형성하여 변동되려는 시국에 대응함이 필요한 것은 지금 조선의 확실한 시대 의식이 되어 있다. 타락을 의미하는 기회주의와 우경적인 타협 운동(자치론)이 대중의 목적의식을 마비케 하고 투쟁력을 약화하며, 따라서 통치자들이 준비하는 어떠한 술책도 감쪽같이 들어맞게 할 걱정이 있는 고로, 비타협적인 민족주의 좌익 전선을 형성함이 꼭 필요한 까닭이다. 이러한 견지로서 민족 좌익 전선의 형성이 대중의 자연적인 요구로서 나오게 된 것이다.
  － 『조선일보』, 1927. 1. 5. －

- 우리 조선 민흥회는 조선 민족의 공동 권익을 쟁취하고, 조선인의 단일 전선을 결성할 목적으로 창설되었습니다. 민족적 통합의 목적은 바로 '조선의 해방'에 있습니다. 유럽의 프롤레타리아 계급은 봉건주의와 독재주의를 타파할 목적으로 자본가들과 뭉쳤습니다. 조선의 사회주의자들도 반제국주의 운동에 있어서 우리 민족주의자들과의 연합이 필요하다고 느낄 것입니다.
  － 『시대일보』, 1926. 7. 11. －
- [정우회 선언] 우리 운동 자체가 벌써 종래에 국한되어 있던 경제적 투쟁의 형태에서 더 계급적·대중적·의식적 정치 형태로 비약하지 아니하면 아니 될 전환기에 달한 것이다. 따라서 민족주의적 세력에 대하여는 그 부르주아 민족주의적 성질을 명백하게 인식하는 동시에 과정적 동맹자적 성질도 충분히 승인하여, 그것이 타락하는 형태로 출현되지 아니하는 것에 한하여는 적극적으로 제휴하여, 대중의 개량적 이익을 위하여서도 종래의 소극적 태도를 버리고 분연히 싸워야 할 것이다.
  － 『조선일보』, 1926. 11. 17. －
- [신간회 강령]
  1. 우리는 정치적·경제적 각성을 촉진함.
  2. 우리는 단결을 공고히 함.
  3. 우리는 기회주의를 일체 부인함.
  － 『동아일보』 －
- [신간회 도쿄 지회 제2회 대회 정책안(1928)]
  1. 언론·집회·출판·결사의 자유
  2. 조선 민족을 억압하는 모든 법령 철폐
  3. 고문제 폐지 및 재판의 절대 공개
  7. 동양 척식 주식회사 폐지
  8. 단결권·파업권·단체 계약권의 확립
  11. 소작인의 노예적 부역 폐지
  12. 소년 및 부인의 야간 노동, 갱내 노동 및 위험 작업 금지
  13. 8시간 노동제 실시
  17. 일체 학교 교육의 조선인 본위
  20. 여자의 법률상 및 사회상의 차별 철폐
  － 『대중신문』, 1928. 1. 1. －
- [신간회의 활동-안주 지회 정기 대회 결의(1927)]
  － 청년 운동에 관한 건 : 청년 운동을 적극 원조하며 조선 청년 총동맹을 지지할 일
  － 노동 문제에 관한 건 : 노동자의 실생활을 조사하여 조선 노농 총동맹을 지원할 일
  － 여성 문제에 관한 건 : 여성 운동을 촉진하여 근우회를 지지할 일
  － 형평 운동에 관한 건 : 형평 운동을 적극적으로 원조할 일
  － 『중외일보』, 1927. 12. 25. －
- [코민테른의 노선 변경(1928)] 조선 공산주의자는 노동자·농민 단체 안으로 부지런히 공작하고 신·구 민족 해방 단체, 예컨대 신간회, 천도교, 형평사 안에서도 공작을 부지런히 해야 한다. 이들 단체 안에서 많은 투사의 획득에 노력하면서 당은 민족주의자·기회주의자의 우유부단성을 폭로해야 할 것이다.
  － 「12월 테제」 －
- [신간회 해소론] 지금 조선의 노농 대중의 투쟁욕은 성장하였다. …… 그런데 계급적 지도 정신을 가지지 않은 신간회는 더욱 고급의 투쟁욕을 말살하고 있다. …… 반제국주의 투쟁에서 계급적 지도 정신, 계급 투쟁의 역사적 사명을 빼고 나면 나머지는 개량주의뿐이다. 그렇기 때문에 계급적 지도 정신에 의하지 않는 협동적 집단, 즉 신간회는 사회주의자와 좌익 민족주의자를 우익 민족주의자화하지 않을 수 없다.
  － 「아등의 운동과 신간회」, 『삼천리』 4월호(1931) －
- [해소파에게 충고함] 조선인의 대중적 운동인 민족 운동과 계급 운동은 동지적인 협동으로 함께 나란히 나아가야 할 것이다. 그 내부에 영도권이 다른 세력이 섞여 있으므로 전체적으로 협동하여 일을 진행하기는 어려우므로 역량을 분산하거나 제 살 깎아 먹는 식의 잘못을 범하지 않도록 유의하여야 한다.
  － 안재홍, 『비판』 7월호(1931) －

- [신간회 해소 반대론] 민족 단일당의 미명 밑에 도리어 노농 대중의 투쟁욕을 말살한다는 것은 대체로 해소 측의 기본 이론일 것이다. 이는 언뜻 들어 일리가 있다. 그러나 바삐 듣고 싶은 것은 해소한 뒤에 무엇을? 또 어떻게 할 것인가? …… 소부르주아적인 집단을 해소하면 이 이상의 현실적으로 강고한 대중적 투쟁 조직이란 것을 지금 확립할 수 있는가? …… 정치적으로 전연 무권력한 지금의 조선인으로서 …… 계몽적 또 교훈적 결성 및 생장의 길을 밟으면서 …… 다음의 시기를 기다리는 것이 가능할 것이다. —『조선일보』, 1930. 12. 26. —

주제4 사회·문화의 변화와 사회 운동

1 사회 모습의 변화

(1) 일상의 변화
① 근대적 시간관념 : 하루 24시간, 일주일 7일의 근대적 시간관념 형성
② 철도망의 확장 : 경제적 수탈·군사적 침략 목적 → 전국 1일 생활권으로 공간 의식 확대
③ 도시화와 농촌
  ㉠ 초기 : 개항장·철도역 중심 도시 발달 예 군산·목포·대전·신의주 등
  ㉡ 1930년대 이후 : 공업 도시 발달 예 함흥·청진 등
  ㉢ 농촌 : 장시 확대, 토지 조사 사업·산미 증식 계획 등으로 이촌향도 증가(빈민촌, 토막민)
④ 의식주 생활의 변화 : 서양식 복장, 서양식 음식 등 유행

> **PLUS 더 알아보기**
>
> - **농촌 진흥 운동** : 춘궁 퇴치, 부채 근절 등을 목표로 내세움. 농가 소득 증가를 위해 가마니 짜기 등을 권장하였으나 소작료 인하, 자영농 육성 등의 근본적인 문제는 외면한 채 실시됨
> - **조선 농지령** : 지주의 자의적인 소작권 이동을 막고 작물에 따라 소작 기간을 3~7년으로 하는 등의 내용을 포함함. 지주제를 유지하면서 소작 쟁의를 줄이고 소작지의 생산력을 높이도록 소작 제도를 부분적으로 개량한 법령

> **사료 더하기**
>
> (1) 도시의 발전과 생활
> - [전차의 차별적 이용] 조선 사람이 '전차 좀 태워 주오.' 했더니 뒷문에 섰던 차장이 '요 다음 차 타.'라고 반말로 버럭 같은 소리를 질렀다. 종업원들은 누런 양복을 입고 표 단 모자를 쓰고 가죽 가방에 쇠가위를 들었으니 무슨 고관대작이나 된 줄로 아나, 모두 전기 회사를 원망한다. —『조선일보』, 1921. 9. 6. —
> - 철근 콘크리트, 벽돌 등의 고층 건물이 날 보아라 자랑하면서 그 위대한 형체를 하루하루 쌓아 올려, 서울 시내에는 도처의 '강철의 거리'를 이루고 있는데 …… 이 밖에도 내자동에 수백 실을 가진 커다란 아파트도 건축 중이라 하니, 서울 거리거리에는 갑자기 하늘까지 솟는 근대식 대건물이 명랑하게 가득 들어설 모양이라고. —「격증하는 대건물」,『삼천리』, 1934. 11. —
> - [도시 빈민의 삶] 언덕 비탈을 의지하여 오막살이들이 생선 비늘같이 들어박힌 개복동, 그중에서도 상상꼭대기에 올라앉은 납작한 토담집. 방이라야 안방 하나, 건넌방 하나 단 두 개뿐인 것을 명님이네가 도통 오 원에 집주인한테서 세를 얻어 가지고, 건넌방은 따로 '먹곰보'네한테 이 원씩 받고 세를 내주었다. 대지가 일곱 평 네 홉이니, 안방 세 식구, 건너방 세 식구, 도합 여섯 사람에 일곱 평 네 홉인 것이다. — 채만식,『탁류』—
> - [도시 빈민의 삶] 반쯤 쓰러진 초막에 토굴같이 캄캄한 밤, 집안 세간이라고는 귀 떨어진 냄비 한 개, 깨진 항아리 한 개, 쭈그러진 양철 대야 한 개, 석유 상자 하나, 일가의 전 재산을 다 팔아도 오십 전도 못 될 듯하다. …… 십오 세 된 손자 하나를 데리고 초막에서 괴로운 세월을 보내는데, 그 손자가 양철 쓰레기통을 주워다가 그럭저럭 실낱같은 목숨을 이어 간다고 한다. —「양춘 명암의 이중주」,『조광』(1937) —

- [한국인 거주지와 일본인 거주지의 차별] 가로의 전등도 일인가에만 치중 / 남촌은 광명, 북촌은 암흑 / 경성부 내 가로 조명을 하기 위하여 매년 약 7천 원의 전등 요금을 지불하는데 그 가로등은 대개 혼마치 …… 등 가로등이 없어도 밝은 곳에 가로등을 많이 달고, 북촌 어두운 곳에는 가로등을 짓지 않는다 하여 …….
  - 『조선일보』, 1931. 3. 14. -
- 오십 전만 가져도 하룻저녁 위안을 얻을 수 있는 극장과 십 전짜리 백동전 한 푼만 있어도 브라질에서 온 커피에 겸하여 미인 웨이트리스까지 볼 수 있는 카페조차 없다면, 서울의 젊은이는 가뜩이나 고색하고 건조무미한 생활에 얼마나 더 적막을 느낄 것인가?
  - 『별건곤』, 1930. 7. -
- 모던 걸 아가씨들 둥근 종아리 / 데파트 출입에 굵어만 가고, / 저 모던 보이들의 굵은 팔뚝은 / 네온의 밤거리에 야위어 가네. / 똥딴지 서울 꼴불견 많다. / 똥딴지 똥딴지 똥딴지 서울 ……
  - 「똥딴지 서울」, 1938 -
- 가난한 농민의 식량을 참고로 보면, 잡곡이 한 홉 정도에 풀뿌리나 나무껍질을 섞어 끓여서 먹는다. …… 나무껍질은 소나무 속껍질, 아카시아, 기타 모든 껍질을 잘게 하거나 도토리 열매로 가루를 낸 후 물을 넣어 단자로 만들어 소금을 쳐서 먹는다. 어떤 지방에서는 고령토를 먹는 경우도 있다. 그 상태는 일본에서는 전혀 보이지 않는 비참하고 진기한 현상이다.
  - 『내외사정』(1932) -
- 잡곡 부족에 따라 초근목피를 식료로 충당하는 것이 점차 증가하여 현재 초근목피를 식용으로 하는 것이 거창서 관내에 6,407호, 31,974명이다. 이중 이전부터 춘궁기에 같은 생활을 한 451호, 4,463명을 공제하여도 본 대책(식량 배급 정책) 실시 결과 5,756호, 27,331명이 증가하였다.
  - 『경제 치안 주보』(1942) -
- [농촌 진흥 운동의 정치적 목적] 오늘날 농촌의 피폐는 농업 경영을 시세에 순응하게 할 수 있는 지능이 부족하든가, 농민 천직의 참된 뜻을 연구하지 않다든가 하는 데서 유래한다. 그러므로 농촌의 진흥 개선에 뜻을 가진 자는 오로지 이러한 동정을 잘 파악하고, 적절하고 철저하게 지도 계발에 나서야 한다.
  - 조선 총독부, 『조선』(1932. 11.) -

2 민족 문화 수호 운동

(1) 한글 운동
  ① 조선어 연구회(1921)
    ㉠ 활동 : 가갸날(한글날 시초) 제정, 잡지 『한글』 창간, 조선어 강습회 개최, 문맹 퇴치 운동
    ㉡ 발전 : 이극로·최현배 등이 주도하여 조선어 학회로 확대 개편(1931)
  ② 조선어 학회(1931)
    ㉠ 활동 : 한글 맞춤법 통일안, 표준어 및 외래어 표기법 통일안 제정, 우리말 사전 편찬 시작
    ㉡ 해산 : 일제 탄압 → 독립운동 단체로 간주, 회원 체포 및 강제 해산(조선어 학회 사건)

(2) 한국사 연구
  ① 식민 사관의 등장
    ㉠ 식민 통치 정당화 목적 → 우리 역사 왜곡, 조선 총독부 산하 조선사 편수회 주관
    ㉡ 내용 : 타율성론, 정체성론, 당파성론 → 우리 역사의 주체적·발전적 측면 부정

② 자주적 역사학의 발전
　㉠ 민족주의 사학 : 한국사의 독자성, 주체성, 민족 정신 강조
　　ⓐ 박은식 : 국혼 강조, 『한국 통사』・『한국독립운동지혈사』 저술
　　ⓑ 신채호 : 『조선사 연구초』・『조선 상고사』 저술
　　ⓒ 안재홍・정인보 등 → 조선학 운동 전개
　㉡ 사회 경제 사학 : 마르크스 유물 사관 바탕, 세계사의 보편적 발전 법칙에 따른 발전 강조
　　• 백남운 : 『조선 사회 경제사』・『조선 봉건 사회 경제사』 → 식민 사관 정체성론 부정
　㉢ 실증 사학 : 문헌 고증 통한 객관적 서술 → 이병도・손진태 등 진단 학회 조직, 『진단 학보』 발행

(3) 종교계의 동향

대종교	국권 피탈 이후 만주 이동, 중광단 조직 → 항일 무장 투쟁
천도교	청년・여성・소년・농민 운동 전개, 『개벽』・『신여성』 등 잡지 간행
불교	한용운 등 사찰령 폐지 운동, 일제의 불교 통제 저항 → 조선 불교 유신회 조직
원불교	1916년 창시, 허례허식 폐지・남녀평등 주장, 민족 자립 정신 강조
기독교	교육・문화 사업 주력, 세브란스 병원 등 의료 사업
천주교	고아원・양로원 등 사회 사업

(4) 문학・예술계의 동향
① 문학계의 동향

1910년대	• 계몽주의적 작품 등장 • 최남선 『청춘』 → 근대 시 문학 발전, 이광수 『무정』 → 근대 소설 확립
1920년대	• 자연주의・낭만주의 문학 등장 → 『창조』・『폐허』 등 동인지 • 식민지 현실 비판, 독립의 염원 　- 『빼앗긴 들에도 봄은 오는가』(이상화), 『그날이 오면』(심훈) 등
1920년대 중반	• 사회주의 운동 영향 → 계급 모순 비판, 프로 문학 대두 • 조선 프롤레타리아 예술가 동맹(1925, 카프) : 무산 계층 저항 중심
1930년대	• 일제의 저항 문학 탄압・친일 문학 활동 조장 • 이육사, 윤동주 등 민족 저항 지속

② 예술계의 동향
　㉠ 음악 : 서양 음악 영향으로 1920년대 이후 가곡・동요 창작 ex. 고향의 봄(홍난파), 반달(윤극영)
　㉡ 미술 : 전통 한국화(안중식 등)와 서양화(고희동・나혜석 등) 발전
　㉢ 연극 : 통속적 내용을 담은 신파극 인기 → 토월회, 극예술 연구회 등 활동

PLUS 더 알아보기

- **타율성론** : 한국 역사는 중국, 일본 등 주변 나라의 지배와 간섭에 의해 이루어져 왔으므로 주체성과 독자성이 없다는 논리
- **정체성론** : 일본을 포함한 다른 지역이 시대별로 발전을 거듭한 데 반해 한국은 발전 없이 정체되어 있다는 논리
- **당파성론** : 조선 시대 붕당 정치를 당파 싸움으로 규정하여 한국 민족은 늘 편을 갈라 싸운다고 주장하는 논리
- **여유당전서** : 정약용의 저술을 집대성한 것으로 1934년 조선학 운동의 일환으로 발간됨.
- **개량 서당** : 기존 서당과 달리 국어, 역사, 지리, 산수, 체조, 과학 등을 가르침. 학년제를 도입함.
- **사찰령** : 1911년 한국 불교를 억압하고 민족정신의 말살을 목적으로 제정한 법령. 사찰을 병합·이전·폐지할 때는 조선 총독의 허가를 받아야 하는 등의 법령을 포함함.

사료 더하기

(1) 한국사 연구

- [식민 사학] 조선인은 다른 식민지의 야만 미개한 민족과 달라서, 독서와 문장에 있어 조금도 문명인에 뒤떨어질 바 없는 민족이다. 예로부터 전해 오는 역사책도 많고, 또 새로운 저술도 적지 않다. 전자는 독립 시대의 저술로서 헛되이 독립국의 옛 꿈을 떠올리게 하는 폐단이 있으며, 후자는 …… 조선의 나아갈 바를 설파하고, …… 이들 역사책이 인심을 어지럽히는 해독은 이루 헤아릴 수 없다. – 조선 총독부, 『조선 반도사 편성의 요지 및 순서』(1916) –

- [식민 사학] 아시아 대륙의 중심에 가까이 부착된 이 반도는 정치적으로도 문화적으로도 반드시 대륙의 여파를 받음과 동시에, 또 주변 위치 때문에 항상 그 본류로부터 벗어나 있었다. 여기서 한국사의 두드러진 특징인 부수성(주가 되는 것에 붙어 따르는 성질)이 말미암은 바가 이해될 것이다. – 미시나 쇼에이, 『조선사개설』 –

- [민족주의 사학] 옛사람이 이르기를, 나라는 없어질 수 있으나 역사는 없어질 수 없다고 하였으니, 그것은 나라는 형체이고 역사는 정신이기 때문이다. 이제 나라의 형체는 허물어졌으나, 정신만이라도 오로지 남아 있을 수 없단 말인가. – 박은식, 『한국통사』 –

- [민족주의 사학] 역사란 무엇인가? 인류 사회의 아와 비아의 투쟁이 시간부터 발전하여 공간부터 확대하는 전신적 활동 상태의 기록이니, 세계사라 하면 세계 인류의 그리되어 온 상태의 기록이며, 조선 역사라 하면 조선 민족의 그리되어 온 상태의 기록인 것이다. 무엇을 '아'라 하고, 무엇을 '비아'라 하는가? …… 무릇 주체적 위치에 선 것을 '아'라 하고, 그 밖에는 '비아'라 하는데, 이를테면 조선 사람은 조선을 '아'라 하고, 영국, 미국, 프랑스, 러시아 등을 '비아'라 하지만, 그들은 각기 제 나라를 '아'라 하고, 조선은 '비아'라 하며 …… 그러므로 역사는 '아'와 '비아'와의 투쟁의 기록인 것이다. – 신채호, 『조선상고사』 –

- [사회 경제 사학] 우리 조선의 역사적 발전의 전 과정은 가령, 지리적 조건, 인종학적 골상, 문화 형태의 외형적 특징 등 다소의 차이는 인정되더라도, 외관인 소위 특수성은 다른 문화 민족의 역사적 발전 법칙과 구별되어야 하는 독자적인 것이 아니며, 세계사적·일원론적인 역사 법칙에 의하여 다른 제 민족과 거의 동일한 발전 과정을 거쳐온 것이다. – 백남운, 『조선 사회 경제사』 –

- [사회 경제 사학] 조선 민족의 발전사는 그 과정이 아무리 아시아적이라고 하더라도 사회 구성의 내면적 발전 법칙 그 자체는 오로지 세계사적인 것이며, 삼국 시대의 노예제 사회, 통일 신라기 이래의 동양적 봉건 사회, 이식 자본주의 사회는 오늘날에 이르기까지 조선 역사의 기록적 총 발전 단계를 나타내는 보편사적인 특징이며, 그것들은 제각기 특유의 법칙을 갖고 있다. 여기에서 조선사 연구의 법칙성이 가능하게 되며, 그리고 세계사적 방법론 아래서만 과거의 민족 생활 발전사를 내면적으로 이해함과 동시에, 현실의 위압적 특수성에 대해 절망을 모르는 적극적인 해결책을 발견할 수 있을 것이다. – 백남운, 『조선 사회 경제사』 –

- [실증주의 사학] 개개가 전체에 관련하는 것은 그 개개를 조금도 변개함이 없이 전체에 관련할 수가 있다. 일개의 사건이 그 시간과 장소의 제약을 받으면서 넓게 그 시대 전체에 관련하고, 또 국민·민족의 전반에 관련하여 이해되고, 다시 인간 전체의 관련에 있어서 고찰할 수 있는 것은 이 때문이다. …… 또 실증주의적인 사건의 개개의 정밀한 탐구라는 것도 시간, 장소, 인물에 대한 개별적인 탐색으로서 역사의 사실이 명백하게 되는 것은 그대로 전체 관련에서 보는 데 조금도 지장될 바가 아니다. 오히려 인간 생활 전체의 이해에 있어서는 개개의 인간의 행위가 정밀하게 정확하게 알려질 것이 필요하다. – 이상백, 『조선 문화사 연구 논고』 –

(2) 종교계의 동향
- [천도교의 제2의 독립 선언 운동 계획] 지난 기미년(1919)의 독립 만세 운동은 곧 우리의 전통적인 독립의 의지를 만방에 천명한 것이고 국제 정세의 순리에 병진하는 자유·정의·진리의 함성이었습니다. 그럼에도 일본의 무력적인 압박으로 우리의 자유와 평등을 주장한 이 자주 독립운동은 몹시 가슴 아프게도 꺾이었습니다. …… 우리는 일어나야 합니다. 그래서 섬나라 사람은 섬으로 보내고 대한 사람은 대한을 지켜야 합니다. – 「자주독립 선언문」, 1922 –

(3) 예술계의 동향
- [나혜석의 문학 활동] 사남매 아해들아! 애미를 원망하지 말고 사회 제도와 도덕과 법률과 인습을 원망하라. 네 애미는 과도기에 선각자로 그 운명의 줄에 희생된 자였더니라. – 『이혼 고백서』, 1934 –

3 다양한 대중 운동의 전개

(1) 농민 운동
① 배경 : 토지 조사 사업·산미 증식 계획 → 소작농 증가, 고율 소작료 + 기타 세금 부담 가중
② 전개
㉠ 소작인 조합·농민 조합 결성 → 생존권 요구 소작 쟁의 → 1930년대 혁명적 농민 조합 항일 투쟁
㉡ 암태도 소작 쟁의(1923)·용천 불이서선농장 소작 쟁의(1925) 등
㉢ 조선 농민 총동맹(1927) : 전국적 농민 운동 단체 조직

(2) 노동 운동
① 배경 : 식민지 공업화로 도시 노동자 증가 → 민족 차별·저임금 등 열악한 노동 환경
② 전개
㉠ 노동조합 결성 → 임금 인상·노동 시간 단축 등 요구 노동 쟁의 → 사회주의 사상 영향 노동자 계급 의식·민족의식 향상 → 1930년대 이후 혁명적 노동조합 운동 결합 항일 투쟁 전개
㉡ 원산 총파업(1929) : 한 석유 회사(라이징 선)에서 일본인 감독의 한국인 노동자 구타 사건 계기, 최대 규모의 노동 운동, 중국·소련·프랑스 노동 단체들의 지지를 받음.

(3) 다양한 분야의 사회 운동
① 청년 운동 : 민중 계몽·문화 운동 주도, 조선 청년당 대회 → 조선 청년 총동맹(1924) 조직
② 소년 운동 : 방정환 중심 천도교 소년회(1921) 조직, '어린이날' 제정
③ 여성 운동 : 신간회 영향 여성 단체 좌우 합작 시도 → 근우회(1927) 결성
④ 형평 운동 : 백정 차별 저항 → 조선 형평사(1923, 진주) 조직 형평 운동 전개

PLUS 더 알아보기

- **개조론** : 사회 진화론에 대한 비판 이론으로, 개조론이 유행하면서 사회 개조론·국가 개조론·민족 개조론 등이 나타났고 1920년대 초 민족 운동의 이론적 토대가 되었으며, 이광수가 주장한 민족 개조론은 일본의 지배 아래 민족성을 개조하여 정치적 결사를 조직하자는 내용으로 사회주의 계열의 많은 비판을 받음.
- **조선 청년 총동맹(1924)** : 사회주의 계열과 민족주의 계열의 청년 단체를 아우른 단체. '대중 본위의 새 사회 건설을 도모한다.', '민족 해방 운동의 선구자가 될 것을 기약한다.' 등의 강령을 내세움.
- **조선 노농 총동맹** : 전국의 노농 단체를 포괄하는 조직. 노농 계급의 해방·노동자의 계급 의식 향상·노동 시간은 8시간으로 할 것 등을 주장함. 이후 농민 운동과 노동 운동을 분리해야 한다는 주장이 확산되어 1927년 조선 노동 총동맹과 조선 농민 총동맹으로 분리됨.
- **호적과 백정** : 일제 강점기 백정을 호적에 등재하면서 '도한'으로 써넣거나 이름 위에 붉은 점을 찍음.
- **형평** : 백정들이 사용하는 저울(형, 衡)의 뜻을 활용하여, 저울처럼 평등한 사회를 만들겠다는 운동

사료 더하기

(1) 농민 운동

- 요즘 군 내에 있는 지주 중에 몇 명만 빼고는 대부분 가혹한 소작료를 받는데 …… 대개는 일본인 지주가 많다. 일본인에 전염되어 …… 비교적 후하던 조선인 지주들도 불과 몇 해 만에 돌변하여 소작인에게 가혹한 태도를 취하는 것은 일본인 지주가 생긴 이후부터라고 한다. — 『동아일보』 1925. 2. 22. —
- 지주에 대한 소작인의 불평과 불만은 가는 곳마다 없는 곳이 없다. …… 이전에는 지세도 지주 측에서 부담할 뿐만 아니라 소출을 반반씩 나누어 주는 반 분작을 마다하고 도조로 주기를 희망할 만큼 후했는데, 지금에 와서는 오히려 그 반 분작을 바랄 수도 없다고 한다. 너야 굶어 죽든 말든 내 배만 부르면 그만이라는 셈으로, 한번 매겨 놓은 도지는 수확이 좋든 나쁘든 조금도 감해 주지 않고 그대로 받아가는데, 작년 같은 흉년에도 불벼락같이 받아갈 것을 받아가고야 말았다. — 1920년대 농민의 상황, 『동아일보』, 1925. 2. 22. —
- [1920년대 소작 쟁의 요구]
    - 소작 조건을 보장하고 소작료는 실제 수확량의 40%를 한도로 할 것
    - 지세, 공과금은 지주가 부담할 것
    - 지주나 마름의 선물 및 부역 강요를 거절할 것
    - 동양 척식 주식회사의 일본인 이민을 반대할 것 — 경남 노동 운동자 협의회, 1924. 1. —
- [암태도 소작 쟁의] 오랫동안 맹렬히 싸워 오던 암태도 소작 문제는 이사이 일단락을 마쳤다는데 …… 지주 문재철 씨는 소작인회의 요구인 4할을 승낙하는 동시에 금 이천 원을 그 소작인회에 기부하기로 되었더라. — 『동아일보』, 1924. 9. 28. —
- [암태도 소작 쟁의] 전남 암태도의 농민들은 1923년 8월 추수기를 앞두고 소작인회를 조직하고 지주 문재철에게

8할에 가까운 소작료를 4할로 내려 줄 것을 요구하였다. 그러나 문재철은 일본 당국과 경찰의 힘만 믿고 고집을 부렸다. 이에 소작인들은 추수를 거부하고 소작료 불납 동맹을 결성한 후 소작 쟁의에 돌입하였다. 문씨 일족의 청년들과 농민들 사이에 폭력 싸움이 일어났는데, 이를 구실 삼아 경찰이 소작회 간부들만 구속하자 농민들의 분노는 극에 달하였다. 1924년 남녀노소 수백 명이 목포 경찰서와 재판소 앞에서 단식 농성을 하였다. 암태도 소작인들의 투쟁에 전국의 사회단체들도 동조하기 시작하여, 마침내 소작인들이 승리를 이루고 소작료를 내릴 수 있었다.

— 조동걸, 『일제하 한국 농민 운동사』 —

- [1930년대의 소작 쟁의] 1930년경부터 쟁의 형태가 차츰 전투적으로 변해 갔다. 그것은 이미 단순한 경작권 확보를 위해서가 아니라 '토지를 농민에게'와 같은 구호를 내걸고 농민 야학·강습소 등을 개설하여 계급적 교육을 실시하고, 또 농민 조합의 조직도 크게 달라져 청년부·부인부·유년부 같은 부문 단체를 조직하여 지주에 대한 투쟁이 정치 투쟁화 하는 경향이 생겼다. — 쓰보에 센지, 『조선민족독립운동비사』 —

- 약 300평의 논을 소유하고 농사를 짓는 자작농은 쌀 판매 대금으로 19원 39전을 벌었지만, 비료 대금과 수리 조합비로 21원 80전을 지출하였다고 한다. 수입과 지출을 비교하면 2원 41전이 부족하다. 이 조사 자료는 그나마 쌀값이 비쌀 때를 기준으로 작성한 것이다. — 『동광』 1931. 4. —

- 소작료는 지방에 따라 다르지만 많은 곳은 수확량의 8할 또는 9할까지 받기도 한다. …… 보통은 5할이 평균이다. 그러나 전라북도의 어느 지방에서는 소작인들에게 수확량의 8할을 내도록 하는 것이 보통이라고 한다. 충청북도의 어느 지방도 지주가 소작인과 계약을 맺을 때마다 소작료를 올려서 요즘에는 6할 또는 7할에 이르게 되었다. 경상남도의 어느 지역에서는 소작료로 수확량의 8할을 거두는 것이 보통이라고 한다.

— 『동아일보』, 1932. 4. 29. —

- [1930년대 농민 운동의 주장]
  1. 일체의 채무 계약의 무효를 주장한다.
  1. 잡세를 철폐하라.
  1. 토지는 농민에게
  1. 노동자의 단결을 공고히 하자.
  1. 우리가 버려야 할 것은 철쇄이며 우리가 얻어야 할 것은 사회이다.
  1. 현 계급은 부르주아 민주주의의 전취 과정에 있다.
  1. 만국의 무산자여 단결하라. — "양양 농민 조합 제5회 정기 대회"(1931) —

- [정평 농민 동맹이 내세운 주장(1931)]
  - 노동자, 농민의 언론·출판·집회·결사의 자유!
  - 야만·횡포한 경찰을 타도하자!
  - 수리 조합, 삼림 조합을 타도하자!
  - 토지와 주거를 달라!
  - 일본 제국주의 타도!

- [명천 농민 조합이 작성한 당면 과제에 대한 문건(1936)] 조선의 당면 과제는 봉건 잔재의 파괴, 농업 제 관계의 근본적 변혁, 토지 혁명을 목표로 한 부르주아 민족주의 혁명이다.

(2) 노동 운동

- 이 동리(서울 청파동)에는 제면 회사, 간장 공장, 정미소가 있고 고무 공장이 있다. 일반 부녀자들과 어린 유년들은 …… 주먹만한 조밥 덩이를 가지고는 햇발이 보이지 않는 음침한 공장 안으로 발길을 재촉한다. 종일토록 마음대로 앉거나 서지도 못하고 먼지를 마시며 뼈가 빠지도록 기계를 돌리며 손발을 움직인 땀과 고통스러운 노동의 유일한 보수는 단돈 삼십 전을 넘지 못하거나 자기 한 사람 한 달 동안 이것저것 잡비를 제하고 나면 집안 살림에 보탤 것은 찾으려야 찾을 수 없게 된다. — 『동아일보』(1924) —

- [평양 평원 고무 공장 농성 사건] 나(강주룡)는 죽음을 각오하고 이 지붕 위(을밀대 위)에 올라왔습니다. 나는 평원 고무 공장 사장이 이 앞에 와서 임금 감하의 선언을 취소하기까지는 결코 내려가지 않겠습니다. 끝까지 임금 감하를 취소치 않으면 나는 …… 노동 대중을 대표하여 죽음을 명예로 알 뿐입니다.　　　－『동광』 23호, 1931. 7. －
- 감독의 무서운 감시와 100도 가까운 열과 먼지가 섞인 공기를 호흡하며, 침침한 상황에서 뼈가 아프고 살이 닳도록 일하는 여자들은 대개가 16, 7세의 아리따운 처녀들과 20 전후의 여인들인데, 다수가 농촌에서 모집되어 온 사람으로 …… 처음 들어온 여공들은 하루에 최고 15, 6전이며 6, 7년을 이 속에서 늙고 시달린 숙련공이라야 최고 3, 40전이라 하니, 이 얼마나 적은 수입인가? 일급 15, 6전으로 어떻게 살아가겠느냐는 의문이 들 것이다. …… 그나마 아침은 너무 이르고, 점심은 먹을 시간이 모자라며, 저녁은 하루 종일 시달려 기진맥진하여 먹지 못하고 그 적은 양의 밥도 남긴다고 한다. …… 노동 시간이 길고 먹는 음식도 형편없으니 그들의 영양과 건강은 보지 않아도 가히 짐작된다.　　　－『조선중앙일보』, 1936. 7. 2. －

(3) 다양한 사회 운동(청년, 여성, 형평 운동)

- [동맹 휴학] 전남 영암 공립 보통학교 5, 6학년 학생들은 돌연히 동맹 휴학을 단행하고 동교 교장에게 질문서를 제출한 바, 그중에는 다음과 같은 내용이 있다.
  1. 조선어 창가를 가르치지 아니하는 것
  2. 조선 역사를 가르치지 아니하는 것　　　－『동아일보』, 1922. 9. 20. －
- [조선 청년 총동맹 창립] 이리하여 비로소 대중을 기초로 하는 신사회의 건설을 목표로 한 제2기의 청년 운동이 일어났다. 많은 의심에 의심을 거듭하여 침통한 번민을 맛볼 대로 맛보아 온 일반 민중은 이제야 과거보다 몇 배의 용기와 환희를 회복하였다. 이리하여 대동단결의 신조를 굳세게 하는 동시에 전 조선 청년 총동맹의 기치를 든 것이다.　　　－『동아일보』, 1924. 4. 21. －
- [조선 청년 총동맹 강령]
  1. 대중 본위인 신사회 건설을 기도함
  1. 조선 민중 해방 운동의 선구가 되기를 기도함　　　－『동아일보』, 1924. 3. 2. －
- [애국 부인회의 선언문] 유정한 남자들은 각 처에서 독립은 선언하고 만세를 부르는데, 우리들은 그중에 기상과 취침하면서 무지몽매하고 신체가 허약한 여자의 일단이다. 같은 국민, 같은 양심의 소유자이므로 주저함이 없이, 살아서는 독립기 아래서 활기 있는 새 국민이 되고, 죽어서는 구천하에서 수많은 선철을 찾아가 모시는 것이 우리의 제일가는 의무이므로, 동포여 빨리 분기하자!　　　－「대한 독립 여자 선언」, 1919 －
- [근우회 행동 강령]
  1. 여성에 대한 사회적·법률적 일체 차별 철폐
  2. 일체 봉건적 인습과 미신 타파
  3. 조혼 폐지 및 결혼의 자유
  4. 인신매매 및 공창 폐지
  5. 농민 부인의 경제적 이익 옹호
  6. 부인 노동의 임금 차별 철폐 및 산전 산후 임금 지불
  7. 부인 및 소년공의 위험 노동 및 야업 폐지　　　－『동아일보』, 1929. 7. 25. －
- 근우회는 중앙 상무 위원회를 열고 다음 사항을 결의하다.
  1. 재일 조선 노동자를 쫓아낸 것에 대하여 내무성에 항의문을 발송하고 도쿄 지회로 하여금 직접 활동케 함.
  1. 전주 여고보 퇴학 처분 건은 사회 교양을 위한 반(班) 조직에 관한 것이니 퇴학 처분은 부당한 것으로 인정하고 동교에 처분 해제 권고문을 송달함.　　　－『동아일보』, 1929. 9. 25. －
- [조선의 자매들아! 미래는 우리 것이다] 세계 자매는 수천 년래의 악몽으로부터 깨어서 우리 생활 곳곳에 있는 모든 질곡을 분쇄하기 위하여 분투하여 온 지 이미 오래이다. 조선 자매만이 어찌 홀로 이 역사적 세계적 성전에서 낙오

될 리가 있으랴. 우리 사회에서도 여성 운동이 개시된 것은 이미 오래이다. 그러나 회고하여 보면 과거의 조선 여성 운동은 분산되어 있었다. 그것에는 통일된 조직이 없었고 통일된 지도 정신도 없었고, 통일된 항쟁이 없었다. 고로 그 운동은 효과를 충분히 내지 못하였다. 우리는 운동상 실천으로부터 배운 것이 있으니 우리가 진실로 우리 자치를 위하여 우리 사회를 위하여 분투하려면 우리는 우리 조선 자매 전체의 역량을 강고히 단결하여 운동을 전반적으로 전개하지 아니하면 아니 된다. 일어나 오너라 단결하자 분투하자 조선의 자매들아! 미래는 우리 것이다.

 — 『동아일보』 1927. 5. 21. —

- 강향란이라는 기생이 돌연히 머리를 깎고 남자 옷을 입고 정치 강습원에 통학 중이라 한다. 암탉이 새벽에 우는 것도 그 집안이 기우는 장본이라 하였다. 하물며 여자가 남자로 환형한 그것이야 변괴가 아니고 무엇이리오. 이렇게 천한 물건은 우리 사회에서 하루라도 빨리 매장해 버려야 될 것을 …….
— 부춘생, 「토목언」, 『시사평론』, 1922. 7. —

- 모던 걸들 사이에서는 아직도 성히 단발을 하고 있는데 어찌 알았으리요. 단발을 하는 것이야말로 머리가 벗겨지는 큰 원인입니다. 단발을 하고 또 값싼 퍼머넨트 웨이브를 늘 하고 있는 여자는 이삼 년 안에는 꼭 대머리가 될 것입니다.
— 『동아일보』, 1935. 5. 10. —

- 장난치던 아동배들도 '야 단발 미인 간다! 이거 봐라!' 하고 떠들어 대고 가게 머리에서 물건 팔던 사람들도 무슨 구경거리나 생긴 듯 멍하니 서서 그들의 가는 양을 유심히 본다. — 『별건곤』, 1926. 12. —

- [조선 여성 동우회 강령(1924)]
1. 본회는 사회 진화 법칙에 의하여 신사회의 건설, 여성 해방 운동에 입(入)할 일꾼의 양성과 훈련을 기함.
1. 본회는 조선 여성 해방 운동에 참가할 여성의 단결을 기함.

- 남편과 자식들에게 대한 의무같이 내게는 신성한 의무 있네.
나를 사람으로 만드는 사명의 길로 밟아서 사람이 되고저. — 나혜석, '인형의 집' —

- [조선 형평사 취지문] 공평은 사회의 근본이고 애정은 인류의 본령이다. 그러한 까닭으로 우리는 계급을 타파하고 모욕적 칭호를 폐지하며 교육을 장려하여, 우리도 참다운 인간이 되는 것을 기하자는 것이 우리의 주장이다. 지금까지 조선의 백정은 어떠한 지위와 압박을 받아 왔는가? 과거를 회상하면 종일 통곡하고도 피눈물을 금할 수 없다. …… 직업의 구별이 있다고 한다면, 금수의 생명을 빼앗는 자는 우리만이 아니다. — 『조선일보』, 1923. 4. 30. —

- [반형평 운동의 사례] 형평사 창립 축하식 다음 날 진주에서 2,500여명의 사람들이 형평사를 습격하려 하였다. 그리고 형평사를 지원하거나 이와 관계있는 사람은 백정이 아닐지라도 '신백정'으로 여기겠다는 선언을 발표하였다. 일부 농민들은 백정들에게 경제적인 피해를 주기 위해 소고기 불매 운동을 벌이기도 하였다. 특히 예천에서는 예천 형평 분사 창립 2주년 기념식을 축하하기 위해 단상에 오른 예천 청년 회장이 축사는커녕, "백정은 국법을 어겨 백정이 된 것이므로 백정을 압박하는 것은 죄악이 아니다. 그리고 지금은 법적으로 차별이 철폐되었으니 형평사를 조직할 필요가 없다. 돈을 많이 모으고 공부를 열심히 하면 누구나 군수도 될 수 있다."라는 발언을 하였다. 이후 축하식에 참석한 군중들은 행사를 난장판으로 만들고 형평사 회원들의 집까지 쫓아가 폭력을 휘둘렀다.
— 김중섭, 『평등 사회를 향하여』 —

주제5 전시 동원 체제와 민중의 삶

1 대공황과 제2차 세계 대전

(1) 대공황
    ① 배경 : 제1차 세계 대전 이후 호황을 누린 미국의 투자·생산 정체 → 미국 경제 불황
    ② 전개
        ㉠ 1929년 미국 '검은 목요일' → 기업·은행 도산 및 대량 실업 사태 → 유럽·아시아 등으로 확산
        ㉡ 극복 노력 : 뉴딜 정책(미국), 블록 경제(영국·프랑스), 대외 침략(이탈리아·독일·일본)

(2) 전체주의 국가의 등장과 제2차 세계 대전
    ① 파시즘의 등장
        ㉠ 이탈리아 : 무솔리니의 파시스트당 결성, 대공황 이후 대외 팽창 정책(에티오피아 침공)
        ㉡ 독일 : 히틀러의 나치당 집권, 독일 재무장 추진 → 오스트리아 등 병합, 유대인·집시 등 인권 유린
        ㉢ 일본 : 군부 중심, 만주 사변(1931)·만주국 설립, 중·일 전쟁 발발(1937)
    ② 제2차 세계 대전(1939-1945)
        ㉠ 배경 : 3국 방공 협정(독·이·일)으로 추축국 진영 구축, 대외 침략 본격화
        ㉡ 전개
            ⓐ 독·소 불가침 조약(1939) 직후 독일의 폴란드 침공 → 영·프랑스의 대독일 선전 포고
            ⓑ 독일의 소련 침공, 일본의 하와이 진주만 기습 공격 → 태평양 전쟁 확전
            ⓒ 연합군의 미드웨이 해전(미국)·스탈린그라드 전투(소련) 승리로 전세 장악
            ⓓ 노르망디 상륙 작전(1944) 성공 → 베를린 진격, 독일 항복
            ⓔ 히로시마·나가사키에 원자 폭탄 투하 및 소련 참전, 일본 항복 ∴ 연합군 승리

PLUS 더 알아보기

- **뉴딜 정책** : 미국 루즈벨트 대통령이 추진, 정부 주도 대규모 토목 사업 등으로 일자리 창출 통한 기업·개인 구제
- **파시즘** : 개인의 권리를 부정하고 국가나 민족 공동체의 이익만을 우선하는 정치 운동
- **만주국** : 일제가 만주 일대를 중국으로부터 분리하여 독립국을 세운다는 구실로 중국 동북 지방에 세운 국가임. 청 왕조의 마지막 황제 푸이(선통제)를 만주국 집정으로 삼고 실권은 일본 관동군 사령관이 지님.
- **루거우차오 사건** : 베이징 서남쪽의 루거우차오 다리에서 중·일 양국 군대가 충돌함. 중·일 전쟁의 발단
- **대동아 공영권** : 아시아·태평양 전쟁 당시 일본이 아시아 각국에 대한 침략을 합리화하기 위하여 내건 정치 구호임. 일본을 중심으로 함께 번영할 아시아 여러 국가와 지역을 뜻하는 말

사료 더하기

(1) 제2차 세계 대전
- 파시즘은 …… 영원한 평화의 가능성이나 유용성을 믿지 않는다. …… 전쟁만이 모든 인간의 힘을 최고조로 올려주고 용기를 가진 사람에게 고귀함을 인정한다. 따라서 파시즘은 평화에 기초를 둔 신조에 대해 적대적이다.
  － 파시즘, 무솔리니, 「파시즘 독트린」 －
- 미국과 영국은 자국의 번영을 위해 타민족을 억압하고 …… 대동아를 예속화하고 안정을 해치려고 하였다. 이것이 대동아 전쟁의 원인이다. 대동아 각국은 제휴하여 …… 대동아를 미국과 영국의 속박으로부터 벗어나 공존공영, 자주독립, 인종적 차별이 없는 공영권을 건설함으로써 세계 평화의 확립에 이바지하고자 한다.
  － 도조 히데키의 「대동아 공동 선언」(1943), 일본 외무성, 『일본 외교 연표와 주요 문서』 －

2 전시 동원 체제와 민족 말살 통치

(1) 민족 말살 통치(1930년대~)

분야	내용
정치	• 황국 신민화 정책 → 일선 동조론, 내선일체 주장 • 황국 신민 서사 암송, 신사 참배·궁성 요배 강요 • 창씨개명 강요, 초등 교육 기관 명칭 '국민학교' 개칭
교육	• 한국어 사용 금지, 한국어·한국사 교과 폐지 • 『동아일보』·『조선일보』 폐간 • 조선어 학회 탄압 및 강제 해산(조선어 학회 사건, 1942) • 조선 사상범 보호 관찰령(1936)·조선 사상범 예방 구금령(1941) 실시
경제	• 병참 기지화 정책 : 대공황 위기 타계, 전쟁 대비 군수 물자·인력 수탈 • 남면북양 정책 : 일본 방직 공업 원료 확보 목적 • 국가 총동원법 선포(1938) 　－ 배경 : 중·일 전쟁 이후 인력과 물자 동원을 위해 공포 　－ 물적 자원 수탈 : 식량 배급제, 미곡·금속류 공출제 실시 　－ 인적 자원 수탈 　　㉠ 지원병제·학도 지원병제·징병제 : 청년 침략 전쟁 동원 　　㉡ 국민 징용령·여자 정신 근로령 공포 　　㉢ 일본군 '위안부' 동원

PLUS 더 알아보기

- **내선일체** : 내지(일본)와 조선이 하나라는 주장
- **일선동조론** : 일본인과 조선인이 같은 조상에서 나왔다는 주장
- **신사** : 일본의 여러 토착신들에게 제사를 지내는 일본 고유 종교인 신도의 사당임. 일본의 제국주의 정책 강화에 따라 일본의 침략 전쟁에 참여한 사람들의 위패를 봉안하는 경우가 늘어남 ex. 야스쿠니 신사
- **남면북양 정책** : 한반도 남부에서는 면화 재배, 북부에서는 양을 사육할 것을 강요함

사료 더하기

(1) 민족 말살 통치

- [내선일체] 내가 항상 역설하는 바는, 내선이라는 것은 서로 손을 잡는다든가 형상이 융합한다든가 하는 미지근한 것이 아닙니다. 잡은 손은 놓으면 떨어져 버리고 맙니다. 물과 기름도 무리하게 뒤섞으면 융합된 형태가 되지만 그 정도로는 안 됩니다. 형상도, 마음도, 피도, 육체도 모두 일체가 되지 않으면 안 됩니다.
  － 미나미 지로, 『조선에서의 국민정신 총동원』 －

- [내선일체] 지리적으로 우리 조선은 제국의 대륙 정책상 가볍게 볼 수 없는 요충지이다. …… 새로운 동아시아 건설의 가능성은 내선일체의 완성에 달려있다고 할 수 있다. …… 지리적 중요성에서 봤을 때 일본과 조선의 일원화, 즉 우리 조선인이 일본인과 똑같이 동양 건설을 위해 동등한 국민적 의무와 자격을 갖고 매진하도록 해야 한다.
  － 윤치호, 『동양지광』(1939. 4.) －

- [황국 신민 서사]
  1. 우리들은 대일본 제국의 신민입니다.
  2. 우리들은 마음을 합하여 천황 폐하에게 충의를 다합니다.
  3. 우리들은 인고 단련하여 훌륭하고 강한 국민이 되겠습니다.
  － 조선 총독부, 『시정 30년사』(1940) －

- [창씨개명 강요]
  1. 일본식으로 성명을 고치지 않은 사람은 자제를 학교에 입학시킬 수 없다.
  2. 일본인 교사는 아동을 이유 없이 구타해 아동이 부모에게 애원해 일본식 성명으로 고치게 한다.
  4. 일본식으로 성명을 고치지 않은 사람에 대해서는 행정 기관에서 행하는 모든 사무를 취급하지 않는다.
  5. 일본식으로 성명을 고치지 않은 사람에 대해서는 사찰·미행 등을 철저히 하고 물자의 보급 대상에서 제외한다.
  － 문정창, 『(군국 일본) 조선 강점 36년사 하』 －

- 황국 신민으로서의 신념과 긍지를 가진 한국인 중에서 법률상으로 일본인 방식의 씨를 부를 수 있기를 희망하는 자가 생기게 된 점은 나도 이미 알고 있었다. …… 이번에 조선 민사령이 개정되었는데 …… 한국인이 법률상 일본인 방식의 '씨'를 부를 수 있는 길을 열었다는 점이 개정의 중요한 안목이다.
  － 조선 총독부 법무국, 「씨 제도의 해설」(1940) －

- 친족 회의를 통하여 집단적으로 결정한 경우로, 박씨는 정호(우물)에서 탄생되었다는 전통이 있어서 …… 신정(新井)이라고 결정하였다. 김해 김씨이기 때문에 김해라고 명승(이름을 바꾸는 것)하였다. 광산 김씨이기 때문에 본명을 남긴다고 생각하여 김광(金光)이라고 하였다. 죽어서도 월성군과 경주 이씨를 잊지 않으려고 출신인 월성군의 월(月)과 본명 이(李)의 두 자로 하여 월이(月李)로 하였다.
  － 양태호, 『아버지에게 들었던 어느 날의 일들』 －

- [궁성 요배 강요] 오전 6시의 사이렌이 운다. 이 사이렌은 전 국민이 다 기상하라는 사이렌이다. 종래에는 이러한 일이 없었다. 몇 시에 자거나 몇 시에 깨거나 자유였다. 그러나 이제부터 조국은 전 국민이 오전 6시면 일제히 일어나기를 명령한다. …… 그때 또 사이렌이 울었다. '무엇일까?' 아직 이러한 국민 생활에 익숙지 못한 자는 이 사이렌이 오전 7시 궁성 요배 사이렌인 것을 얼른 생각하지 못했던 것이다. 이 사이렌을 들으면 모두 정결한 곳에 정렬해 정성스러운 마음으로 천황이 사는 궁성을 향해 허리를 굽혀 절을 해야 한다. 물론 자신이 있던 곳에서 하라고 했다. 방에 있던 자는 방에서, 부엌에서 일하던 자는 부엌에서, 길을 가던 자는 길에서, 어디서나 그 자리에서 하라는 말이다.
  － 『매일신보』(1940. 9. 4.) －

- 어느 날 포목점 주인이 내가 있는 앞에서 가게에 들어오는 손님에게 경고하였다. "일본어로만 말하시오." …… "사람들이 경찰에 고발하면 좋지 않은 일이 끊이지 않게 되니까요. 요즈음은 누구도 믿을 수가 없어요. 그 사람이 직접 저지른 '죄'만을 처벌하는 게 아니라 '죄'를 고발하지 않은 다른 사람들도 처벌한답니다." 주민들이 강제로

동원되었던 감시 체제가 전쟁 시기에는 더욱더 심해졌다. 그것은 인민들의 분열을 계산한 매우 신중히 고안된 간교한 장치였다. …… 그런 활동을 하는 중심부는 애국반이었는데, 그것은 식민주의자들에 의해 만들어진 국민정신 총동원 조선 연맹의 하부 조직으로 모든 주민이 기계적으로 가입되어 있었다.

– 파냐 이사악꼬브나 샤브쉬나, 『1945년 남한에서』 –

- [국민학교 규정(1941)]
  제2조 국민학교에서는 항상 다음 각호의 사항에 유의하여 아동을 교육하여야 한다.
  1. …… 특히 국체에 대한 신념을 공고히 하여 황국 신민이라는 지각에 철저하게 하도록 힘써야 한다.
  2. …… 충량한 황국 신민의 자질을 얻게 하고, 내선일체·신에 협력의 미풍을 기르는 것에 힘써야 한다.

- [조선 사상범 예방 구금령]
  제1조 치안 유지법의 죄를 범하여 형에 처하여진 자가 집행을 종료하여 석방되는 경우에 석방 후 다시 동법의 죄를 범할 우려가 현저한 때에는 재판소는 검사의 청구에 의하여 본인을 예방 구금에 부친다는 취지를 명할 수 있다.
  – 『조선 총독부 관보』, 1941. 2. 12. –

- [동아일보 폐간] 본보는 총독부의 신문 통제 방침에 의하여, 본 호로 최종 호를 삼고 폐간하게 되었으며, 주식회사 동아일보사는 금일 본사 회의실에서 개최된 임시 총회의 결의에 의하여 해산하게 되었습니다. 과거 20여 년 동안 본보와 본사를 위하여 한결같이 편달 애호해 주신 만천하 독자 여러분께 끝없는 감사의 뜻을 표하며, 여러분의 행복과 건강을 빌어 마지않나이다.
  – 『동아일보』, 1940. 8. 11. –

- [조선일보 폐간] 붓이 꺾이어 모든 일 끝나니 / 재갈 물린 사람들 뿔뿔이 흩어진 경성의 가을 / 한강물도 울음 삼켜 흐느끼며 / 작은 연못 외면한 채 바다 향해 흐르네.
  – 한용운(1940) –

- [조선어 학회 사건] 일본 경찰은 고문으로 얻어 낸 자백이 사람마다 다르므로 넉 달이 지나도록 신문 조서를 쓰지 못하다가, 엉뚱한 사실을 갖다 붙여 치안 유지법 제1조에 해당하는 내란죄로 몰아서 1943년 1월 하순에 조서를 쓰기 시작하여 3월 15일에 대체로 끝을 맺었다. …… 그리고 증거물이라 하여, 오랫동안 여러 사람의 심혈을 쏟아 이루어 놓은 조선어 사전의 원고까지 홍원 경찰서로 실어 갔으니, 그 귀중한 원고가 아주 없어져 버릴 위기를 겪기도 하였다. ……
  그들이 신문 조서에 올린 죄목은 예를 들면 이런 것이었다.
  (1) 조선어 사전 원고에 있는 "태극기, 백두산, 단군"들의 풀이가 반국가 사상의 표현이다.
  (2) '조선 기념 도서 출판관'을 조직하여 이인의 아버지 환갑 기념으로 '조선 문자 급 어학사'를 펴낸 일이 있다.
  (3) "조선어 연구회"라는 명칭을 "조선어 학회"로 바꾸었다.
  – 한글 학회, 『한글 학회 100년사』 –

(2) 국가 총동원 체제

- [총독의 병참 기지에 관한 훈시] 이번 사변(중·일 전쟁)에서 우리 조선은 상당량의 군수 물자를 공출하여 어느 정도 효과를 올렸다. …… 그러나 아직 불충분하며 중국 대륙 작전군에 대해 일본으로부터의 해상 수송이 차단당하는 경우가 있더라도, 조선의 힘만으로 보충할 수 있도록 조선 산업 분야를 다각화하며 특히 군수 공업의 육성에 역점을 두어야 한다.
  – 미나미 지로, 『동아일보』, 1938. 9. 1. –

- [국가 총동원법(1938)]
  제1조 국가 총동원이란 전시에 국방 목적을 달성하기 위해 국가의 전력을 가장 유효하게 발휘하도록 인적·물적 자원을 통제·운용하는 것을 말한다.
  제4조 정부는 전시에 국가 총동원상 필요할 때에는 칙령이 정하는 바에 따라 제국 신민을 징용하여 총동원 업무에 종사하게 할 수 있다.
  제7조 노동 쟁의의 예방 혹은 해결에 관하여 필요한 명령을 내리거나 노동 쟁의에 관한 행위의 제한 혹은 금지를 행할 수 있다.

제8조 정부는 전시에 국가 총동원상 필요할 때에는 칙령이 정하는 바에 따라 물자의 생산·수리·배급·양도 및 기타의 처분, 사용·소비·소지 및 이동에 관하여 필요한 명령을 내릴 수 있다.
제20조 정부는 전시에 국가 총동원상 필요한 경우에는 칙령이 정하는 바에 따라 신문지, 기타 출판물의 게재에 대하여 제한 또는 금지를 할 수 있다.
― 『조선 총독부 관보』 ―

- [제3차 조선 교육령(1938)]
제13조 조선어는 선택 과목으로 한다.
제16조 아동에게 황국 신민으로서의 자각을 일깨워주고, 국가 사회에 봉사하는 마음으로 내선일체의 미풍을 기른다. 그리고 국어(일본어) 교육을 철저히 하여 황국 신민으로서의 성격을 함양한다.
― 조선 총독부 관보 호외, 소학교 규정 ―

- [국민 징용령의 강화]
2. 소요 인원을 충당하지 못하는 경우에 한해 시행(1939)
→ 국민징용령 3차 개정(1943) : 2. 총동원 업무에 종사할 필요가 있는 경우에 이를 행함.

- 이제야 기다리고 기다리던 징병제라는 커다란 감격이 왔다. …… 지금까지 우리는 나라를 위하여 귀한 아들을 전장으로 보내는 내지(일본)의 어머니들을 물끄러미 바라만 보고 있었다. …… 실제로 내 아들이나 남편을 나라에 바쳐 보지 못한 우리에게는 대단히 막연한 일이다. 그러나 우리는 아름다운 웃음으로 내 아들이나 남편을 전장으로 보낼 각오를 가져야 한다. …… 이제 진정한 황국 신민으로서의 영광을 누리게 된 것이다.
― 김활란, 『신시대』(1942. 12.) ―

- 지금 조선에는 지원병 제도가 실시되어 겨우 3년 만에 벌써 그 지망자 10만을 헤아리게 되었으니 지금이 바야흐로 상무 정신이 한창 크게 일어나는 때외다. 어서 성장한 자제가 있거든 한 사람이라도 더 많이 지원시켜서 모두 다 군복 입혀 총 메어 저 교련하는 마당에 세워 주세요.
― 『삼천리』,(1940. 7.) ―

- 만주 사변으로부터 중·일 전쟁 내지 대동아 전쟁에 이르는 일련의 전개는 …… 성전이라 이르지 아니하면 다시 무엇이라 일컬으랴. …… 오늘날 대동아인으로서 이 성전에 참가함은 대운 중의 대운임이 다시 의심 없다.
― 최남선, 『매일신보』(1943) ―

- 학병이여! 새 역사를 창조하라. 부디 지금까지 간직해 온 정열을 조금도 잃지 말고 끝까지 힘찬 돌진을 하여 대동아 공영권을 건설하는 국가 성업의 위대한 주춧돌이 되어 주기를 바라 마지 않는다. ― 최린, 『매일신보』(1943) ―

- 우리 애국반에는 이런 사람이 없도록 합시다. 호적에 들어있지 않은 사람 …… 특히 명년(내년)에 징병 제도에 뽑혀야 할 사람으로서 기류계(본적지 이외 일정한 곳에 주소 등을 두는 것)와 호적을 하지 않은 사람
― 애국반 포스터의 내용 중 ―

- 육해군 지원병, 학병, 징병, 징용, 근로대, 보국대, 특공대, 정신대 등등 사람 잡는 촘촘한 그물에 조선의 남녀노소는 코코이 걸리지 않았던가? 눈과 입과 귀를 막으면 막는 대로 몰면 모는 대로 발버둥 한번 치지 못하고 사지로 향하지 않았던가?
― 『동아일보』(1946. 1. 21.) ―

- [공출제] 경상북도 문경군의 면내 유력자인 ○○○씨는 가족 10명을 데리고 약 30두락(2정보)의 자작을 하고 있다. 그러나 벼 공출이 많아 4월 중순경부터 식량이 끊겨서 매일 같이 식량 구매를 위해 인접 군·면 등을 돌아다녔으나 빈손으로 집에 돌아왔다. 그는 굶주려 울고 있는 가족을 보고 참을 수 없어 자살을 기도하였다.
― 김정인 외, 「총독부 경찰 보고 자료」, 『한국 근대사2』 ―

- 한 알의 쌀이라도 더 많이 나라에 바쳐서 귀신 같고, 짐승 같은 미국과 영국을 때려 부숴 버리자! 쌀 공출은 우리 마을의 공동 책임 ……
― 미곡 공출 홍보 포스터의 내용 중 ―

- 일제가 수확의 70%를 빼앗아 가고 우리에게 30%밖에 안 남았어요. 너무 지나치다고 생각했기 때문에 우리 가족과 땅을 가진 사람들이 모여 의논을 했어요. 경찰 대표자가 왔고 우리는 세금을 내리라고 요구했지요. …… 나중에는 창씨개명을 거부했다는 이유로 …… 여러 차례 얻어 맞았지요. ― 힐디 강, 『검은 우산 아래에서』 ―

- [징용 생존자 이인우 씨의 증언] 군함도에서는 …… 3명씩 2교대로 12시간씩 나가 일하고 잠을 잤다. 일본식 속옷 차림에 장비를 들고 해저 1,000m로 석탄을 캐러 들어갔다. …… 구타는 일상적이었고, 사고를 당한 동료들은 시체가 돼 갱도를 나갔다. …… 시체 타는 냄새가 섬을 덮었다.   - 『중앙일보』(2017. 8. 10.) -
- [학생 근로 보국대의 운영 방침]
  - 방법 : 여름 방학을 이용해 일정 기간 학생들이 가능한 한 될 수 있는 대로 소속한 학교와 가까운 농촌·산촌·어촌에서 규율적인 단체 생활을 하게 할 것
  - 사업의 종류 : 사업의 종류는 연령과 건강 그리고 지방 사정을 고려해 정하되 …… 공익에 관한 적당한 공사를 하게 해 근육 노동의 신성함을 체험하게 할 것
  - 노동의 기간과 생활 : 노동 기간은 대체로 10일로 하고 때에 따라 변경할 수 있음. 자취 제도로 아침과 저녁을 해 먹게 하되 당번으로 할 것. 침구와 작업복은 각자 준비할 것
  - 지도 기관과 보국대 편성 : 학교 근로 보국대 지도 총본부는 조선 총독부 학무국에 두고 …… 지휘 통제할 것. 각 학교에는 근로 보국대를 조직해 교장이 대장이 되고 20명씩 1대로 하고 3대에 교직원 1명 배치할 것
   - 『매일신보』(1938. 6. 14.) -

주제6 광복을 위한 노력

1 민족 운동 세력의 결집과 광복의 준비

(1) 만주에서의 항일 투쟁
  ① 한·중 연합 작전의 전개
    ㉠ 배경 : 만주 사변(1931) → 중국 내 반일 감정 격화 → 항일 연합 전선 형성
    ㉡ 한국 독립군(북만주) : 지청천 지휘, 쌍성보·대전자령 전투 승리
    ㉢ 조선 혁명군(남만주) : 양세봉 지휘, 영릉가·흥경성 전투 승리
    ㉣ 만주국(괴뢰국) 수립 이후 만주 일대 항일 투쟁 약화 → 중국 관내로 이동
  ② 항일 유격 투쟁
    ㉠ 동북 항일 연군(1936) : 한인 사회주의자·중국 공산주의자 연대 항일 무장 투쟁
    ㉡ 조국 광복회(1936) : 국내 유격 작전 시도 → 함경남도 보천보 식민 기관 공격

(2) 중국 관내에서의 항일 투쟁
  ① 조선 민족 혁명당(1935)
    ㉠ 김원봉의 의열단 중심, 조소앙·지청천 등이 참여, 난징에서 결성
    ㉡ 의의 : 민족주의·사회주의 계열의 여러 단체가 협력한 중국 관내 최대 규모의 통일 전선 정당
    ㉢ 임시 정부 불참, 이후 민족주의계 일부 인사 탈당
  ② 조선 의용대(1938)
    ㉠ 배경 : 중·일 전쟁 이후 중국 국민당 정부의 조선 민족 전선 연맹(김원봉) 지원으로 창설
    ㉡ 활동 : 일본군에 대한 심리전, 포로 심문, 후방 공작 활동
    ㉢ 분화
      ⓐ 조선 의용대 화북 지대 : 중국 공산당 팔로군과 연합, 타이항산 전투, 후자좡 전투
      ⓑ 잔류 세력 : 김원봉 지휘 아래 한국광복군으로 합류

(3) 대한민국 임시 정부의 재정비
  ① 체제의 재정비
    ㉠ 독립운동 세력 결집 : 한국 국민당(1935)·한국 독립당(1940) 결성
    ㉡ 근거지 이동 : 일제 간섭 피해 상하이 → 항저우 → 광저우 → 충칭 정착(1940)
    ㉢ 조직 개편 : 주석제 개편(김구 주석), 조선 민족 전선 연맹·조선 의용대 합류
    ㉣ 대한민국 건국 강령(1941) : 삼균주의, 민주 공화국, 보통 선거·토지 국유화·무상 교육 등 주장

② 한국광복군(1940)

창설	중국 국민당 정부 지원, 총사령관 지청천
활동	• 제2차 세계 대전 연합군 측 참전, 대일본·독일 선전 포고 • 미얀마·인도 전선 투입 → 영국군과 연합, 선전 활동 및 포로 심문 • 국내 진공 작전 : 미국 전략 정보국(OSS)과 협력, 국내 정진군 편성 및 훈련

(4) 조선 독립 동맹과 조선 건국 동맹

① 조선 독립 동맹(1942, 옌안)

결성	조선 의용대와 한인 사회주의자 연합, 김두봉 위원장
활동	• 조선 의용대 화북 지대가 개편된 조선 의용군이 당군이 됨 • 건국 강령 : 보통 선거, 국민 기본권, 토지 분배, 의무 교육

② 조선 건국 동맹(1944, 국내)

결성	국내 사회주의자와 민족주의자 연합, 여운형 주도
활동	• 중앙 조직 및 전국 10개 도 지방 조직 구축 • 국외 조선 독립 동맹과 연계, 임시 정부와의 연락 노력 • 건국 강령 : 민주주의 원칙 국가 건설, 노농 대중 해방

PLUS 더 알아보기

- **관내** : 만리장성 서쪽 끝 자위관에서 동쪽 끝 산하이관 이남 지역으로 중국 본토를 말함.
- **한국 독립당(1930)** : 안창호, 김구, 조소앙 등이 대한민국 임시 정부를 지지하기 위해 상하이에서 결성한 정당임. 지청천 등이 만주에서 조직한 한국 독립당과 다른 정당
- **대전자령 전투(1933)** : 한국 독립군과 중국군의 연합 작전으로 일본군 간도 임시 파견대를 선제공격하여 대승을 거둔 전투
- **조선 의용대(1938)** : 민족 혁명당 주도 아래 사회주의 계열 독립운동 단체가 연합한 조선 민족 전선 연맹의 무장 독립 부대
- **팔로군** : 홍군이라 불렸던 중국 공산당의 무력 부대로, 1937년 제2차 국·공 합작으로 국민당 정부가 불법화하였던 공산당을 합법화하자 제8로군(국민 혁명군)으로 개편됨.
- **삼균주의** : 정치, 경제, 교육의 균등 제도를 확립하고, 개인과 개인, 민족과 민족, 국가와 국가 간의 호혜 평등을 실현하여 민주 국가를 건설하려는 이념
- **한국광복군 행동 준승 9개항** : 중국 정부가 한국광복군의 활동을 규제하기 위해 요구한 9개 조항, 한국광복군이 중국군 총참모장의 지휘를 받아야 하며 임시 정부는 명목상의 통수권만을 갖는다는 주요 내용을 담고 있음.
- **카이로 선언(1943)** : 미·영·중 3대 연합국이 한국 인민의 노예 상태에 유의하여 적당한 시기에 한국이 자유롭게 되고 독립하게 될 것을 결의한 선언
- **포츠담 선언문(1945)** : 미·영·중 3국이 일본군의 무조건 항복을 요구하며 채택한 선언문, 한국의 독립을 재확인하였다는 점에 의의가 있음.

- **냅코(NAPKO) 작전** : 한국광복군의 독수리 작전과 함께 대표적인 한반도 침투 작전으로, 서울·함흥·황해도 등에 침투하여 정보 수집, 거점 확보, 지하 조직 건설 등의 임무 수행을 목표로 함.
- **부민관 의거** : 1945년 7월 24일 부민관에서 필승 체제의 확립과 내선일체의 촉진을 목표로 한 '아시아 민족 분격 대회'가 열렸다. 친일파의 거두 박춘금을 비롯하여 일본, 중국, 만주 등지에서 온 친일파들이 참석하였다. 애국 청년 단원 조문기, 유만수, 강윤국 등이 폭탄을 두 개 터뜨렸고, 순식간에 대회장은 아수라장으로 변하였다. 비록 박춘금을 제거하지는 못했지만, 대회를 무산시키려는 목표를 이루었다. 부민관 의거는 일제 강점기 마지막 의거였다.

사료 더하기

(1) 한·중 연합 작전

- [조선 혁명군의 활동] 신빈을 중심으로 하고 있는 조선인 단체 국민부 부사령 양세봉은 최근 부하 약 3백 명을 규합하여 북전자에서 조선 ○○○의 수뇌자 회의를 열어 중대 음모를 계획하는 형세가 있다.
  - 『동아일보』, 1933. 1. 26. -

- [조선 혁명군과 항일 중국군의 합의 내용] 중국과 한국 양국의 군민은 한마음 한뜻으로 일제에 대항하여 싸우고, 인력과 물자는 서로 나누어 쓰며, 합작의 원칙하에 국적에 관계없이 그 능력에 따라 항일 공작을 나누어 맡는다.
  - 한국광복군 사령부, 『광복』 4 -

- [한국 독립군과 항일 중국군의 합의 내용]
  - 한·중 양군은 최악의 상황이 오는 경우에도 장기간 항전할 것을 맹세한다.
  - 중동 철도를 경계선으로 서부 전선은 중국이 맡고, 동부 전선은 한국이 맡는다.
  - 전시의 후방 전투 훈련은 한국 장교가 맡고 한국군에 필요한 군수품 등은 중국군이 공급한다.
  - 한국광복군 사령부, 『광복』 2 -

- 우리 일행은 하루 1백여 리의 강행군을 계속하였다. 밤에는 화톳불을 지펴 놓고 산짐승의 침입을 경계하면서 숲속에서 자는 고된 나날이었다. …… 마른 풀잎과 낙엽 위에 모포 한 장씩 덮고 잠자리에 들었다. 더욱이 추운 겨울에 편히 쉬지도 못한 몸으로 깊은 밤이나 이른 새벽에 행군하게 되면 배가 고프고 다리, 발바닥의 지독한 자극을 받았다.
  - 한국 독립군 조경한의 회고 -

- 눈보라가 휘몰아치는 높은 산에서 산짐승과 더불어 1937년의 봄을 맞은 영양실조에 걸려 마치 움직이는 해골 같이 보이는 이 사람들은 모두 손발에 동상이 걸렸다. …… 바로 아래로는 압록강이 흐르고 눈앞에는 손에 잡힐 듯이 조국의 산봉우리가 손짓하는 듯이 보였다.
  - 조선 혁명군 계기화의 회고 -

- 지금 한국이 망하고 중화가 만주를 잃어버렸으니 만주를 잃고 한국의 광복이 어려운 것은 명백하다. …… 불행히도 중화는 일본의 압제를 받게 되었으니 …… 중국이 멸망한다면 우리 한국은 영원히 광복할 수 없는 아픔을 가져야 할 것이다. 그러므로 우리 한국은 한국을 위하여 광복을 꾀하려 해도 반드시 먼저 중국을 구해야 하고, 중국을 위해 광복을 꾀함에도 한국은 또한 중국을 구해야 할 것이다.
  - 김구, 『도왜실기』(1932) -

- 지청천의 한국 독립군과 중국군은 동경성 전투에서는 이겼지만 인원과 장비 때문에 노송령으로 이동해야 하였다. 이때 대전자에 주둔하던 일본군 부대는 이동하는 한·중 연합군을 전멸할 계획을 세웠다. 그러나 일본군의 공격 정보를 얻은 한·중 연합군은 일본군의 공격에 대비하여 대전자령에 잠복하였다가 전투를 벌였다. 일본군은 1개 연대 병력이었고, 우마차 3천여 량을 동원할 정도로 막대한 군수 물자를 가지고 있었다. 4시간의 격전 끝에 일본군 부대를 전멸시켰다. 전리품으로 군복 3,000벌, 박격포 5문, 군용 물자 200마차 분량, 담요 3,000장, 평사포 3문, 소총 1,500자루 등을 얻은 이 전투는 독립군의 항일전에서 특기할 만한 대승리였다.
  - 이헌주, 『한국 독립군 총사령 지청천』 -

(2) 중국 관내에서의 항일 투쟁

- [민족 혁명당 당의(1935)] 본 당은 혁명적 수단으로써 원수 일본의 모든 침탈 세력을 박멸하여 국토와 주권을 회복하고 정치·경제·교육의 균등을 기초로 한 신민주 공화국을 건설하여 국민 전체의 균등 생활을 확보하고, 나아가 세계 인류의 평등과 행복을 촉진한다. — 국가 보훈처, 『독립운동사』 —

- [민족 혁명당 창립 8주년 기념 선언문(1943)] 1935년 7월 5일, 우리는 중국의 수도 남경에서 5개당을 통합하여 전체 민족을 대표하는 유일한 정당인 조선 민족 혁명당을 창립하였습니다. 이는 10여 년 이래 조선 혁명 통일 운동의 최대 성과일 뿐만 아니라, 해외 독립당의 혁명 전통의 찬란한 역사를 촉진하고 계승하는 요소이기도 합니다. 조선 민족 혁명당 설립의 목적은 일본 제국주의를 전복하는 것이며, 이 목표를 달성하기 위하여 전 민족의 힘을 결집하여 한중 연합 항일 전선을 구축하였습니다.

- [조선 의용대 성립 선언(1938. 10.)] 이번 전쟁에서 조선 민족 내지 동방의 모든 약소 민족은 마땅히 중국의 입장에 서서 모든 힘을 다하여 중국의 항전을 지원해야 한다. …… 우리의 진정한 적인 일본 파시스트 군벌을 타도함으로써 동아의 영구적인 평화를 실현해야 한다. …… 용감한 중국의 형제들과 손을 잡고 …… 항일 전선을 향해 용감히 전진하자! — 『중앙일보』 —

- 500명 이상의 일본군 병력이 새벽에 마을을 포위하였다. 동이 트자마자 전투가 벌어졌다. 조선 의용대는 병력이 거의 20분의 1밖에 안 되는 상황에서도 격렬하게 저항하여 일본군 태반을 사살하고 포위망을 풀었다. …… "옛날 이 마을에서 조선 의용대 화북 지대가 일본군과 싸운 전투를 기억하시는지요?" "기억하다마다요, 조선 군인들은 참 용감했소." — 대한 매일 특별 취재반, 『저기에 용감한 조선 군인들이 있었소』 —

- [조선 의용대 확대 간부회의 결정 사항(1940. 11.)]
  1. 조선 동포 다수 거주 지역(화북과 만주)으로 진출
  2. 부대 자체 무장화를 통한 항일 대오의 건립
  3. 종래의 분산적·유동적인 정치 선전 공작으로부터 역량 집중과 근거리에 기반한 전투 공작으로 변경

- 중·일 전쟁 발발 후 우리 당은 '중국 대일 항전의 승리는 즉 조선 독립의 보증'이며, 중국의 대일 항전에 참가하는 것은 우리가 당면한 최대 임무 중 하나라고 인정하였다. 그러므로 조선 의용대를 조직하여 직접 중국의 대일 항전에 참가해 빛나는 전적을 창조하였고, …… 이것은 우리 당이 조선 민족의 자유 해방을 위해 영웅적 투쟁을 할 뿐만 아니라, 중국의 승리를 위해 마땅히 노력을 다함을 증명하는 것이다. — 민족 혁명당 창립 제8주년 기념 선언 —

(3) 대한민국 임시 정부와 한국광복군

- [한국 국민당 선언(1935)] 우리는 국가 주권의 완전한 광복으로부터 전 민족적 정치·경제·교육 균등의 3대 원칙을 이룬다는 신앙을 확립하여 한국 국민당을 조직하였다. …… 적의 세력을 박멸하여 완전한 민주 공화국을 건설하고자 한다. — 김정명, 『조선 독립운동』 Ⅱ —

- [한국 독립당의 결성(1940)] 조선 혁명당, 한국 국민당, 한국 독립당은 이제부터 다시 존재할 조건이 소멸되었을 뿐 아니라 각기 해소된 것을 전제로 하고 신당 창립에 착수하였다. …… 그러므로 신당은 보다 큰 권위, 보다 많은 인원, 보다 광대한 성세, 보다 고급적 지위를 가지고 우리 독립운동을 보다 유력하게 추진케 할 것을 확실히 믿고 바라며 3당 자신은 이에 해소됨을 선언한다. — 조소앙, 「삼당 해체 선언」 —

- [한국 독립당 전당 대표 대회 선언(1943)] 우리 임시 정부의 적극 발전을 위하여 광대한 혁명 역량의 총집중을 이루어지게 하며, 광복군으로 하여금 민족의 독립성을 수호하게 하도록 노력할 것이며, 전후 한국 독립과 임시 정부의 국제적 지위를 획득하기 위하여 일치 노력할 것이다. — 국사편찬위원회, 『대한민국 임시 정부 자료집』 —

- [민족 혁명당의 임시 정부 참여 선언] 유럽에서는 반파시즘 망명 정부가 잇따라 각 민주 국가로부터 인정과 지원을 받고 있으며, 반일의 기치를 높이 세우고 있는 한국 정부 역시 각국으로부터 인정받기를 희망하고 있다. 특히 항일의 중국 정부가 적극적인 지원을 준비하고 있다. 이런 해외의 지원은 조선 혁명에 큰 힘을 실어 줄 것이다. — 국사편찬위원회, 『대한민국 임시 정부 자료집』 37 —

- [대한민국 임시 정부의 건국 강령(1941)]
  제3장 건국
  2. 삼균 제도를 골자로 한 헌법을 실시하여 정치·경제·교육의 민주적 시설로 실제상 균형을 도모하며, 전국의 토지와 대생산 기관의 국유가 완성되고 전국의 학령 아동 전체가 고급 교육의 무상 교육이 완성되고 보통 선거 제도가 구속 없이 완전히 실시되어 ……
  4. 보통 선거제는 만 18세 이상 남녀로 선거권을 행사하되 신앙, 교육, 거주 기간, 사회 출신, 재정 상황과 과거 행동을 분별치 아니하며 ……
  6. 대생산 기구의 공구와 수단을 국유로 하고 …… 대규모의 농, 상기업과 도시 공업 구역의 공용적 주요 건물과 산업은 국유로 하고 소규모 혹 중등 기업은 사영으로 함. — 『대한민국 임시 정부 자료집 1』 —

- [국내외 동포에게 고함] 눈앞에 세계정세의 발전은 우리 혁명에 절대 유리하게 나타나고 있다. …… 미·영·소·중 등 각 동맹국 간의 합작 단결로 전쟁의 승리는 매우 뚜렷이 드러나고 있다. …… 우리들은 각 혁명 단체, 각 무장 대오, 전체 전사 및 국내외 동포와 더불어 전 민족적 통일 전선을 더욱 공고히 확대하면서 일본 제국주의자에 대한 전면적 무장 투쟁을 적극 전개하여 최대한 힘쓸 것을 결심한다. — 대한민국 임시 정부, 1944. 5. —

- [한국광복군 선언(1940)] 대한민국 임시 정부는 대한민국 원년(1919)에 정부가 공포한 군사 조직법에 의거하여 …… 광복군을 조직하고 …… 공동의 적인 일본 제국주의자들을 타도하기 위해 연합군의 일원으로 항전을 계속한다. …… 이때 우리는 큰 희망을 갖고 조국의 독립을 위해 전투력을 강화할 시기가 왔다고 확신한다. …… 우리는 한·중 연합 전선에서 우리 스스로의 부단한 투쟁을 감행하여 동아시아를 비롯한 아시아 민중의 자유와 평등을 쟁취할 것을 약속하는 바이다.

- [한국광복군의 행동 준승 9개항]
  제1항 한국광복군은 아국(중국)의 항일 작전 기간에는 본회에 직예하고, 참모 총장이 장악·운용한다.
  제2항 한국광복군은 본회에서 통할 지휘하되 아국이 항전을 계속하는 기간 및 한국 독립당·임시 정부가 한국 국경 내로 추진하기 전에는 아국 최고통수부의 군령만을 접수할 뿐이고, 기타의 군령이나 혹은 기타 정치적 견제를 접수하지 못한다. 한국 독립당·임시 정부와의 관계는 아국의 군령을 받는 기간에 있어서는 고유한 명의 관계를 보류한다.
  제3항 본회에서 해당 군(한국광복군)이 한국 내지 및 한국 변경 접근 지역을 향하여 활동함을 원조하되 아국의 항전 공작과 배합함을 원칙으로 하며, 한국 국경 내로 추진하기 전에는 한인을 흡수할 수 있는 윤함구(중국 내 일본군 점령 지역)를 주요 활동 구역으로 삼는다. 군대를 편성하는 기간에 있어서는 아국 전구 제1선 부근에서 조직 훈련하되 그 지역의 최고 군사 장관의 절제를 받아야 한다.
  제8항 중일 전쟁이 끝나기 전에 한국 독립당·임시 정부가 한국 국경 내에 진입하였을 때는 해군과 임시 정부의 관계는 별도로 의논하여 규정하되, 종전대로 본회의 군령을 계속 접수하여 중국군과 배합하여 작전함을 위주로 한다.
  제9항 중일 전쟁이 끝났을 때에도 임시 정부가 한국 국경 내로 진입하지 못한 경우, 이후 광복군을 어떻게 운용할 것인가는 본회의 정책에 기본하고 당시 정황을 살펴서 책임지고 처리한다.
  — 국사편찬위원회, 『한국독립운동사 자료1 임정편』 —

- [임시 정부 대일 선전 포고문(1941)] 우리는 삼천만 한인과 정부를 대표하여 삼가 중국, 영국, 미국 등 기타 여러 나라가 일본에 전쟁을 선포한 것이 일본을 격패하게 하고 동아시아를 재건하는 가장 유효한 수단이 됨을 축하하며, 이에 특히 다음과 같이 성명하노라.
  한국 전 인민은 현재 이미 반침략 전선에 참가하였으니 한 개의 전투 단위로서 추축국에 선전한다.
  1910년의 합방 조약 및 일체 불평등 조약의 무효를 거듭 선포하며, 아울러 반침략 국가가 한국에서 합리적으로 이미 얻은 권익을 존중한다.
  한국, 중국 및 서태평양으로부터 왜구를 완전히 구축하기 위하여 최후의 승리를 얻을 때까지 혈전한다.
  — 『대한민국 임시 정부 자료집 8』 —

- 드디어 3개월간의 제1기생 50명의 OSS 특수 공작 훈련이 끝났다. 나는 무전 기술 등의 시험에서 괜찮은 성적을 받았고 국내로 침투하여 모든 공작을 훌륭하게 수행할 수 있는 자신을 얻었다. …… 제1기생 훈련이 성공적으로 끝나자 우리는 말할 것도 없고 미군도 대만족하여 즉각 국내로 침투시킬 계획을 작성하였다.
 – 김준엽, 『장정2–나의 광복군 시절 하』 –
- 왜적이 항복한다 하였다. 아! 왜적이 항복! 이것은 내게 기쁜 소식이라기보다는 하늘이 무너지는 듯한 일이었다. 천신만고 끝에 수년 동안 애를 써서 참전할 준비를 한 것도 다 허사이다. 시안과 푸양에서 훈련을 받은 우리 청년들에게 여러 가지 비밀 무기를 주어 산둥에서 미국 잠수함에 태워 본국으로 들여보내어 국내의 중요한 곳을 파괴하거나 점령한 뒤에, 미국 비행기로 무기를 운반할 계획까지도 미국 육군부와 다 약속이 되었던 것을 한 번 해 보지도 못하고 왜적이 항복하였으니 ……
 – 김구, 『백범일지』 –
- [재미 한족 연합 위원회의 광복군 후원(1941)] 광복군 후원금은 매달 하와이 의사부에서 1천 50원, 미주 집행부에서 2백 50원을 분담 납부하기로 하여, 미주 집행부는 이 결의에 따라 2백 50원을 모아 보내 드리니 확인하신 후 영수증을 보내 주소서. 재미 한족 연합 위원회의 사무는 순조로이 진행되어 가니 이제부터는 정부 후원에 염려 없고, 광복의 앞길에 아주 다행으로 여깁니다. 광복군 소식을 자주 통지해 주시기를 바랍니다.
 – 『미주 국민회 자료집』 –

(4) 조선 독립 동맹과 조선 건국 동맹
- [조선 독립 동맹의 건국 강령(1942)]
    1. 본 동맹은 조선에 대한 일본 제국주의의 지배를 전복하고 독립 자유의 조선 민주 공화국을 수립할 목적으로 다음 임무를 실현하기 위하여 싸운다.
        (1) 전 국민의 보통 선거에 의한 민주 정권의 수립
        (2) 언론·출판·집회·결사의 자유 및 신앙·사상·파업의 자유 확보
        (6) 조선에 있는 일본 제국주의자의 일체 자산 및 토지를 몰수, 일본 제국주의와 밀접한 관계에 있는 대기업의 국영 귀속, 토지 분배 실행
        (9) 국민 의무 교육 제도를 실시, 필요 경비는 국가가 부담
    2. 본 동맹은 조선 독립을 위해 분투하는 하나의 지방 단체로서, 이러한 목적을 실현하기 위해 조선 혁명 운동에 적극 참가하며, 아래와 같은 임무를 규정한다.
        (1) 대중의 생활을 재고하고 혁명 운동 및 대중의 역량을 증대시키기 위하여 대중적 일상 투쟁에 적극 참가
        (2) 대중의 혁명적 훈련 및 조직적 발전을 위해 적극 노력
        (6) 일본 파시스트의 중국 침략에 반대, 중국의 항일 전쟁에 적극 참가
        (7) 동방의 각 피압박 민족의 해방 운동과 일본 인민의 혁명 반전 운동에 협조, 세계 파시스트와의 정의의 전쟁을 적극 지지
 – 『해외 한국 독립운동 사료 5』 –
- [조선 건국 동맹의 건국 강령(1944)]
    1. 각인 각파를 대동단결하여 거국일치로 일본 제국주의의 제 세력을 구축하고 조선 민족의 자유와 독립을 회복할 것
    2. 반추축 제국과 협력하여 대일 연합 전선을 형성하고 조선의 완전한 독립을 저해하는 일체 반동 세력을 박멸할 것
    3. 건설 부면에서 일체 시위를 민주주의적 원칙에 의거하고, 특히 노농 대중의 해방에 치중할 것
 – 이민규, 『여운형 선생 투쟁사』 –

PART 04

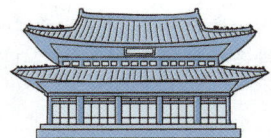

대한민국의 발전

04 대한민국의 발전

중단원	성취 기준
1. 8·15 광복과 통일 정부 수립 노력	
2. 대한민국 정부 수립	• 8·15 광복 이후 전개된 대한민국의 수립 과정을 파악하고, 6·25 전쟁의 발발 배경 및 전개 과정과 전후 복구 노력을 살펴본다.
3. 6·25 전쟁 및 남북한의 정치·경제 변화	
4. 4·19 혁명과 민주화를 위한 노력	• 4·19 혁명으로부터 오늘날까지 이룩한 자유 민주주의의 발전 과정을 이해한다.
5. 경제 성장과 사회 문화의 변화	• 경제 성장의 성과 및 과제를 이해하고, 그 과정에서 나타난 사회·문화의 변화 내용을 설명한다.
6. 6월 민주 항쟁과 민주주의의 발전	• 4·19 혁명으로부터 오늘날까지 이룩한 자유 민주주의의 발전 과정을 이해한다.
7. 외환 위기와 사회 경제적 변화	• 경제 성장의 성과 및 과제를 이해하고, 그 과정에서 나타난 사회·문화의 변화 내용을 설명한다.
8. 남북 화해와 동아시아 평화를 위한 노력	• 북한 사회의 변화와 오늘날의 실상을 살펴보고, 평화 통일을 위해 남북한 사이에서 전개된 화해와 협력의 노력을 탐구한다. • 동북아시아의 역사 갈등, 과거사 문제 등을 탐구하여 올바른 해결 방안을 모색하고, 일본의 독도 영유권 주장을 논리적으로 반박한다.

주제1 8·15 광복과 통일 정부 수립 노력

1 냉전 체제의 형성과 영향

(1) 전후 처리와 국제 연합 탄생
  ① 전후 처리
    ㉠ 독일 : 서독(미국, 영국, 프랑스가 관리)과 동독(소련이 관리)으로 분리
    ㉡ 일본 : 미국을 중심으로 한 극동위원회가 관리
    ㉢ 전범 재판 : 독일 뉘른베르크, 일본 도쿄에서 군사 재판 개최
  ② 국제 연합(UN) : 전쟁 방지와 세계 평화 유지 위한 국제기구
    ㉠ 창설 : 전쟁 중 대서양 헌장(1941. 8.) 채택 → 샌프란시스코 회의를 거쳐 UN 창설(1945. 10.)
    ㉡ 특징 : 집단 안전보장 개념에 입각한 국제 분쟁 해결, 군사 제재 가능, 안전 보장 이사회 중심 운영, 상임 이사국(미국, 중국, 영국, 소련, 프랑스)의 거부권 행사 가능 등

(2) 냉전 체제
  ① 배경 : 제2차 세계 대전으로 유럽 쇠퇴, 미국과 소련이 양대 강국으로 등장 → 국제 사회의 주도권을 둘러싼 미·소의 갈등
  ② 성립 : 소련의 공산주의 팽창에 맞서 미국이 트루먼 독트린 발표, 유럽 부흥 계획(마셜 플랜 수립(1947)) → 소련은 코민포름(공산당 정보국, 1947)과 공산권 경제 상호 원조 회의(COMECON, 1949) 조직
  ③ 영향 : 미국 중심의 자본주의 진영과 소련 중심의 공산주의 진영의 대립, 미·소간 치열한 군비 경쟁

(3) 동아시아의 변화
  ① 중국 : 국공 내전 → 중화 인민 공화국 수립(1949), 중화민국은 타이완으로 밀려남
  ② 베트남 : 베트남 민주 공화국 수립(호치민 주도, 공산주의) → 프랑스를 몰아내고 독립 → 북위 17도선을 경계로 분단, 남쪽에 베트남 공화국(미국 지원) 수립 → 베트남 전쟁
  ③ 일본 : 미국의 지원(아시아의 반공 거점화 의도)으로 경제 부흥, 샌프란시스코 강화 조약으로 주권 회복

PLUS 더 알아보기

- **냉전(The Cold War)** : 자본주의와 공산주의 진영이 직접적 무력 사용보다는 정치, 외교, 군사 등에서 긴장 상태를 유지하였던 상황을 말한다. 열전(The Hot War)과는 대조되는 개념이다. 미국과 서유럽 국가들이 북대서양 조약 기구(NATO)를 조직하자, 소련도 동유럽 국가들과 바르샤바 조약 기구(WTO)를 조직하였다. 냉전 체제는 1970년대 초 미국과 중국의 화해 분위기에 힘입어 완화되기도 하였으나, 1991년 소련이 해체될 때까지 40여 년간 지속되었다.

(전공역사) 그물에 걸린 교과서 – **한국사**

PLUS 더 알아보기

- **대서양 헌장** : 제2차 세계 대전 중 영국의 처칠과 미국의 루스벨트가 전후 처리의 기본 원칙을 정한 선언이다.
- **트루먼 독트린** : 1947년 미국의 트루먼 대통령이 공산주의 세력에 위협을 받던 그리스와 터키 등에 경제적·군사적 지원을 약속한 선언이다.
- **마셜 플랜(유럽 부흥 계획)** : 제2차 세계 대전 이후 유럽을 재건하고자 미국의 국무 장관 마셜이 제창한 대규모 원조 계획으로, 공산주의의 확산을 막는 데 목적이 있었다.
- **샌프란시스코 강화 조약** : 1951년 미국의 중재로 연합국과 일본 간에 체결된 조약이다. 대일전에 참가한 54개국이 회의에 초청되었지만 한국과 중국 등 피해 당사국은 제외되었다.

사료 더하기

(1) 대서양 헌장(1941. 8.)

(5) 우리는 모든 국가들이 모두를 위한 보다 나은 노동 조건, 경제 진보, 사회 안전을 확립하려는 목적으로 경제 분야에서 최대한의 협력을 증진할 것을 희구한다.

(8) 우리는 포괄적이고 항구적인 집단 안보 체제가 확립될 때까지 침략을 자행할 수 있는 국가들의 군축이 필수적이라고 믿는다.

(2) 국제 연합(UN) 헌장

제42조 안전 보장 이사회는 규정된 조치가 불충분할 것으로 인정되거나 또는 불충분한 것으로 판명되었다고 인정하는 경우에는 국제평화와 안전의 유지 또는 회복에 필요한 공군, 해군 또는 육군에 의한 조치를 취할 수 있다.

(3) 트루먼 독트린(1947. 3. 12.)

세계사의 현 시점에서 거의 모든 국가는 두 가지 삶의 방식 중에서 택일해야 합니다. …… 첫째, 삶의 방식은 다수의 의사를 바탕으로 하며, 자유 제도, 대의 정치, 자유 선거, …… 정치적 억압으로부터의 자유 등을 특징으로 합니다. 둘째, 생활 방식은 다수에게 강제적으로 부여된 소수의 의사를 바탕으로 합니다. 또한 공포와 억압, 언론 및 방송 통제, 선거 조작 및 개인 자유의 억압에 의존합니다. 나는 미국의 정책이 무력을 가진 소수 혹은 외부의 압력이 자신을 종속하려는 시도에 맞서는 자유 국민을 지원해야 한다고 믿습니다. – 트루먼 대통령의 의회 연설(1947) –

(4) 샌프란시스코 강화 조약

1. 연합국들은 일본과 그 영해에 대한 일본 국민들의 완전한 주권을 인정한다.
14. 이 조약에 별도로 정해져 있는 경우를 제외하고 연합국은 연합국의 모든 배상 청구권, 전쟁 수행 중에 일본국 및 그 국민이 취한 행동으로 발생한 연합국 및 그 국민의 다른 청구권 및 점령의 직접 군사비에 관하여 연합국의 청구권을 포기한다.

- **전쟁 범죄를 단죄하고자 열린 극동 군사 재판**

개최	일본 도쿄(1946~1948)
목적	태평양 전쟁의 개전 과정과 일본의 각종 전쟁 범죄 행위 소명, 주요 전범 처벌
처벌	A급 전범 28명 중 7명 사형 선고, 나머지는 금고형
한계	재판에 참여한 아시아 국가는 소수에 불과, 아시아인의 피해가 재판의 중점이 되지 못함, 일본 국왕 및 관료와 재벌은 처벌받지 않음

2 8·15 광복과 국토의 분단

① 광복의 의미 : 우리 민족의 피땀 흘린 독립운동의 결과
② 광복의 현실적 배경 : 연합국의 제2차 세계 대전 승리 → 향후 한반도 정세에 미국, 소련의 영향력 증가
③ 미·소의 한반도 분할 점령 : 소련의 대일전 참전 → 소련군의 한반도 진주 및 미국의 한반도 분할 점령 제안 → 소련이 미국의 제안 수용 → 38도선 이북은 소련군, 이남은 미군이 관리
④ 미·소의 점령 정책
  ㉠ 미국 : 군정청 설치하여 남한 지역 직접 통치
  ㉡ 소련 : 각지의 인민 위원회에 행정권 이양(간접 통치)

PLUS 더 알아보기

- 인민 위원회 : 광복 직후 각지에 조직되었던 민간 자치 기구이다. 38도선 이남 지역에서는 미군 주둔 이후 활동이 위축되었으나, 이북 지역에서는 북한 정권 수립에 큰 영향을 미쳤다.

사료 더하기

(1) 8·15 광복을 맞이하다
"8월 16일 …… 담임인 니시하라 선생이 들어와 칠판에 커다랗게 이종환(李鍾煥)이라고 한자로 판서를 하더니, 이종환이라고 발음을 하고 나서 이것이 나의 이름이니 그리 알라고 하였다. 그리고는 각자 집에서 부르는 이름과 성을 대라고 하였다. 돌아가며 출석부 번호 순서대로 자기의 성명을 밝혔다. 이렇게 기이한 통성명을 통한 이름 찾기가 해방 이후 우리가 치른 첫 의식이었다."
― 유종호, 『나의 해방 전후』 ―

(2) 8·15 광복에 대한 김구의 입장
왜적이 항복한다 하였다. 아! 왜적이 항복! 이것은 내게 기쁜 소식이라기보다는 하늘이 무너지는 듯한 일이었다. 천신만고 끝에 수년 동안 애를 써서 참전할 준비를 한 것도 다 허사이다. 시안과 푸양에서 훈련을 받은 우리 청년들에게 여러 가지 비밀 무기를 주어 산둥에서 미국 잠수함에 태워 본국으로 들여보내어 국내의 중요한 곳을 파괴하거나 점령한 뒤에 미국 비행기로 무기를 운반할 계획까지도 미국 육군성과 다 약속이 되었던 것을 한번 해 보지도 못하고 왜적이 항복하였으니 …….
― 김구, 『백범일지』 ―

(3) 미·소 양국 간 군사적 편의로 설치된 38선
우리는 38도선을 추천하였는데, 만약 소련이 동의하지 않을 경우 미군이 현실적으로 진주할 수 있는 선보다 더 북쪽이긴 하지만, 미군 부대의 책임 지역 안에 한국의 수도를 포함하는 것이 중요하다고 여겼기 때문입니다. 38도선은 국무부에 대한 전쟁 부의 권고안 중 일부로 포함되었으며, 이후 국제적인 동의를 얻게 되었습니다. 당시 나는 소련 측이 이 지역에서 양군의 위치로 미루어 보아 훨씬 남쪽의 선을 고집할 것이라 생각했기 때문에 소련이 38선을 수락하였을 때 꽤 놀랐던 것으로 기억합니다.
― 딘 러스크의 회고 진술(1950. 7. 12.) ―

3 조선 건국 준비 위원회의 활동과 광복 직후의 정세

(1) 조선 건국 준비 위원회
 ① 결성 : 광복 당일 총독부와 여운형 접촉 → 여운형에게 행정권과 치안 유지권 이양(일본인 안전 보장 조건) → 여운형·안재홍의 조선 건국 준비 위원회 조직(조선 건국 동맹 중심, 좌·우익 독립 세력 망라)
 ② 활동 : 전국에 145개 지부 조직, 치안대 설치하여 질서 유지, 강령 발표
 ③ 좌·우익의 갈등 : 좌익 세력의 주도권 장악 → 일부 우익 세력 이탈
 ④ 조선 인민 공화국 수립 : 미군의 진주에 대비 → 중앙 조직을 정부 형태로 개편, 각 지부를 인민 위원회로 변경 → 주석 이승만, 부주석 여운형 선임(이승만은 취임 거부)

(2) 미군정의 실시
 ① 미국은 군정청을 설치하여 남한 지역 직접 통치
 ② 맥아더 포고령 : 기존의 행정 체제 활용(일제 협력 관료, 경찰 기용), 한국인이 조직한 정부 부정(조선 인민 공화국, 대한민국 임시 정부 등)
 ③ 한국 민주당 등 우익 세력 활용

(3) 소련의 북한 지역 점령 정책
 ① 각지의 인민 위원회에 행정권 이양(간접 통치)
 ② 사회주의 세력의 정권 장악 지원, 민족주의 세력 탄압
 ③ 스탈린 지령에 따라 북조선 임시 인민 위원회 수립(1946. 2.)

(4) 다양한 정치 세력의 형성
 ① 한국 민주당 : 건준 활동에 비판적인 우익 세력이 창당(송진우, 김성수 등), 대한민국 임시 정부 지지 선언, 미 군정청과 긴밀한 관계 유지
 ② 이승만 : 미국에서 귀국 후 독립 촉성 중앙 협의회 조직
 ③ 김구 : 귀국 후 한국 독립당을 중심으로 활동
 ④ 조선 공산당 : 박헌영 등 사회주의 세력이 재건
 ⑤ 북한 지역 : 김일성이 이끄는 항일 유격대, 김두봉과 조선 독립 동맹 요인 등이 평양으로 귀국, 사회주의 세력이 소련군의 지지를 받아 권력 장악

PLUS 더 알아보기

- **총독부와 여운형의 교섭** : 여운형은 광복 당일 아침 총독부로부터 정치범 석방, 서울의 3개월분 식량 확보, 치안 유지와 건국 활동에 대한 불간섭 등을 약속받았다.
- **여운형과 안재홍** : 중도 좌파와 중도 우파를 각각 이끌며 조선 건국 준비 위원회 조직을 주도하였다. 그러나 좌익이 건준의 주도권을 장악하자 안재홍 등 우익은 탈퇴하였다.
- **조선총독부와 건준의 갈등** : 미·소가 38도선을 경계로 남북을 나누어 점령한다는 사실을 안 총독부가 행정권 이양을 부정하고 경찰서와 방송국 등을 다시 빼앗아 갈등을 빚기도 하였다(1945. 8. 17.).
- **광복 직후 건준의 정세 인식** : 조선 건국 준비 위원회는 미·소 양군이 일시적으로 한반도에 진주하더라도 한국인들이 자주적으로 독립 국가를 건설할 수 있도록 지원해 줄 것이라고 판단하였다. 그래서 친일파를 제외한 국내외의 다양한 정치 세력을 망라하여 정부를 수립하고자 하였다.
- **미군정** : 미군정은 '미군정만이 38도선 이남의 한국에서 유일한 정부'임을 밝히며, 조선 인민 공화국이나 대한민국 임시 정부를 인정하지 않았다. 이에 따라 각 지방에 조직된 인민 위원회를 군대와 경찰을 동원해 해산하였다.
- **스탈린 지령** : 스탈린이 1945년 9월 20일 연해주 군관구 지도부에 내린 지령으로, 북한 지역에서의 부르주아 민주주의 정권 수립 등 소련군의 대북 점령 정책의 방향을 명확히 하였다.
- **한국 민주당** : 광복 직후 김성수 등 자본가, 지주 출신의 인사들이 중심이 되어 조직한 보수적인 민족주의 계열의 정당이다.
- **김구의 귀국** : 대한민국 임시 정부는 미국과의 귀국 교섭 과정에서 정부로서 승인받지 못하였다. 이에 김구를 비롯한 임시 정부 요인들은 개인 자격으로 입국하였다.

사료 더하기

(1) 여운형의 휘문중학교 연설(1945. 8. 16.)

조선 민족의 해방의 날은 왔습니다. 어제 15일, 엔도 정무총감이 나를 불러 가지고 "과거 두 민족이 합하였던 것이 조선에 잘못됐던가는 다시 말하고 싶지 않다. 오늘날 나누는 때에 서로 좋게 나누는 것이 좋겠다. 오해로 피를 흘리고 불상사를 일으키지 않도록 민중을 지도하여 주기를 바란다."라고 하였습니다. ─이기형, 『여운형 평전』─

(2) 여운형의 건준 연설

우리 민족 해방의 첫걸음을 내디디게 되었으니, 우리가 지난날에 아프고 쓰렸던 것은 이 자리에서 모두 잊어버리자. 그리하여 이 땅을 참으로 합리적인 이상적 낙원으로 건설하여야 한다. ─『매일신보』, 1945. 8. 16. ─

(3) 조선 건국 준비 위원회 선언과 강령

우리의 당면 임무는 완전한 독립과 진정한 민주주의의 확립을 위해 노력하는 데 있다. …… 새 정권이 확립되기까지의 일시적 과도기에서 본 위원회는 조선의 치안을 자주적으로 유지하며, 한 걸음 더 나아가 조선의 완전한 독립 국가 조직을 실현하기 위해 새 정권을 수립하는 잠정적 임무를 다하려는 의도에서 아래와 같은 강령을 내세운다.
- 우리는 완전한 독립 국가의 건설을 기함
- 우리는 전 민족의 정치적·경제적·사회적 기본 요구를 실현할 수 있는 민주주의적 정권의 수립을 기함
- 우리는 일시적 과도기에 있어 국내 질서를 자주적으로 유지하며 대중 생활의 확보를 기함

─『매일신보』, 1945. 9. 3. ─

(4) 맥아더 포고령(1945. 9. 9.)

제1조 북위 38도 이남의 조선 영토와 조선 인민에 대한 통치의 전 권한은 당분간 본관의 권한하에서 시행된다.
제2조 정부 공공 단체 및 …… 기타 제반 중요한 직업에 종사하는 자는 별도의 명령이 있을 때까지 종래의 정상적인 기능과 의무를 수행하고 모든 기록과 재산을 보존·보호하여야 한다.
제3조 주민은 본관 및 본관의 권한으로 발포한 명령에 즉각 복종해야 한다. 점령군에 대하여 반항 행동을 하거나 질서 보안을 교란하는 행위를 하는 자는 용서 없이 엄벌에 처할 것이다.

— 미국 태평양 방면 육군 총사령부 맥아더 사령관 명의 포고 1호, 『광복 30년사』 —

(5) 재한국 정치 고문 베닝호프가 미국 국무 장관에게(1945. 9. 15.)

남한은 불꽃이 튀면 즉각 폭발할 화약통이라고 묘사할 수 있습니다. …… 일본인 관료의 해임은 여론상으로는 바람직하지만, 당분간은 이루어지기 어려울 것입니다. 그들은 명목상으로는 교체되겠지만, 실제로는 업무를 계속 수행할 것입니다. …… 정치적으로 가장 고무적인 요소는 연로하고 교육받은 한국인들 가운데 수백 명의 보수주의자들이 서울에 존재한다는 것입니다. 그들 중 많은 수가 일본에 협력하였지만, 그러한 오명은 사라질 것입니다.

— 미국 국립 인쇄소, 『미국의 대외 관계 1945』, Vol. Ⅵ —

(6) 소련의 북한 통치 전략(소련군 포고문)

조선 인민들이여! 붉은 군대와 연합국 군대들은 조선에서 일본 약탈자들을 구축(驅逐)하였다. …… 위대한 스탈린 대원수는 그들에 대하여 말씀하시기를 "우리의 목적은 그 인민들의 해방 투쟁에 있어서 그들을 방조하며 다음에는 그들이 자기 소원대로 자기 땅에서 자유로운 생활을 하도록 하는 것이다."라고 하였다. …… 당신들에게는 유력하고 정직한 친우(親友)인 소련이 있다. 당신들의 해방군인 붉은 군대에 백방으로 방조하라. 조선의 자유와 독립 만세! 조선의 발흥을 담보하는 조선과 소련 친선 만세!

— 『소련 극동군 제25군 사령관 치스차코프 포고문 제1호』, 1945. 8. 15.(추정) —

(7) 김구의 귀국 성명

- 나와 나의 동료는 오직 완전히 통일된 자주의 민주 국가를 완성하기 위하여 여생을 바칠 결심으로 귀국하였습니다. 여러분은 조금이라도 가림 없이 심부름을 시켜 주시길 간절히 바랍니다. …… 완전히 독립 자주하는 통일된 신민주 국가를 건설하기 위해 공동 분투합시다. 　　　　　　　　　　　　　　— 『자유신문』, 1945. 11. 24. —
- 나는 지난 5일 중경을 떠나 상해로 와서 22일까지 머물다가 23일 상해를 떠나 당일 서울에 도착하였습니다. 나와 각원 일동은 한갓 평민의 자격을 가지고 들어왔습니다. 앞으로는 여러분과 같이 우리의 독립 완성을 위하여 진력하겠습니다. 　　　　　　　　　　　　　　　　　　　　　　— 『자유신문』, 1945. 11. 26. —

(8) 박헌영의 정부 수립 전략

우리는 정권을 위한 투쟁을 전국적 범위로 전개해야 하니, 해방 후의 새 조선은 혁명적 민주주의 조선이 되어야 한다. 기본적 민주주의적 여러 가지 요구를 내세우고 이것을 철저히 실천할 수 있는 인민 정부를 수립해야 한다.

— 8월 테제, 1945. 9. 25. —

4 모스크바 3국 외상 회의와 미·소 공동 위원회

(1) 모스크바 3국 외상 회의
　① 개최 : 모스크바에서 미국, 영국, 소련의 외무 장관이 전후 처리 문제 논의(1945. 12.)
　② 전개 : 미국은 미·소·영·중 4개국에 의한 신탁 통치 제안 → 소련은 이를 수용하면서 조선 임시 정부 수립을 핵심으로 하는 수정안 제출
　③ 결정 사항 : 한국에 민주주의 임시 정부 수립, 미·소 공동 위원회 개최, 최고 5년간의 신탁 통치 실시
　④ 영향 : 좌익과 우익의 극심한 갈등 발생
　　㉠ 우익 세력 : 반탁 운동 전개
　　　ⓐ 신탁 통치는 한국인의 자주권을 부정하는 것이라 주장
　　　ⓑ 친일 반민족 세력의 일부가 반탁 운동에 가담
　　㉡ 좌익 세력 : 회의 결정 총체적 지지
　　　ⓐ 처음에는 신탁 통치 반대하였으나 입장 선회
　　　ⓑ 회의의 본질을 민주주의 임시 정부 수립으로 파악
　⑤ 미국과 소련의 대응
　　㉠ 미군정 : 반소 여론 조성, 남한에서의 우익 세력 강화 위해 반탁 운동 지지
　　㉡ 소련군 : 북한에서 모스크바 3상 회의 결정 반대하는 집단의 숙청 지시

(2) 1946년 초의 정세
　① 남한 : 신탁 통치를 둘러싼 좌·우익의 격렬한 대립
　② 북한 : 북조선 인민 위원회 출범 → 사회주의 정권 수립 추진

(3) 제1차 미·소 공동 위원회
　① 제1차 미·소 공동 위원회 개최(서울 덕수궁, 1946. 3.)
　② 미·소 양국의 대립 : 한국 민주주의 임시 정부 수립을 협의할 단체 선정 문제
　　㉠ 소련 : 모스크바 3상 회의 결정 사항을 반대하는 세력은 참여 불가
　　㉡ 미국 : 참여를 원하는 모든 정당과 사회단체가 협의의 대상
　③ 미·소 양국의 의견 대립으로 미·소 공동위원회 결렬(1946. 5.) → 무기한 연기

PLUS 더 알아보기

- **모스크바 3국 외상 회의** : 제2차 세계대전 종전 후 일본 점령 지역에 대한 관리 문제, 얄타 회담에 따른 한국의 독립 문제 등을 거론하였다.
- **신탁 통치** : 유엔의 감독 아래 어떤 나라가 특정 지역의 평화 증진, 국민 보호, 자치 또는 독립을 도와주도록 하는 특수 정치 제도이다. 유엔의 위임을 받은 국가가 과거 식민지 지역의 독립을 목적으로 일정 기간 해당 지역의 통치를 담당하였다.

(전공역사) 그물에 걸린 교과서 – 한국사

PLUS 더 알아보기

- **신탁 통치를 둘러싼 갈등** : 좌익 세력은 현실적으로 강대국의 협조를 받지 않고는 독립 국가를 세우기 어렵다고 판단하였다. 반면 우익 세력은 좌익을 매국, 사대주의자라고 비판하면서, 반탁 운동을 반소 운동으로 확대하였다.
- **제1차 미·소 공위 결렬** : 소련은 공위가 모스크바 3상 회의 결정의 실행을 위한 것이므로 이를 반대하는 세력은 참여할 수 없다고 주장한 반면, 미국은 소련의 요구가 모스크바 결정에 언급된 바 없으며 민주주의에 위배되므로 참여를 원하는 모든 정당과 사회단체가 협의의 대상임을 주장하였다. 대립 가운데 미국은 임시 정부 수립 문제 논의를 중지하고 38도선 철폐와 남북 간 경제적 통일 문제를 다루자고 제안하였으나 소련이 거절하였다.

사료 더하기

(1) 모스크바 3국 외상 회의의 결정 사항(1945. 12.)

1. 조선을 독립 국가로 재건설하고 조선을 민주주의적 원칙에 따라 발전시키는 조건을 조성하며 될 수 있으면 속히 오랫동안 지속된 일본의 조선 통치의 참담한 결과를 청산하기 위해 조선 민주주의 임시 정부를 수립한다.
2. 조선에 임시 정부를 구성하고 원조할 방책을 연구하기 위해 남조선 미합중국 점령군과 북조선 소연방 점령군의 대표자들로 공동 위원회가 설치될 것이다. 그 제안을 작성하는 데 있어 공동 위원회는 조선의 민주적인 정당 및 사회단체들과 협의해야 한다.
3. 조선 인민의 정치적·경제적·사회적 진보와 민주주의적 자치 발전과 독립 국가의 수립을 원조·협력할 방안을 작성한다. 또한 조선 임시 정부와 민주주의 단체의 참여 아래 공동 위원회가 수행하되, 공동 위원회의 제안은 최고 5년 기한으로 4개국 신탁 통치의 협약을 작성하기 위해 미·영·소·중 4국 정부가 공동 참작할 수 있도록 조선 임시 정부와 협의한 후 제출한다.

(2) 모스크바 3국 외상 회의 결정에 대한 오보

'소련은 신탁 통치 주장, 미국은 즉시 독립 주장, 소련의 구실은 38도선 분할 점령'
모스크바 3국 외상 회의를 계기로 조선 독립 문제가 표면화하지 않을까 하는 관측이 농후해지고 있다. 즉, 번즈 미 국무 장관은 출발 당시 소련의 신탁 통치안에 반대하여 즉시 독립을 주장하는 훈령을 받았다고 하며, 삼국 간에 어떠한 협정이 있었는지는 불분명하지만, 미국이 카이로 선언에 따라 조선은 국민 투표로써 그 정부 형태를 결정할 것을 약속한 것에 비하여, 소련은 남북 양 지역을 일괄한 일국 신탁 통치를 주장하여 38도선에 의한 분할이 계속되는 한 국민 투표는 불가능하다고 하고 있다.
— 『동아일보』, 1945. 12. 27. –

(3) 신탁 통치 반대 운동

- 카이로·포츠담 선언과 국제 헌장으로 세계에 공약한 한국의 독립 부여는 이번 모스크바에서 열린 3국 외무 장관 회의의 신탁 관리 결의로써 수포로 돌아갔다. 동포여! 8·15 이전과 이후 피차의 과오와 마찰을 청산하고서 우리 정부(대한민국 임시 정부) 밑에 뭉치자. …… 3천만의 모든 힘을 발휘하여 신탁 관리제를 배격하는 국민운동을 전개하여 완전한 자주독립을 이루는 날까지 3천만 전 민족의 최후의 피 한 방울까지라도 흘려서 싸우는 항쟁 개시를 선언한다. – 신탁통치 반대 국민 총동원 시위 대회 선언문, 『중앙신문』, 1946. 1. 1. –
- 지난 연말에 모스크바 3국 외상 회의의 결의라 하여 우리나라에 신탁 통치제를 시행하고 5년간의 기한부로 독립을 승인하겠다는 소식이 들리자, 전 국민은 물 끓듯이 반대의 물의가 분분하며, 그 의사 표시로 서울을 비롯하여 지방 각처와 각 정당 각 단체 각 계급 각층이 같은 애국열에 한데 뭉치어 시위행진까지 하였던 것이다. 그러면 우리가 무엇을 반대함이런가? 냉정히 검토해 보기로 하자. 우리의 반대하는 의사의 내용은 외래 세력의 우리 내정 간섭에 대한 배격이다. 연합국에 대해 장래 우리나라와의 우호 관계와 세계 평화를 위해 우리나라를 즉시 독립 국가로 승

인해달라는 요구이다. 신탁, 협조, 후견의 언구를 농하여 내정 간섭에 인과적 관계를 맺으려는 3국 외상의 탈선적 호의를 반대함이다.
― 신탁통치 반대 국민 총동원 위원회 성명서, 1946 ―

(4) 모스크바 3국 외상 회의 지지 운동
- 모스크바 3국 외상 회의의 결정을 신중히 검토한 결과 이번 회담은 세계 민주주의 발전에 있어서 또 한걸음 진보이다. 카이로 선언이 조선 독립을 적당한 시기에 준다는 것인데, 이 적당한 시기라는 것이 이번 회담에서 5년 이내로 규정된 것이다. 이것은 우리가 5년 이내에 통일되고 우리의 발전이 상당한 때에는 단축될 수 있다는 것이니 이것은 오직 우리의 역량 발전에 달린 것이다. …… 그러므로 우리의 할 일은 무엇보다 먼저 통일의 실현에 있다. …… 하루 속히 민주주의 원칙을 내세우고 이를 중심으로 조선 민족 통일 전선을 완성함에 여력을 집중해야 한다.
― 모스크바 3국 외무 장관 회의 지지 담화문, 『조선일보』, 1946. 1. 4. ―

- 우리는 이번 모스크바 회담이 조선 민족 해방에 대해 가지는 의의를 지극히 크게 평가하여 그 규정과 이에 대한 태도를 다음과 같이 결정하였다. 첫째, 그것이 카이로, 포츠담 양 회담의 구체화라는 점에 역사적 의의가 있는 것이다. 그 후의 국제 문제 해결과 조선 민족의 노력으로 이번 모스크바 회담에서 건립의 범위와 방법이 처음으로 구체적 결정을 보인 것이다. 즉, '적당한 시기'가 '최고 5년'으로 되었고, '적당한 순서'가 '신탁 통치를 거치게' 된 것이다. 따라서 그것은 소위 배신행위나 기만도 아니요, 하등의 국제법 위반이 아니다.
― 조선 인민 공화국 중앙 인민 위원회 결의서, 1946 ―

(5) 제1차 미·소 공동 위원회에서의 대립
- 미·소 공동 위원회의 임무는 …… 한국 민주주의 임시 정부를 한국 인민이 수립하도록 지원해 주는 일입니다. 장래의 한국 민주주의 임시 정부는 모스크바 3국 외상 회의의 결정을 지지하는 모든 민주주의적 정당 및 사회단체의 광범한 통일이라는 기초 위에 수립되어야 할 것입니다.
― 소련 대표 시티코프 대장의 연설 내용 ―

- 소련 대표단은 "모스크바 3국 외상 회의 결정에 반대하는" 모든 한국인들이 임시 정부 수립에 참여할 수 없도록 배제하자고 제안하였습니다. 미국 대표단은 그러한 배제 원칙이 표현의 자유라는 기본적인 민주주의적 권리를 한국인들로부터 박탈한다는 이유로 반대하였습니다. …… 남한의 절대 다수는 (모스크바 결정의) 이 조항에 반대하는데, …… 특정 지도 그룹이 지배하는 소수 남한 정당들이 돌연 이 문제에 대한 그들의 입장을 바꿨습니다.
― 미국 대표 하지 중장이 본국에 보고한 내용 ―

- [제1차 미·소 공위 휴회에 대한 하지 중장의 성명서] 소련 대표는 모스크바 3국 외무 장관 회의 결정 사항을 반대하는 사람을 조선 임시 정부 조직에 참여하지 못하도록 제외하자고 제안했다. 그러나 우리는 민주주의의 근본인 의사 발표권을 거부하는 것이므로 반대했다.
― 『중외신보』, 1946. 5. 10. ―

5 좌우 합작 운동

(1) 제1차 미·소공위 결렬 이후의 상황
① 미군정 : 좌익 세력 탄압, 반탁 세력을 대신해 중도 세력 지원
② 조선 공산당 : 미군정에 저항
③ 이승만 : 정읍 발언을 통해 남한만의 임시 정부 수립 주장(1946. 6.)

(2) 좌우 합작 운동의 전개
① 배경 : 통일 정부 수립을 원하는 대중의 열망, 중도 세력을 육성하려는 미군정의 지원
② 주도 : 여운형, 김규식 등 중도 세력
③ 목적 : 좌·우익의 협력으로 갈등 해결, 한반도 통일 정부 수립

④ 활동 : 좌우 합작 위원회 조직(1946. 7.)
  ㉠ 좌우 합작 7원칙 발표(1946. 10.) : 통일 임시 정부 수립, 토지 개혁과 주요 산업 국유화, 반민족 행위자 처벌 등
  ㉡ 남조선 과도 입법 의원 출범(1946. 12.) : 좌우 합작 7원칙에 근거
⑤ 좌우 합작 7원칙을 둘러싼 갈등
  ㉠ 우익 : 반대(한국 민주당), 지지 입장 표명(김구), 명확한 입장 표하지 않음(이승만)
  ㉡ 좌익 : 무상 몰수·무상 분배의 토지 개혁과 친일파 즉각 청산 요구하며 반대
⑥ 한계
  ㉠ 김구, 이승만, 조선 공산당 등 주요 정치 세력 불참
  ㉡ 신탁 통치, 토지 문제, 친일파 처벌 문제 등에서 좌우의 의견 충돌
  ㉢ 냉전 체제 격화로 미군정의 지원 철회
⑦ 종료 : 여운형 암살(1947. 7.), 제2차 미·소 공위 결렬(1947. 10.)로 활동 중단

PLUS 더 알아보기

- **미군정의 좌우 합작 운동 지원** : 미군정은 북한에서 자치 행정이 시행되는 것에 대응하여 남조선 과도 입법 의원 선거를 실시하고, 민정 장관에 안재홍을 임명하면서 한국인이 군정운영에 참가하는 형태로 군정을 운영하였다.
- **남조선 과도 입법 의원** : 1946년 12월 미군정 시기 남한에 설립된 과도적 성격의 입법 기관으로, 김규식이 의장을 맡아 1948년 5월 해산될 때까지 '조선 임시 약헌' 등을 제정하였다. 광복 이후 최초의 대의 정치 기관으로서, 민선 의원과 미군정이 임명한 관선 의원으로 구성되었다.
- **친일파 청산과 토지 개혁** : 좌익 세력은 친일파를 배제하고 정부를 수립해야 하며, 무상 몰수·무상 분배 방식으로 토지 개혁을 실시하자고 주장하였다. 반면, 우익 세력은 정부 수립 이후에 친일파 청산을 다루고, 유상 매상·유상 매각 방식으로 토지 개혁을 실시하자고 하였다.

사료 더하기

(1) **이승만의 정읍 발언**
  이제 우리는 무기 휴회된 미·소 공동 위원회가 다시 열릴 기색도 보이지 않으며, 통일 정부를 고대하나 여의치 않게 되었다. 우리는 남방만이라도 임시 정부 또는 위원회 같은 것을 조직하여 38도선 이북에서 소련이 물러나도록 세계 여론에 호소해야 될 것이니, 여러분도 결심해야 할 것이다. ─ 『서울신문』, 1946. 6. 3. ─

(2) **단독 정부 출현을 반대하는 여운형의 발언**
  단독 정부가 출현한다면 나뿐만 아니라 전 민족이 반대할 것이다. …… 현재 좌우익은 악화된 감정과 경제적 이해에 관한 문제로 대립되어 있다. 좌우익이 합작해 우리 민족 전체의 의사를 대표하는 통일 기관을 만들어야 한다. ─ 『중외신보』, 1946. 6. 12. ─

(3) **좌우 합작 7원칙(1946. 10.)**
  1. 조선의 민주 독립을 보장한 3상 회의 결정에 의하여 남북을 통한 좌우 합작으로 민주주의 임시 정부를 수립할 것
  2. 미·소 공동 위원회 속개를 요청하는 공동 성명을 발표할 것
  3. 토지 개혁에 있어서 …… 토지를 농민에게 무상으로 나누어 주며, …… 중요 산업을 국유화할 것

4. 친일파 민족 반역자를 처리할 조례를 본 합작 위원회에서 제안하여 입법 기구가 심리 결정하여 실시케 할 것
5. 남북을 통하여 현 정권하에 검거된 정치 운동가의 석방에 노력하고 아울러 남북 좌우의 테러 행동을 일절 즉시로 제지토록 노력할 것
6. 입법 기구는 일체 그 권능과 구성 방법, 운영에 관한 대안을 본 합작 위원회에서 작성하여 적극적으로 실행을 기도할 것
7. 전국적으로 언론, 집회, 결사, 출판, 교통, 투표 등 자유를 절대 보장되도록 노력할 것

— 『동아일보』, 1946. 10. 8. —

(4) 트루먼 독트린과 이승만의 정세 인식

나는 좌우 합작의 성공을 믿지 않았다. 그러나 현재는 미국 정책이 공산주의와 합작을 단념하였으므로 캄캄하던 우리의 길은 열렸다. 우리 동포는 한데 뭉치어 임시 입법 의원으로 하여금 총선거 법안을 급속히 제정하게 하여 남북통일을 위한 남조선 과도정권을 수립해야 한다.

— 『동아일보』, 1947. 4. 29. —

6 유엔의 한반도 문제 처리와 남북 협상

(1) 유엔의 한반도 문제 논의
① 제2차 미·소 공동 위원회 개최(1947. 5.) : 미국과 소련의 대립 지속, 합의안 도출 실패
② 미국의 한반도 문제 유엔 총회 상정(1947. 9.)
③ 유엔 총회 결의안 채택(1947. 11.) : 인구 비례에 의한 남북한 총선거를 통해 정부 수립
④ 유엔 한국 임시 위원단 파견(1948. 1.) : 소련과 북한의 입북 거부
⑤ 유엔 소총회 결정(1948. 2.) : 선거가 가능한 지역에서 총선거 실시
　㉠ 이승만, 한국 민주당 : 남한만의 총선거 실시 결정 지지
　㉡ 좌익 세력 : 단독 정부 수립 반대

(2) 남북 협상
① 배경 : 유엔 소총회의 남한 단독 총선거 실시 결정
② 주도 : 김구, 김규식 등
③ 추진 : 통일 정부 수립을 위한 남북한 정치 지도자 회담을 김일성 등에게 제안
④ 전 조선 제 정당·사회단체 대표자 연석회의(남북연석회의) 및 남북 지도자 회의 개최(1948. 4.)
　㉠ 김구, 김규식, 김일성, 김두봉 : 남한 단독 선거에 반대하는 공동 성명 발표
　㉡ 미·소 양군의 철수를 요구하는 결의문 채택
⑤ 결과 : 미국과 소련의 합의안 거부, 남북에서 각각 단독정부 수립 절차 진행 → 실패

PLUS 더 알아보기

- 유엔 소총회의 남한 단독 선거 결정 과정
  - 유엔 총회에서 유엔 감시하의 남북 총선거 결의안 채택(1947. 11. 14.)
  - 유엔 한국 임시 위원단 입국(1948. 1. 9.) : '관할 구역이 한국 전체이며 일부 지역이 아니라는 것을 밝히고자 가능한 모든 기회가 이용되어야 한다'는 결의문 채택
  - 소련의 유엔 한국 임시 위원단 활동 거부 선언(1948. 1. 22.)

PLUS 더 알아보기

- 유엔 한국 임시 위원단은 다음 질문을 유엔 총회 정치 위원회에 전달 : '남한에서만이라도 선거를 실시하는 것이 유엔 총회 결의와 임시 위원단 임무에 비추어 타당한가?'
- 유엔 소총회 개최(1948. 2. 26.) : 미국이 제출한 남한만의 단독 총선거안 채택

사료 더하기

(1) 유엔 총회 결의문(1947. 11.)
- 한국 국민 중에서 대표를 선출하고 한국 독립 문제 해결에 참여시키기 위하여 유엔 한국 임시 위원단을 설치한다.
- 보통 선거와 비밀 투표에 의해 대표를 선출하되 각 투표 지구 또는 구역에서 선출되는 대표자 수는 인구에 비례하여야 하며 선거는 위원단의 감시하에 시행되어야 한다.

― 미국 국립인쇄소, 『미국의 대외 관계(FRUS) 1947』Vol. Ⅵ ―

(2) 유엔 소총회 결의문(1948. 2. 26.)
유엔 한국 임시 위원단이 한국 전역 선거의 감시를 진행시킬 것과 만일 그것이 불가능하다면 위원단이 접근할 수 있는 한의 한국 내 지역의 선거 감시를 진행시킬 것이 필요하다고 간주하며 …… 유엔 한국임시 위원단이 접근할 수 있는 지역에서 결의 제112호(Ⅱ)에 기술된 계획을 시행함이 동 위원단에 부과된 임무임을 결의한다.

(3) 김구의 3천만 동포에게 눈물로 고함(1948. 2. 11.)
- 통일하면 살고 분열하면 죽는 것은 고금의 철칙이니, 자기의 생명을 연장하기 위하여 조국의 분열을 연장하는 것은 전 민족을 죽음의 구렁텅이에 넣는 극악극흉의 위험한 일이다. 이와 같은 위기에 있어서 우리는 우리의 최고 유일의 이념을 재검토하여 국내외에 인식시킬 필요가 있는 것이다. …… 독립이 원칙인 이상 독립이 희망 없다고 자치를 주장할 수 없다는 것을 왜정하에서 충분히 인식한 바와 같이 우리는 통일 정부가 가망 없다고 단독 정부를 주장할 수 없는 것이다. ― 『서울신문』, 1948. 2. 12. ―
- 한국이 있어야 한국 사람이 있고, 한국 사람이 있고야 민주주의도, 공산주의도, 무슨 단체도 존재할 수 있는 것이다. 자주 독립적 통일 정부를 수립하려는 이때 어찌 개인이나 집단의 사리사욕을 탐하여 국가 민족의 백년대계를 그르칠 수 있으랴? …… 나는 통일된 조국을 건설하려다가 38도선을 베고 쓰러질지언정 일신에 구차한 안일을 취하여 단독 정부를 세우는 데는 협력하지 아니하겠다. ― 『서울신문』, 1948. 2. 13. ―

(4) 김구와 김규식이 김두봉에게 쓴 편지
남이 일시적으로 분할해 놓은 조국을 우리가 우리의 관념이나 행동으로 영원히 분할할 필요가 있겠습니까. 비록 우리가 우리 몸을 반쪽 낼지언정 허리가 끊어진 조국을 어찌 차마 더 볼 수 있겠습니까. 그러한 까닭에 우리는 우리의 문제를 우리 자신만이 해결할 수 있다는 것을 확신하고 남북 지도자 회담을 주창하였습니다. ― 김구, 『백범어록』 ―

(5) 남북 협상 당시 김규식의 발언
나는 항상 조선 문제는 조선 사람 자신이 해결해야 한다는 입장을 취해 왔다. …… 지난 세월 나는 미국의 장단에 맞추어 춤을 추었지만, 지금부터는 조선의 장단에 맞추어 춤을 추겠다. ― 소련 민정 장관 레베데프의 일기 ―

(6) 남북 협상 공동 성명
1. 우리 강토에서 외국 군대가 즉시 철거하는 것이 조선 문제를 해결하는 유일한 방법이다.
3. 연석회의에 참가한 모든 정당 사회단체들은 임시 정부를 수립하고 통일적 조선 입법 기관을 선거하여 통일적 민주 정부를 수립해야 한다.
4. 이 성명서에 서명한 모든 정당 사회단체들은 남조선 단독 선거의 결과를 결코 인정하지 않을 것이며 지지하지도 않을 것이다.

― 남북 조선 정당·사회단체 공동 성명서, 1948. 4. 30. ―

7 단독 정부 수립 반대 운동

(1) 제주 4・3 사건
① 배경 : 1947년 제주도민 3・1절 기념식 후 군중과 경찰의 충돌 → 경찰의 발포로 사상자 발생 → 주민들의 항의 시위 → 경찰과 우익 청년단의 강경 진압
② 봉기 : 제주도의 좌익 세력과 일부 주민의 무장봉기(1948. 4. 3.)
③ 주장 : 단독 선거 저지, 통일 정부 수립
④ 탄압 : 미군정은 진압 위해 군대, 경찰, 서북 청년회 동원 → 정부 수립 이후에는 계엄령 선포하여 진압
⑤ 피해 : 진압 과정에서 무고한 양민 집단 사살 등 민간인 피해 발생

(2) 여수・순천 10・19 사건
① 배경 : 여수 주둔 군 부대에 정부의 출동 명령 하달(제주도 무장 봉기 진압 위한 출동)
② 전개 : 부대 내 좌익 세력의 무장봉기, 여수와 순천 지역 장악(1948. 10. 19.) → 정부군이 출동하여 반군 진압
③ 피해 : 정부군과 반군 사이에서 수많은 민간인 희생자 발생

PLUS 더 알아보기

- **제주 4・3 사건** : 한국 현대사에서 6・25 전쟁 다음으로 인명 피해가 컸던 사건이다. 2000년 1월에서야 '제주 4・3 사건 진상 규명 및 희생자 명예 회복에 관한 특별법'을 공포하여 정부 차원의 진상 조사가 이루어졌으며, 2003년 정부는 「제주 4・3 사건 진상 보고서」를 발간하고 공식 사과하였다. 진상 보고서는 이 사건을 '1947년 3월 1일 경찰의 발포 사건을 기점으로 하여 경찰과 서북 청년단의 탄압에 대한 저항, 그리고 단독 선거와 단독 정부 수립 반대를 기치로 1948년 4월 3일 남조선 노동당 제주도당 무장대가 봉기한 이래 1954년 9월 21일 한라산 금족 지역이 전면 개방될 때까지 제주도에서 발생한 무장대와 토벌대 간의 무력 충돌과 토벌대의 진압 과정에서 수많은 제주도 주민들이 희생된 사건'이라고 정의하고 있다.
- **서북 청년회** : 1946년 남한으로 넘어온 이북 5도의 청년들이 결성한 우익 반공 단체이다. 제주 4・3 사건의 진압에 깊숙이 개입하였다.
- **여수・순천 10・19 사건** : 좌익을 중심으로 한 제14연대 군인들이 제주 4・3 사건의 진압을 위한 출동 명령을 거부하며 무장 봉기하였다. 이를 진압하는 과정에서 억울하게 희생된 민간인도 많았다. 이승만 정부는 이 사건을 계기로 1948년 12월 1일 국가 보안법을 공포하며 강력한 반공 체제를 마련하였다.

사료 더하기

(1) 제주 4・3 사건에 대한 정부의 공식 사과
역사의 진실을 밝혀 지난날의 과오를 반성하고 진정한 화해를 이룩하여 보다 밝은 미래를 기약하자는 데 그 뜻이 있습니다. 이제 우리는 4・3 사건의 소중한 교훈을 더욱 승화함으로써 '평화와 인권'이라는 인류 보편의 가치를 확산해야 하겠습니다.
― 노무현 대통령, 2003. 10. 31. ―

8 광복 직후의 경제 상황

(1) 광복 이후의 경제적 어려움
    ① 지역적 격차 : 남한 지역은 북한 지역에 비해 자원과 산업 기반 부족
    ② 일본인 귀국 및 해외 동포 귀환 : 산업 생산성 하락, 실업 문제 대두
    ③ 미군정의 정책 : 자유 시장 정책과 미곡 통제 정책 사이에서 일관성 유지 실패

(2) 미군정의 미곡 통제 정책
    ① 미곡 공출·배급 폐지(1945. 10.) : 미국식 시장 경제 체제 도입 목표
    ② 미곡 통제 정책 회귀(1946. 1.) : 경제적 어려움 지속, 식량 사정 악화, 미곡 가격 급등
      → 미곡의 최고 가격 설정, 공출 및 배급의 부활

PLUS 더 알아보기

- 대구 10월 항쟁(1946)

배경	일본인 기술자 이탈 및 원자재 부족으로 공업 생산량 감소 → 물가 및 쌀값 상승 초래 → 미군정은 부족한 쌀 확보 위해 시장가격보다 낮은 가격으로 농민들에게 쌀 강제 매수 → 농민들이 크게 반발
전개	1946년 10월 1일 대구 시민들의 시위 중 경찰의 발포로 시민 1명 사망 → 쌀 강제 수매와 미군정의 정책에 불만을 가진 사람들이 참여하며 빠르게 확산 → 경북 지역 22개 군 중 19개 군에서 발생, 30만 명이 넘는 민중이 참가 → 미군정 정책 비판(친일파 출신 경찰 임용, 식량 부족, 생활난 등)
결과	진압 과정에서 시민 수백 명 사망, 7천여 명 검거, 경찰 측도 수십 명 사망
영향	강원도와 전라남도 등 전국으로 항쟁 확산

주제2 대한민국 정부의 수립

1 대한민국 정부 수립

(1) 5·10 총선거
① 실시 : 유엔 한국 임시위원단의 감시하에 38도선 이남 지역에서 총선거(1948. 5. 10.)
② 방법 : 21세 이상 모든 국민에게 투표권 부여, 보통·평등·직접·비밀 원칙에 의거
③ 의의 : 우리나라 최초의 민주적 선거
④ 한계 : 남한 단독 선거에 반대하는 세력이 다수 존재
　㉠ 김구, 김규식 등 남북 협상 세력 및 다수의 중도계 인사가 선거 불참
　㉡ 남조선 노동당 등 좌익 세력은 파업, 시위 등으로 선거 반대 투쟁
⑤ 결과 : 임기 2년의 제헌 국회의원 198명 선출
　㉠ 정원 300명 중 100명은 통일 정부 수립 후 북측에서 선출하기로 함
　㉡ 제주도 3개 선거구 중 2곳에서 정족수 미달로 선거 무효 처리(4·3사건의 여파)

(2) 대한민국 정부 수립
① 제헌 국회 : 국호 '대한민국'으로 확정, 헌법 제정·공포(1948. 7. 17.)
② 제헌 헌법 : 대한민국 임시 정부의 법통 계승, 민주 공화국, 삼권 분립과 대통령 중심제 채택, 국회가 대통령·부통령 선출, 친일 반민족 행위자 청산, 농지 개혁 등의 내용 담김
③ 정·부통령 선출 : 대통령 이승만, 부통령 이시영 선출(1948. 7. 20.)
④ 이승만은 내각을 구성하고 대한민국 정부 수립 선포(1948. 8. 15.)
⑤ 정부 수립 직후 대한민국 정부의 활동
　㉠ 교육 : 일제 강점기의 중학교를 중학교와 고등학교로 분리
　㉡ 외교 : 첫 해외 외교 기관을 중국 난징에 설치, 이듬해 도쿄에 주일 대표부 설치
⑥ 정부의 과제 : 친일파 청산, 농지 개혁, 귀속 재산 처리, 신국가 정체성 확립, 경제적 자립 등
⑦ 유엔 총회에서 대한민국 정부를 한반도 내 유일한 합법 정부로 승인(1948. 12.)

PLUS 더 알아보기

- **5·10 총선거의 풍경** : 1948년 당시에는 문맹자가 많아 선거 홍보 포스터는 물론 투표 용지에도 국회 의원 후보자 기호를 '작대기'로 표기하였다. 많은 후보자가 사람들에게 자신의 기호를 작대기 개수로 알리며 선거 유세를 다녔다. 이렇게 치러진 우리나라 최초의 국회의원 선거는 전국적으로 95.5%라는 투표율을 기록하였다.
- **주일 대표부** : 국교 수립 이전까지 일본에 두었던 외교 기관이다.
- **귀속 재산** : 광복 후 미군정으로 넘어간 일본인 소유의 농지, 주택, 기업 등의 재산을 말한다. 1948년 정부 수립 이후 우리 정부가 넘겨받았다.

PLUS 더 알아보기

- **5·10 총선거 직후 정치 세력의 동향**
  - 총선 결과 : 총 198석 중, 무소속 85석, 이승만 계열 58석, 한국 민주당 29석
  - 이승만은 자신의 지지 세력 및 한국 민주당, 무소속 의원 일부를 모아 국회 의장에 당선
  - 무소속 당선자 중에는 이승만 및 한국 민주당에 비판적인 인사들이 상당수 포함(조봉암, 김약수 등)
    - 남북 평화 통일 지향, 이승만에 대한 강력한 원내 견제 세력으로 활동
    - 친일파 처벌과 토지 개혁을 위한 법령 제정에 노력
- **헌법 제정 과정에서 이루어진 논의**
  - 국호에 관한 논의
    - 대체로 우파는 '대한' 또는 '한', 좌파는 '조선', 중도파는 '고려' 선호
    - 헌법 기초 위원회에서 대한민국, 고려 공화국, 조선 공화국, 한국 등을 놓고 논쟁 → 표결로 결정
  - 정부 형태에 관한 논의
    - 제헌 국회는 내각 책임제 추진 → 이승만의 반대로 대통령 중심제로 변경
    - 대통령 권한 견제 장치 : 제헌 헌법은 국회에 대통령 선출권 및 국무총리 임명 승인권 부여

사료 더하기

(1) 5·10 총선거의 모습을 보도한 신문 기사

"조선으로서는 처음 있는 남조선 총선거의 날인 5월 10일 서울 시내는 한적한 시골거리처럼 하루 종일 잠잠한 분위기 속에 투표의 날을 보냈다. 아침 7시부터 저녁 7시까지 시내 약 730개 투표소에는 투표하러 나온 아낙네, 노인, 젊은 이가 한 줄로 늘어서서 한 사람씩 순번대로 투표지를 받아 가지고 기표소에 들어가 기입한 다음 투표함에 넣고 나오곤 하였다. 주위에는 장총을 들은 경관, 곤봉을 들은 향보단원들이 길목마다 지켜 엄격한 경비를 하고 있었다."

- 『조선일보』, 1948. 5. 11. -

(2) 국호 확정

'제1조 대한민국은 민주 공화국이다.'라는 국호 결정에 관한 조목에 있어서는 원안대로 통과하기로 하자는 의견을 재석 의원 188명 중 163대 2로 가결하여 국호는 '대한민국(大韓民國)'으로 결정되었다. - 『자유신문』, 1948. 7. 2. -

(3) 제헌 헌법 주요 조항
- 제1조 대한민국은 민주 공화국이다.
- 제2조 대한민국의 주권은 국민에게 있고 모든 권력은 국민으로부터 나온다.
- 제4조 대한민국의 영토는 한반도와 그 부속 도서로 한다.
- 제5조 대한민국은 정치, 경제, 사회, 문화의 모든 영역에 있어서 각인의 자유, 평등과 창의를 존중하고 보장하며 공공복리의 향상을 위하여 이를 보호하고 조정하는 의무를 진다.
- 제8조 모든 국민은 법률 앞에 평등하며 성별, 신앙 또는 사회적 신분에 의하여 정치적·경제적·사회적 생활의 모든 영역에 있어서 차별을 받지 아니한다.
- 제16조 모든 국민은 균등하게 교육을 받을 권리가 있다. 적어도 초등 교육은 의무적이며 무상으로 한다.
- 제25조 모든 국민은 법률의 정하는 바에 의하여 공무원을 선거할 권리가 있다.
- 제29조 모든 국민은 법률의 정하는 바에 의하여 납세의 의무를 진다.
- 제30조 모든 국민은 법률의 정하는 바에 의하여 국토방위의 의무를 진다.

- 제84조 대한민국의 경제 질서는 모든 국민에게 생활의 기본적 수요를 충족할 수 있게 하는 사회 정의의 실현과 균형 있는 국민 경제의 발전을 기함을 목적으로 삼는다. 각인의 경제상 자유는 이 한계 내에서 보장한다.
- 제86조 농지는 농민에게 분배하며, 그 분배의 방법, 소유의 한도, 소유권의 내용과 한계는 법률로써 정한다.
- 제87조 중요한 운수, 통신, 금융, 보험, 전기, 수리, 수도, 가스 및 공공성을 가진 기업은 국영 또는 공영으로 한다.
- 제101조 이 헌법을 제정한 국회는 단기 4278년(1945) 8월 15일 이전의 악질적인 반민족 행위를 처벌하는 특별법을 제정할 수 있다.

(4) 제헌 헌법에 규정된 대통령 선출 조항
- 제53조 ① 대통령과 부통령은 국회에서 무기명 투표로써 각각 선거한다.
- 제55조 대통령과 부통령의 임기는 4년으로 한다. 단, 재선에 의하여 1차 중임할 수 있다.

(5) 유엔 총회의 대한민국 정부 승인
유엔 한국 임시 위원단이 총선거를 감시하고 협의할 수 있었던 남한 지역에서 효과적인 통제 및 사법권을 보유한 합법 정부가 수립되었으며 …… 이 정부는 선거가 가능하였던 한반도 내에서 유일한 합법 정부임을 승인한다.
– 유엔 총회 결의 제195(Ⅲ)호, 1948. 12. –

2 친일파 청산과 농지 개혁 추진

(1) 반민 특위의 활동
① 배경 : 광복 후 식민 잔재 청산 노력(창씨개명 철폐, 일본식 거리 이름 변경, 교과서 교체 등)
② 조직 : 제헌 국회에서 반민족 행위 처벌법 제정(1948. 9.) → 반민족 행위 특별 조사 위원회(반민 특위) 구성(1948. 10.)
③ 활동 : 김연수, 박흥식, 최남선, 최린 등 반민족 행위자 조사 및 검거
④ 시련 : 일제 경찰 출신 노덕술 체포를 계기로 반민 특위 활동 방해 공작 노골화
　㉠ 정부의 비협조적 태도 : 이승만 대통령의 반민 특위 견제 담화 발표, 반민 특위 해산 요구(삼권 분립 위배 및 반공 세력 위협 구실), 반민법 개정 요구
　㉡ 반민 특위 사무실 습격 사건(1949. 6.) : 경찰이 반민 특위 사무실 습격
　㉢ 국회 프락치 사건 : 공산당과 내통한 혐의로 반민 특위 소속 국회의원 구속
⑤ 결과 : 반민법 공소 시효를 1949년 8월로 1년여 단축, 이후 반민 특위 해체 및 반민법 효력 중지

(2) 농지 개혁
① 배경
　㉠ 토지 소유의 구조적 문제 : 남한 농민의 절반 가량이 소작농, 자작지로 생계유지 가능한 농민은 15% 이하
　　※ 1945년 기준 – 소작농(48.9%), 자소작농(34.6%), 자작농(13.8%), 화전·피고용농(2.7%)
　㉡ 미군정 시기의 농지 개혁 : 귀속 농지를 대상으로 농지개혁 일부 실시 → 신한 공사 소유 농지를 농민들에게 유상 분배
② 시행 : 농지 개혁법 제정(1949. 6.), 개정안 국회 통과(1950. 3.)

③ 방법 : 경자 유전의 원칙, 유상 매수·유상 분배 방식
④ 내용 : 한 가구당 농지 소유 상한을 3정보로 제한, 그 이상의 토지는 정부가 매입(지가 증권 발급), 농지를 받은 농민은 평균 연간 수확량의 150%를 5년간 균분 상환(개정안)
⑤ 결과 : 소작지 면적 급격히 감소(광복 무렵 전체 농지의 약 65% → 1951년에 약 8%)
⑥ 의의 : 지주·소작제 소멸, 농민 중심의 토지 소유 실현에 기여
⑦ 한계 : 농지 외 토지는 개혁 대상에서 제외, 유상 분배에 따른 농민 부담, 반민족 행위자의 토지 몰수 이루어지지 않음

PLUS 더 알아보기

- **반민족 행위 처벌법** : 국회의원 10인으로 구성되는 반민 특위를 두어 조사보고서를 특별검찰부에 제출하도록 하고, 대법원에 특별재판부를 두어 재판을 담당하게 하며, 특별재판부에 특별검찰부를 설치하여 공소를 제기하도록 하였다. 재판은 단심제로 하고 공소시효를 법률의 공포일로부터 2년이 되는 1950년 9월 22일까지로 하였다.
- **반민 특위 활동** : 조사를 담당하는 특별 조사 위원회, 기소 및 송치를 담당하는 특별 검찰, 재판을 담당하는 특별 재판소 등을 국회에 별도로 설치하여 반민족 행위자 7천여 명을 파악하고 1949년 1월 8일부터 검거 활동에 나섰다. 취급한 조사 건수는 680여 건이었다. 재판에 회부된 사람들 가운데 실형을 선고받은 자는 이광수, 최남선, 최린 등 12명에 불과하였으며, 그나마도 대부분은 감형되거나 형 집행 정지로 풀려났다.
- **국회 프락치 사건** : 국회의원들을 간첩 혐의로 체포하여 기소한 사건이다. 이 의원들 중에는 친일파 척결에 앞장선 인물이 많았다.
- **반민 특위 활동 결과**(특위 관계 연석 회의, 1949. 9.)

취급 건수	682건	
영장 발부	408건	
기소	221건	
재판종결	총 38건	사형 1건, 징역 10건, 무기 징역 1건, 공민권 정지 18건, 무죄 6건, 형 면제 2건

- **신한 공사** : 미군정이 설립하여 일제 귀속 농지를 소유·관리하도록 한 회사이다.
- **정보** : 정보는 토지 면적의 단위인데, 1정보는 3천 평이며, 약 1만 ㎡에 해당한다.
- **지가 증권** : 농지 개혁법에 따라 정부는 농민에게 토지 상환 증서를 주고 지주들에게는 보상 기간, 지급액, 지급 기일, 지급 장소 등이 기재되어 있는 지가 증권을 주었다. 그런데 전시 인플레이션으로 지가 증권의 가치가 절반 이하로 떨어져 중소 지주의 몰락을 앞당겼다.
- **조만식(1883~1950)** : 일제 강점기에 물산 장려 운동, 신간회 창립 등에 참여하였다. 1945년 11월 민족주의 계열의 개신교 정당인 조선 민주당을 창당하였다.
- **북한 지역의 민족주의 세력 억압** : 1945년 12월에 조만식 등 우익 세력이 모스크바 3국 외상 회의의 결정에 반대하자, 소련군은 우익 세력을 축출하였다.
- **북한의 단독 정부 수립 준비** : 북한은 표면상 남한의 단독 정부 수립론을 비판하며 남북 협상에 참여하였으나, 남한에 대한민국 정부가 세워지자, 곧바로 최고 인민 위원회를 구성할 대의원 선거를 실시하였다(1948. 8. 25.).
- **북한의 토지 개혁** : 조선 총독부와 일본인 소유 토지, 친일 반민족 행위자와 지주의 5정보가 넘는 토지를 몰수하여 농민에게 나누어 주었다. 북한은 농민에게 분배한 토지에 대해 매매, 소작, 저당 등을 금지하여 소유권의 제한을 두었다.

사료 더하기

(1) 반민족 행위 처벌법(1948. 9. 22.)
제1조 일본 정부와 통모하여 한일 합병에 적극 협력한 자, 한국의 주권을 침해하는 조약에 조인한 자와 모의한 자는 사형 또는 무기 징역에 처하고 그 재산과 유산의 전부 혹은 2분의 1 이상을 몰수한다.

제2조 일본 정부로부터 작위를 받은 자 또는 일본 제국 의회의 의원이 되었던 자는 무기 또는 5년 이상의 징역에 처하고, 그 재산과 유산의 전부 혹은 1/2 이상을 몰수한다.

제3조 일제하 독립운동자나 그 가족을 악의로 살상, 박해한 자 또는 이를 지휘한 자는 사형, 무기 또는 5년 이상의 징역에 처하고, 재산의 전부 혹은 일부를 몰수한다.

― 『대한민국 관보』 제5호, 1948. 9. 22. ―

(2) 반민 특위 활동을 견제하는 이승만 담화문
- 우리가 건국 초창에 앉아서 앞으로 세울 사업에 더욱 노력해야 할 것이요. 지난날에 구애되어 앞날에 장해되는 것보다 …… 국가의 기강을 밝히기에 표준을 두어야 할 것이니 …… 또 증거가 불충분한 경우에는 관대한 편이 가혹한 형벌보다 동족을 애호하는 도리가 될 것이다. ― 『경향신문』, 1949. 1. 11. ―
- 국회에서는 대통령이 친일파를 옹호한다고 말하며 민심을 선동하고 있다. …… 국회에서는 치안 혼란을 선동하고 있다. 즉, 경찰을 체포하여 경찰의 동요를 일으킴은 치안의 혼란을 조장하는 것이다. …… 과거에 친일한 자를 한꺼번에 숙청하였으면 좋을 것인데 기나긴 군정 3년 동안에 못한 것을 지금에 와서 단행하면 앞으로 우리나라가 해 나갈 일에 여러 가지 지장이 많을 것이다. ― 『서울신문』, 1949. 2. 19. ―
- 조사 위원들은 조사만에 그치고 검속과 재판의 집행은 사법과 행정부에 맡겨서 헌법 범위 내에서 진행시켜 정부와 국회의 위신을 보존하여 반민 법안을 단속한 시일 내에 끝마치도록 할 것이다. …… 지금 반란 분자와 파괴 분자가 각처에서 살인, 방화하며 인명이 위태하고 지하공작이 긴밀한 이때 경관의 기술과 성격이 아니면 사태가 어려울 것인데 기왕에 범죄가 있는 것을 들춰내서 함부로 잡아들이는 것은 치안 확보상 온당치 못한 일이다. ― 『서울신문』, 1949. 2. 19. ―

(3) 반민 특위 피습(1949. 6. 6.)
총대로 나의 허리를 마구 때리고 발로 찼다. 나는 대항할 힘도 없이 그 자리에 엎어졌다. 다른 경찰이 합세하여 나를 발로 찼다. 결국 나는 그들에게 신분증과 권총을 빼앗기고 사무실 뒤편에 있는 마당으로 끌려갔다. 끌려가서 보니 나보다 먼저 출근한 특위 요원들과 낯이 익은 국회의원 등 여러 명이 모두 머리에 손을 얹고 땅바닥에 꿇어앉아 있었다.

― 반민 특위 조사관 정철용의 증언 ―

(4) 반민 특위 활동에 대한 친일 행위자의 견해
친일파라고 규탄되고 배척된 사람 중에는 유능하고 유용하게 쓰일 사람들이 많다. …… 국내에 살 수밖에 없는 우리로서는 일본의 신민으로 그들의 요구와 지령이 전횡적이라 하여도 순종할 수밖에 없었던 것이 아닌가? 우리 아들들을 전쟁터로 보내고 우리 딸들을 공장으로 보내라고 요구하였을 때 거절할 수 있었단 말인가? 그러므로 일본 통치하에 일본 신민으로서 어느 누가 한 소행을 비난한다는 것은 난센스이다.

― 윤치호 일기 ―

(5) 농지 개혁법(1949. 6. 21.)
제5조 정부는 다음에 의하여 농지를 취득한다.
    2. 다음 농지는 적당한 보상으로 정부가 매수한다.
      (가) 농가가 아닌 자의 농지
      (나) 자경하지 않는 자의 농지
      (다) 본 법 규정의 한도를 초과하는 부분의 농지

제12조 농지의 분배는 농지의 종목, 등급 및 농가의 능력, 기타에 기준한 점수제에 의거하되, 1가당 총 경영 면적 3정보를 초과하지 못한다.

제13조 분배받은 농지에 대한 상환액 및 상환 방법은 다음에 의한다.
　　1. 상환액은 당해 농지의 주 생산물 생산량의 12할 5푼을 5년간 납입하게 한다.
　　2. 상환은 5년간 균분 연부(年賦)로 하여 매년 주 생산물에 해당하는 현곡 또는 대금을 정부에 납입함으로써 한다.

(6) 농지 개혁의 정신

농지 개혁의 정신은 원래 지주들의 전업을 전제하고 있는 것인 동시에, 종래의 반봉건 제도에 얽매여 있던 소작인층 국민으로 하여금 진실로 이 반봉건 제도에서 이탈하여 자기의 경제 생활을 향상함으로써 국가 전체의 경제를 발전시키자는 것이다. 그렇다고 하면 명목에 그치는 농지 개혁은 도리어 새 국가 건설을 방해하는 것이라 아니할 수 없다. 농토는 소작인에게 돌아가고도 오히려 소작인의 경제 상태는 변함이 없고 국가 경제의 향상이 여의치 못하다고 하면 그것은 한갓 명목에 지나지 못할 것이요, 일시적인 방편 정책에 불과할 것이다. 　－『조선일보』, 1949. 3. 18. －

(7) 농지 개혁 전후 자작지와 소작지의 면화

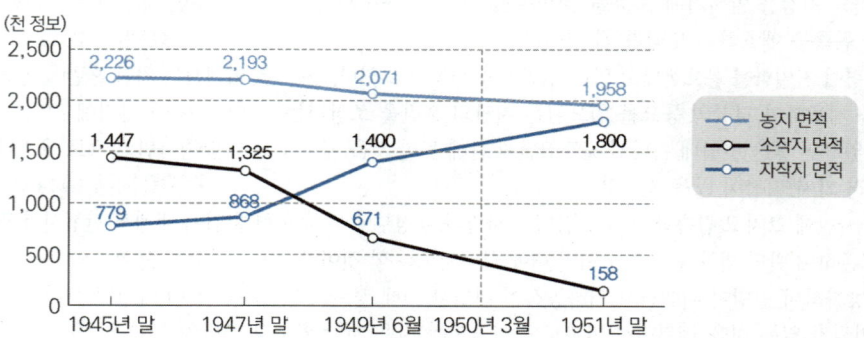

－『농지 개혁사 연구』, 1989 －

3 북한 정권의 수립

(1) **광복 직후 북한 지역의 정치 활동** : 평안남도 건국 준비 위원회 결성(평양, 조만식 중심), 국외의 다양한 정파의 사회주의 인사들이 귀국

(2) **북조선 임시 인민 위원회**

　① **구성 과정** : 소련군이 좌우 합작의 인민 위원회에 행정권 이양 → 민족주의 세력 억압(소련군의 조만식 연금, 1946. 1.) → 공산주의 세력 중심으로 북조선 임시 인민 위원회 구성(위원장 김일성, 1946. 2.)

　② **개혁 정책** : 토지 개혁(무상 몰수·무상 분배), 8시간 노동제를 규정한 노동법과 남녀 평등법 제정, 주요 산업 국유화 → 사회주의 경제의 기반 마련

(3) **단독 정부 수립 준비**

북조선 임시 인민 위원회를 북조선 인민 위원회로 개편(1947), 조선 인민군 창설(1948. 2.)

(4) 북한 정권의 수립

총선거 → 최고 인민 회의 구성 → 헌법 제정 → 내각 구성(초대 수상 김일성, 부수상 홍명희·박헌영·김책 선출) → 조선 민주주의 인민 공화국 수립(1948. 9. 9.)

> **PLUS** 더 알아보기
>
> - 김일성의 제2차 남북협상 제안
>   - 김일성은 남북 협상 합의를 무시하고 북한 단독 정부 수립을 위한 제2차 남북협상 제안
>   - 김구와 김규식은 남·북한 단독 정부 반대 입장 표명. 김일성의 제안 거부
>   - 제2차 남북 지도자 협의회 개최(1948. 6.) : 북한은 남북의 좌익 세력과 남한의 일부 중도 세력을 규합하여 독자적 정부 수립 결의
> - 광복 직후 북한 정권에 참여한 세력
>
> | 항일 유격대 세력 | 만주의 동북 항일 연군 세력 중심(김일성, 김책 등) |
> |---|---|
> | 조선 독립 동맹 계열 | 중국 화북 지방에서 활동(김두봉, 김무정 등) |
> | 조선 공산당 세력 | 광복 후 국내에서 재건, 남조선 노동당 형성(박헌영 등) |
> | 소련파 | 중앙아시아로 강제 이주당한 고려인 출신들, 소련 군정 지원을 위해 정책적으로 양성되어 북한에 파견(허가이 등) |
>
> - 광복 이후 북한으로 간 정치인들
>   - 홍명희 : 신간회 창립 당시 부회장. 1948년 남북 협상에 참가했다가 북한에 잔류한 후 북한 정권 수립에 기여, 초대 내각 부수상과 최고 인민 회의 대의원 등 역임
>   - 김원봉 : 의열단과 조선 의용대 지휘, 광복 직후 좌우 합작 운동에 참여. 1948년 남북 협상에 참가했다가 북한 잔류, 최고 인민 대의원 등 역임. 김일성이 연안파를 제거하는 과정에서 함께 숙청(1958)

> **사료** 더하기
>
> (1) 북한 정권 수립 당시의 조선 민주주의 인민 공화국 헌법
>
> 제1조 우리나라는 조선 민주주의 인민 공화국이다.
> 제2조 주권은 인민이 최고 주권 기관인 최고 인민 회의와 지방 주권 기관인 인민 위원회를 근거로 하여 행사한다.
> 제103조 조선 민주주의 인민 공화국의 수부(首府)는 서울시이다.

주제3 6·25 전쟁 및 전후 남북한의 정치·경제 변화

1 6·25 전쟁의 배경

(1) 군사적 긴장 : 38선 부근 남북의 잦은 무력 충돌, 지리산 일대 좌익 세력의 무장 활동 등

(2) 북한의 전쟁 준비
   ① 소련의 지원 : 무기·비행기 등 군사적 원조, 북한의 남침 계획 승인
   ② 조선 의용군 : 3만여 명의 조선 의용군이 국공 내전 후 북한군에 편입
   ③ 중국도 미국 참전 시 북한 지원 약속

(3) 남한의 상황
   ① 국방 경비대를 국군으로 확대·개편, 한·미 상호 방위 원조 협정 체결
   ② 애치슨 선언 : 미국의 태평양 지역 방위선에서 한국 제외

PLUS 더 알아보기

- **남북의 군사적 긴장** : 미·소 양군이 철수를 완료한 1949년 여름부터 그해 겨울까지 38도선 일대에서 남북 사이에 무력 충돌이 빈발하였다.
- **애치슨 라인** : 미 국무 장관 애치슨이 선언한 태평양 지역의 방어선이다. 1950년 1월 10일 애치슨은 미국의 태평양 지역 방어선을 알래스카-일본-오키나와-필리핀으로 연결되는 선으로 한다고 발표했다. 이는 한국과 타이완을 미국의 극동 방위선에서 제외함을 뜻한다. 북한은 한국을 침공해도 미국의 지원이 없을 것이라고 오판하였다.
- **소련의 전쟁 지원** : 1949년과 1950년에 소련을 방문한 김일성은 스탈린에게 남침을 위한 전쟁 지원을 요청하였다. 특히 1950년 3월 김일성과 스탈린의 비밀 회담이 있었는데, 당시 스탈린은 주한 미군 철수, 중국의 공산화, 소련의 원자 폭탄 실험 성공 등의 상황을 감안하여 지원을 약속하였다.

사료 더하기

(1) 김일성과 스탈린, 비밀리에 만나다
   - 김일성 : 마오쩌둥 동지는 중국 혁명만 완성되면 우리를 돕고, 필요할 경우 병력도 지원하겠다고 했습니다. 하지만 우리는 자신의 힘으로 통일을 이루겠습니다.
   - 스탈린 : 엘리트 공격 사단을 창설하고 추가 부대 창설을 서두르시오. 사단의 무기 보유를 늘리고 이동·전투 수단을 기계화해야 합니다. 이와 관련된 귀하의 요청을 모두 들어주겠습니다. …… 북측의 선제 공격과 남측의 대응 공격이 있은 뒤 전선을 확대할 기회가 생길 것이오. 전쟁은 기습적이고 신속해야 합니다. 강력한 저항과 국제적 지원이 동원될 시간을 주지 말아야 합니다.
   — 소련 공산당 중앙 위원회 국제국 보고서 —

(2) 스탈린이 김일성에게 전달한 국제 정세 분석(1950. 4.)
   중국 공산당이 국민당에 대해 승리를 거둔 덕분에 조선이 행동 개시하는 데 유리한 환경을 만들었다. …… 필요하다면 중국 군대를 무리 없이 조선에 투입할 수도 있다. …… 이제 중국과 소련이 동맹 조약을 체결하였으므로 미국은 아시아의 공산 세력에 대한 도전을 더욱 망설일 것이다.
   — 소련 공산당 중앙 위원회 국제국 보고서 —

2 6·25 전쟁의 전개

(1) **북한의 남침(1950. 6. 25.)** : 3일 만에 서울 함락, 7월 말 낙동강까지 후퇴
(2) **유엔군 참전과 반격**
  ① 유엔 안전 보장 이사회 : 북한의 행위를 침략으로 규정(1950. 6. 25.), 유엔군 파견 결정(1950. 7. 7.) → 국군과 유엔군이 낙동강에 방어선 구축
  ② 국군의 작전 지휘권을 유엔군 사령관 맥아더에게 이양(1950. 7. 14.)
  ③ 국군과 유엔군의 반격 : 인천상륙작전(1950. 9. 15.) → 서울 수복(1950. 9. 28.) → 38도선 돌파(1950. 10. 1.) → 평양 탈환(1950. 10. 19.) → 압록강 진출(1950. 10. 26.)
(3) **중국군 개입과 이후 전황**
  ① 중국군 개입(1950. 10. 19.) : 자본주의 진영과 사회주의 진영이 대결하는 국제전 양상
  ② 전선의 변화 : 흥남 철수(1950. 12.) → 1·4 후퇴(서울 재함락, 1951. 1. 4.) → 평택 인근까지 후퇴 → 서울 재탈환(1951. 3. 14.) → 이후 38도선 부근에서 전선 교착
(4) **휴전의 성립**
  ① 정전 회담 : 소련의 제의로 회담 시작(1951. 6.), 군사 분계선 설정 및 포로 송환 방식에 대한 이견으로 난항, 회담 진행 중에도 38도선 부근 치열한 공방전 지속, 인명 피해 증가
  ② 이승만의 반공 포로 석방(1953. 6. 18.) : 휴전에 대한 한국 정부의 반발 → 미국의 한국 정부 설득
  ③ 정전 협정 체결(1953. 7. 27.) : 휴전선 확정, 비무장 지대 설치, 군사 정전 위원회와 중립국 감시 위원단 설치, 포로의 자유 의사를 존중한 포로 교환 합의

PLUS 더 알아보기

- **포로 송환 방식** : 유엔군은 포로가 돌아갈 나라를 선택할 것을, 공산 측은 무조건 본국으로 송환할 것을 주장하였다.
- **정전 회담 기간 전쟁 양상(치열한 공방전)** : 주로 38도선 일대에서 소모전 형태로 전개되었다. 양측은 유리한 고지를 차지하기 위해 치열하게 전투를 벌였고, 그 과정에서 양측 모두 큰 피해를 보았다. 1952년 강원도 철원의 백마고지 전투에서는 10여 일 동안 양측에서 수많은 사상자가 발생하였다. 정전 협상 때 군사 분계선을 어디로 할 것인지에 대해 유엔군은 쌍방의 접촉선을, 공산군은 38도선을 주장하였다. 결국 정전 협정에 따라 접촉선을 경계로 군사 분계선이 설정되었으며, 그 사이 양측은 한 치의 땅이라도 더 차지하기 위해, 그리고 더 유리한 지점을 확보하기 위해 치열하게 싸웠다.
- **비무장 지대 설치(1953. 7. 28.)** : 정전 협정 후 휴전선을 기준으로 각각 남북 2km 폭의 비무장 지대가 설치되었다.

사료 더하기

(1) 북한의 행위를 침략으로 규정한 유엔 안보리 결의(1950. 6. 25)

1. 전쟁 행위의 즉시 정지를 요구하고 북한군을 38도선까지 철퇴시킬 것을 북한 당국에 요구한다.
3. 본 결의를 이행함에 있어 유엔에게 모든 원조를 제공할 것과 북한 당국에 대한 원조 제공을 삼갈 것을 전 회원국에게 요청한다.

- 유엔 안전 보장 이사회 결의 82호 -

(2) 전개 과정

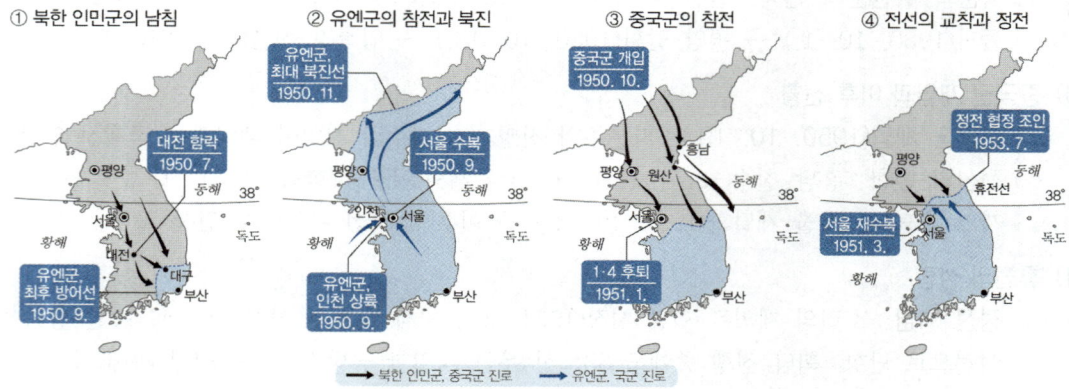

① 북한 인민군의 남침　② 유엔군의 참전과 북진　③ 중국군의 참전　④ 전선의 교착과 정전

→ 북한 인민군, 중국군 진로　→ 유엔군, 국군 진로

(3) 정전 협정(1953. 7. 27.)
- 하나의 군사 분계선을 긋고 그로부터 쌍방이 2km씩 후퇴하여 비무장 지대를 설정한다.
- 한반도의 외부로부터 어떠한 무기도 추가로 반입할 수 없다.
- 정전 상태의 감시와 유지를 위해 군사 정전 위원회와 중립국 감독 위원회를 운영한다.

- 육군 사관 학교, 『한국 전쟁사』 -

- **평화적 해결에 실패한 제네바 회담**

60. 한국 문제의 평화적 해결을 위하여 쌍방 군사령관은 쌍방의 관계 각국 정부에 정전 협정이 조인되고 효력을 발생한 후 삼개월 내에 각기 대표를 파견하여 쌍방의 고위 정치 회담을 소집하고 한국으로부터의 모든 외국 군대의 철수 및 한국 문제의 평화적 해결 등의 문제들을 협의할 것을 이에 건의한다.　- 정전 협정, 1953. 7. 27. -

※ 정전 협정에 따라 한국과 북한, 미국, 중국 등이 참여한 제네바 정치 회담이 개최되었다(1954). 여기에서 총선거를 통한 남북 통일 정부 수립, 한반도에서의 외국군 철수 문제 등을 논의하였으나 의견 차이를 좁히지 못하고 결렬되었다. 이로써 한반도의 평화적 전쟁 종결은 실패하였고, 전쟁을 중단한 상태로 머물게 되었다.

3 6·25 전쟁의 피해와 영향

(1) **인적·물적 피해** : 수많은 인명 피해, 전쟁고아와 이산가족 발생, 생산 시설 파괴
(2) **전쟁의 영향**
  ① 남북의 적대감 고조 : 남북의 독재 권력 강화에 이용됨, 분단 체제 고착화
  ② 문화 변화 : 전시 인구 이동으로 전통문화 해체 가속화, 미군을 통한 미국 대중문화 유입
  ③ 북한에서 중국의 영향력 확대
  ④ 일본이 전쟁 특수로 경제 발전, 아시아의 반공 거점 국가로 자리 잡음
  ⑤ 한·미 상호 방위 조약(1953. 10.) : 주한미군 주둔, 동북아시아에서 미국 영향력 강화

PLUS 더 알아보기

- **국민 보도 연맹 사건** : 국민 보도 연맹은 이승만 정부가 좌익 운동을 하다 전향한 사람들을 통제하고 회유할 목적으로 조직한 단체였다. 조직 확대 과정에서 좌익과 무관한 다수의 민간인이 연맹에 가입되었고, 가입 인원이 행정 기관에 할당되면서 본인의 의사와 상관없이 강제로 가입된 경우도 적지 않았다. 6·25 전쟁 직후 보도 연맹원들이 북한에 협조할 수 있다는 이유로 정부는 보도 연맹원을 무차별적으로 집단 학살하였다. 이때 희생된 사람들은 전국적으로 10만 명이 넘을 것으로 추정된다.
- **민간인 피해** : 전선이 한반도 전역을 오르내리면서 상대편에 협조하였던 사람들을 처형하는 일이 벌어지기도 하였다. 당시 북한군은 지주와 자본가 및 군인과 경찰 가족들을 처형하고, 북으로 퇴각하면서 많은 지식인과 정치인 등을 끌고 갔다. 또한 국군과 경찰은 다수의 국민 보도 연맹원, 교도소 수감자 등을 처형하였다.

사료 더하기

(1) **학도 의용군 이우근의 편지**

나는 사람을 죽였습니다. 수류탄이라는 무서운 폭발 무기를 던져 일순간에 죽이고 말았습니다. 어머니, 적은 다리가 떨어져 나가고 팔이 떨어져 나갔습니다. 아무리 적이지만 그들도 사람이라고 생각하니, 더욱이 같은 언어와 같은 피를 나눈 동족이라고 생각하니 가슴이 답답하고 무겁습니다. …… 적은 침묵을 기다리고 있습니다. 언제 덤벼들지도 모릅니다. 적병은 너무나 많습니다. 우리는 71명입니다. 이제 어떻게 될 것인가 생각하면 무섭습니다. …… 상추쌈이 먹고 싶습니다. 찬 옹달샘에서 이가 시리도록 차가운 냉수를 한없이 들이켜고 싶습니다. 아! 놈들이 다가오고 있습니다. 어머니 안녕! 안녕! 아, 안녕은 아닙니다. 다시 쓸 테니까요.
- 1950년 8월 11일 포항여중 전투에서 숨진 학도 의용군 故이우근의 부치지 못한 편지 -

(2) **전쟁 중 집단 학살**

- 죽어도 억울하게 죽은 거야. …… 공산주의가 민주주의가 뭔지도 모르는 사람들을 경찰이 미전 고개 골로 끌고 가 죽였어. 땅에 묻지도 않았지. (밀양 삼랑진읍 미전리)
- 국민 보도 연맹 학살 목격 증언 및 희생자 증언 『레드 툼』(2013) -
- 조금 움직이니까 군인들이 개머리판으로 바로 때려버리는 기라. 제일 위에 한 차가 올라가고 총소리가 굉장히 많이 났지. 처형하고 빈 차로 내려오면 그다음 차가 올라가고 …… (마산 진전면 고사리)
- 국민 보도 연맹 학살 목격 증언 및 희생자 증언 『레드 툼』(2013) -

- [서울대 부속 병원 사건] 서울대학 병원의 경우 1개 소대 규모의 경비병이 병원을 지키고 있었으나 새벽에 적이 시내에 침입하자 움직일 수 있는 전상자 80여 명을 성명 불상의 장교가 지휘하여 동 병원 뒷산으로 올라가서 적을 최후까지 저지하다가 모두 전사하였다. 그리고 남아 있던 중상자 및 일반 환자들은 뒤늦게 침입한 북괴군에 의하여 학살을 당하였으니 그 처참한 광경은 이를 형용키 어려웠을 것이다. (1950. 6. 28) − 국방부,『한국 전쟁사』−
- [노근리 사건] 집단 학살 사건으로 대표적인 '노근리 사건'은 전쟁이 시작된 지 1개월 만인 1950년 7월 26일부터 7월 29일까지 충북 영동군 황간면 노근리 일대에서 미군 제1 기갑사단이 영동−황간 도로선상에 방어선을 구축하고 비무장 및 무저항 피난민들에게 공중 폭격을 감행하고 지상군이 사격을 가한 민간인 학살 사건이다. …… 1999년 6월에는 '노근리 사건' 피해자들이 함께하는 '노근리 양민 학살 사건 대책 위원회'가 결성돼 진상 규명을 위해 노력했으나 가시적인 효과를 거두지 못했는데, AP 통신의 탐사보도가 발표되면서 국제적 이슈로 부각됐다. 이후 한국과 미국 정부는 '노근리 사건'에 대한 진상 조사 계획을 발표하고(2001. 1. 12.), 15개월 동안 합동 조사를 실시했다. − 류승렬,『뿌리 깊은 한국사 샘이 깊은 이야기 7』−

(3) 한미 상호 방위 조약

제1조 당사국은 관련될지도 모르는 어떠한 국제적 분쟁이라도 국제적 평화와 안전과 정의를 위태롭게 하지 않는 방법으로 평화적 수단에 의하여 해결하고, 국제 관계에 있어서 유엔의 목적이나 당사국이 유엔에 대하여 부담한 의무에 배치되는 방법으로 무력에 의한 위협이나 무력 행사를 삼갈 것을 약속한다.

제2조 당사국 가운데 어느 한 나라의 정치적 독립 또는 안전이 외부로부터 무력 공격에 의하여 위협을 받고 있다고 어느 당사국이든지 인정할 때에는 언제든지 당사국은 서로 협의한다.

제4조 상호적 합의에 의하여 미합중국의 육군, 해군과 공군을 대한민국의 영토 내와 그 부근에 배치하는 권리를 대한민국은 허락하고 미합중국은 수락한다.

4 이승만 정부의 장기 집권 도모

(1) 발췌 개헌(1952)
① 배경 : 제2대 국회 의원 선거에서 반이승만 성향 후보 대거 당선, 국민 방위군 사건 및 거창 양민 학살 사건 폭로 → 국회에서 이승만의 대통령 재선 가능성 낮아짐
② 추진 : 자유당 창당(1951), 지지 세력 결집하여 대통령 직선제 개헌 추진
③ 경과 : 개헌에 반대하는 국회 의원을 폭력으로 협박, 간첩으로 몰아 구속(부산 정치 파동) → 군경의 국회 포위, 토론 없이 기립 투표로 개헌안 통과(발췌 개헌, 1952. 7.)

(2) 사사오입 개헌(1954)
① 배경 : 자유당의 1954년 총선거 압승
② 추진 : 초대 대통령에 한하여 '3선 금지' 조항을 적용하지 않는 개헌안 발의
③ 경과 : 의결 정족수에 1명이 모자라 부결 선언 → 사사오입 적용, 개헌안 통과 선포(1954. 5.)
④ 야권의 대응 : 개헌 이후 정권의 독재에 맞서기 위해 통합 모색 → 실패 후 민주당과 진보당으로 분열

(3) 반공 및 독재 체제의 강화
  ① 배경 : 정권에 반대하는 정치 세력 약진
    ㉠ 민주당 창당 : 신익희, 장면 등이 이승만과 자유당에 저항
    ㉡ 제3대 대통령 선거(1956) : 이승만이 당선됐으나 무소속의 조봉암 약진, 부통령에는 민주당의 장면 당선
  ② 목적 : 이승만의 권력 기반 강화 및 반대 세력 탄압에 이용
  ③ 주요 사례
    ㉠ 진보당 사건(1958) : 조봉암이 평화 통일론을 주장하며 진보당 창당 → 조봉암을 간첩 혐의로 사형, 진보당의 정당 등록 취소
    ㉡ 국가 보안법 개정(1958) : 정부 비판 행위를 국가보안법으로 처벌 가능
    ㉢ 언론 통제 : 정부에 비판적인 『경향신문』 폐간

PLUS 더 알아보기

- **국민 방위군 사건** : 군 지휘관들이 군수품을 빼돌려 전쟁 중에 소집된 국민 방위군 가운데 많은 사람들이 추위와 굶주림으로 사망하였다.
- **부산 정치 파동(1952. 5.)** : 이승만 정부는 임시 수도인 부산 인근에 계엄령을 선포하고 국회 의원을 태운 통근 버스를 통째로 연행하여 대통령 직선제에 반대하는 야당 의원들을 구속하였다.
- **발췌 개헌** : 대통령 직선제, 양원제 국회 구성이라는 정부 개헌안과 내각 책임제, 단원제 국회 구성이라는 국회의 개헌안을 절충해 통과시켜 발췌 개헌안이라 이름 붙였다.
- **사사오입 개헌** : 헌법을 개정하려면 국회 재적 의원 203명 중 3분의 2(135.333…명)를 넘는 136명이 찬성해야 하는데, 투표 결과는 찬성이 135표였다. 자유당은 사사오입(반올림)의 논리를 앞세워 개헌안을 억지로 번복하여 통과시켰다.
- **조봉암** : 조봉암은 일제 강점기에 사회주의 계열의 독립운동을 벌이다가 광복 후에는 중도 노선을 걸었다. 이후 제헌 국회 의원에 선출되었고, 대한민국 정부 수립 후에 초대 농림부 장관에 임명되어 농지 개혁을 적극 추진하였다. 1956년 제3대 대통령 선거에서는 책임 정치 구현, 수탈 없는 경제 체제 확립, 평화 통일 등을 주장하여 커다란 인기를 얻었다.
- **진보당** : 조봉암이 주축이 된 진보당은 공산 독재와 부패한 자본주의 독재를 모두 배격한다는 강령을 내걸고 결성되었다. 민주주의를 통한 혁신 정치 실시 및 평화 통일, 민중을 위한 정책 등이 사람들의 지지를 받았다.
- **진보당 사건** : 1958년 이승만 정부는 강력한 경쟁자로 떠오른 조봉암을 간첩죄와 국가 보안법 위반 혐의로 체포하였다. 이어 진보당을 해체하고 이듬해 조봉암을 처형하였다. 2007년 진실·화해를 위한 과거사 정리 위원회는 조봉암의 사형을 인권 유린이자 정치 탄압으로 보고 재심을 권고하였다. 이후 2011년 대법원은 조봉암의 혐의에 대해 무죄를 판결하였다.

사료 더하기

(1) 제2대 국회 의원 선거 결과

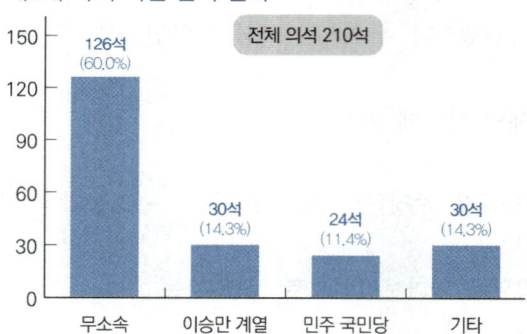

– 중앙선거관리위원회 선거통계시스템, 2018 –

(2) 발췌 개헌

제31조 입법권은 국회가 행한다. 국회는 민의원과 참의원으로 구성한다.
제53조 대통령과 부통령은 국민의 보통, 평등, 직접, 비밀 투표에 의하여 각각 선거한다.
제55조 대통령과 부통령의 임기는 4년으로 한다. 단, 재선에 의하여 1차 중임할 수 있다.
부칙 이 헌법은 공포한 날로부터 시행한다. 단, 참의원에 관한 규정과 참의원의 존재를 전제로 한 규정은 참의원이 구성된 날로부터 시행한다.

(3) 사사오입 개헌

제53조 대통령과 부통령은 국민의 보통, 평등, 직접, 비밀 투표에 의하여 각각 선거한다.
제55조 대통령과 부통령의 임기는 4년으로 한다. 단, 재선에 의하여 1차 중임할 수 있다.
부칙 이 헌법 공포 당시의 대통령에 대하여는 제55조 제1항 단서의 제한을 적용하지 아니한다.

(4) 진보당 강령

1. 우리는 공산 독재는 물론 자본가와 부패 분자의 독재도 배격하고 진정한 민주주의 체제를 확립하여 책임 있는 혁신 정치의 실리를 기한다.
2. 우리는 생산 분배의 합리적 통제로 민족 자본의 육성과 농민, 노동자, 모든 문화인 및 봉급생활자의 생활권을 확보하여 조국의 부흥 번영을 기한다.
3. 우리는 안으로 민주 세력의 대동단결을 추진하고 밖으로 민주 우방과 긴밀히 제휴하여 민주 세력이 결정적 승리를 얻을 수 있는 평화적 방식에 의한 조국 통일의 실현을 기한다.

– 『동아일보』, 1955. 12. 23. –

(5) 조봉암의 유언(1959)

"이 박사(이승만)는 소수가 잘 살기 위한 정치를 하였고, 나와 동지들은 대다수 국민이 고루 잘 살게 하기 위한 민주주의 투쟁을 하였다. 나에게 죄가 있다면 많은 사람이 고루 잘 살 수 있는 정치 운동을 한 것밖에 없다. …… 다만 내 죽음이 헛되지 않고 이 나라의 민주 발전에 도움이 되길 바란다."

(6) 조봉암 재심 판결문(2011)

피고인에게 형을 선고하기에 앞서 그 정상을 살펴본다. 피고인은 일제 강점기하에서 독립운동가로서 조국의 독립을 위하여 투쟁하였고, 광복 이후 조선 공산당을 탈당하고 대한민국 건국에 참여하여 제헌 국회의 국회 의원, 제2대 국회 의원과 국회 부의장 등을 역임하였으며, 1952년과 1956년 제2, 3대 대통령 선거에 출마하기도 하였다. 또한, 피고인은 초대 농림부 장관으로 재직하면서 농지 개혁의 기틀을 마련하여 우리나라 경제 체제의 기반을 다진 정치인이었다. 그런데 그 후 진보당 창당과 관련한 이 사건 재심 대상 판결로 사형이 집행되기에 이르렀는바, 이 사건 재심에서 피고인에 대한 공소 사실 대부분이 무죄로 밝혀졌으므로 이제 뒤늦게나마 재심 판결로써 그 잘못을 바로잡고, 무기 불법 소지의 점에 대하여는 형의 선고를 유예하기로 한다. - 『대법원 재심 판결문』, 2011. 1. 20. -

(7) 국가 보안법 3차 개정(1959. 1. 16.)

제17조 ⑤ 공연히 허위의 사실을 허위인 줄 알면서 적시 또는 유포하거나 사실을 고의로 왜곡하여 적시 또는 유포함으로써 인심을 혼란케 하여 적을 이롭게 한 자는 5년 이하의 징역에 처한다.

제22조 ① 제6조 내지 제8조에 규정된 결사, 집단 또는 단체를 위하여 또는 그 지령을 받고 집회하거나 문서, 녹음반, 도화 기타 표현물을 반포하여 공연히 헌법상의 기관에 대한 명예를 훼손한 자는 10년 이하의 징역에 처한다. 헌법상의 기관이라 함은 대통령, 국회의장, 대법원장을 말한다.

(8) 경향 신문의 정권 비판

한국의 현실을 논하자면 다수결의 원칙이 관용, 아량, 설득에 기초한다는 정치학적 논리가 문제가 아닌 것이요. 선거가 올바로 되느냐 못 되느냐의 원시적 요건부터 따져야 할 것이다. …… 선거가 진정 다수 결정에 무능력할 때는 결론으로는 또 한 가지 폭력에 의한 진정 다수 결정이란 것이 있을 수 있는 것이요, 그것을 가리켜 혁명이라고 할 것이다.
- 『경향신문』, 1959. 2. 4. -

• 제3대 정·부통령 선거에 등장한 선거 구호(1956)

민주당	"못살겠다 갈아보자."
자유당	"갈아봤자 더 못산다.", "구관이 명관이다."
무소속(조봉암)	"갈지 못하면 살 수 없다.", "이것저것 다 보았다. 혁신밖에 살 길 없다."

5 전후 복구 사업과 1950년대의 경제

(1) **전후 복구 사업** : 주요 공장과 산업 기반 시설 복구 노력

(2) **1950년대의 경제**
   ① 미국의 경제 원조 : 미국의 잉여 농산물 제공 → 삼백 산업 발달
   ② 귀속 재산 처리 : 귀속 재산 처리법 제정(1949), 일본인이 소유하던 공장 등을 민간에 불하 → 특정 기업에 혜택 편중, 정경유착과 독점 등의 부작용도 발생
   ③ 1950년대 말 경제 위기 : 미국의 원조 축소, 무상 원조가 유상 차관으로 전환 → 불황, 경제 성장률 감소

(3) **전후 사회 변화** : 인구의 도시 집중, 국민학교 의무 교육 실시(1954), 미국 문화의 유입 등

(4) **전후 북한의 정치와 경제**
   ① 정부 수립 초기의 북한 정계 : 김일성의 갑산파, 김두봉의 연안파, 허가이의 소련파, 박헌영의 조선 노동당파가 연대
   ② 김일성 독재 체제 구축 : 6·25 전쟁 중 경쟁자 제거, 전쟁 후 우상화 작업 진행하며 비판 세력 숙청(8월 종파 사건) → 1인 독재 강화
   ③ 사회주의 경제 체제 형성 : 소련, 중국의 지원으로 전후 복구, 농업과 상공업의 집단화 작업(협동조합 중심), 천리마 운동 전개(1956)

PLUS 더 알아보기

- **삼백 산업** : 제분, 제당, 면방직 공업의 생산품인 밀가루, 설탕, 면직물 등이 모두 흰색이어서 이 세 가지 산업을 삼백 산업이라고 불렀다.
- **귀속 재산** : 일제 강점기 일본인이 소유하였던 공장, 농지 등의 재산이다.
- **연안파** : 중국 옌안(연안)을 중심으로 항일 무장 투쟁을 하다가 광복 후 입북한 조선 독립 동맹 출신의 정치 집단을 일컫는다.
- **소련파** : 소련 내의 한인 출신들로, 광복 후 소련이 북한 통치를 위하여 정책적으로 양성하여 귀국시킨 세력이다.
- **8월 종파 사건** : 1956년 김일성이 동유럽 국가 순방으로 북한을 비운 사이 연안파와 소련파가 조선 노동당 전당 대회에서 김일성을 비판한 사건이다. 이들은 김일성의 권력 독점과 사회주의 건설 정책을 비판하며 권력을 잡으려 하였다. 김일성은 귀국 후 이를 빌미로 6월부터 8월에 걸쳐 김두봉, 최창익 등 반대파에 대한 대대적인 숙청 작업을 진행하였다.
- **북한의 농업 협동조합** : 전후 북한은 농업 생산 기반이 완전히 파괴되어 개인의 힘으로는 이를 복구하기 어려웠기 때문에 농업 협동화를 큰 반발 없이 수행할 수 있었다. 초기 농업 협동조합 체제는 식량 생산을 늘렸으나, 이 체제는 장기적으로 농민의 동기 부여와 창의력을 떨어뜨려 농업 생산성을 저해한다는 문제가 있었다.
- **천리마 운동** : 북한이 전후 복구 사업과 함께 1956년부터 추진한 노동 강화 운동이다. 하루에 천 리를 달리는 천리마의 속도로 사회주의 경제를 건설하자는 의미이다.
- **무상 원조의 빛과 그림자**
  - 한국 정부는 미국으로부터 원조 받은 농산물을 민간 기업에 분배 → 그 대가로 받은 자금을 한국은행에 예치(대충자금). 대충자금의 절반 정도가 미국산 무기 구입과 주한 미군 유지비에 사용
  - 미국의 농산물 원조는 국내의 식량 부족 문제 해결에 크게 기여
  - 필요 이상의 농산물이 들어와 국내 농산물 가격 폭락. 국내에서 보리와 밀 재배 사라짐

사료 더하기

(1) 귀속 재산 처리법(1949)

제2조 본 법에서 귀속 재산이라 함은 …… 대한민국 정부에 이양된 일체의 재산을 지칭한다. 단, 농경지는 따로 농지 개혁법에 의하여 처리한다.

제3조 귀속 재산은 본 법과 본 법의 규정에 의하여 발하는 명령의 정하는 바에 의하여 국용 또는 공유 재산, 국영 또는 공영 기업체로 지정되는 것을 제한 외에는 대한민국의 국민 또는 법인에게 매각한다.

※ 미군정이 관리하던 귀속 재산은 정부 수립 이후 이승만 정부에 이관되었다. 이승만 정부는 1949년 귀속 재산 처리법을 만들어 대부분의 귀속 재산을 매각하였다. 다만 농지는 농지 개혁법에 따라 처리하였다. 귀속 재산의 불하 가격은 시가의 1/4~1/5 정도였고, 상환 기한은 최고 15년까지였다. 실제 가치보다 싼 가격과 장기 분할 상환은 큰 특권이었으며 이는 재벌이 형성되는 배경이 되기도 하였다.

주제4 4·19 혁명과 민주화를 위한 노력

1 4·19 혁명

(1) 3·15 부정 선거
  ① 배경 : 이승만과 자유당의 반공 독재 지속, 경제적 어려움 → 국민의 불만 증가
  ② 목표 : 대통령 후보 이승만은 당선 확실시(야당 후보 조병옥의 갑작스런 사망), 부통령 후보 이기붕을 당선시키기 위한 대대적 부정 선거 자행
  ③ 내용
    ㉠ 선거 전 : 야당 부통령 후보 장면의 선거 유세 방해 → 2·28 대구 학생 의거 촉발
    ㉡ 선거 당일 : 4할 사전 투표, 3인조·5인조 공개 투표, 투표함 바꿔치기, 개표 조작 등
  ④ 저항 : 전국 각지에서 부정 선거 항의 시위 발생, 마산에서 경찰의 발포로 시위대 중 사상자 발생(1960. 3. 15.) → 국회에서 조사단 파견

(2) 4·19 혁명의 전개와 의의
  ① 전개
    ㉠ 부정 선거 규탄 시위 확산 → 내무부 장관 사임으로 상황 잠시 진정
    ㉡ 마산에서 경찰이 쏜 최루탄에 사망한 김주열 시신 발견(4. 11.) → 전국으로 시위 확산
    ㉢ 정부의 발표 : 시위의 배후로 공산당 지목
    ㉣ 고려대 학생 시위대를 정치 폭력배가 폭행(4. 18.)
    ㉤ 분노한 학생과 시민들의 대규모 시위 전개(4. 19.)
    ㉥ 정부의 계엄령 선포, 군대 동원 → 계엄군은 무력 사용 자제하여 중립 유지
    ㉦ 미국 정부의 민주화 촉구 및 이승만에 대한 지지 철회
    ㉧ 대학교수단의 시국 선언문 발표 및 학생 지지 시위(4. 25.)
    ㉨ 이승만 하야 성명 발표(4. 26.)
  ② 4·19 혁명의 결과 : 이승만 독재 정권 붕괴
  ③ 4·19 혁명의 의의 : 학생과 시민이 독재 권력을 타도한 민주 혁명 → 이후 반독재 민주화 운동의 주춧돌이 됨

(3) 장면 내각
  ① 성립 : 4·19 혁명 이후 허정 과도 정부 수립 → 헌법 개정(내각 책임제와 양원제 국회 구성) → 총선거 실시, 민주당 압승 → 국회에서 대통령 윤보선, 국무총리 장면 당선 → 장면 내각 출범(1960. 8. 12.)
  ② 개혁 추진 : 지방 자치제 실시, 공무원 공개 채용 제도 실시, 경제 개발 5개년 계획 수립, 국토 건설 사업 추진 등

③ 사회 상황 : 4·19 혁명 이후 사회 각계각층의 요구 분출
  ㉠ 민주화 요구 확산 : 학도 호국단 폐지와 학원 민주화 주장, 교원 노동 조합 결성, 노동자의 임금 인상과 처우 개선 요구
  ㉡ 평화 통일 운동 확산 : 남북 학생 회담 요구, 민간에서 중립화 통일론과 남북 정당·사회 단체의 정치 협상 주장, 6·25전쟁 중 발생한 양민 학살 사건의 진상 조사 요구
④ 한계
  ㉠ 4·19 혁명으로 분출된 민주화 요구 제대로 수용 못함
  ㉡ 민주당의 분열(윤보선 중심의 구파 VS 장면 중심의 신파)
  ㉢ 부정 선거 책임자, 부정 축재자 처벌에 소극적
  ㉣ 5·16 군사 정변으로 붕괴(1961) → 4·19 혁명 정신 계승되지 못함

PLUS 더 알아보기

- **2·28 대구 학생 의거(1960. 2. 28.)** : 정부의 독재와 부정부패에 대항하여 대구 지역 8개 고등학교 학생들이 학원의 자유를 요구하며 시위를 벌였다. 이날 시위는 3·15 마산 의거와 4·19 혁명의 도화선이 되었다.
- **부정 투표** : 정부는 반상회를 통해 3인 1조, 혹은 5인 1조로 투표하게 하였다. 공개 투표를 하지 않으려는 사람은 빨갱이로 몰겠다고 위협하였고, 군인들은 대리 투표를 강요당하기도 하였다.
- **대학교수단의 시위(1960. 4. 25.)** : 대학교수들은 '학생의 피에 보답하라.'라고 쓰인 현수막을 들고 이승만의 하야를 요구하는 시위에 나섰다.
- **대한 교원 노동조합 연합회 결성(1960. 5. 22)** : 2만여 명의 회원을 거느린 전국적 조직으로 결성되어 교육의 자주성 회복과 학원 자유화를 주장하였다.
- **양원제 국회** : 4·19 혁명 직후 개정된 헌법에 따라 국회 의원은 참의원과 민의원으로 구성되었다.
- **교원 노동 조합** : 4·19 혁명 과정에서 어린 제자들의 희생에 자극받은 교사들은 독재 정권에 협조했던 것을 반성하고 민주주의 실현을 위해 교원 노동조합을 결성하였다(1960).
- **장면 정부의 경제 개발 계획** : 국가 주도의 경제 개발을 계획한 것으로, 재원 마련이 문제였다. 정부는 국군 감축과 외국 자본 도입으로 이를 해결하려고 하였으나, 5·16 군사 정변으로 실현의 기회를 놓치게 되었다.

사료 더하기

(1) 이승만 정부의 부정 선거 준비
- 지역별로 4할 정도를 사전 기표하여 투표함에 미리 넣어둘 것
- 3~9인조를 편성하여 조장이 조원의 표를 확인하고 자유당 선거 운동원에게 보여 주고 투표함에 넣도록 할 것
- 민주당 측 참관인을 매수하여 투표 참관을 포기시키거나, 적절한 구실을 만들어 축출할 것

– 내무부 장관 최인규의 지시 사항, 1959. 11. –

(2) 대구 경북고등학교 학생 결의문(1960. 2. 28.)
우리는 배움에 불타는 신성한 각오와 장차 동아(동아시아)를 짊어지고 나갈 꿋꿋한 역군이요, 사회악에 물들지 않은 백합같이 순결한 청춘이요, 학도이다. 백만 학도여! 피가 있거든 우리의 신성한 권리를 위해 서슴지 말고 일어서라!

(3) 민주당이 폭로한 3·15 부정 선거 지시 사항

3월 12일까지에는 각 투표구 위원장의 인장을 경찰에서 회수하여 여유 있는 투표용지에 선거인 명부에 표시해 둔 유권자 4할의 수에 자유당 후보자에게 미리 찍어 놓는다. …… 기표소는 종전과는 달리 기표소 내에서도 서로 누구를 찍었는가를 볼 수 있게 칸을 막아 놓고 조장이 자유당에 찍은 것을 확인한 뒤 용지를 접지 않고 투표함 옆에 있는 자유당계 위원이 재차 확인하여 투입 족족 몇 매가 투입되는지 계산토록 공개 투표를 한다.

- 『동아일보』, 1960. 3. 4. -

(4) 고려대 학생회 선언문(1960. 4. 18.)

이제 질식할 듯한 기성 독재의 최후적 발악은 바야흐로 전체 국민의 생명과 자유를 위협하고 있다. 그러기에 역사의 생생한 증언자적 사명을 띤 우리 청년 학도는 이 이상 역류하는 피의 분노를 억제할 수 없다. 오랫동안 이와 같은 극단의 악덕과 패륜을 포용하고 있는 이 탁류(濁流)의 역사를 정화하지 못한다면 우리는 후세의 영원한 저주를 면하지 못하리라.

(5) 서울대 4·19 선언문(1960. 4. 19.)

상아의 진리탑을 박차고 거리에 나선 우리는 질풍과 같은 역사의 조류에 자신을 참여시킴으로써 이성과 진리, 그리고 자유의 대학정신을 현실의 참담한 박토(薄土)에 뿌리려 하는 바이다. … 민주주의와 민중의 공복(公僕)이며 중립적 권력체인 관료와 경찰은 민주를 위장한 가부장적 전제 권력의 하수인으로 발 벗었다. 민주주의 이념에서 가장 기본적인 공리인 선거권마저 권력의 마수 앞에 농단되었다.

나이 어린 학생 김주열의 참혹한 시신을 보라! 그것은 가식 없는 전제주의 전횡의 발가벗은 나상(裸像)밖에 아무것도 아니다.

보라! 우리는 기쁨에 넘쳐 자유의 횃불을 올린다.

보라! 우리는 캄캄한 밤의 침묵에 자유의 종을 난타하는 타수(打手)의 일익(一翼)임을 자랑한다. 일제의 철퇴하에 미칠 듯 자유를 환호한 나의 아버지 형제들과 같이 양심은 부끄럽지 않다. 외롭지도 않다. 영원한 민주주의의 사수파(死守派)는 영광스럽기만 하다.

보라! 현실의 뒷골목에서 용기 없는 자학을 되씹는 자까지 우리의 대열을 따른다.

나가자! 자유의 비결은 용기일 뿐이다. 우리의 대열은 이성과 양심과 평화, 그리고 자유에의 열렬한 사랑의 대열이다. 모든 법은 우리를 보장한다.

- 『시사자료 광복 30년사』, 세문사, 1977 -

(6) 4·19 혁명 참가자들의 기록

- 3월 15일의 불법과 불의로 강제적 선거로 조작된 소위 지도자들은 한시바삐 물러나야 한다. …… 정의에 불타는 학도(학생)이거든, 진정한 일꾼이 되려거든 일어나라! 3·1 정신은 결코 죽지 않았다. 우리 조국은 어디까지나 민주 공화국이요, 결코 독재국가, 경찰국가가 아니다. 법에서 이탈하고 탄압하는 정부를 보고만 있을 수 없어서 대광 학생들은 평화적인 행위로 시정을 요구하는 바이다. - 4·19 혁명에 참여한 대광고등학교 학생 결의문 -

- 끝까지 부정 선거 데모로 싸우겠습니다. 지금 저와 저의 모든 친구들 그리고 대한민국 모든 학생들은 우리나라 민주주의를 위하여 피를 흘립니다. 어머니, 데모에 나간 저를 책망하지 마시옵소서. 우리들이 아니면 누가 데모를 하겠습니까. 저는 아직 철없는 줄 잘 압니다. 그러나 국가와 민족을 위하는 길이 어떻다는 것을 잘 알고 있습니다.
- 한성여자중학교 진영숙의 메모 -

※ 진영숙은 시위에 참가했다가 경찰의 발포로 사망하였다.

- 경무대 바로 앞에는 먼저 온 사람들로 가득하였다. "부정 선거 다시 해라! 민주주의는 우리가 지킨다." 마음과 마음을 다짐하며 구호를 외치고 또 반복하며 외치고 있을 때 어디에선가 총소리가 아련히 들리기 시작하였다. …… 선두에 있던 남학생들이 "엎드려, 엎드려!" 하며 다급한 소리로 외쳤다. 바로 옆 가까이에서 총알이 떨어지는 소리가 들린다. …… 인정사정없이 무자비하게 잔인한 경찰은 엎드려 있는 우리를 향해 마구 총을 쏘아 대었다.
- 당시 18세이던 이재영의 일기 -

- 4월 19일, 부득이 써야만 할 일이 일어났다. 아무렇지도 않은 평상시의 날이었다. …… 학교 담 너머 대학로에서 '우~ 와~' 소리가 요란. …… 이러는 동안 전교 학생이 아래 신 교사 앞 운동장에 모여 있었다. 정치인들의 불법 정치에 분개, 모두들 교문을 나설 결심이었다. 50여 명으로 추산되는 순경이 학교 근처에 와 있다.
  - 동성고등학교 3학년 이병태의 일기 -

(7) 민주화를 촉구한 미국 정부
금일 오후에 한국에서 퍼지고 있는 (한국) 국민의 심각한 불안과 폭력 행위에 대해 미국 정부가 우려를 품고 있으며 …… 미국 정부는 한국에서 나타난 시위가 최근 시행된 선거와 자유 민주주의에 합당치 않은 탄압적인 방법에 대해서 품고 있는 국민의 불만을 반영하는 것으로 보고 있다는 사실을 통보받았다. - 『동아일보』, 1960. 4. 21. -

(8) 대학 교수단 시국 선언문(1960. 4. 25.)
1. 마산, 서울, 기타 각지의 학생 데모는 주권을 빼앗긴 국민의 울분을 대신하여 궐기한 학생들의 순진한 정의감의 발로이며 부정과 불의에 항거하는 민족정기의 표현이다.
2. 이 데모를 공산당의 조정이나 야당의 사주로 보는 것은 고의의 왜곡이며 학생들의 정의감에 대한 모독이다.
4. 누적된 부패와 부정과 횡포로써 민권을 짓밟고 민족적 참극과 국제적 수치를 가져오게 한 현 정부와 집권당은 그 책임을 지고 속히 물러가라.
5. 3·15 선거는 부정 선거이다. 공명선거에 의해 정·부통령 선거를 다시 시행하라. - 『광복 30년사』, 1977 -

(9) 이승만 대통령의 하야 성명(1960. 4. 26.)
1. 국민이 원하면 대통령직을 사임할 것이다.
2. 3·15 정·부통령 선거에 많은 부정이 있었다고 하니 선거를 다시 하도록 지시하였다.
3. 선거로 인한 모든 불미스러운 것을 없애기 위해 이미 이기붕 의장을 공직에서 완전히 물러나도록 결정하였다.
4. …… 만일 국민이 원하면 내각 책임제 개헌을 할 것이다.

(10) 4·19 혁명의 의의
- 34년 전의 4·19는 젊은 청년 학도들이 권력의 부정과 불의에 항거하여 국민의 자유와 권리를 지키고자 궐기했던 자유 민주주의 수호 운동이요, 온 국민의 호응과 지지 속에 민권이 승리를 거둔 위대한 민주 시민 혁명이었습니다. 4·19가 지향한 근본이념은 자유 민주적 기본 질서의 확립에 의해 국민의 기본권이 보장되고 개인의 권리와 공동체의 삶이 조화를 이루는 민주주의 사회를 실현하는 것이었습니다. - 제34주년 4·19 혁명 기념사(1994) -
- 4·19 혁명은 이 땅에서 처음으로 민중에 의해 절대 권력을 무너뜨리며, 신생 독립국 대한민국의 민주주의를 싹틔웠습니다. 4·19 혁명은 아시아 최초의 성공한 시민 혁명이라는 세계사적 위업이 됐습니다. 4·19는 죽지 않고, 대한민국의 민주주의가 위기에 처할 때마다 부활했습니다. 4·19는 1979년 부·마 항쟁으로, 1980년 5·18 광주 민주화 운동으로, 1987년 6월 민주 항쟁으로 되살아났고, 2016년에는 촛불 혁명으로 장엄하게 타올랐습니다. - 제58주년 4·19 혁명 기념사(2018) -

(11) 장면 내각의 시정 방침(1960. 8.)
1. 일본과의 국교 정상화 및 유엔 감시하의 남북한 자유선거에 의한 통일 달성
2. 관료 제도의 합리화와 공무원 재산 등록 및 경찰 중립화를 통한 민주주의 구현
3. 부정 선거의 원흉과 발포 책임자, 부정·불법 축재자 처벌
4. 외자 도입과 경제 원조 확대를 통한 경제 개발 계획 추진
5. 군비 축소와 군의 정예화 추진을 통한 국방력 강화 및 군의 정치적 중립 확보

(12) 장면 내각에 대한 상반된 평가
- 제2 공화국은 이와 같이 국내외적으로 그리고 비정치적인 분야에서의 불합리한 여건들에다가 권력 기반을 다지려는 지도력이 결여되었고 이념을 응집하는 데 무능하였으며, 효과적인 조직을 유지하거나 확고한 정치 자금을 확보

하지 못하였을 뿐 아니라 군부에 대한 통제력을 행사하지 못함으로써 이미 붕괴될 운명에 처해 있었다. 만약 민주당 정권이 더 계속되었더라면 한국 사회는 보다 근본적인 정치적 와해에 직면하였을지 모른다.

— 김정원, 『분단 한국사』 —

- 이 시기는 민주주의에 대한 열망이 들끓었던 시기였으며, 경제 발전에 대한 투신의 각오가 다져지던 때였다. 그리고 민족 내부에 있어서 진정한 평화와 화해에 대한 씨앗이 움터 나왔고, 새로운 국제 질서의 수립을 위한 노력이 경주되던 시기였다. 제2 공화국의 역사는 해방 이후 줄곧 이승만의 독재 정권 아래에서도 거침없이 성숙시켜 가고 있던 고상한 이념들의 결론이었다.

— 조광, 『장면 총리와 제2 공화국』 —

PLUS 더 알아보기

- 3·15 마산 의거

1960년 3·15 선거 당일(1차 의거)	
민주당 마산시 지부	4할 사전 투표 등에 항의하며 선거 무효 선언, 시위 진행
마산 시민	수천 명의 시민이 저녁 7시를 전후로 개표장 부근에서 경찰에 항거
경찰의 진압	시위대를 향해 발포, 80여 명의 사상자 발생, 200여 명 연행
1960년 4월 11일(2차 의거)	
김주열 시신 발견	왼쪽 눈에 최루탄이 박힌 시신이 마산 앞바다에서 발견(4. 11.)
시위 발생	분노한 시민 2만여 명이 정권 퇴진 주장 → 경찰서와 시청 진입, 파출소 습격 → 항의 시위가 13일까지 지속
의의	이승만 정부와 자유당 정권에 반대하는 저항을 전국으로 확산시킨 촉매제

- 4·19 혁명 직후 나타난 통일 운동
  - 당시 민간의 통일 논의로 두 가지 유형 존재
    - 영세 중립화론(중립화 통일론): 국제 회의를 통해 한반도를 국제 사회가 보장하는 영세 중립국으로 만들자는 주장
    - 평화 통일론(남북 협상론): 외세의 간섭을 배격하고 남북 협상에 의한 통일을 주장하는 민족 자주적 입장
  - 장면 정부: 유엔 감시하의 남북 총선거 주장, 민간 차원의 통일 운동에 부정적
  - 대학생들을 중심으로 남북 학생 회담 요구(1961)
- 4·19 혁명 이후 전개된 평화 통일 운동에서 등장한 구호
  - "이 땅이 뉘 땅인데, 오도 가도 못하는가! 가자 북으로! 오라 남으로!"
  - "이남 전기, 이북 쌀"

2 5·16 군사 정변과 박정희 정부

(1) 군사 정부의 등장
  ① 5·16 군사정변(1961)
    ㉠ 배경 : 민간 차원의 통일 운동 및 정부의 군비 축소 계획 → 일부 군인들의 불만
    ㉡ 구실 : 장면 정부의 무능과 사회 혼란
    ㉢ 전개 : 박정희 소장이 이끄는 군인들이 주요 정부 기관 점령 → '혁명 공약' 발표, 전국에 비상계엄 선포 → 국가 재건 최고 회의 구성, 군정 실시
  ② 군사 정부의 정책
    ㉠ 반공 강조 : 4·19 혁명으로 분출된 민주적 요구 억압
    ㉡ 사회 안정 추구 : 부패 공직자와 폭력배 처벌
    ㉢ 정치 정화법 발표 : 주요 정치인들의 활동 규제
    ㉣ 중앙정보부 설치 : 권력 기반 강화
    ㉤ 헌법 개정 : 대통령 중심제, 단원제 국회 구성
  ③ 박정희 정부의 성립(1963) : 박정희가 군 전역 후 민주 공화당 후보로 출마, 제5대 대통령 선거에서 윤보선을 누르고 당선

(2) 박정희 정부(제3공화국)
  ① 한·일 협정(한·일 기본 조약) 체결
    ㉠ 배경 : 한·미·일 각국의 이해 관계
      ⓐ 한국 : 일본과의 국교 정상화를 통한 경제 개발 필요 자금 마련
      ⓑ 미국 : 한·미·일 공동 안보 체제 구축 → 동아시아에서 일본의 역할 부각, 자국의 군비 부담 축소 의도
      ⓒ 일본 : 6·25 전쟁 이후 급속한 경제 성장 → 새로운 투자처 모색
    ㉡ 경과
      ⓐ 추진 : 한·일 국교 정상화 회담 시작 → 일본의 사죄와 배상 등이 무시된 채 진행
      ⓑ 저항 : 민족적 민주주의 장례식 거행(1964. 5.), 대대적 반대 시위(6·3 시위, 1964)
      ⓒ 탄압 : 정부의 비상계엄령 선포, 군대 동원하여 시위 진압, 인민 혁명당 사건 발표
      ⓓ 체결 : 한·일 회담 재개 → 대일 청구권 문제 합의 → 한·일 기본 조약 조인(1965. 6.) → 야당이 불참한 가운데 국회 비준
    ㉢ 성과 : 한일 국교 정상화, 경제 개발 자금 확보, 징병 및 징용 피해자에 대한 일부 보상
    ㉣ 한계 : 식민 지배에 대한 사죄와 배상, 일본군 '위안부' 및 원폭 피해자 등에 대한 배상 문제가 아직까지 해결되지 못함

② 베트남 파병
  ㉠ 배경 : 미국의 요청(미국의 기술 및 차관 제공 약속)
  ㉡ 파병 : 1964년 의료진과 태권도 교관 파견, 1965년 전투 부대 파병 시작 → 1965년부터 1973년까지 32만여 명 파견
  ㉢ 성과 : 국군의 전력 증강 및 경제 개발 위한 미국의 차관 제공, 건설업체의 해외 진출, 군수 물자 수출 파병 군인들의 송금 → 경제 성장을 위한 발판 마련(베트남 특수)
  ㉣ 문제점 : 5천여 명의 한국군이 희생, 고엽제 피해자 발생, 한국인 혼혈인(라이따이한) 문제, 일부 한국군에 의한 베트남 양민 희생
③ 3선 개헌(1969)
  ㉠ 배경
    ⓐ 1967년 재선에 성공한 박정희의 장기 집권 도모 → 법령 개정(대통령 등 고위 공무원의 선거 운동 가능) → 대통령, 국무총리 등의 지역 개발 공약 → 민주 공화당의 총선 승리, 헌법 개정 의석 수 확보
    ⓑ 남북 긴장 고조 : 북한의 연이은 도발(무장 게릴라의 청와대 습격 및 푸에블로 호 나포, 1968) → 정부의 안보 강조(향토 예비군 창설, 교련과목 설치, 군사교육 확대 등)
  ㉡ 구실 : 남북 긴장의 위기 상황 극복 및 지속적 경제 성장 추진
  ㉢ 경과 : 대통령의 3회 연임을 허용하는 개헌 추진 → 국민, 야당의 반대 시위 → 여당 의원들만 국회 별관에 따로 모여 편법적으로 개헌안 통과(1969. 9.)
  ㉣ 결과 : 제7대 대통령 선거에서 박정희가 3선에 성공(1971) → 반공 독재 체제 강화

PLUS 더 알아보기

- **국가 재건 최고 회의** : 5·16 군사 정변 주도 세력을 중심으로 구성되어 1963년 새 정부가 출범할 때까지 입법·행정·사법권을 행사하였다.
- **중앙정보부** : 1961년 국가 재건 최고 회의가 설치한 정보기관으로, 국가 안전 보장을 명분으로 설치되었으나 박정희의 정권 창출과 권력 유지에 활용되었다. 이후 국가 안전 기획부를 거쳐 현재 국가 정보원으로 개편되었다.
- **5·16 군사 정변 세력과 '혁명 공약'** : 5·16 군사 정변을 일으킨 군부 세력은 미국의 묵인하에 집권하면서 반공과 경제 건설 등을 목표로 내세워 정변을 정당화하려 하였다. 군부 세력은 민정 이양 계획을 수립하라는 미국의 요구에 따라 민정 이양 계획을 발표하면서도 민주 공화당을 통해 세력을 규합하고 정권을 유지하려고 하였다.
- **제5대 대통령 선거** : 1963년 제5대 대통령 선거에서 민주 공화당 박정희 후보와 신민당 윤보선 후보의 득표 차이는 대한민국 대통령 선거 역사상 가장 적은 15만여 표에 불과하였다.
- **한·일 회담** : 한·일 회담은 군정 시기이던 1962년부터 본격화되었다. 당시 중앙정보부장 김종필과 일본 외무대신 오히라 사이에 비밀 회담이 진행되었다.
- **민족적 민주주의의 장례식(1964. 5. 20.)** : 박정희 정부는 한국 실정에 맞지 않는 유럽이나 미국식 민주주의를 대신할 수 있는 한국식 민주주의가 불가피하다고 주장하며, 이를 '민족적 민주주의'라 하였다. 1964년 5월 각 대학의 대표는 서울대에서 '민족적 민주주의'의 허구성을 비판하며 '민족적 민주주의 장례식'을 거행하였다. 학생들은 박정희 정부를 4·19 혁명 정신을 근본적으로 부정한 친일, 친미 정권으로 규정하며 '매국적 한·일 굴욕 회담을 전면 중지'하라고 요구하였다.

PLUS 더 알아보기

- **한·일 회담 반대 시위(6·3 시위, 1964)** : 한·일 회담에서 식민 지배에 대한 일본의 사과와 배상 등이 외면되고 독립 축하금 명목의 후원금과 차관 제공 등이 논의되었다. 이러한 사실이 폭로되자, 격분한 학생과 시민은 '제 2의 한·일 합방 결사 반대', '굴욕적 대일 외교 반대', '불법적 친일 정권 퇴진'을 주장하며 저항하였다.
- **계엄령** : 전시 등 병력으로 군사상 또는 공공의 안녕 질서 유지의 필요가 있는 경우 대통령이 그 지역의 행정권이나 사법권 일부 또는 전부를 군의 관할에 두며, 영장 제도나 언론·출판·집회·결사의 자유 등에 제약을 가할 수 있게 하는 명령을 일컫는다.
- **제1차 인민혁명당 사건** : 한·일 회담을 반대하는 시위가 거세지는 상황에서 1964년 8월 박정희 정부가 학생 시위의 배후에 북한의 지령을 받고 국가 변란을 기도한 지하 조직인 인민 혁명당이 있다고 발표한 사건이다.
- **한·일 기본 조약** : 한·일 기본 조약은 대한민국과 일본국 간의 기본 관계에 관한 조약과 여기에 부속하는 4개의 협정 및 25개 문서로 구성되어 있다. 이 조약에는 양국이 자의적으로 해석할 수 있는 부분이 있어 식민 지배에 대한 배상을 두고 많은 문제가 되고 있다
- **브라운 각서** : 한국의 베트남 파병에 대한 미국의 보상 조치를 명시한 문서이다. 이 문서에서 미국은 국군 현대화, 경제 발전을 위한 기술 원조, 차관 제공 등을 약속하였다.
- **푸에블로 호 나포 사건** : 1968년 1월 미국 해군 장교와 민간인 등 80여 명을 태운 미국 첩보함 푸에블로호가 북한에 나포된 사건이다.
- **한일 협정, 무엇이 문제인가**
    - 일본의 식민 지배에 대한 사죄와 배상에 관한 내용이 담겨 있지 않음
    - 한일 기본 조약 제2조 '대한 제국과 대일본 제국 간에 체결된 모든 조약 및 협정이 이미 무효임'에 대한 해석을 둘러싼 갈등
        - 한국 : '이미'를 1910년부터로 해석
        - 일본 : '이미'를 1948년 대한민국 정부 수립 이후로부터 해석 → 일본은 36년간의 한국 지배가 당시에는 '합법'이었음을 주장
        - 일본은 국교 정상화 당시 한국에 제공한 유상 2억 달러, 무상 3억 달러가 식민 지배에 대한 사죄 성격의 배상금이 아닌 한국의 '경제 협력 증진을 위한 자금'이라고 설명
- **개인 청구권 문제**
    - 청구권 협정
        - 한·일 기본 조약의 부속 협정 중 하나
        - 일본 정부가 5억 달러의 경제 협력 자금을 제공하는 대가로 한국이 대일 청구권을 포기
    - 이후 개인 청구권 문제(일본군 '위안부', 강제 징용 피해자 등) 오랫동안 논란
    - 강제 징용 피해자들이 제기한 소송에 대한 한국 대법원의 판결(2018)
        - "한·일 청구권 협정으로 개인 청구권까지 소멸되었다고 볼 수 없다."라고 판단 → 해당 일본 기업에 배상금 지불 판결
- **동백림 간첩단 사건(1967~1969)**
    - 박정희 정권이 불리한 여론 전환을 위해 조작한 대표적 간첩 사건
    - 1967년 국회의원 선거에서 정부의 부정선거 발생 → 비판 여론 고조
    - 중앙정보부는 유럽에서 평화 통일 운동을 하던 작곡가 윤이상, 화가 이응노 등을 간첩혐의로 체포 → 국내 압송, 잔인한 고문 수사 → 간첩 혐의 입증하지 못함
    - 2006년 진실·화해를 위한 과거사 정리 위원회 : 불법 연행과 가혹 행위에 대한 정부의 사과를 권고

사료 더하기

(1) 5·16 혁명 공약
1. 반공을 국시의 제일 의(義)로 삼고 지금까지 형식적이고 구호에만 그친 반공 태세를 재정비·강화한다.
2. 유엔 헌장을 준수하고 국제 협약을 충실히 이행할 것이며 미국을 비롯한 자유 우방과의 유대를 더욱 견고히 한다.
3. 이 나라의 모든 부패와 구악을 일소하고 퇴폐한 국민 도의와 민족정기를 다시 바로잡기 위하여 청신한 기풍을 진작한다.
4. …… 민생고를 시급히 해결하고 국가 자주 경제 재건에 총력을 기울인다.
5. 민족적 숙원인 국토 통일을 위하여 공산주의와 대결할 수 있는 실력의 배양에 전력을 집중한다.
6. 이와 같은 우리의 과업이 성취되면 참신하고 양심적인 정치인들에게 언제든지 정권을 이양하고 우리들 본연의 임무에 복귀할 준비를 갖춘다.

— 국가 재건 최고 회의 한국 군사 혁명사 편찬위원회 편,『한국 군사 혁명사 제1집 상』—

(2) 김종필 – 오히라 비밀 회담
- 일본: 청구권으로 우리가 지불을 인정할 수 있는 액수는 7천만 달러 정도이다. 그러나 청구권과 별개로 한국의 독립을 축하하고 민생 안정과 경제 발전에 기여하기 위해 무상·유상의 경제 원조를 한다는 형식으로 상당한 금액을 제공할 수 있다.
- 한국: 청구권과 무상 원조를 합친 개념으로 양보하겠다. 일본 측은 청구권 해결이라는 테두리 안에서 청구권과 무상 지불이라는 명목 아래 최대한 성의를 보여야 할 것이다.

(3) 한일 회담 반대 시위
- 일본에의 예속으로 직행하는 매국의 한일 굴욕 회담을 전면 중지하라.
- 농민·노동자·소시민의 피눈물을 밟고 서서 홀로 살쪄 가는 매판성 악덕 재벌을 처형하고 몰수하라.
- 불법 상행위를 자행한 일본인 상사를 즉각 추방하라.
- 5월 군사 정부는 5·16 이래의 부정·부패·독선·무능·극악의 경제난, 민족 분열, 굴욕적 한일 회담 등 역사적 범죄를 자인하고 국민의 심판에 붙이라.
- 5·16 이래 구속된 정치범을 즉각 석방하라.

— 한일 굴욕 회담 반대 학생 연합회, 1964. 5. 20. —

(4) 한일 협정(한일 기본 조약)
제1조 두 조약 체결 당사국은 대사급 외교 사절을 지체 없이 수립한다.
제2조 1910년 8월 22일 및 그 이전에 대한 제국과 일본국 사이에 체결된 모든 조약 및 협정은 이미 무효임을 확인한다.

(5) 한일 청구권·경제 협력에 관한 협정
제1조 ① 일본국은 대한민국에 대하여 3억 불과 동등한 일본국의 생산물 및 용역을 10년 기간에 걸쳐 무상으로 제공한다. … 2억 불과 동등한 장기 저리의 차관을 10년 기간에 걸쳐 행한다.
제2조 ① 양 체약국은 양 체약국 및 그 국민(법인을 포함함)의 재산, 권리 및 이익과 양 체약국 및 그 국민 간의 청구권에 관한 문제가 …… 완전히 그리고 최종적으로 해결된 것이 된다는 것을 확인한다.
③ 본 협정의 서명 일에 …… 그 국민에 대한 모든 청구권으로서 동일자 이전에 발생한 사유에 기인하는 것에 관하여는 어떠한 주장도 할 수 없는 것으로 한다.

—『대한민국 관보』제4225호, 1965. 12. 18. —

(6) 브라운 각서의 주요 내용(1966)
- 한국군의 현대화 계획을 위해 앞으로 수년 동안에 걸쳐 상당량의 장비를 제공한다.
- 수출을 늘리는 데 필요한 모든 분야에서 한국에 대한 기술 원조를 강화한다.
- 베트남에 주둔한 미군, 한국군을 위한 보급 물자와 노동력 및 장비는 가급적 한국에서 구매한다.
- 베트남에서 시행되는 각종 건설, 구호 등 제반 사업에 한국 기업을 참여시킨다.
- 미국은 한국에 추가로 AID 차관과 군사 원조를 제공한다.

─ 『국방조약집 제1집』, 1981 ─

(7) 3선 개헌 헌법(1969)에 규정된 대통령 선출 조항
제64조 ① 대통령은 국민의 보통·평등·직접·비밀 선거에 의하여 선출한다.
제69조 ① 대통령의 임기는 4년으로 한다.
　　　　③ 대통령의 계속 재임은 3기에 한한다.

3 유신 체제와 반독재 민주화 운동

(1) 유신 체제의 성립과 특징
① 유신 체제의 성립
　㉠ 배경 : 박정희 정권의 위기
　　ⓐ 닉슨 독트린(1969)으로 냉전 체제 완화 : 미·중 관계 개선, 베트남에서 미군 철수, 주한 미군 감축 추진→ 반공을 내세운 박정희 정권 기반 약화
　　ⓑ 경제 침체에 대한 국민의 불만 : 1960년대 후반 경제 성장률 하락
　　ⓒ 장기 독재에 대한 비판 : 3선 개헌 비판 여론 고조, 판사들의 사법부 독립 요구, 학생들의 교련 철폐 요구 등
　　ⓓ 1971년 선거의 위기감 : 제7대 대선에서 야당의 김대중 후보 선전, 이후 총선에서 신민당이 개헌 저지 의석수 확보
　㉡ 과정
　　ⓐ 대북 정책 변경 : 국민의 안보 불안 해소 위해 남북 대화 제안, 남북 적십자 회담 추진→ 7·4 남북 공동 성명 발표(1972)
　　ⓑ 10월 유신 단행(1972) : 비상계엄령 선포, 국회 해산(10. 17.) → 비상 국무 회의 설치, 개헌안(유신 헌법) 의결(10. 27.) → 유신 헌법을 국민 투표로 확정(11. 21.)
　㉢ 출범 : 박정희는 유신 헌법에 따라 통일 주체 국민 회의에서 제8대 대통령으로 선출(제4공화국, 유신 체제)
② 유신 체제의 특징
　㉠ 유신 헌법의 주요 내용
　　ⓐ 대통령 임기 6년, 중임 제한 없음
　　ⓑ 통일 주체 국민 회의 설치 : 대통령 선출 및 대통령의 추천을 받아 국회 의원 3분의 1을 선발하는 권한 부여

ⓒ 삼권 분립 무력화 : 대통령의 국회 해산권 및 국회 의원 3분의 1 추천권 규정, 대통령이 대법원장과 법관의 임명권 행사
ⓓ 긴급 조치권 : 각종 법률 효력 정지와 국민의 자유 제약 가능 → 국민의 기본권 제한
ⓒ 유신 체제의 성격 : 대통령의 권한을 비정상적으로 강화, 민주 정치의 기본 원리를 무시한 권위주의적 독재 체제

(2) 유신 반대 운동의 전개
① 유신 반대 운동의 본격화 : 김대중 납치 사건(1973)을 계기로 활발히 전개
② 반독재·반유신 민주화 운동
ⓐ 개헌 청원 100만인 서명 운동(1973) : 장준하, 백기완 등의 주도로 전개
ⓑ 대학생들의 유신 헌법 폐지 요구
ⓒ 천주교 신부들의 정의 구현 사제단 조직(1974)
ⓓ 해직 언론인들의 언론 자유 수호 투쟁
ⓔ 3·1 민주 구국 선언(1976) : 함석헌, 김대중 등의 주도로 발표
③ 정권의 탄압 : 김대중 납치 사건(1973), 긴급조치 총 9차례 발표(1974~1975), 제2차 인혁당 사건(인민 혁명당 재건 위원회 사건, 1974)

(3) 유신 체제의 종말
① 유신 체제의 위기
ⓐ 유신 반대 운동 지속
ⓑ 1978년 총선 : 야당(신민당)의 득표율이 여당(민주 공화당) 능가
ⓒ 경제 위기 : 제2차 석유 파동으로 인한 원유 가격 상승 → 국민의 불만 고조
ⓓ 박정희의 장기 독재와 인권 탄압에 대한 미국 등 국제 사회의 비판
② 유신 체제의 붕괴
ⓐ YH 무역 사건(1979. 8.) : 여성 노동자 1명 사망 → 신민당이 유신 독재 강력 비판
ⓑ 정부의 대응 : 신민당 총재 김영삼을 국회 의원직에서 제명
ⓒ 부·마 민주 항쟁(1979. 10.) : 김영삼의 정치적 본거지인 부산과 마산 일대에서 대규모 시위 발생 → 인근 지역으로 시위 급속 확산
ⓓ 시위 진압 방안을 둘러싼 정권 내부의 갈등 : 경호실장 차지철 VS 중앙정보부장 김재규
ⓔ 10·26 사태 : 대통령 박정희가 중앙정보부장 김재규에게 피살(1979)

PLUS 더 알아보기

- **닉슨 독트린** : 1969년 미국 닉슨 대통령이 베트남 전쟁 개입 종결 등을 위해 발표한 외교 정책이다. 아시아 자유 국가들의 자주적 방위 노력을 촉구함으로써 미국의 군사적 부담을 줄이고자 하였다.
- **제7대 대통령 선거** : 제7대 대통령 선거는 공화당 박정희와 신민당 김대중의 대결이었다. 선거 결과 박정희는 총 투표의 51.2%를 획득하여 당선되었다. 김대중은 도시에서 높은 지지를 받았지만, 농촌과 영남 지역에서 압도적 지지를 받은 박정희가 승리하였다.
- **통일 주체 국민 회의** : 유신 헌법에 따라 조국의 평화 통일을 추진한다는 명분으로 구성된 헌법 기구이다. 대통령을 선출하고 국회 의원 정수의 3분의 1을 선출, 헌법 개정안을 최종 확정하는 권한을 가졌지만, 실상은 박정희의 장기 집권을 위한 역할을 수행하였다. 제8대 대통령 선거에 단독으로 출마한 박정희는 통일 주체 국민 회의에서 99.9%의 득표로 대통령에 당선되었다.
- **긴급 조치** : 대통령의 행정 명령만으로 국민의 자유와 권리를 무제한 제약할 수 있는 초헌법적 권한이다. 박정희 정부는 아홉 차례에 걸쳐 긴급 조치를 발동하였다. 특히 긴급 조치 제9호가 1975년부터 1979년까지 계속되면서 수많은 사람이 고문을 당하고 연인원 800여 명에 이르는 학생과 지식인이 구속되었다.
- **김대중 납치 사건** : 1973년 일본에 체류하던 야당 지도자 김대중이 중앙정보부 주도 아래 괴한들에게 납치되었다가 129시간 만에 서울의 자택 부근에서 풀려났던 사건이었다.
- **천주교 정의 구현 전국 사제단** : 민청학련 사건(1974)으로 천주교 성직자가 구속되자 사제들이 모여 천주교 정의 구현 전국 사제단을 결성하였다. 이후 명동 성당에서 미사를 열고 '인간의 존엄성과 기본권이 침해당할 때면 언제 어디서나 그의 편에 서서 그의 권리를 회복하여 주기 위하여 저항하고 투쟁할 권리와 의무'가 있다는 시국 선언을 발표하였다. 이후에도 유신 반대 운동, 박종철 고문치사 사건 진상 규명 등에 앞장섰다.
- **3·1 민주 구국 선언** : 1976년 3월 1일, 함석헌, 김대중 등이 명동 성당에 모여 유신 체제 논리를 정면으로 비판하는 선언을 발표하였다.
- **인민혁명당 재건위원회 사건(제2차 인혁당 사건)** : 1975년 중앙정보부는 전국 민주 청년 학생 총연맹의 배후에 북한의 지령에 따라 국가 전복을 노리는 인민 혁명당 재건 위원회가 있다고 주장하며 관련자들을 처벌하였다. 이들은 대법원에서 형이 확정된 지 20시간 만에 사형되었다. 세계 법학자들은 이날을 '사법사상 암흑의 날'로 지정하였다. 2007년 법원에서는 이 사건을 무죄로 판결하였다. 1964년의 1차 인혁당 사건과 구분하여 2차 인혁당 사건이라고도 한다.
- **장준하** : 광복군 장교 출신 장준하는 유신 반대 운동을 벌이던 중 의문사하였다(1975).
- **YH 무역 사건** : 회사 측의 일방적 폐업 조치에 항의하여 신민당사에서 농성하던 가발 공장(YH 무역) 여성 노동자들을 경찰이 강경 진압하였다. 이 과정에서 노동자 김경숙이 사망하고, 신민당 의원들과 기자들이 부상을 입었다.
- **부·마 민주 항쟁** : 1979년 10월 4일, 여당 의원들의 투표로 신민당 총재 김영삼이 국회 의원직에서 제명되었다. 노동 운동과 야당을 탄압하는 독재 정권에 대한 반감이 거센 상황에서 김영삼의 제명 소식으로 민중의 반발은 더욱 심화하였다. 특히, 부산의 민심이 들끓어 대학생을 중심으로 투쟁의 열기가 고조되었다. 1979년 10월 16일, 부산 지역의 학생 7,000여 명이 '독재 타도, 유신 철폐'를 외치며 시위를 전개하였고, 시위는 18일에 마산과 창원으로 확대되었다. 박정희 정부는 부산과 마산에 각각 계엄령과 위수령을 선포하고 시위를 탄압하였다. 대학에는 휴교령이 내려졌고, 계엄군의 탱크와 장갑차가 각 대학과 관공서를 철통같이 경계하였다.
- **10·26 사태** : 1979년 10월 26일, 김재규는 서울 궁정동 안전 가옥의 만찬 자리에서 박정희 대통령과 차지철 경호실장을 총으로 살해하였다.

사료 더하기

(1) 유신 헌법(1972)

제39조 ① 대통령은 통일 주체 국민 회의에서 토론 없이 무기명 투표로 선거한다.

제40조 통일 주체 국민 회의는 국회 의원 정수의 3분의 1에 해당하는 수의 국회 의원을 선거한다.

제47조 대통령의 임기는 6년으로 한다.

제53조 ① 대통령은 천재지변 또는 중대한 재정·경제상의 위기에 처하거나, 국가의 안전 보장 또는 공공의 안녕질서가 중대한 위협을 받거나 받을 우려가 있어 신속한 조치를 할 필요가 있다고 판단할 때에는 내정·외교·국방·경제·재정·사법 등 국정 전반에 걸쳐 필요한 긴급 조치를 할 수 있다.
② 대통령은 제1항의 경우에 필요하다고 인정할 때에는 이 헌법에 규정되어 있는 국민의 자유와 권리를 잠정적으로 정지하는 긴급 조치를 할 수 있고, 정부나 법원의 권한에 관하여 긴급 조치를 할 수 있다.

제59조 ① 대통령은 국회를 해산할 수 있다.

(2) 유신 헌법에 따라 실시된 대통령 선거

투표는 유신 헌법 제39조의 규정에 따라 토론 없이 무기명으로 투표용지에 후보자 성명을 기입하는 방법으로 진행되었다. 투표 결과는 찬성 2,357표, 반대는 한 표도 없이 무효 2표로 박정희 후보를 선출하였다.

– 『매일경제』, 1972. 12. 23. –

(3) 천주교 정의 구현 전국 사제단 제1차 시국 선언문(1974. 9. 26.)

1. 유신 헌법을 철폐하고 민주 헌정을 회복하라.
1. 긴급 조치를 전면적으로 무효화하고 구속 중인 지학순 주교를 비롯하여 성직자, 교수, 학생, 민주 애국 인사를 즉각 석방하라.
1. 국민의 생존권과 기본권을 존중하고 언론·보도·집회·결사의 자유를 보장하라.
1. 서민 대중의 최소한의 생활과 복지를 보장하는 경제 정책을 확립하라.

(4) 3·1 민주 구국 선언(1976. 3. 1.)

- 민주주의는 대한민국의 국시이다. 따라서 대한민국의 정통성은 민주주의에 있다. 그러므로 어떤 구실로도 민주주의가 위축되어서는 안된다. …… 그러므로 민주주의는 '국민을 위해서'보다는 '국민에게서'가 앞서야 한다. 무엇이 나라와 겨레를 위해서 좋으냐는 판단이 국민에게서 나와야 한다는 말이다. 그 판단에 귀를 기울이지 않고, 국민을 위한다는 생각만으로 민주주의는 결코 이루어지지 않는다.
- 이북 공산주의 정권과 치열한 경쟁에 뛰어든 이 마당에 우리가 길러야 할 힘은 민주 역량이다. 국방력도 경제력도 길러야 하지만, 민주 역량의 뒷받침이 없을 때 그것은 모래 위에 세운 집과 같다. …… 우리는 국민의 자유를 억압하는 긴급 조치를 곧 철폐하고 민주주의를 요구하다가 투옥된 민주 인사들과 학생들을 석방하라고 요구한다. 국민의 의사가 자유로이 표명될 수 있도록 언론·집회·출판의 자유를 국민에게 돌리라고 요구한다. 다음으로 우리는 유신 헌법으로 허울만 남은 의회 정치가 회복되어야 한다고 주장한다. 자유로이 표현되는 민의를 국회는 입법에 반영해야 하고, 정부는 이를 행정에 반영해야 한다.

(5) 주요 긴급 조치

[긴급 조치 제1호(1974. 1. 8.)]

- 대한민국 헌법을 부정, 반대, 왜곡 또는 비방하는 일체의 행위를 금한다.
- 대한민국 헌법의 개정 또는 폐지를 주장, 발의, 제안, 또는 청원하는 일체의 행위를 금한다.
- 유언비어를 날조, 유포하는 일체의 행위를 금한다.
- 위에서 금지한 행위를 권유, 선동, 선전하거나, 방송·보도·출판·기타 방법으로 이를 타인에게 알리는 모든 언동을 금한다.

- 이 조치에 위반한 자와 이 조치를 비방한 자는 법관의 영장 없이 체포, 구속, 압수, 수색하며 15년 이하의 징역에 처한다.

[긴급 조치 제4호(1974. 4. 3.)]
- 전국 민주 청년 학생 총연맹(민청학련) 및 관련 단체를 조직하거나 …… 이에 가입하거나 …… 활동을 찬양·고무·동조하거나 …… 활동에 직간접으로 관여하는 것을 금지한다.
- 학생의 정당한 이유 없는 출석 거부, 수업 또는 시험의 거부, 학교 내외의 집회, 시위, 성토, 농성, 그 외의 모든 개별적 행위를 금지하고 …… 이 조치를 위반한 학생은 퇴학, 정학 처분을 받을 수 있고, 해당 학교는 폐교 처분을 받을 수 있다.
- 이 조치를 비방한 자는 사형, 무기 징역 또는 5년 이상의 징역에 처한다.

[긴급 조치 제9호(1975. 5. 13.)]
1. 다음 각 호의 행위를 금한다.
가. 유언비어를 날조, 유포하거나 사실을 왜곡하여 전파하는 행위
다. 학교 당국의 지도, 감독하에 행하는 수업, 연구 또는 학교장의 사전 허가를 받았거나 기타 의례적 비정치적 활동을 제외한 학생의 집회·시위 또는 정치 관여 행위
8. 이 조치 또는 이에 의한 주무부 장관의 조치에 위반한 자는 법관의 영장 없이 체포·구금·압수 또는 수색할 수 있다.
13. 이 조치에 의한 주무부 장관의 명령이나 조치는 사법적 심사의 대상이 되지 아니한다.
— 『대한민국 관보』 제7045호, 1975. 5. 13. —

(6) 긴급 조치 위반 재판 사례
진실·화해를 위한 과거사 정리 위원회에 따르면 전체 589건의 재판 중 282건(48%)이 음주, 대화나 수업 중 박정희 정부·유신 체제를 비판한 경우에 해당돼 가장 많았고, 191건(32%)은 유신 반대, 긴급 조치 해제 촉구 시위, 유인물 제작 등 학생 운동과 관련된 것이었다.
— 『연합뉴스』, 2007. 1. 25. —

(7) 부산대학교 민주 투쟁 선언문
식민지적 경제 구조를 온존시키고, 그 위에 원조와 차관 경제로써 허세를 부리면서 GNP(국민 총생산)와 수출 만능으로 대외 의존을 심화하여 온 매판 기업가와 관료 지배 세력은 …… 모든 경제적 모순과 실정을 근로자의 불순으로 뒤집어씌우고 협박, 공포, 폭력으로 짓눌러 왔음을 YH 사건에서 단적으로 보여 주고 있고 저들의 입으로나마 나불대던 민주 공화국의 형식 논리마저도 이제는 부정함을 야당의 파괴 음모에서 깨닫게 하여 주었다. …… 타율과 굴종으로 노예의 길을 걸어 천추의 한을 맺히게 할 것인가 아니면 박정희와 유신과 긴급 조치 등 불의의 날조와 악의 표본에 의연히 투쟁함으로써 역사 발전의 장도(長道)에 나설 것인가?
— 부산대학교 민주 학생 일동, 1979. 10. 15. —

4 5·18 민주화 운동과 군사 독재의 연장

(1) 군부의 등장과 서울의 봄
   ① 10·26 직후의 정세
      ㉠ 비상계엄 선포, 정치적 실권은 군부가 차지
      ㉡ 통일 주체 국민 회의에서 최규하를 대통령으로 선출
      ㉢ 군 내부의 대립 : 민주화 지지 VS 유신 체제 골격 유지(신군부)
      ㉣ 국민들의 유신 체제 종식 및 민주화 요구 확산
   ② 신군부의 등장
      ㉠ 12·12 쿠데타 : 전두환과 노태우 등이 이끄는 신군부의 군사 반란, 주요 정부 기관 점령하고 계엄사령관 체포
      ㉡ 특징 : 유신 헌법 체제 계승, 군사 독재 유지
   ③ 서울의 봄
      ㉠ 배경 : 신군부 등장으로 군사 독재 연장 우려 확산
      ㉡ 민주화 요구 확대 : 유신 철폐와 신군부 퇴진을 요구하는 대대적 민주화 운동 전개
      ㉢ 서울역 시위(1980. 5. 15.) : 10만여 명의 학생과 시민이 모여 신군부 퇴진 요구
      ㉣ 신군부의 탄압 : 비상계엄 전국 확대, 김대중 등 민주 인사와 학생 대표 체포, 집회와 시위 금지 조치(1980. 5. 17.)

(2) 5·18 민주화 운동
   ① 배경 : 비상계엄의 전국 확대 → 광주에서 계엄 철폐와 신군부 퇴진을 요구하는 시위 발생(5. 18.)
   ② 경과
      ㉠ 신군부의 공수 부대 동원, 과잉 진압, 학생과 시민 대거 검거(5. 18.)
      ㉡ 광주 시민들의 대규모 집회 개최(5. 18. ~ 5. 20.) → 계엄군 발포로 사상자 발생(5. 20.)
      ㉢ 계엄군의 시위대 조준 사격 → 일부 시민들이 무기고 습격하여 시민군 조직 → 계엄군이 광주에서 퇴각(5. 21.)
      ㉣ 신군부가 언론 통제하며 광주 시민을 폭도로 규정, 광주의 교통과 통신 차단
      ㉤ 시민 수습 대책 위원회가 평화적 협상 요구(5. 22.)
      ㉥ 제1~5차 민주 수호 범시민 궐기 대회 개최(5. 23. ~ 5. 26.)
      ㉦ 계엄군의 무자비한 진압, 전남 도청 장악(5. 27.)
   ③ 영향
      ㉠ 신군부의 불법적 정권 탈취에 맞선 민주화 운동 → 1980년대 민주화 운동의 토대
      ㉡ 필리핀, 타이완 등 아시아 국가들의 민주화 운동에 영향
      ㉢ 군사 작전 지휘권을 가진 미국에 책임 문제 제기 → 부산 미국 문화원 방화 사건 등
      ㉣ 5·18 민주화 운동 관련 기록물이 유네스코 세계 기록 유산으로 등재(2011)

(3) 전두환 정권의 수립과 국민의 저항

① 국가 보위 비상 대책 위원회 :
  ㉠ 신군부가 5·18 민주화 운동을 진압한 후(1980. 5. 31.) 설치
  ㉡ 삼청 교육대 운영, 정치인 활동 통제, 언론사 통폐합 등 실시

② 전두환 정권의 출범
  ㉠ 대통령 선출 : 최규하 대통령 사임 → 통일 주체 국민 회의에서 전두환을 제11대 대통령으로 선출(1980. 8.)
  ㉡ 개헌 단행 : 유신 헌법에 대한 국민의 반발 등을 고려 → 7년 단임, 대통령 간선제(대통령 선거인단에서 대통령 선출)
  ㉢ 민주 정의당 창당, 계엄령 해제(1981. 1.)
  ㉣ 대통령 당선 : 새 헌법에 따라 실시된 선거에서 전두환이 제12대 대통령에 당선(1981. 2.)

③ 전두환 정권의 정책
  ㉠ 강압책 : 여러 언론사 통폐합, 보도 지침을 통한 기사 내용 검열, 학생 운동·노동 운동 등 민주화 요구 철저히 탄압
  ㉡ 유화책 : 야간 통행금지 폐지, 대입 본고사 폐지, 중고생 두발과 교복 자율화, 프로 야구단 창단, 해외여행 자유화, 학도 호국단 폐지 등

④ 국민의 저항과 정권의 탄압
  ㉠ 국민의 저항 : 정권의 불법성과 비도덕성, 친인척 비리 등을 비판 → 5·18 민주화 운동 진상 규명 요구 시위, 학생 운동과 노동 운동 전개
  ㉡ 정권의 탄압 : 시위 강경 진압, 고문 수사, '금강산 댐 사건' 조작 등

PLUS 더 알아보기

- **민주 수호 범시민 궐기 대회** : 시민들은 도청 앞에서 민주 수호 범시민 궐기 대회를 열어 비상계엄 철폐와 민주 헌정 체제의 회복을 요구하였다. 5·18 민주화 운동 기간 동안 전라남도 도청 앞 광장은 시민의 의사를 결집하는 공간이었다.
- **부산 미국 문화원 방화 사건(1982)** : 대학생들이 부산의 미국 문화원에 불을 지른 사건으로, 1980년대에는 5·18 민주화 운동 당시 미국 측의 책임을 추궁하는 반미 시위가 잇따랐다.
- **신군부** : 전두환과 함께 권력 장악에 앞장선 군인들로, 박정희 정부 시기에 군부의 실세로 성장하였다. '신군부'라는 명칭은 박정희 대통령 시대의 군부와 구별하기 위해 붙여진 것으로, 12·12 군사 반란에 참여하여 정권을 잡은 군 장성들을 뜻한다. 이들은 주로 전두환 등 육군 사관학교 11기생이 조직한 군부 내 사조직인 하나회 회원이었으며, 노태우 정부 때까지 군부와 권력의 요직을 장악하였다.
- **서울의 봄** : 10·26 사태 이후 비상계엄이 전국으로 확대된 1980년 5월 17일 이전까지 민주화 운동이 진행된 시기를 말한다. 김영삼, 김대중 등 유력 정치인들은 새 정부 수립을 준비하였고, 국민들은 민주주의가 회복되기를 기대하였다. 정치범 석방, 해직 교수 복직, 제적 학생 복교 등의 조치도 시행되었다. 이러한 분위기 속에서 1980년 신학기가 시작되자 대학을 중심으로 「유신 헌법」철폐, 비상계엄령 해제, 신군부 퇴진 등을 요구하는 대규모 민주화 시위가 크게 일어났다.

PLUS 더 알아보기

- **서울역 시위(1980. 5. 15.)** : '서울의 봄'은 5월 15일 서울역 앞 시위에서 절정에 달하였다. 10만여 명의 학생과 시민들이 모여 조속한 민주화를 요구하는 시위를 전개하였다. 그런데 이날 대학 총학생회장단은 시위의 지속 여부를 두고 격론을 벌였는데, 일부의 반대에도 불구하고 신군부가 정치에 개입할 것을 우려하여 자진 해산하였다. 이를 '서울역 회군'이라 부르기도 한다.
- **삼청 교육대** : 신군부는 1980년에 시민 2만여 명을 검거한 후 이들을 군대 특수 훈련장에 보내 순화·근로 교육이라는 명분으로 비인간적인 처우 속에 혹독한 훈련 및 노동을 강요하였다. 이 과정에서 사망한 사람의 수는 국방부 발표를 따르더라도 50명에 달했다. 사회 정화를 구실로 한 전두환 정권의 대표적인 인권 유린 사례이다.
- **언론사 통폐합** : 1980년 11월 12일 언론사 대표들은 신군부 세력의 강요에 못 이겨 통폐합 각서를 작성하였다. 이에 전국 11개 신문, 27개 방송, 6개 통신사가 정리되었다.
- **학도 호국단** : 고등학교와 대학교에서 사상 통일과 단체 훈련을 통하여 학생들의 애국심을 함양하고 국가에 봉사하게 한다는 명분으로 조직하였던 것이다. 실제로는 학생 통제와 동원이 목적이었다.
- **세계 기록 유산으로 지정된 5·18 민주화 운동 기록물**
  - 지정 이유 : 한국의 민주화뿐만 아니라, 전 세계의 인권 발전에도 전환점이 된 사건
  - 기록 유산으로서의 의의 : 진상 규명, 보상, 기념사업 등이 꾸준히 진행되어 관련 기록물이 전 세계적 인권 발전에 기여
  - 기록 유산의 종류 : 사진, 유품, 성명서, 선언문, 취재 수첩, 개인 일기장 등
- **대국민 사기극, 금강산 댐 사건**
  - "금강산 댐 군사 악용되면 핵폭탄 위력, 12~16시간 뒤 수도권 완전 수몰"(동아일보, 1986. 11. 6.)
  - 배경 : 무리한 억압 정책으로 정부에 대한 국민의 비판 여론 고조
  - 국가 안전기획부의 발표 : "북한이 금강산 댐에서 200억 톤의 물을 방류하면 서울시가 물에 잠긴다"
  - 일부 교수와 과학자, 언론이 동조하며 공포감 조성
  - 정부는 북한의 수공에 대응하기 위한 국민 성금 모금(약 687억원)
  - 감사원 특별 감사 및 국정 조사 결과 → 금강산 댐 사건은 궁지에 몰린 전두환 정부의 과장 및 날조 사건으로 결론(1993)

사료 더하기

(1) 5·18 민주화 운동에 대한 해외 언론 보도

한국 정부는 광주에서 일어나는 폭력의 원인을 공산주의 선동에 의한 것이라고 왜곡함으로써 시위가 계엄령 반대와 군부의 과잉 진압 때문에 일어났다는 것을 숨기려 하고 있습니다. — 미국 CBS 뉴스, 1980. 5. 28. —

(2) 광주 시민 궐기문(1980. 5. 25.)

우리는 왜 총을 들 수밖에 없었는가? 그 대답은 너무나 간단합니다. 너무나 무자비한 만행을 더 이상 보고 있을 수만 없어서 너도나도 총을 들고 일어선 것입니다. …… 정부 당국에서는 17일 야간에 계엄령을 확대·선포하고 …… 18일 오후부터 공수 부대를 대량 투입하여 시내 곳곳에서 학생, 젊은이들에게 무차별 살상을 자행하였으니! 아! 설마, 설마! 설마했던 일들이 벌어졌으니, ……. 시민 여러분! 너무나 경악스러운 또 하나의 사실은 20일 밤부터 계엄 당국은 발포 명령을 내려 무차별 발포를 시작하였다는 것입니다. 이 고장을 지키고자 이 자리에 모이신 민주 시민 여러분! 그런 상황에서 우리가 할 수 있는 일이 무엇이겠습니까? 우리가 어떻게 해야 되겠습니까? 묻고 싶습니다.

우리는 더 이상 당할 수만은 없었습니다. 그래서 우리는 이 고장을 지키고 우리 부모 형제를 지키고자 손에 손에 총을 들었던 것입니다. 그런데도 정부와 언론에서는 계속 불순배, 폭도로 몰고 있습니다.
- 「선언으로 본 80년대 민족・민주 운동」, 『신동아』 -

(3) 당시의 국내 언론 보도
- 광주 사태 10일 만에 진압되어 평정
- 불순분자들이 체제 전복을 기도한 사태
- 광주 사태는 극렬한 폭도들에 의해 악화되는 조짐이 보였다. 따라서 군은 생활고와 온갖 위협에 시달리는 시민 구출을 위해 군 병력을 광주에 투입하였다. - 1980년 5월 27일 KBS 9시 뉴스 -

(4) 제3차 민주 수호 범시민 궐기 대회 선언문(1980. 5. 25.)
1. 유신 잔당들은 불법으로 계엄령을 확대・선포하고 피에 굶주린 맹수들을 풀어 무자비한 만행을 자행하며 무차별 학살・탄압하였다.
2. 우리 시민은 민주주의와 내 고장을 지키기 위해 분연히 총을 들고 일어섰다.
3. 우리 80만 시민은 최후의 일각까지, 최후의 일인까지 싸울 것을 죽음으로 맹세한다.
4. 무력 탄압만 계속하고 있는 명분 없는 계엄령을 즉각 철폐하라.

(5) 공수 부대원의 회고록
27일 새벽 무사히 시내 탈환 작전을 마무리한 특전사가 승리자인 양 그 전공을 자랑한다면 이는 정말 어처구니없는 일일 것이다. 일국의 최정예 군대가 아무런 훈련도 작전도 없이 급조된 시민들과 학생들로 구성된 소수의 시위대를 무참히 학살하고 이겼노라고 말할 수 있다는 말인가? 내가 듣기로는 막상 군인들이 진입하였을 때 시위대는 차마 총도 쏘지 못하고 망설이는 어린 학생들이었다는데. - 이경남 목사, 『당대 비평』, 1999년 겨울 호 -

(6) 전두환, 노태우에 대한 대법원 판결 요지(1997. 4. 17.)
피고인들이 비상계엄을 전국으로 확대하는 등 헌법기관인 대통령, 국무 위원들에 대하여 강압을 가하고 있는 상태에서, 이에 항의하기 위하여 일어난 광주 시민들의 시위는 국헌을 문란하게 하는 내란 행위가 아니라 헌정 질서를 수호하기 위한 정당한 행동이었음에도 불구하고 이를 난폭하게 진압함으로써 …… 그 시위 진압 행위는 …… 국헌 문란에 해당한다.

(7) 광주여고 주소연 학생의 일기
"공수 부대는 처음에 몽둥이로, 다음은 대검으로, 다음에는 총으로 우리 시민들을 무차별 살해하였으며, 또한 도망간 사람까지 모두 잡아 그 즉시 살해하였고, 구경하던 어린이, 할머니까지 무차별 살해해서 우리 시민들은 좋지 못한 일인 줄 알면서도 공수 부대에 맞서기 위해 무기고를 털어 총으로 대전해 물리쳤다." - 『무등일보』, 2018. 5. 14. -
* 주소연 학생의 일기는 2011년 5월 25일 유네스코 세계 기록 유산에 등재되었다.

주제5 경제 성장과 사회·문화의 변화

1 박정희 정부의 경제 발전

(1) 한국 경제를 둘러싼 대외적 상황
  ① 선진 자본주의 국가들의 경공업 중심 산업 구조 탈피 → 후발 공업 국가들의 경공업 제품 수출 기회 증가
  ② 미국이 사회주의 확산 방지를 위해 후발 공업 국가 지원 → 한국의 경제 개발 적극 지원

(2) 정부의 경제 제일주의 : 경제 개발 5개년 계획, 국가 주도의 수출을 통한 성장 중심 정책

(3) 제1, 2차 경제 개발 5개년 계획(1962~1971)
  ① 자금 : 외국 자본 도입, 한·일 국교 정상화, 베트남 파병으로 경제 개발 자금 확보
  ② 내용
    ㉠ 노동 집약적 경공업(신발, 의류, 가발)이 수출 주도
    ㉡ 대규모 산업 단지와 수출 자유 지역 조성(울산, 마산 등)
    ㉢ 시멘트, 정유 산업 등 기간산업 육성 및 사회 간접 자본 확충(경부 고속 국도 건설)
  ③ 성과 : 연평균 약 9.2%의 성장률 달성, 수출 약 20배 이상 증가
  ④ 한계 : 산업 각 분야의 불균등한 성장, 정경 유착 심화
  ⑤ 위기 : 1960년대 말 세계 경제 침체로 수출 난항, 환율 상승으로 외채 부담 증가
  ⑥ 대응 : 창원 일대에 자유 무역 단지 조성, 부실기업 정리, 대기업에 금융 혜택 제공(8·3 조치)

(4) 제3, 4차 경제 개발 5개년 계획(1972~1981)
  ① 배경 : 경공업 중심의 경제 성장 한계, 경제 발전 방향 변화 모색
  ② 내용
    ㉠ 중화학 공업 적극 육성 : 철강, 화학, 금속, 기계, 조선, 전자 등
    ㉡ 대규모 공업 시설 조성 : 제철소 건설(포항), 조선소 설립(울산, 거제), 공업 단지 조성(창원, 구미, 울산, 여수), 원자력 발전소 설립(고리 등)
  ③ 성과
    ㉠ 중화학 공업 생산액의 비중이 경공업 능가
    ㉡ 연평균 8.9%에 달하는 고도성장 이룩(한강의 기적, 1973~1979)
    ㉢ 당초 계획보다 4년 앞서 수출 100억 달러 달성(1977)
  ④ 위기 : 두 차례의 석유 파동 발생
    ㉠ 제1차 석유 파동(1973) : 건설업의 중동 진출로 위기 극복
    ㉡ 제2차 석유 파동(1978) : 중화학 공업에 대한 과잉 투자 → 국가 재정 타격, 기업 부담 증가, 실업률 증가, 물가 폭등 → 유신 체제에 대한 국민의 불만 고조

PLUS 더 알아보기

- 경부 고속 국도(1970. 7. 7. 준공) : 1968년 착공, 1970년 완공되어 산업 발전의 원동력이 되었다. 경부 고속 국도의 개통으로 전국이 일일생활권으로 연결되었다는 긍정적인 평가도 있지만, 이로 인해 지역 간 불균형 발전을 초래하였다는 비판도 있다.
- 포항 제철(1973. 7.) : 포항 제철의 준공으로 산업의 기초가 되는 철강이 대량 생산되어 석유 화학, 조선, 자동차 등 중화학 공업이 비약적으로 발전할 수 있었다. 이들 산업은 이후 한국 경제의 주축으로 성장하였다.
- 1인당 국민 소득의 변화 : 1962년 87달러에 불과하던 1인당 국민 소득은 1979년 1,676달러로 20배 가까이 증가하였고, 같은 기간 수출 증가율은 40.7%를 기록하였다.
- 박정희 정부의 통화 개혁
  - 박정희는 집권 초기 내부 자본을 바탕으로 자립 경제 달성하려 함
    - 통화 개혁 단행 : 화폐 단위를 '환'에서 '원'으로 변경, 은행에서 일정 기간 예금 인출 금지 → 큰 성과를 거두지 못함
  - 이후 박정희 정부는 자립 경제 정책을 수출 중심의 경제 정책으로 수정
    - 국외 자본 도입 : 외국에서의 차관 도입, 한 · 일 협정, 베트남 특수 등
- 수출을 위한 기업 지원
  - 박정희 정부는 수출 기업에 각종 금융 및 세금 혜택 제공
    - 1960년대 연 이자율 : 일반인 25~30%, 대기업 5~6%
  - 1972년, 긴급 명령으로 '경제의 성장과 안정에 관한 긴급 명령 15호(8·3조치)' 실시
    - 사채(빚) 부담에 시달리던 기업의 채무 동결
    - 이자율 대폭 낮추고 낮은 이자로 정부 자금 제공 등 특혜
- 독일에 파견된 광부와 간호사
  - 8천여 명의 광부가 서독의 석탄 광산에 파견(1963~1977)
  - 1만여 명의 간호사가 서독의 병원에 취업(1965~1976)
  - 파독 광부·간호사의 외화 송금 → 국제 수지 개선, 국민 소득 향상 등 경제 성장에 큰 보탬

> - 1969년부터 3년간 뒤스부르크 시립 병원 간호조무사로 일하였던 윤모 씨는 "그땐 정말 수도 없이 야근을 했다."라고 말하였다. 윤 씨는 오후 8시부터 다음날 오전 6시까지 신생아 병동에서 아기 기저귀를 갈고 우유를 먹이고 목욕을 시켰다. 남들이 한 달 700마르크 벌 때 윤 씨는 병원 두 곳에서 야간 근무를 하며 1,200마르크를 벌었다.
> ―『조선일보』, 2013. 1. 4. ―
> - "지하에 처음 들어간 날, 막장의 높이가 1m나 될까. 몸을 눕히거나 아예 기지 않고는 전진할 수 없었다. 점심시간이 되자 모두 석탄가루를 뒤집어쓴 채 준비해 온 빵과 사과를 꺼냈다. 나도 무의식중에 사과를 깨물었다. 한 입 베어 낸 언저리에 석탄가루가 새까맣게 앉았다. 순간 참았던 눈물이 왈칵 쏟아졌다."
> ―『뉴스플러스』, 2007. ―

PLUS 더 알아보기

- 한국 경제를 흔든 석유 파동

제1차 석유파동(1973)	
배경	제4차 아랍·이스라엘 전쟁 → 석유 수출국 기구(OPEC)의 원유 가격 인상
한국 경제	산유국에서 석유 가격 폭등으로 건설 붐 → 중동 건설 사업에 적극 참여하여 경제 발전의 계기 마련
제2차 석유파동(1978)	
배경	이란의 원유 수출 중단
과정	원유 가격 상승 → 생산 비용 증가 → 물가 상승, 경기 침체(스태그플레이션)
결과	각국의 경제 성장률 둔화, 무역 수지 악화, 국제 금융과 통화 질서 혼란
한국 경제	수출 중심의 경제에 큰 타격 → 물가 급등, 수출 저조, 경기 후퇴 및 실업 증가

사료 더하기

(1) 제1, 2차 경제 개발 5개년 계획 기간의 수출액 변화

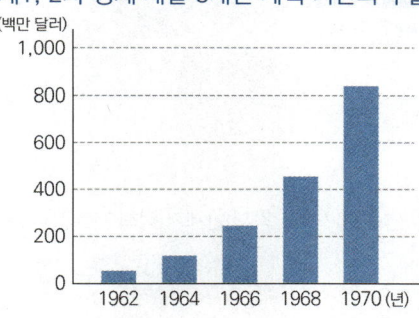

– 통계청, 『1972 한국 통계 연감』 –

(2) 8·3 조치
- 모든 기업은 1972년 8월 2일 현재 보유하는 모든 사채를 정부에 신고해야 한다.
  모든 사채는 1972년 8월 3일 자로 월 1.35%, 3년 거치 5년 분할 상환으로 조정한다.
  – 경제의 안정과 성장에 관한 긴급 명령, 1972. 8. 3. –

- 조광와이샤쓰 배달원 윤 모 씨는 은행 적금으로 받은 돈을 포함해서 1백만 원을 사채로 돌려 생활비와 곗돈으로 납입해 왔는데 앞으로 생활비는커녕 곗돈 납입조차 못하게 되어 오히려 빚만 지게 될 것이라고 걱정했다.
  – 『동아일보』, 1972. 8. 4. –

※ 1972년, 정부는 8·3 조치를 시행해 기업의 사채 이자를 1/3로 깎아 주었으며, 상환도 최장 8년까지 미뤄 주었다. 대기업 경영자가 자기 소유 회사에 사채를 빌려주고 이자를 받는 위장 사채에 대한 처벌도 미루었다. 8·3 조치는 기업이 무분별하게 외국 자본을 도입해 일어난 경제 위기를 서민들의 부담으로 극복하는 것이었다. 당시 국내에는 금융 시장이 발달하지 않았기 때문에 '사채'는 서민이 자금을 운용하는 주요 수단이었다. 8·3 조치로 대기업의 부채 비율은 하락하고 기업 경영은 개선되었지만, 서민 중에는 기업에 빌려준 돈을 받지 못해 곤란을 겪는 사람도 나타났다.

(3) 박정희 대통령의 새해 첫 기자 회견(1973. 1.)

우리나라 공업은 이제 바야흐로 중화학 공업 시대에 들어갔습니다. 따라서 정부는 이제부터 중화학 공업 육성의 시책에 중점을 두는 중화학 공업 정책을 선언하는 바입니다. …… 1980년대 초에 우리가 100억 달러의 수출 목표를 달성하려면, 전체 수출 상품 중에서 중화학 제품이 50%를 훨씬 더 넘게 차지해야 하는 것입니다. 그러기 위해서 정부는 지금부터 철강·조선·기계·석유 화학 등 중화학 공업 육성에 박차를 가해서 이 분야의 제품 수출을 강화하려고 추진하고 있습니다.
— 대통령 비서실, 『박정희 대통령 연설문집』 —

(4) 수출 100억 달러 달성

지난날 우리는 국토 분단의 비극과 6·25 전쟁의 참화를 입고 사회적 혼란과 빈곤의 악순환을 겪어 왔다. …… 온 국민이 불사조처럼 일어나서 총화 단결하여 땀 흘려 일한 결과 1964년에 1억 불의 실적을 기록한 지 13년, 그리고 1970년에 10억 불의 실적을 올린 지 겨우 7년 만에 100억 불의 수출 목표를 달성하였다.
— 우정 사업 본부, 1977. 12. 22. —

(5) 공업 구조의 변화

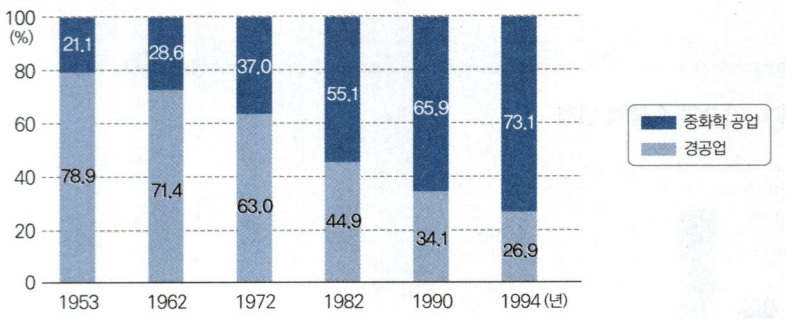

— 한국 개발 연구원, 『한국 경제 반세기 정책 자료집』, 1995 —

2 경제 성장 속의 문제점과 농촌의 변화

(1) 성장의 혜택 편중
  ① 각종 격차 심화 : 빈부 격차, 지역 간 성장 격차, 도시와 농촌 간 소득 격차 심화
  ② 정경 유착의 부작용 : 특혜 기업 성장, 주요 기업의 독점 심화, 재벌 중심 기업 문화 형성

(2) 구조적 취약성 심화
  ① 성장을 위한 외국 자본 유치 → 외채 부담 증가
  ② 내수보다 무역의 비중이 커져 경제의 대외 의존도 심화

(3) 성장에서 소외된 농촌
  ① 문제점 : 저임금 정책 유지를 위한 저곡가 정책 → 농민의 경제적 어려움 가중
  ② 새마을 운동 추진(1970)
    ㉠ 목표 : 농촌의 환경 개선과 도·농 균형 발전
    ㉡ 전개 : 농촌 주택 개량, 도로·전기 시설 확충 → 점차 도시까지 확대 → '근면·자조·협동'을 강조하는 국민 의식 개혁 운동

ⓒ 성과 : 전 국민적 운동으로 확산, 농어촌 근대화에 기여
ⓔ 한계 : 농촌 인구 감소 막지 못함, 유신 체제 유지에 이용되기도 함
③ 농민 운동 : 생존권 보장 요구, 함평 고구마 피해 보상 투쟁, 전국적 농민 단체 조직

(4) 노동 운동의 전개
① 배경 : 저임금 정책, 열악한 근무 환경 → 노동자의 생존권 위협
② 전태일 분신(1970) : 평화시장 노동자 전태일이 근로기준법 준수를 요구하며 분신 → 노동 운동 본격화
③ 노동 운동의 전개와 탄압 : 동일 방직 사건(1978), YH 무역 사건(1979)

PLUS 더 알아보기

- **저임금·저곡가 정책** : 정부는 수출 주도형 경제 개발을 추진하기 위해 수출 가격 경쟁력을 내세워 노동자의 낮은 임금을 강요하였고(저임금 정책), 이를 위해 노동자의 생계비를 최소화하고자 곡물 가격을 낮게 유지하는 정책을 추진하였다(저곡가 정책).
- **새마을 운동** : 농촌 환경 개선을 목표로 시작된 새마을 운동은 이후 전 국민적 운동으로 확산되었다. 새마을 운동 기록물은 2013년 유네스코 세계 기록 유산으로 등재되었다.
- **함평 고구마 사건** : 전라남도 함평군은 해남, 무안군과 함께 3대 고구마 주산지였다. 1976년 농협은 '협동으로 생산해서 공동으로 판매하자.'라고 하면서 고구마 농사를 독려하였고, 전량 수매를 약속하였다. 그러나 농협이 약속을 지키지 않으면서 농민들은 큰 손해를 보았다. 당시 유일한 농민 운동 단체인 가톨릭 농민회가 중심이 되어 농협에 피해 보상을 요구하였지만 농협은 이를 무시하였고, 농협 직원들은 고압적 태도로 합의를 종용하였다. 그럼에도 농민들이 계속 피해 보상을 요구하자 경찰까지 개입하여 농민 대책 위원들을 연행하고 피해 보상 요구를 반정부 활동이라 협박하였다. 1978년 농민들은 피해 보상과 농민회 탄압 중지 등을 요구하며 단식 농성을 하였다. 이 사건은 농민 단체를 통해 전국에 알려졌고 수많은 사람이 지지 방문을 하였다. 결국 농협은 농민들의 요구를 수용하였다.
- **동일방직 사건** : 1972년 동일방직에서 한국 최초의 여성 노동조합 지부장이 선출되었다. 그러나 회사 측은 이를 인정하지 않고 탄압하였으며, 1978년에는 폭력배와 어용 노조를 동원하여 항의하는 여성 노동자들에게 인분을 뿌리며 강제 해산하였다.

사료 더하기

(1) 박정희 정부의 성장 중심 정책에 대한 평가
- [긍정적 평가] 박정희 전 대통령이 추진한 경제 개발 정책을 높이 평가하는 외국 학자들의 주장에 따르면 …… 경제가 일정 수준에 올라 중산층이 두터워져야 민주주의가 발전할 수 있다는 것이다. 그런 점에서 자유를 부득이 유보하고 경제 발전을 우선시한 박정희 전 대통령의 생각은 옳았다는 것이다. ─『주간조선』, 1999. 11. 4. ─
- [부정적 평가] 경제 개발이라는 미명 아래 가혹한 인권 탄압과 고문, 유신 독재로 국민에게 말로 표현할 수 없는 고통을 안겨 준, 우리 역사에서 가장 긴 18년간의 독재 정권이었다. …… 또 부익부, 빈익빈, 정경 유착의 왜곡된 경제 구조와 오늘의 경제 위기도 박정희 정권의 잘못된 경제 정책에 기인한 바 크다.
─ 김영삼 전 대통령, 1999. 5. 17. ─

(2) 한국의 무역 의존도

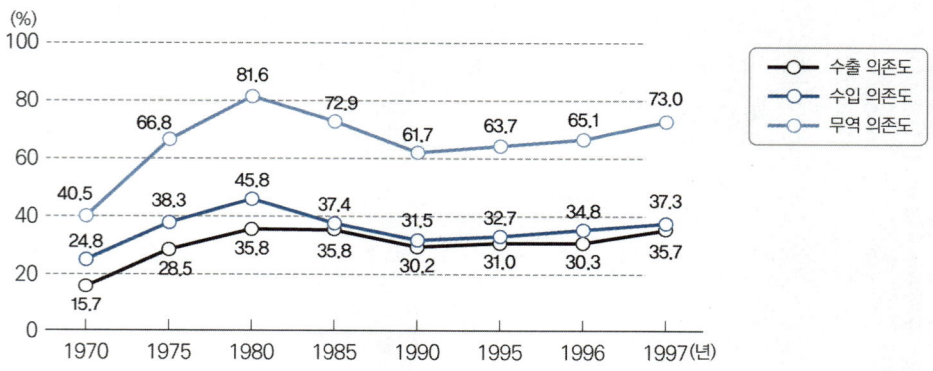

─ 한국은행, 2018 ─

(3) 새마을 운동과 유신

새마을 운동은 한국적 민주주의 토착화를 위한 실천도장이요, 참다운 애국심을 함양하기 위한 실천도장인 동시에, 10월 유신의 이념을 구현하기 위한 실천도장이다. ─ 박정희, 전국 새마을 지도자 대회 유시, 1973. 11. 21. ─

(4) 함평 고구마 사건

'농협은 왜 우리를 기만하는가?', '썩은 고구마를 보상하라!', '내 고구마를 사 주시오.' 농협의 창구에서 타들어 가는 입술을 깨물며 보상을 요구하였던 농민들의 목마른 외침은 두 돌을 몇 달 남겨두지 않은 지금까지 계속되고 있다. 그동안 함평 고구마 사건으로 피해를 입은 농민들은 끓어오르는 울분을 억누르면서 농협의 정당한 보상을 꾸준히 요구해 왔지만 농협은 더욱 기승을 더해 농민을 무시하고 무성의한 답변으로 일관해 왔다. ─ 가톨릭 농민회 ─

(5) 열악한 환경에서 근무하던 여공들

우리 가족은 1965년 겨울 어느 날 서울로 이사하였다. 내 나이 열두 살이었다. …… 병마에 고생하시는 아버지와 어머니를 위해 한 푼이라도 돈을 벌어야 했다. …… 나는 고향 언니와 함께 중랑교 뚝방 무허가 판자촌 집을 나섰다. …… 중랑교에서 서대문 가는 버스를 타고 동대문에서 내려 지하도를 건너 평화 시장으로 따라 들어갔다. …… 그곳은 아동복 블라우스를 만드는 공장이었다. …… 평화 시장 공장 점심시간은 오후 1시부터 2시까지였다. 하지만 보조들은 점심 먹을 시간이 없었다. 오전에 밀린 일을 남아서 처리해야 했기 때문이다.
─ 신순애, 『열세 살, 여공의 삶』 ─

(6) 전태일, 인간의 기본권을 요구하다

존경하는 대통령 각하! …… 저희들은 근로 기준법의 혜택을 조금도 못 받으며 더구나 2만여 명이 넘은 종업원의 90% 이상이 평균 연령 18세의 여성입니다. …… 또한 2만여 명 중 40%를 차지하는 보조공들은 평균 연령 15세의 어린이들입니다. 이들은 전부가 다 영세민들의 자제이며, 굶주림과 어려운 현실을 이기려고 하루에 90원 내지 100원의 급료를 받으며 1일 15시간씩 작업을 합니다. …… 저희들의 요구는 1일 작업 시간을 단축하십시오. 1일 10시간 ~ 12시간으로, 1개월 휴일 2일을 일요일마다 휴일로 쉬기를 희망합니다.

(7) 동일방직 노동자들의 노동 운동 탄압에 대한 호소

지난 21일 새벽 출근하는 저희들은 희망과 기대를 갖고 선거장으로 갔는데 몇몇 술 먹은 회사 측 남자들이 몽둥이로 노동조합 사무실의 기물을 무자비하게 파괴하고 투표함을 모두 때려 부쉈고 …… 치안 유지를 위해 동원된 정복 경찰들은 도와달라고 외치는 저희들에게 욕설만 퍼붓고 구경만 하는 것이었습니다.

— 김삼웅 편, 『민족·민주·민중 선언』, 1984 —

3 사회·문화의 변화

(1) 급속한 도시화
　① 배경 : 산업화의 진전으로 대도시 또는 신흥 공업 도시로 인구 이동
　② 결과 : 도시 인구 급증, 도시 인구가 농촌 인구 추월(1975), 대도시에는 고층 건물 건설과 도로 재정비 활발
　③ 부작용 : 도시의 주택난과 빈민 문제 대두 → 도시 빈민은 변두리나 고지대에 빈민촌 형성, 와우 아파트 붕괴 사고(1970) 및 광주 대단지 사건(1971) 발생

(2) 일상의 변화
　① 식생활 : 라면·즉석 음식 등 분식 유행, 외식 문화 형성
　② 소비·주거 : 라디오, 텔레비전, 세탁기 등 가전제품 보급, 아파트와 연립 주택 등장
　③ 가족 형태 : 핵가족화 가속 → 전통 사회의 유대감과 공동체적 가치 붕괴

(3) 교육의 변화
　① 국가주의 교육 : 군사·반공 교육, 국민 교육 헌장 암기(박정희 정부), 국사 교육 강화(유신 체제 시기), 국민 윤리 교육 강조(전두환 정부)
　② 교육의 양적 증가 : 인구 증가, 경제 성장 → 1960년~1979년 사이 중학생 2배, 고등학생 6배 증가 → 과도한 입시 경쟁 발생
　③ 입시 과열 대응 정책 : 중학교 무시험 추첨제 도입(1969), 대도시에서 고교 평준화 실시(1973), 과외 전면 금지 및 대학 졸업 정원제 실시(1981)

(4) 언론 활동의 변화
　① 이승만 정부 : 언론 탄압, 정부에 비판적인 경향 신문 폐간(1959)
　② 박정희 정부 : 언론 규제 지속, KBS, MBC 등이 텔레비전 방송 시작

③ 유신 체제 시기 : 정부에 비판적인 언론인 구속, 기자 등록제(프레스 카드제) 실시 → 동아일보 기자들이 '자유 언론 실천 선언' 발표로 대항(1974)
④ 전두환 정부 : 언론사 통폐합, 보도 지침 등으로 언론 통제
⑤ 6월 민주 항쟁 이후 : 언론 규제 완화, 전국 언론 노동조합 연맹 조직, 언론의 자유 확대

(5) 대중문화의 발달
① 배경 : 신문과 라디오 보급 확대(1960년대), 텔레비전 보유 가정 증가(1970년대)
② 대중문화의 발달 : 서구 문화의 전파, 통기타와 청바지로 대변되는 청년 문화 형성, 한국적 정서를 담은 영화와 대중가요 유행
③ 유신 정권의 통제 : 영화 사전 검열, 금지곡 지정으로 창작의 자유 억압, 장발과 미니스커트 단속

PLUS 더 알아보기

- **와우 아파트 붕괴 사고(1970)** : 서울시는 도시 빈민들의 무허가 주택을 철거하고 시민 아파트를 건립하여 집단 이주 정착지를 조성하는 도시 재개발 사업을 추진하였다. 그러나 낮은 공사비 책정, 짧은 공사 기간, 감독 기관 공무원의 부실 감사 등 여러 문제점을 안고 시작한 도시 재개발 사업은 결국 와우 아파트 붕괴와 같은 대형 사고로 이어졌다. 1970년 4월, 입주한 지 한 달도 안 되어 서울 마포구 와우 시민 아파트 한 개동 5층 건물이 붕괴되어 입주자 등 33명이 사망하고 40명이 부상을 당하였다.
- **광주 대단지 사건(1971)** : 서울 도심을 정비하기 위해 10만여 명을 경기도 광주로 이주시키는 과정에서 편의 시설 정비를 약속한 서울시가 이를 지키지 않아 이주민이 집단으로 반발한 사건이다. 광주 대단지(지금의 경기도 성남시)의 주민들이 무분별한 정부의 철거민 대책과 졸속적인 도시 정책에 반발하여 긴급 구호 물자 제공과 조세 부과 연기 등을 주장하며 경찰과 대치하였다.
- **국민 교육 헌장** : 1968년 박정희 정부가 교육의 지표로 삼기 위해 제시한 것으로, 국민 교육의 기본 방향을 밝히고, 국민의 기본 자세를 확립할 것을 강조하였다. 국민 교육 헌장은 모든 교과서에 수록되어 각종 시험에 출제되었기 때문에 학생들은 반드시 외워야 했다.
- **장발과 미니스커트 단속(1973)** : 박정희 정부는 1973년 3월 경범죄 처벌법을 개정하여 귀를 덮을 정도로 머리가 긴 장발과 무릎 위 17cm 이상인 미니스커트를 입은 사람을 경찰이 단속할 수 있게 하였다. 이에 따라 경찰은 가위와 자를 가지고 다니면서 머리가 긴 사람을 적발하여 현장에서 머리를 깎았고, 미니스커트를 입은 사람을 단속하였다. 이러한 탄압에도 불구하고 청년들은 자신들의 개성을 드러내기 위해 노력하였다.
- **중학교 무시험 추첨(1969)** : 손잡이를 돌리면 나오는 각 중학교의 고유 번호에 따라 학교가 결정되었다. 이 세대를 이른바 '뺑뺑이 세대'라고 불렀다.
- **유신 시대의 금지곡** : 1970년대 유신 체제 속에서 대중문화에 대한 정부 통제가 강화되었다. 특히 1975년에는 국가 안보 우려, 일본풍, 비판적인 가사, 선정·퇴폐적인 분위기 등을 이유로 220여 곡이 금지곡으로 지정되었다. 「미인」은 '한 번 보고 두 번 보고 자꾸만 보고 싶네.'라는 가사가 퇴폐적이어서, 「거짓말이야」는 불신감을 조장한다는 이유로 금지되었다. 「아침 이슬」은 시의에 적합하지 않다는 이유로 금지곡이 되었고, 「거짓말이야」, 「그건 너」와 같은 노래도 주인공이 집권자를 상징한다고 해석되어 금지되었다.

사료 더하기

(1) 국민 교육 헌장(1968)

우리는 민족중흥의 역사적 사명을 띠고 이 땅에 태어났다. …… 우리의 창의와 협력을 바탕으로 나라가 발전하며, 나라의 융성이 나의 발전의 근본임을 깨달아, 자유와 권리에 따르는 책임과 의무를 다하며, 스스로 국가 건설에 참여하고 봉사하는 국민정신을 드높인다. …… 길이 후손에 물려줄 영광된 통일 조국의 앞날을 내다보며 신념과 긍지를 지닌 근면한 국민으로서 민족의 슬기를 모아 줄기찬 노력으로 새 역사를 창조하자.

(2) 자유 언론 실천 선언(1974. 10. 24.)

1. 신문·잡지·방송에 대한 어떠한 외부 간섭도 우리의 일치된 단결로 강력히 배제한다.
2. 기관원의 출입을 거부한다.
3. 언론인의 불법 연행을 거부한다. 불법연행을 자행하는 경우 기자가 귀사할 때까지 퇴근하지 않는다.

(3) 정부의 압력으로 백지가 된 동아일보 광고면을 메운 글(1975. 1.)

- 약혼했습니다. 우리 2세가 태어날 때 아들이면 '동아'로, 딸이면 '성아'(여성동아)로 이름을 짓기로 했습니다. – 이묵과 오희
- 동아는 영원토록 사회의 빛과 소금이 되어야 합니다. (모여고 2학년 일동)
- 배운 대로 실행하지 못하는 부끄러움을 이렇게 광고한다. (법대 동기생 15인)
- 동아! 너마저 무릎 꿇는다면 진짜로 이민 갈 거야. (이대 S생)
- 동아가 쓰러지면 진짜 이민 갈 거라는 아가씨에게, 전혀 그럴 필요가 없을 거라고 전해 주고 싶습니다. (마산에서 13인의 소장부들)
- 겨레여! 민주 수호와 자유 언론을 위해 총화 단결하여 투쟁합시다. (평화 시장 피복사 근로자 30인)

주제6 6월 민주 항쟁과 민주주의의 발전

1 냉전의 해체와 국제 질서의 재편

(1) 냉전의 흐름
① 변화의 조짐 : 스탈린 사후 평화 공존 분위기, 반둥 회의를 계기로 제3세계 출현
② 냉전 갈등 재고조 : 쿠바 미사일 위기, 미국의 베트남 전쟁 전면 개입 등

(2) 냉전의 완화 : 미국의 대외 정책 변화(닉슨 독트린, 1969), 중국의 유엔 가입, 미·중 수교

(3) 냉전의 해체
① 배경 : 1980년대 소련의 경제난으로 인한 군비 경쟁 부담
② 변화 : 소련의 고르바초프가 개혁·개방 정책 추진
③ 종식 : 미·소 정상의 냉전 종식 선언(몰타 회담)
④ 영향 : 서독이 동독을 흡수 통일, 소련 해체, 동유럽 사회주의 몰락 등

(4) 냉전 이후 국제 질서의 재편
① 국제 질서 변화 : 미국의 세계 유일 초강대국화, 유럽 연합 출범, 중국의 급성장
② 세계 경제의 흐름 : 신자유주의 확대(시장 개방 요구, 국가의 시장 개입 최소화, 국가 간 자본의 자유로운 이동 보장) → 세계 무역 기구(WTO) 출범, 국가 간 자유 무역 협정(FTA) 체결 확대

PLUS 더 알아보기

- **고르바초프의 개혁·개방 정책** : 1985년 소련 공산당 서기장 고르바초프는 페레스트로이카(개혁)·글라스노스트(개방) 정책을 추진하여 위로부터 개혁을 시도하였다. 언론 자유를 보장하고, 복수 입후보제와 비밀 투표 등 민주화 조치도 잇달아 추진하였다. 소련은 군비를 감축하고 아프가니스탄에서 군대를 철수하여 미국과 관계를 개선하는 한편, 중국과도 중·소 분쟁 이래 오랜 갈등을 풀었다.
- **동유럽 사회주의 몰락** : 고르바초프의 개혁 개방 정책을 계기로 폴란드, 헝가리, 체코슬로바키아, 루마니아 등지에서 공산당의 권력이 몰락하기 시작하였다. 1991년 소련과 동유럽의 공산당은 정치권력을 상실하였다.

사료 더하기

(1) 닉슨 독트린
- 미국은 베트남 전쟁과 같은 군사적 개입을 앞으로 피한다.
- 미국은 강대국의 핵 위협을 제외하고는 아시아 각국에서 내란이 일어나거나 침략을 받더라도 개입하지 않는다.
- 미국은 아시아 각국의 자주적 행동을 측면 지원한다.

2 6월 민주 항쟁

(1) 6월 민주 항쟁의 배경
① 민주화에 대한 국민의 열망 : 군사 독재 종식 및 대통령 직선제 개헌 요구 확산 → 개헌을 공약으로 내건 신한민주당의 총선 선전(1985)
② 주요 정치인들의 활동 재개 : 김영삼과 김대중을 중심으로 신한 민주당 결성(1985) → 곧이어 치러진 총선에서 제1 야당으로 도약 → 재야인사, 학생들과 함께 개헌 청원 1천만 명 서명 운동 전개(1986)
③ 정권의 폭압 : 공안 사건 날조, 무리한 고문 수사(부천 경찰서 성 고문 사건 등)
④ 박종철 고문치사 사건 : 수사 과정에서 대학생 박종철 사망(1987. 1.) → 정권은 언론에 보도 지침을 내려 사건의 진상 은폐, 사망 원인 왜곡

(2) 6월 민주 항쟁의 전개
① 박종철 사망 사건 진상 규명 요구 집회 발생, 전두환 정부 규탄
② 4・13 호헌 조치 : 전두환 대통령의 기존 헌법에 따른 차기 대통령 선출 발표
③ 박종철 사망 사건 진상 폭로(5. 18.) : 천주교 정의 구현 사제단의 박종철 고문치사 사건 폭로
④ 민주 헌법 쟁취 국민 운동 본부 결성 : 대통령 직선제 개헌 및 정권 퇴진 운동 전개 → 민주화 시위 확산
⑤ 이한열 피격 : 대학생 이한열이 시위 도중 경찰 최루탄에 맞아 의식 불명(6. 9.)
⑥ 민주 정의당 전당 대회(6. 10.) : 시위 상황 속에서도 집권 여당은 노태우를 차기 후보로 추대
⑦ 박종철 군 고문 살인 은폐 조작 규탄 및 호헌 철폐 국민 대회(6・10 국민 대회) : 전국 18개 도시에서 대규모 시위 전개 → 호헌 철폐, 독재 타도, 직선제 개헌 요구
⑧ 국민 평화 대행진(6. 26.) : 전국에서 150만 명이 넘는 시민이 참여
⑨ 6・29 선언 : 여당인 민주정의당 대표 노태우가 직선제 개헌 요구 수용을 발표

(3) 6월 민주 항쟁의 의의
① 평화 시위를 통해 군사 독재 종식, 평화적 정권 교체의 기반 마련
② 항쟁을 거치며 시민 의식 성장 → 민주화 진전의 밑거름

(전공역사) 그물에 걸린 교과서 - **한국사**

PLUS 더 알아보기

- **부천 경찰서 성 고문 사건** : 1986년 6월 6일과 7일, 경기도 부천 경찰서에서 경장 문귀동은 여대생 권인숙을 조사하면서 성 고문을 가하였다. 민주화 요구 시위가 확산할 것을 우려한 전두환 정부는 이 사건을 은폐·조작하려고 사법부와 언론까지 조직적으로 동원하였다.
- **보도 지침** : 전두환 정부는 기사 통제를 목적으로 날마다 각 언론사에 기사 게재 여부와 편집 방향에 대한 지침을 만들어 보냈다.
- **박종철 고문치사 사건** : 1987년 1월 서울대 학생 박종철이 경찰의 수사를 받는 과정에서 사망하였다. 당시 경찰은 "책상을 탁 치니 억 하고 죽었다."라고 발표하였지만, 곧 물고문에 의한 것이었음을 시인하였다. 이후 천주교 정의구현 사제단은 경찰이 고문 가담자를 축소·은폐하려 하였음을 밝혔다.
- **민주 헌법 쟁취 국민 운동 본부** : 1987년 5월, 전두환 정부의 4·13 호헌 조치 철회와 대통령 직선제 개헌을 위해 야당 정치인과 시민 단체, 학생 운동권, 종교계 인사 등이 중심이 되어 향린 교회에서 구성하였다.
- **명동 성당, 민주 항쟁의 성지가 되다**
  - 1970년대부터 '민주화의 성지' 역할
    - 천주교 정의 구현 전국 사제단 조직(1974)
  - 1987년 6월 민주 항쟁에서 큰 역할
    - 5월 18일 : 5·18 민주화 운동 7주기 추모 미사, 박종철 고문치사 사건과 관련한 경찰의 은폐 조작 폭로(천주교 정의 구현 사제단 김승훈 신부)
    - 6월 10일 : '박종철 군 고문 살인 은폐 규탄 및 호헌 철폐 국민 대회'에 참여한 시위대 수백 명이 경찰에 밀려 명동 성당으로 피신 → 이후 5박6일 110여 시간 동안 명동 성당 농성 진행
    - 명동 성당 농성은 6월 민주 항쟁을 확대·지속하는 데 큰 역할

사료 더하기

(1) 직선제 개헌 운동 선언문(1986. 3. 5.)

현재의 군사 독재 정권은 지난 80년 5월에 국회를 불법적으로 해산하고 민주 인사들을 대량 투옥하고 광주의 민중 항쟁을 무력으로 짓눌러 수천 명의 동포를 살상한 뒤에 국민의 주권을 유린하는 헌법을 제정하여 통치권을 장악했다. 그들이 국민의 민주적 합의도 없이 통과시킨 현행 헌법은 국민의 기본권을 박탈하고 있음은 물론이고 실질적으로 군사 독재 정권의 장기 집권을 제도적으로 보장하고 있다. …… 따라서 우리는 …… 군사 독재 정권의 퇴진을 전제로 한 민주 헌법 쟁취 범국민 서명 운동을 전개하고자 한다.

- 군사 독재 퇴진 촉구와 민주 헌법 쟁취를 위한 범국민 서명 운동 선언 -

(2) 부천 경찰서 성 고문 사건 보도 지침(1986. 7. 17.)
- 검찰이 발표한 조사 결과 내용만 보도할 것
- 사회 면에서 취급할 것
- 검찰 발표 전문은 꼭 실어줄 것
- 이 사건의 명칭을 '성추행'이라 하지 말고 '성 모욕 행위'로 할 것
- 발표 외에 독자적인 취재 보도 내용 '불가'

(3) 4・13 호헌 조치

본인은 얼마 남지 않은 촉박한 임기와 현재의 국가적 상황을 종합적으로 판단하여 …… 임기 중 개헌이 불가능하다고 판단하고 현행 헌법에 따라 후임자에게 정부를 이양할 것을 천명하는 바입니다. 이와 함께 본인은 평화적인 정부 이양과 서울 올림픽이라는 양대 국가 대사를 성공적으로 치르기 위해 국론을 분열시키고 국력을 낭비하는 소모적인 개헌 논의를 지양할 것을 선언합니다.
– 전두환 대통령, 1987. 4. 13. –

(4) 6・10 국민 대회 행동 강령과 구호

오후 6시 국기 하기식에 맞춰 다 같이 애국가를 부릅시다. 애국가 후 자동차는 경적을 울리고 교회와 사찰은 타종합시다. 국민 대회 때 소형 태극기를 지참합시다. 국민 합의 배신하는 호헌 주장 철회하라! 민주 헌법 쟁취하여 민주 정부 수립하자!
– 민주 헌법 쟁취 국민운동 본부, 1987. 6. 10. –

(5) 6・10 국민 대회 선언문

국가의 미래요 소망인 꽃다운 젊은이를 야만적인 고문으로 죽여 놓고, 그것도 모자라서 뻔뻔스럽게 국민을 속이려 했던 현 정권에게 국민의 분노가 무엇인지 분명히 보여 주고, 국민적 여망인 개헌을 일방적으로 파기한 4・13 폭거를 철회시키기 위한 민주 장정을 시작한다.

(6) 6・10 국민 대회 결의문

첫째, 이 땅에서 권력에 의한 고문, 테러, 불법 연행, 불법 연금 등 여하한 인권 유린도 영원히 추방되어야 한다는 것은 그 누구도 거스를 수 없는 국민적 요구이다.
셋째, 정치 군부 세력의 몇몇 핵심자들끼리 독재 권력을 무슨 사유물인 것처럼 주고받으려는 음모에서 비롯된 이른바 4・13 호헌 성명이 무효임을 선언하며, …… 범국민적 운동을 더 한층 가열할 것임을 결의한다.
– 민주 헌법 쟁취 국민 운동 본부 –

(7) 6・29 선언

첫째, 여야 합의하에 조속히 대통령 직선제 개헌을 하고 새 헌법에 의해 대통령 선거로 1988년 2월 평화적 정부 이양을 실현하도록 하겠습니다. …… 국민은 나라의 주인이며, 국민의 뜻은 모든 것에 우선하는 것입니다. 둘째, 최대한의 공명정대한 선거 관리가 이루어져야 합니다. 셋째, 극소수를 제외한 모든 시국 관련 사범들은 석방되어야 합니다. …… 다섯째, 언론 자유의 창달을 위해 관련 제도와 관행을 획기적으로 개선하며 언론의 자율성을 최대한 보장 …… 여섯째, 사회 각 부문의 자치와 자율의 최대한 보장, 지방 자치 및 교육 자치 실시, 대학의 자율화 보장 …… 일곱째, 정당 활동 보장, 대화와 타협의 정치 풍토 조성 ……

3 평화적 정권 교체의 정착

(1) 개헌 단행
　① 내용 : 5년 단임의 대통령 직선제
　② 선거 : 13대 대통령 선거 실시(1987. 12.)
　③ 결과 : 민주 세력을 대표하던 김영삼, 김대중의 후보 단일화 실패 → 여당 후보인 노태우 당선

(2) 노태우 정부
　① 여소야대 국면 : 1988년 총선에서 야당이 의석의 과반수 차지 → 국회 청문회 실시(5·18 진상 규명, 전두환 정권 비리 조사)
　② 3당 합당(1990) : 집권 여당이 김영삼, 김종필이 이끄는 두 야당과 합당 → 거대 여당인 민주 자유당 창당
　③ 북방 외교 추진 : 소련, 중국 등 사회주의 국가들과 수교
　④ 언론 기본법 폐지 : 언론의 자유 확대
　⑤ 지방 자치제 부분적 실시
　⑥ 서울 올림픽 대회 성공적 개최(1988)

(3) 김영삼 정부
　① 출범 : 제14대 대통령 선거에서 민주 자유당의 김영삼 당선(1992. 12.)
　② 금융 실명제 단행 : 탈세와 불법 자금 유통 근절 목적
　③ 공직자 윤리법 개정 : 고위 공무원의 재산 등록 의무화
　④ 하나회 해체 : 군의 정치적 중립성 확보
　⑤ 지방 자치제 전면 시행 : 지방 자치 단체장 선거 실시(1995)
　⑥ 역사 바로 세우기 운동 : 조선 총독부 건물 철거, 전두환과 노태우 구속(12·12 군사 반란, 부정 축재 혐의), 5·18 민주화 운동 진압 관련자 처벌
　⑦ 임기 말 외환 위기 초래 : 국제 통화 기금(IMF)에 구제 금융 지원 요청

(4) 김대중 정부
　① 출범 : 제15대 대통령 선거에서 야당 후보 김대중 당선(1997. 12.) → 선거를 통한 최초의 평화적 여야 정권 교체
　② 경제 위기 극복 노력 : 외국 자본 유치, 강도 높은 기업 구조조정 등 → 국제 통화 기금의 구제 금융 모두 상환(2001)
　③ 대북 화해 협력 정책 추진 : 남북 관계 개선 노력, 남북 정상회담 개최(평양, 2000) → 김대중 대통령은 한반도 긴장 완화에 기여한 공로로 노벨 평화상 수상
　④ 국민 기초 생활 보장법 제정 : 사회적 약자 지원
　⑤ 여성부 신설 : 여성의 사회적 지위 향상 노력
　⑥ 임기 말 친인척 비리 등으로 지지율 하락

(5) 노무현 정부
① **출범** : 제16대 대통령 선거에서 여당 후보 노무현 당선(2002. 12.)
② 정경 유착 단절, 권위주의 청산 추구, 국민 참여 재판 제도 실시
③ 저소득층 위한 복지 정책 강화
④ 친일·독재와 관련된 과거사 정리 위해 노력
⑤ 지방 분권 및 수도권 소재 주요 공공기관의 지방 이전 추진
⑥ 김대중 정부의 대북 정책 계승 : 개성 공단 가동, 제2차 남북 정상 회담 개최
⑦ 이라크 파병, 한미 자유무역협정 체결 등을 둘러싼 갈등 발생

(6) 이명박 정부
① **출범** : 제17대 대통령 선거에서 야당 후보 이명박 당선(2007. 12.) → 10년 만에 다시 여야 정권 교체
② **경제 성장과 일자리 창출 노력** : 기업 활동에 대한 규제 완화와 감세 정책, 자유 무역 협정(FTA)의 확대 추진
③ **금융 위기 극복** : 출범 후 미국에서 시작된 금융 위기를 통화 스와프로 자금 확보하여 극복
④ 한·미 동맹 강화 노력, G20 정상 회의 서울에서 개최
⑤ 교육 경쟁력 강화, 친환경 녹색 성장 추진
⑥ 미국산 쇠고기 수입, 4대강 정비 사업 등을 둘러싼 갈등 발생
⑦ **남북 관계 경색** : 금강산 관광객 피격, 천안함 사건, 연평도 포격 등 발생

(7) 박근혜 정부
① **출범** : 제18대 대통령 선거에서 여당 후보 박근혜 당선(2012. 12.) → 최초의 여성 대통령 등장
② 창조 경제와 문화 융성을 국정 과제로 강조
③ 국민 통합과 중산층 확대 표방
④ 세월호 참사(2014) 대응 방식에 대한 비판에 직면
⑤ **퇴진** : 국정 농단 의혹 폭로(2016)로 위기에 봉착 → 많은 시민들이 촛불 집회에 참여, 박근혜 정부 규탄 → 국회의 대통령 탄핵 → 헌법 재판소의 대통령 파면 결정(2017. 3.)

(8) 문재인 정부
① **출범** : 보궐선거로 치러진 제 19대 대통령 선거에서 야당 후보 문재인 당선(2017. 5.)
② **과제** : 한반도 평화 정착, 적폐 청산 등을 국정 과제로 제시

PLUS 더 알아보기

- **금융 실명제(1993)** : 금융 기관의 예금, 증권 구입 등 모든 금융 거래에서 실제 이름을 사용해야 하는 제도이다. 금융 실명 거래에 관한 법률은 1982년에 제정되었지만, 금융 실명화율은 높지 않았다. 이러한 상황에서 김영삼 대통령은 1993년 8월 12일 대통령 긴급 명령인 긴급 재정 경제 명령 제16호를 통해 금융 실명제를 단행하였다.
- **대북 화해 협력 정책(햇볕 정책)** : 남북한 간의 긴장 관계를 완화하고 북한을 개혁·개방으로 유도하고자 김대중 정부가 추진한 대북한 정책을 말한다. '햇볕'은 비유법으로 사용된 상징어로 '포용 정책'으로도 불린다.
- **국민 참여 재판** : 국민 참여 재판은 재판 참여자가 형사 재판 때 사실 여부, 법령의 적용 및 형량에 관해 판사에게 의견을 제시하도록 하여 사법부에 대한 신뢰를 높이는 제도이다. 판사가 반드시 재판 참여자의 제안에 따를 필요는 없다.
- **과거사 정리 작업 추진** : 진실·화해를 위한 과거사 정리 위원회는 노무현 정부의 과거사 정리 사업의 일환으로 2005년에 설립된 독립적 국가 기관이다. 일제 강점기와 6·25 전쟁 전후, 그리고 대한민국 정부 수립부터 권위주의 통치 시절까지 항일 독립운동과 민간인 집단 희생, 간첩 조작, 해외 동포 관련 사건 등 반민주적·반인권적 사건들의 진상을 규명하고 역사적 진실을 밝혔다. 이 위원회는 총 10,860건의 진실 규명 활동을 하였다. 민간에서도 과거사 청산을 위한 노력이 활발히 이루어졌다. 국회에서 『친일 인명사전』 편찬 예산이 전액 삭감되자 시민들은 자발적 모금 활동을 벌였고, 이에 힘입어 『친일 인명사전』이 발간되었다(2009).
- **통화 스와프** : 서로 약속한 환율에 따라 자국의 통화를 맡겨 놓고 상대방의 통화를 빌려오는 외환 거래이다. 이명박 정부는 미국, 중국, 일본과 각각 300억 달러 정도의 협정을 체결하였다.
- **4대강 정비 사업(2008~2010)** : 이명박 정부가 한반도 대운하 사업 대신 추진한 주요 국정 사업이었으며, 한강, 낙동강, 금강, 영산강 등 4대강을 준설하고 보(洑)를 설치하여 하천의 생태계를 복원한다는 명분으로 22조여 원의 국비를 투입하였다.
- **조선 총독부 철거**
  - 김영삼 정부는 역사 바로 세우기의 일환으로 옛 조선 총독부 건물 철거(1995)
  - 이곳은 광복 이후 중앙청과 국립 중앙 박물관으로 이용됨
  - 당시 조선 총독부 건물 철거를 두고 찬반 논란이 일어남
    - 찬성 논거 : 일제 강점기 잔재 청산의 당위성, 조선 총독부 건물로 인한 경복궁 배치 훼손 등
    - 반대 논거 : 치욕의 역사도 보존할 가치 있음, 역사 교훈의 장소로 활용 가능 등

사료 더하기

(1) 3당 합당(1990)

국민 여러분, …… 민주 정의당 총재 노태우와 오랜 세월 이 땅의 민주주의를 위해 몸 바쳐 온 통일 민주당 총재 김영삼, 그리고 국태민안(國泰民安)의 신념을 꿋꿋이 실천해 온 신민주 공화당 총재 김종필, 우리 세 사람은 민주·번영·통일을 이룰 새로운 역사의 장을 열기 위해 오늘 국민 여러분 앞에 함께 섰습니다. …… 첫째, 민주 정의당과 통일 민주당, 그리고 신민주 공화당은 민주 발전과 국민 대화합 민족 통합이라는 시대적 과제 앞에 오로지 역사와 국민에 봉사한다는 일념으로 아무 조건 없이 정당법의 규정에 따라 새로운 정당으로 합당한다.

– 신당 창당에 대한 3당 총재 공동 선언 –

(2) 지방 자치제 전면 시행(1995)

광역 및 기초 단체장과 의원을 함께 뽑는 이번 선거를 계기로, 우리나라는 전면적인 지방 자치를 실시하게 됩니다. …… 지방 자치는 지역 주민이 주체가 되어 삶의 질을 향상시키고 지역 발전을 이룩하는 '주민 자치'입니다. 지방 자치는 주민 개개인의 건설적 에너지가 지역 발전으로 수렴되고, 나아가서 국가 발전으로 이어지게 하는 데 참뜻이 있습니다.

– 김영삼 대통령 특별 담화문, 1995 –

(3) 김영삼 대통령의 새해 국정 운영에 관한 연설(역사 바로 세우기)(1996)

최근 국민의 사랑과 존경을 받아야 할 전직 대통령 두 분이 구속되는 헌정 사상 처음 있는 일이 벌어졌습니다. 검찰 조사 과정에서 나타난 엄청난 탈법과 비리의 실상은 우리 모두에게 분노와 허탈감을 안겨 주고 있습니다. …… 전직 대통령을 구속하고 재판하는 일은 국가적으로 불행하고 부끄러운 일입니다. 그러나 이러한 과정을 거치지 않으면 우리 역사는 바로 설 수 없습니다. …… '역사 바로 세우기'는 잘못된 과거를 바로 잡아 미래를 바로 세우려는 노력입니다. 그것은 바로 '나라 바로 세우기'인 것입니다. 이는 제가 대통령에 취임한 이래 일관되게 추진해 온 일입니다. 우리가 광복 50주년을 맞아 일제 잔재인 옛 조선 총독부 건물을 철거하기 시작한 것도 역사를 바로 잡아 민족정기를 확립하기 위한 것입니다.

(4) 김대중 대통령 취임사(1998. 2. 25.)

오늘은 이 땅에서 처음으로 민주적 정권 교체가 실현되는 자랑스러운 날입니다. 또한 민주주의와 경제를 동시에 발전시키려는 정부가 마침내 탄생하는 역사적 순간이기도 합니다. …… 민주주의와 시장 경제가 조화를 이루면서 함께 발전하게 되면 정경 유착이나 관치 금융, 그리고 부정부패는 일어날 수 없습니다.

– 『중앙일보』, 1998. 2. 26. –

(5) 박근혜 대통령 퇴진을 요구하는 촛불 집회(2016)

국정 농단 사태의 책임을 물어 박근혜 대통령의 퇴진을 요구하는 100만 시민들의 3차 촛불 집회가 광화문 광장에서 열렸다. 100만 명의 시민이 운집하였지만 폭력 사태나 불상사는 발생하지 않았다. 시민들은 문화 축제처럼 평화로운 집회를 이어 갔고, 집회 현장 곳곳에서는 자발적으로 쓰레기를 치우는 모습도 눈에 띄었다.

– 『서울방송』, 2016. 11. 13. –

(6) 박근혜 대통령 탄핵 판결문(2017. 3. 10.)

대통령은 그 권한을 헌법과 법률에 따라 합법적으로 행사하여야 함은 물론, 그 성질상 보안이 요구되는 직무를 제외한 공무 수행은 투명하게 공개하여 국민의 평가를 받아야 한다. 그런데 피청구인은 최서원(최순실)의 국정 개입을 허용하면서 이 사실을 철저히 비밀에 부쳤다. …… 대의 민주제 원리와 법치주의 정신을 훼손한 행위로서 대통령으로서의 공익 실현 의무를 중대하게 위반한 것이다.

– 헌법 재판소 판결문, 2017. 3. 10. –

4 사회 전반의 민주화

(1) 시민 운동의 성장
① 6월 민주 항쟁 이후 민주화가 진전되면서 비정부 기구(NGO)인 시민 단체가 성장
② 경제 정의 실천 연합(경실련) : 정경 유착, 불공정한 노사 관계, 부와 소득의 불공정 분배 개선을 위한 활동 전개
③ 참여 연대 : '참여와 인권이 보장되는 민주 사회 건설' 목표, 정치·경제 권력 남용 견제 및 고발, 시민의 권리 확대 정책 연구
④ 환경 운동 연합 : '환경 정의' 목표, 환경 오염 방지와 지속 가능한 사회 실현 노력

(2) 시민의 정치 참여 확대
① 지방 자치제 실시 : 34년만에 전면적 실시(1995), 주민 투표 제도 마련(2004), 교육감 선거 주민 직선제(2007)
② 선거 공영제 실시, 총선 연대의 낙선 운동 전개(2000)

(3) 민주적 법제 마련 : 공직자 윤리법 개정(재산 공개), 금융 실명제 실시(1993)

(4) 과거사 청산 작업
① 역사 바로 세우기 : 전두환, 노태우에게 반란·내란 죄목의 실형 선고
② 국가 폭력과 인권 탄압 사건의 진상 규명 노력
③ 친일 반민족 행위자 조사·선정

(5) 인권 보호 : 국가 인권 위원회 설립(2001), 학생 인권 조례 제정 등

(6) 복지 정책
① 의료 보험 : 의료 보험 시행(1977), 모든 국민에게 동일한 보험 서비스 제공(1989)
② 국민연금 : 국민연금 시행(1988), 모든 국민에게 확대 적용(1999)
③ 사회적 취약 계층 보호 : 국민 기초 생활 보장법 제정(1999)

(7) 노동 운동
① 6월 민주 항쟁 이후 노동자의 사회 의식 성장 → '노동자 대투쟁' 전개(1987)
② 이후 전국에 1,000여 개의 노동 조합 결성, 임금과 노동 환경 점차 개선

(8) 여성 운동 : 여성부 설치(2001), 성매매 금지법 시행(2004), 호주제 폐지(2008)

(9) 민간 통일 운동 : 냉전 체제 붕괴 이후 종교계·문화계 중심으로 추진, 문익환 목사와 대학생 임수경의 방북(1989), 정권의 영향하에 전개(창구 단일화론 등)

(10) 시민 사회 성장 : 공정한 사회 질서와 인권 보장 위해 노력, 정부 정책이나 사회 문제 비판·대안 제시(호주제 폐지 운동, 낙천·낙선 운동 등), 2000년대 이후 온라인으로 활동 영역 확대

PLUS 더 알아보기

- **비정부기구** : 지역·국가·국제적으로 조직된 자발적인 비영리 시민 단체이다. 'NGO'는 국제 연합(UN)에 의해 공식적으로 사용된 개념인데, 국가 주권의 범위를 벗어나 사회적 연대와 공공 목적을 실현하기 위해 1946년에 설립된 각국의 비정부 단체에서 비롯되었다.
- **선거 공영제** : 선거 운동은 선거 관리 기관이 주관하고, 선거에 대한 경비는 국가가 지불함으로써 부담을 낮춰 국민의 정치 참여를 국가가 보장하고자 하였다.
- **국민 기초 생활 보장법** : 국가와 지방 자치 단체가 국민의 최저 생활을 보장하고 자립할 수 있도록 하는 것을 목적으로 제정되었다.
- **전국적 노동 조합** : 전국 민주노동조합 총연맹과 전국 교직원 노동조합이 결성되었다.
- **호주제** : 가족 관계를 호주를 중심으로 정리하는 호적 제도를 말한다. 아버지에서 아들로 이어지는 부계 혈통을 통해 대대로 이어가는 제도였다.
- **정부의 창구 단일화론** : 민간의 통일 운동과 남북 교류는 정부를 통해 진행되어야 한다는 것으로, 정부의 방향과 맞지 않는 통일 운동을 불허하였다.

사료 더하기

(1) 경제 정의 실천 시민 연합 발기 선언문(1989)

우리는 모든 계층의 국민의 선한 의지와 힘을 모으고 조직화하여 경제 정의를 실천하기 위한 비폭력적이며 평화적인 시민운동을 힘차게 전개할 것이다. ……. (우리의 실천 과제) 모든 국민은 빈곤에서 탈피하여 인간다운 삶을 영위할 권리가 있다. 경제적 기회균등이 모든 국민에게 제공되어야 한다. 진정한 민주주의를 왜곡하는 금권 정치와 정경 유착은 철저히 척결되어야 한다.

(2) 참여 연대 창립 선언문(1994)

지금 우리는 시급히 해결해야 할 수많은 사회 문제, 인권 문제를 안고 있습니다. 소외된 자, 억압받는 자에 대한 무관심은 동료 시민으로서의 신성한 의무를 방기하는 태도입니다. 우리는 기필코 신체적, 정신적, 사회적으로 어려움에 처한 이웃들이 보다 인간답게 살 수 있는 여건을 함께 만들어 가야 하겠습니다.

(3) 국민 기초 생활 보장법(1999)

제1조 [목적] 이 법은 생활이 어려운 자에게 필요한 급여를 행하여 이들의 최저 생활을 보장하고 자활을 조성하는 것을 목적으로 한다.

제3조 [급여의 기본 원칙] ① 이 법에 의한 급여는 수급자가 자신의 생활 유지·향상을 위하여 그 소득·재산·근로 능력 등을 활용하여 최대한 노력하는 것을 전제로 이를 보충·발전시키는 것을 기본 원칙으로 한다.

(4) 호주제 폐지

이번 법안의 국회 통과로 가부장적 가(家)의 개념과 호주제가 전면 폐지됨에 따라 헌법 이념에 충실하고 현실의 가족 생활에 부합하는 새로운 가족 제도를 만들 수 있는 계기가 마련되었다. 법안의 주요 내용으로 호주 관련 조항이 없어지고 개인이 각각의 신분 등록부를 가지게 됨과 동시에 자녀의 성 또한 부부의 협의에 의해 어머니 성을 따를 수 있게 되는 등의 내용이 마련되었다.

- 한국 여성 민우회, 2005. 3. -

주제7 외환 위기와 사회 경제적 변화

1 세계 경제의 변동과 한국 경제

(1) 1980년대의 경제
  ① 세계 경제의 흐름 : 1970년대 석유 파동을 겪으며 신자유주의 대두 → 선진국들은 개발 도상국·후진국에게 전면적 시장 개방 요구(다국적 기업과 금융 자본의 이익 도모)
  ② 1980년대 한국 경제의 상황
    ㉠ 초반기 : 제2차 석유 파동에 따른 경제 위기 지속 → 정부의 대응(중화학 공업의 중복 투자 및 부실기업 정리, 금융 시장 일부 개방 등)으로 서서히 회복
    ㉡ 중반기 : 3저 호황 → 수출 증대, 연평균 10%가 넘는 고도성장, 자본 축적 → 반도체와 자동차 등 기술 집약적 산업 크게 성장
    ㉢ 후반기 : 부실기업 정리 과정에서 정경 유착 및 비자금 의혹 발생, 3저 호황 종료 → 경제 상황 악화

(2) 1990년대 이후의 경제
  ① 세계 경제의 흐름 : 우루과이 라운드 타결(1993), 세계 무역 기구(WTO) 출범(1995)
  ② 김영삼 정부
    ㉠ 시장 개방의 압력 속에 세계화 표방하며 신자유주의 정책 추진
    ㉡ 공기업 민영화, 금융업 규제 완화
    ㉢ 쌀을 제외한 대부분의 농산물 시장 개방
    ㉣ 경제 협력 개발 기구(OECD) 가입(1996)
    ㉤ 임기 말 외환 위기 발생
      ⓐ 배경 : 재벌 기업들의 경쟁력 약화, 동남아시아 외환 위기 발생
      ⓑ 과정 : 한국에 투자된 외국 자본의 급속 유출 → 외환 보유고 급격히 감소 → 방만 운영 기업들의 연쇄 부도
      ⓒ 결과 : 국제 통화 기금(IMF)에 긴급 구제 금융 요청, 양해 각서 체결
  ③ 김대중 정부 : 국가 부도의 위기 상황 극복 노력
    ㉠ 국민의 노력 : 국민들의 자발적 금 모으기 운동 전개
    ㉡ 정부의 노력 : 기업 구조조정, 부실기업·은행의 통폐합 및 해외 매각, 공기업 민영화, 노사정 위원회를 통한 정리 해고제 및 근로자 파견제 도입, 사외 이사 제도 도입 추진
    ㉢ 성과 : 기업 부채 감소 등으로 경제 상황 안정화 → 국제 통화 기금의 지원금 조기 상환(2001), 외환 보유고 증가
    ㉣ 부작용 : 일부 은행과 대기업 해외 매각, 특정 사업을 독과점한 재벌에게 경제력 집중, 노동자 대량 해고와 비정규직 증가, 많은 자영업자 도산 등

④ 노무현 정부
　㉠ 독점 기업에 대한 규제 강화, 빈부 격차 해소 노력
　㉡ 자유 무역 협정(FTA) : 칠레를 시작으로 세계 각국과 FTA 체결하여 무역 시장 확대
⑤ 이명박 정부
　㉠ 친기업 정책 추진, 세계 금융 위기(2008)로 어려움 발생
　㉡ G20 정상 회의 개최(2010) : 세계 20개국의 정상들이 금융, 경제 문제 등을 논의

(3) 한국 경제의 성과와 과제
① 외환 위기 이후 한국 경제의 변화
　㉠ 기업의 경영 효율성 증가 : 부실 계열사 정리, 부채 비율 축소 노력 등
　㉡ 자본 시장 전면 개방 : 외국 자본의 국내 투자 증가
　㉢ 자유 무역 협정(FTA) 체결 확대 : 칠레를 시작으로 유럽 연합(EU)·미국 등 세계 여러 나라와 체결 → 반도체·전자·자동차 등 제조업 시장 확대
　㉣ 무역 규모 확대, 세계 경제에서의 비중 증가, 무역 수지 흑자 증가
② 한국 경제의 과제
　㉠ 농축산물 시장 개방 → 농민 경제 어려움
　㉡ 기업의 효율성 추구 → 고용 안정성 악화, 비정규직 증가
　㉢ 경제 민주화의 필요성에 대한 국민적 공감대 확산
　㉣ 2010년대 이후 경제 성장률 둔화 : 세계 경제의 일반 성장률과 비슷한 2% 선에 머무름

PLUS 더 알아보기

- **석유 파동** : 두 차례의 석유 가격 급등으로 세계 경제가 흔들린 사건이다. 제1차 파동(1973~1974)은 국내 기업들이 중동 건설 사업에서 벌어들인 오일 달러로 피해를 줄였지만, 제2차 파동 발생(1978)때는 이듬해 마이너스 경제 성장률을 기록할 정도로 타격을 받았다.
- **신자유주의** : 경제 활동에서 정부의 역할을 줄이려는 새로운 움직임을 말한다. 기업 및 무역 활동에 대한 규제 완화, 국영 기업의 민영화, 복지 예산 감축 등을 추구한다. 한국의 경우 주로 김영삼 정부 후반기부터 노동 시장 유연화, 작은 정부, 자유 시장 경제, 규제 완화, 자유 무역 협정(FTA) 중시 등의 형태로 나타나고 있다.
- **3저 호황** : 저달러 현상은 한국 상품을 더욱 싼 가격에 수출할 수 있게 해 주었고, 저유가는 상품 제조 원가의 절감을, 저금리는 민간의 투자 촉진 등을 가져왔다.
- **우루과이 라운드** : 1986년 우루과이에서 개최된 '관세 및 무역에 관한 일반 협정(GATT)' 각료 회의를 출발점으로 하여 1993년에 타결된 다자간 무역 협상이다.
- **세계 무역 기구(WTO)** : 자유 무역을 확대하고 회원국 간의 통상 분쟁을 해결하며 국가 간 교역을 촉진하기 위해 설립된 국제기구이다.

PLUS 더 알아보기

- **경제 협력 개발 기구(OECD)** : 회원국 간의 협력을 통해 세계 경제 발전과 세계 무역 확대를 지향하는 기구이다. 한국은 1996년에 가입하여 29번째 회원국이 되었다. 회원국이 되기 위해서는 다원적 민주주의와 시장 경제 체제라는 가치관을 지향해야 한다.
- **국제 통화 기금(IMF)** : 환율과 국제 수지를 안정시켜 국제 유동성을 확대하려는 목적으로 설립된 유엔의 전문 기구이다. 회원국의 요청이 있을 때에는 기술 및 금융 지원을 직접 제공한다.
- **외환 위기의 원인** : 1997년 타이에서 시작된 바트화 폭락 사태는 아시아 각국을 강타하였다. 동남아시아 국가들이 잇따라 외환 위기에 빠졌지만, 한국 정부는 사태를 제대로 파악하지 못하였다. 내부적으로는 정경 유착의 고리 속에서 성장한 기업들의 수익성이 급속도로 악화하였다. 또한, 외국 자본이 빠져나가고 환율의 불균형까지 더해지면서 난립하였던 종합 금융사들은 금융 부실로 어려움을 겪었다. 이에 한국 정부는 원화 가치가 계속 폭락하는 사태를 막고자 보유한 달러를 대량으로 시장에 풀었지만, 결국 외환 지급 불능 사태를 맞이하고 외환 위기에 빠졌다.
- **국제 통화 기금(IMF) 구제 금융 신청(1997. 12. 3.)** : 정부는 국제 통화 기금(IMF)으로부터 긴급 자금을 빌리는 대신 재정 긴축과 고금리 지속, 부실한 기업과 금융 기관 처리, 대기업 투명성 확대, 자본 시장 개방, 노동 시장 유연화 등의 요구를 받아들였다.
- **외환 위기 당시 외부로부터의 경제 지원** : 외환 위기를 극복하기 위해 국제 통화 기금(IMF)에 구제 금융을 신청하였다. 이에 국제 통화 기금, 국제 부흥 개발 은행(IBRD), 아시아 개발 은행(ADB)이 총 350억 달러를 지원하였다. 그리고 미국, 일본, 독일, 프랑스, 영국, 캐나다, 오스트레일리아 7개국으로부터 200억 달러를 추가 지원받는 등 총 550억 달러의 빚을 졌다. 이로 인해 한국 경제는 한동안 국제 금융 기구의 관리와 통제를 받았다.
- **노사정 위원회 출범(1998)** : 노동자·사용자·정부의 대표의 협의체이다.
- **사외 이사 제도** : 외부의 전문가를 이사회의 구성원으로 임명하는 제도로, 대주주의 경영 횡포를 방지하려는 데 목적이 있다. 1998년부터 상장 회사에 한하여 이 제도를 의무적으로 시행하고 있다.
- **노무현 정부 시기의 한국 경제** : 경제 성장률은 연평균 5%에 이르렀고 1인당 국민 소득이 2만 달러를 돌파하였으나, 부동산 값이 폭등하여 서민 경제는 큰 어려움을 겪었다.
- **서울 G20 정상 회의(2010)** : 주요 경제국의 정상들이 모이는 회의로, 아시아 최초로 대한민국 서울에서 열렸다.
- **한국 경제의 규모 확대** : 경상 수지가 계속 흑자로 이어지면서 2011년 수출입 무역액이 처음으로 1조 달러를 달성하였다. 한국은 세계에서 아홉 번째 '무역 1조 달러 클럽'에 가입하였다. 경상 수지가 계속 흑자를 기록함에 따라 2016년의 외환 보유고는 외환 위기 이전보다 12배 이상 확대되었다. 대외 채무 구조도 개선되면서 한국은 2014년 순채권국으로 변신하였다. 2016년 기준으로 세계 9위의 무역 대국으로 발돋움한 한국 경제는 높은 부가 가치를 창출하는 첨단 정보 산업 등의 분야에서 세계적인 경쟁력을 갖추어 성장하고 있다.
- **수출 품목으로 본 경제 변화**

1950년대	농수산물, 광물 등이 주요 수출 품목
1960년대	합판, 가발, 신발 등 경공업 제품의 수출 비중 크게 증가
1970년대	• 철강, 선박, 기계 등의 중화학 제품들이 수출의 40~50%를 차지 • 여전히 경공업 제품이 수출의 많은 양을 차지, 품목 다양화
1980년대	• 자동차, 조선, 기계류의 중화학 공업 제품이 수출의 절반 이상을 차지 • 반도체, 컴퓨터, 가전제품 등도 주력 수출 상품이 됨

사료 더하기

(1) 세계화를 내세운 김영삼 정부

21세기를 눈앞에 두고 세계는 지금 새로운 질서가 펼쳐지고 있습니다. 새해와 더불어 WTO 체제가 출범하며 나라와 나라 사이에, 지역과 지역 사이에 치열한 무한 경쟁이 벌어지는 시대가 온 것입니다. 올해, 정부는 물론 모든 국민이 세계화를 본격 추진하는 해가 되어야 할 것입니다.
― 「김영삼 대통령 신년사」, 1995 ―

(2) 경제 협력 개발 기구 가입과 세계화 정책

세계 10위권의 우리 경제는 이제 새로운 궤도 위로 올라섰습니다. 선진국 경제 협의체인 경제 협력 개발 기구(OECD) 가입도 눈앞에 두고 있습니다. 우리의 경제 협력 개발 기구 가입은 그동안 일관되게 추진해 온 세계화 정책의 당연한 결실입니다. 이는 또한 한국이 21세기 신국제 질서 창조에 적극적으로 참여하는 것을 의미합니다.
― 김영삼 대통령, 「제15대 국회 개원식 연설」, 1996. 7. 8. ―

(3) 국제 통화 기금(IMF) 지원 요청 발표문

최근 한국 경제는 대기업 연쇄 부도에 따른 대외 신인도 하락으로 국제 금융 시장에서 단기 자금 만기 연장의 어려움 등 외화 차입의 곤란으로 일시적인 유동성 부족 사태에 직면하게 되었습니다. …… 정부는 금융 시장의 안정이 확고히 정착되게 하기 위해 …… 국제 통화 기금(IMF) 자금 지원을 요청하기로 하였습니다.

(4) IMF 대기성 차관 협약을 위한 양해 각서안

- IMF로부터 적절한 규모의 자금 지원
- 외국 금융 기관의 국내 자회사 설립 허용
- 노동 시장의 유연성을 높임
- 부실 금융 기관 구조 조정 및 인수, 합병 제도 마련
- 외국인 주식 취득을 종목당 50%까지 확대

― 국가 기록원 ―

(5) '고환율 → 고금리 → 주가 하락 악순환' 우려

무디스사가 한국에 대한 신용도를 추가 하락시키자 곧바로 달러화 대비 원화 환율이 2,000원을 넘어섰다. 전문가들은 '환율 2,000원 진입'을 금융 시스템 붕괴, 외환 위기, 기업 부도 도미노, 경기 침체 등 총체적인 한국 경제의 현 상황을 악화시키는 요인으로 보고 있다.
― 『매일경제』, 1997. 12. 23. ―

(6) 외환 위기 극복과 국민의 고통

이제 우리 국민이 발 벗고 나서서 빚을 다 갚고 외환 보유액도 많아져 아이엠에프(IMF) 외환위기를 완전히 졸업하게 되었습니다. …… 30대 기업 중 절반 이상이 문을 닫거나 해체되거나 주인이 바뀌었습니다. …… 수많은 근로자들이 구조 조정으로 실업의 고통을 감내해야 했습니다.
― 김대중 대통령 연설문, 2001 ―

(7) 한미 자유 무역 협정을 둘러싼 논쟁

- 우리나라는 명실상부한 통상 국가로서 지속적인 경제 발전을 위해서는 교역의 확대가 필수적입니다. 요컨대 열린 세계 시장이 우리의 경제적 생존과 직결되는 것입니다. 최근의 세계 통상 환경을 보면, 자유 무역 협정을 중심으로 지역주의가 가속화하는 상황입니다.
― 산업 통상 자원부 ―
- 한미 자유 무역 협정은 약값과 의료비를 폭등시키고 건강 보험 제도를 위태롭게 만듭니다. … 또 공기업 민영화로 전기·수도·가스 요금을 폭등시키는 협정입니다. 영세 상인을 보호하는 제도는 한미 자유 무역 협정 위반이 되며, 한국의 농업은 도탄에 빠지게 됩니다.
― 한미 자유 무역 협정 저지 범국민 운동 본부 ―

(8) 대한민국 헌법 제119조

1항 대한민국의 경제 질서는 개인과 기업의 경제상의 자유와 창의를 존중함을 기본으로 한다.
2항 국가는 균형 있는 국민 경제의 성장 및 안정과 적정한 소득의 분배를 유지하고, 시장의 지배와 경제력의 남용을 방지하며, 경제 주체 간의 조화를 통한 경제의 민주화를 위하여 경제에 관한 규제와 조정을 할 수 있다.

2 사회 양극화의 심화

(1) **배경** : 경제 성장에 따른 분배 문제 발생 → 기업·지역·계층 등 사회 전 영역에서 불평등 심화

(2) **내용** : 대기업과 중소기업 간 격차 확대, 대도시와 농촌의 의료·교육·문화 격차, 정규직과 비정규직 간 임금 격차, 부의 대물림과 학력 차이, 청년 실업 문제 등

(3) **해소 노력** : 중소기업과 소상공인 보호·지원, 전통 시장과 골목 상권 활성화 방안 마련, 농업 보조금 지급, 최저 임금 인상, 저소득층 세금 감면 등

(4) **그 밖의 여러 과제**
① 양성 평등 : 여성의 출산·육아 부담, 고용·승진에서의 차별
② 소수자 배려 : 장애인(취업이나 임금 차별, 편의시설 부족), 성(性) 소수자, 양심적 병역 거부자 등
③ 다문화 사회 : 다문화 가족에 대한 편견과 의사소통 문제
④ 저출산 : 낮은 취업률과 높은 주거 비용으로 혼인과 출산 기피
⑤ 고령화 : 노인 인구 빠르게 증가, 질병·빈곤·고독 문제 직면
⑥ 환경 문제 : 무분별한 개발에 따른 생태 환경 훼손, 미세 먼지의 위험성 증가
⑦ 안전 문제 : 부실공사, 부주의, 안전수칙 위반 등으로 인한 문제
⑧ 기타 : 부족한 일자리, 세대 간 갈등 등

PLUS 더 알아보기

- **비정규직 증가** : 비정규직은 노동자가 한시적으로 계약 관계를 맺는 고용 형태로 기간제 노동, 단시간 노동(파트타임), 파견 노동 등이 해당한다. 외환 위기 이후 많은 기업이 채용을 줄이면서 해고가 어려운 정규직보다 비정규직 위주로 필요한 인원을 보충하였다. 정규직과의 임금 차별, 계약제로 인한 고용 불안정, 차별 철폐를 주장하는 비정규직 노동자와 정규직 노동자 간의 갈등 등이 사회 문제로 대두되었다. 2004년 정규직의 약 65%였던 비정규직의 임금 수준은 2017년 약 55%로 크게 떨어졌다.

주제8 남북 화해와 동아시아 평화를 위한 노력

1 북한 사회의 변화

(1) 북한의 3대 권력 세습
　① 김일성
　　㉠ 1950년대 : 6·25 전쟁을 거치며 경쟁자 제거
　　㉡ 1960년대 : 김일성 유일 지배 체제 확립, 주체사상으로 뒷받침
　　㉢ 1970년대 : 사회주의 헌법 제정으로 주체사상이 국가 통치 이념으로 공식화, 주석 취임(1972) → 1인 독재 체제 강화
　　㉣ 세습 체제 마련 : 자신의 아들 김정일을 후계자로 지명 → 김정일은 3대 혁명 소조 운동 주도하며 입지 강화
　② 김정일 : 김일성 사망(1994) 후 권력 승계, 3년간 유훈 통치 실시
　　㉠ 주석직 폐지하고 국방 위원장 자격으로 북한 통치
　　㉡ 핵과 미사일 개발로 국제적 고립, 경제 침체와 식량난 지속(고난의 행군)
　　㉢ 군대가 사회를 이끈다는 '선군(先軍) 정치' 내세워 북한 사회 통제
　③ 김정은 : 김정일 사망(2011) 후 권력 승계
　　㉠ '경제-핵 병진 노선' 내세우며 여러 차례 핵실험 강행
　　㉡ 남북 정상 회담, 북미 정상 회담에 나서는 등 변화 모색하기도 함

(2) 북한의 경제 변화
　① 1960~1970년대 : 기술 혁신과 식량·소비재 생산 확대에 주력 → 지나친 자립 경제 노선, 과중한 국방비 부담과 에너지 부족 등으로 경제 침체
　② 1980년대 : 합작 회사 경영법 제정(합영법, 1984)하여 외국 자본과 기술 유치 시도
　③ 1990년대 : 동유럽 사회주의 정권 붕괴와 미국의 제재로 심각한 경제 위기, 식량난 발생
　④ 1990년대 후반 ~ 2000년대 이후
　　㉠ 남북 관계 개선 : 금강산 관광 사업(1998), 개성 공단 건설(2004) 등 남북 경제 교류
　　㉡ 시장 경제 부분 도입 : 2000년대 이후 주민들 간 생필품 교류 시장 허용(장마당)
　　㉢ 신의주 등에 시장 경제 체제를 부분 수용한 경제특구 확대
　⑤ 한계 : 남북 간 긴장 고조(연평도 포격 사건, 천안함 사건 등), 유엔을 비롯한 국제 사회의 제재(여러 차례 핵 실험과 미사일 발사 실시)

PLUS 더 알아보기

- **1인 독재 체제를 뒷받침하는 주체 사상** : 주체사상은 북한의 정치, 외교, 사회, 군사, 문화 등의 모든 분야에서 유일한 지도 이념이다. 북한에서 어떤 사상보다 최상위에 있으며, 사회의 모든 부분을 구속하는 초법적인 사상이다. 이 사상은 사상에서의 주체, 경제에서의 자립, 정치에서의 자주, 국방에서의 자위를 표방하며 이론적으로 체계화되었다. 김일성은 주체사상을 통해 1인 지배 체제를 구축하였고, 이후 주체사상으로 북한 주민을 통제하고 반대파를 숙청하는 수단으로 이용하였다. 또한 1972년 제정된 '사회주의 헌법'에서는 주체사상을 국가의 통치 이념으로 명문화하였다.
- **3대 혁명 소조 운동** : 사상, 기술, 문화 분야에서 소규모 집단을 만들어 생산 현장을 돕자는 운동이다.
- **유훈 통치** : 한 나라의 지도자가 전임 지도자가 생전에 남긴 훈계나 교훈에 따라 나라를 다스리는 것을 이르는 말이다.
- **고난의 행군** : 1990년대 중반 최악의 식량난으로 약 33만 명의 북한 주민들이 사망하자, 김일성의 항일 활동 시기 상황을 떠올리면서 위기 극복을 독려하면서 채택한 구호이다.
- **북·미 정상 회담** : 미국 대통령 트럼프와 북한 국무 위원장 김정은은 2018년 6월 12일 싱가포르에서 최초로 개최된 북한과 미국의 정상 회담에서 새로운 북·미 관계를 수립하고 한반도 평화 체제 구축을 위해 노력할 것을 선언하였다.
- **합영법** : 합영법은 북한이 외국의 자본과 기술을 도입하기 위해 1984년 제정한 법률이다. 외국인이 북한에 투자해 얻은 이윤에 대하여 외국으로의 송금을 허용한다는 내용 등이 담겨 있다.
- **장마당** : 배급이 제대로 이루어지지 않는 등 북한의 경제 사정이 악화되자 북한 주민들은 스스로 장마당에서 경제 활동을 하였다. 장마당의 경제 활동에 익숙해진 이들을 장마당 세대라고 부른다.

사료 더하기

(1) 사회주의 헌법

조선 민주주의 인민 공화국은 위대한 수령 김일성 동지의 사상과 영도를 구현한 주체의 사회주의 조국이다. ……
조선 민주주의 인민 공화국 사회주의 헌법은 위대한 수령 김일성 동지의 주체적인 국가 건설 사상과 국가 건설 업적을 법화한 김일성 헌법이다.
제1조 조선 민주주의 인민 공화국은 전체 조선 인민의 이익을 대표하는 자주적인 사회주의 국가이다.

(2) 합영법
- 제1조 조선 민주주의 인민 공화국 합영법은 우리나라와 세계 여러 나라들 사이의 경제·기술 협력과 교류를 확대 발전시키는 데 이바지한다.
- 제5조 합영 기업은 당사자들이 출자한 재산에 대한 소유권을 가지며 독자적으로 경영 활동을 한다.
- 제7조 국가는 장려하는 대상과 해외 조선 동포들과 하는 합영 기업, 일정한 지역에 창설된 합영 기업에 대하여 세금의 감면, 유리한 토지 이용 조건의 제공 같은 우대를 한다.

2 평화와 통일을 위한 노력

(1) 남북의 갈등과 대립
　① 6·25 전쟁 후 : 남북 간 적개심 고조 → 남북의 독재 권력 강화에 이용
　② 4·19 혁명 후 : 평화 통일 운동 분출
　③ 5·16 군사 정변 후
　　㉠ 반공 정책 강화 : 평화 통일 운동 탄압, 정부의 대북 강경책, 경제 발전 우선시(선 건설, 후 통일)
　　㉡ 북한의 도발 : 남조선 혁명론 주장, 1·21 사태, 울진·삼척 무장 간첩 침투 사건

(2) 남북 관계의 변화와 진전
　① 박정희 정부
　　㉠ 닉슨 독트린으로 냉전 체제 완화 → 남북 적십자 회담 개최(1971)
　　㉡ 7·4 남북 공동 성명 발표(1972) : 남북이 최초로 합의한 평화 통일 원칙, 자주·평화·민족적 대단결의 통일 3대 원칙 합의, 남북 조절 위원회 설치
　　㉢ 6·23 평화 선언(1973) : 북한의 국제 기구 참여에 반대하지 않음을 발표
　　㉣ 반공주의 지속, 유신 체제에 활용 → 후속 성과를 남기지 못함
　② 전두환 정부 : 남한에 수해 발생하자 북한에서 원조 물자 제공(1984) → 최초의 남북 이산가족 교환 방문, 예술 공연단 교환 방문(1985)
　③ 노태우 정부
　　㉠ 1990년부터 남북 고위급 회담 여러 차례 추진
　　㉡ 남북한 동시 유엔 가입(1991)
　　㉢ 남북 사이의 화해와 불가침 및 교류 협력에 관한 합의서(남북 기본합의서, 1991) 채택 : 남북한 정부 간에 이루어진 최초의 공식 합의, 서로의 체제 인정 및 상호 불가침
　　㉣ 한반도 비핵화 공동 선언(1991)
　④ 김영삼 정부
　　㉠ 북한의 핵 확산 금지 조약 탈퇴 선언 : 남북 관계 긴장 고조
　　㉡ 한민족 공동체 건설을 위한 3단계 통일 방안 제시 : '화해·협력', '남북 연합', '통일 국가 완성'
　　㉢ 경수로 건설 지원 : 북한의 핵무기 개발 포기 대가로 경수로 원자력 발전소 건설 지원 → 남북 갈등의 지속으로 중단
　　㉣ 남북 정상 회담에 합의 : 김일성 사망으로 무산 → 남북 관계 경색
　⑤ 김대중 정부
　　㉠ 대북 화해 협력 정책(햇볕 정책) : 남북 관계의 전환점 마련
　　㉡ 기업인 정주영이 소 떼를 몰고 방북, 금강산 관광 사업 시작
　　㉢ 남북 정상 회담(2000) : 평양에서 개최, 분단 이후 최초의 정상 회담, 6·15 남북 공동 선언 발표

ㄹ. 남북 교류 활성화 : 이산가족 상봉과 서신 교류, 남북 간 교역 확대, 개성 공단 조성과 철도 연결 합의

⑥ 노무현 정부
ㄱ. 대북 화해 협력 정책(햇볕 정책) 계승 : 개성 공단 사업 시작, 경의선·동해선 연결
ㄴ. 남북 정상 회담(2007) : 평양에서 개최, '남북 관계 발전과 평화 번영을 위한 선언(10·4 선언)' 채택
ㄷ. 북핵 문제 해결을 위한 6자 회담 개최 : 성과를 거두지 못함

⑦ 이명박 정부 : 북한의 핵 실험과 미사일 발사 지속, 천안함 사건과 연평도 포격(2010) → 남북 관계 경색, 개성 공단 운영을 제외한 남북 간 교역과 교류 중단(5·24 조치)

⑧ 박근혜 정부 : 남북 관계 경색 지속

⑨ 문재인 정부
ㄱ. 남북 정상 회담 개최(2018) : '한반도의 평화와 번영, 통일을 위한 판문점 선언(4·27 판문점 선언)' 발표
ㄴ. 미국 트럼프 정부 주도의 대북 제재 지속 : 미국과 북한 사이의 군사적 긴장 고조

PLUS 더 알아보기

- **1·21 사태(김신조 사건, 1968)** : 1968년 1월 북한은 청와대 습격 및 요인 암살을 목적으로 특수 부대원 31명을 남한에 침투시켰다. 이를 계기로 4월에 향토 예비군이 창설되었다.
- **남북 조절 위원회** : 7·4 남북 공동 성명을 통해 남북한 간의 합의 사항과 통일 문제를 협의하기 위해 설치되었다. 세 차례의 회의를 진행하였지만, 의견 대립으로 큰 성과를 얻지 못하였다.
- **개성공단(개성 공업 지구)** : 2004년 발표한 개성 공업 지구 전체 계획에서는 개성에 남한의 창원 공단 규모의 공업 지구를 건설하기로 하였다. 이를 위해 북한은 개성에 위치한 군부대를 수 km 북쪽으로 옮겨 공단 부지를 마련하였고, 남한은 공단 조성, 도로 개설, 전력 공급 등을 추진하였다. 개성 공업 지구는 2003년 착공하여, 2007년부터 본격적으로 운영되었으며, 남한의 자본과 기술, 북한의 토지와 인력이 결합한 경제 공동체 모델의 시험장이었다. 2010년 천안함 침몰 사건으로 남북 관계가 나빠지며 개성 공단은 운영에 어려움을 겪었고, 2016년 박근혜 정부는 북한의 핵 실험을 이유로 개성 공단 운영을 전면 중단하였다.

사료 더하기

(1) 7·4 남북 공동 성명(1972)

첫째, 통일은 외세에 의존하거나 외세의 간섭을 받음이 없이 자주적으로 해결하여야 한다.
둘째, 통일은 상대방을 반대하는 무력행사에 의거하지 않고 평화적 방법으로 실현하여야 한다.
셋째, 사상과 이념, 제도의 차이를 초월하여 우선 하나의 민족으로서 민족적 대단결을 도모하여야 한다.

(2) 남북 이산가족 고향 방문 및 예술 공연단 교환 방문에 관한 합의서(1985. 8. 22.)

방문단은 쌍방 적십자사 중앙 기관 책임자를 단장으로 하여 이산가족 고향 방문단, 예술 공연단, 취재 기자, 지원 인원으로 구성한다. 이산가족 고향 방문단은 서울과 평양을 고향으로 한 인원을 위주로 하여 50명으로 한다.

(3) 남북 기본 합의서(1991. 12. 13.)

- 남과 북은 분단된 조국의 평화적 통일을 염원하는 온 겨레의 뜻에 따라, 7·4 남북 공동 성명에서 천명된 조국 통일 3대 원칙을 재확인하고, 정치·군사적 대결 상태를 해소하여 민족적 화해를 이룩하고, 무력에 의한 침략과 충돌을 막고 긴장 완화와 평화를 보장하며, 다각적인 교류·협력을 실현하여 민족 공동의 이익과 번영을 도모하며, 쌍방 사이의 관계가 나라와 나라 사이의 관계가 아닌 통일을 지향하는 과정에서 잠정적으로 형성되는 특수 관계라는 것을 인정하고, 평화 통일을 성취하기 위한 공동의 노력을 경주할 것을 다짐하면서 다음과 같이 합의하였다.

제1조 남과 북은 서로 상대방의 체제를 인정하고 존중한다.
제9조 남과 북은 상대방에 대하여 무력을 사용하지 않으며 상대방을 무력으로 침략하지 아니한다.
제15조 남과 북은 민족 경제의 통일적이며 균형적인 발전과 민족 전체의 복리 향상을 도모하기 위하여 자원의 공동 개발, 민족 내부 교류로서의 물자 교류, 합작 투자 등 경제 교류와 협력을 실시한다.
제19조 남과 북은 끊어진 철도와 도로를 연결하고 해로, 항로를 개설한다.

— 『대한민국 관보』 제12060호, 1992. 3. 6. —

(4) 한반도 비핵화 공동 선언(1991. 12. 31.)

- 남과 북은 한반도를 비핵화 함으로써 핵전쟁의 위험을 제거하고 우리나라의 평화와 평화 통일에 유리한 조건과 환경을 조성하며 아시아와 세계의 안전에 이바지하기 위하여 다음과 같이 선언한다.

1. 남과 북은 핵무기의 시험, 제조, 생산, 접수, 보유, 저장, 배비, 사용을 하지 아니한다.
2. 남과 북은 핵에너지를 오직 평화적 목적에만 이용한다.
3. 남과 북은 핵 재처리 시설과 우라늄 농축 시설을 보유하지 아니한다.

(5) 6·15 남북 공동 선언(2000. 6. 15.)

1. 남과 북은 나라의 통일 문제를 그 주인인 우리 민족끼리 서로 힘을 합쳐 자주적으로 해결해 나가기로 하였다.
2. 남과 북은 나라의 통일을 위한 남측의 연합제안과 북측의 낮은 단계의 연방제안이 서로 공통성이 있다고 인정하고 앞으로 이 방향에서 통일을 지향해 나가기로 하였다.
3. 남과 북은 올해 8·15에 즈음하여 흩어진 가족, 친척 방문단을 교환하며, 비전향 장기수 문제를 해결하는 등 인도적 문제를 조속히 풀어 나가기로 하였다.
4. 남과 북은 경제 협력을 통하여 민족 경제를 균형적으로 발전시키고, 사회, 문화, 체육, 보건, 환경 등 제반 분야의 협력과 교류를 활성화하여 서로의 신뢰를 다져 나가기로 하였다.
5. 남과 북은 이상과 같은 합의 사항을 조속히 실천에 옮기기 위하여 빠른 시일 안에 당국 사이의 대화를 개최하기로 하였다.

(6) 10·4 남북 정상 선언(2007. 10. 4.)
1. 6·15 공동 선언을 고수하고 적극 구현해 나간다.
4. 현 정전 체제를 종식시키고 항구적인 평화 체제를 구축하기 위한 종전 선언을 협력해 추진하기로 하였다.
5. 경제 협력 사업을 적극 활성화하기로 하였다.
- 서해 평화 협력 특별 지대를 설치하여 공동 어로 구역과 평화 수역 설정, 민간 선박의 해주 직항로 통과, 한강 하구 공동 이용 등을 추진해 나가기로 하였다.
- 개성–신의주 철도와 개성–평양 고속 도로를 공동으로 이용하기 위해 개보수 문제를 협의·추진하기로 하였다.

(7) 4·27 판문점 선언(2018. 4. 27.)
1. 남과 북은 남북 관계의 전면적이며 획기적인 개선과 발전을 이룩함으로써 끊어진 민족의 혈맥을 잇고 공동 번영과 자주 통일의 미래를 앞당겨 나갈 것이다.
2. 남과 북은 한반도에서 첨예한 군사적 긴장 상태를 완화하고 전쟁 위험을 실질적으로 해소하기 위하여 공동으로 노력해 나갈 것이다.
3. 남과 북은 한반도의 항구적이며 공고한 평화 체제 구축을 위하여 적극 협력해 나갈 것이다. 한반도에서 비정상적인 현재의 정전 상태를 종식하고 확고한 평화 체제를 수립하는 것은 더 이상 미룰 수 없는 역사적 과제이다.

3 동아시아 갈등 해결을 위한 노력

(1) 동아시아의 영토·역사 갈등
 ① 동아시아의 영토 갈등
  ㉠ 북방 4도 분쟁(러–일) : 제2차 세계 대전 승전국 소련이 러·일 전쟁 때 빼앗긴 사할린 남부와 쿠릴 열도 남부의 4개 섬 차지(북방 4도) → 일본의 반환 요구, 러시아는 자국의 고유 영토로 주장
  ㉡ 센카쿠 열도(댜오위다오) 분쟁(중–일) : 청·일 전쟁에서 승리한 일본이 차지 → 태평양 전쟁 이후 미국이 점령, 이후 일본에 반환 → 중국은 일본의 강제 약탈 주장, 일본은 청·일 전쟁 당시 주인 없는 섬을 자국 영토에 편입했다고 주장
 ② 동아시아의 역사 갈등
  ㉠ 중국 : 2000년대 이후 '통일적 다민족 국가론' 주장, 동북공정 진행 → 만주 지역의 고구려와 발해 역사도 중국 역사라고 억지 주장, 이를 교과서 및 박물관과 유적지 안내문에 반영
  ㉡ 일본 : 불법적 식민 지배, 침략 전쟁으로 아시아 각국에 큰 피해 입힘 → 공식적 사죄나 피해자에 대한 배상 외면, 일부 정치인의 한국 식민 지배와 침략 전쟁 옹호 망언

(2) 갈등 해결을 위한 노력
 ① 동아시아 3국(한·중·일)의 교류 확대
  ㉠ 동아시아 3국의 영향력 : 북아메리카·유럽과 더불어 세계 3대 경제권 형성
  ㉡ 상호 교역 지속적 증가, 경제 협력을 비롯한 각국의 공통 현안 해결을 위한 노력 확대

② 민간 차원의 학술적·문화적 교류
  ㉠ 한·중·일 공동 역사 교재 편찬, 일본군 '위안부' 문제 해결과 난징 대학살 피해자를 위한 공동 활동
  ㉡ 환경 문제 해결을 위한 연대 활동
  ㉢ 음악·영화·드라마 등을 통한 서로의 문화 공유
③ 평화 공존과 공동 번영의 조건 : 과거의 잘못을 인정하는 자세, 상대방에 대한 이해를 바탕으로 화해와 협력 추구하는 미래 지향적 사고

PLUS 더 알아보기

- **통일적 다민족 국가론** : 사회주의 국가들이 붕괴하면서 사회 통합 논리로 작용하던 공산주의가 약화되자, 중국은 국내의 많은 소수 민족을 하나의 중화 민족으로 통합시킬 수 있는 논리가 필요해졌다. 이에 따라 '통일적 다민족 국가론'을 내세워 현재 중국 내에 있는 56개 민족의 역사와 중국 영토 안에서 벌어졌던 사실을 모두 중국의 역사라고 주장하고 있다.
- **위안부 문제 해결을 위한 아시아 연대 회의** : 1992년 한국, 타이완, 필리핀, 타이, 홍콩과 일본의 시민 단체가 참여하여 시작한 이 연대 회의는 2018년까지 15차에 걸쳐 열렸으며, 일본군 '위안부' 문제 해결을 넘어 전쟁과 여성, 인권 문제로 의제를 확대해 나가고 있다.
- **동아시아 공동 역사 교재 출간** : 2002년 결성된 한·중·일 3국 공동 역사 편찬 위원회가 4년의 작업 끝에 『미래를 여는 역사』(2005)라는 동아시아 최초의 공동 역사 교재를 출간하였다. 이후 『한·중·일이 함께 쓴 동아시아 근현대사』(2012) 등도 발간하여 역사 갈등을 극복하고 역사 인식을 공유하기 위해 노력하고 있다.

사료 더하기

(1) 중국이 주장하는 동북공정의 근거
- 고구려는 중국의 고대 민족이 세운 중국 고대의 지방 정권이다.
- 고구려는 한사군의 현도군 고구려현 경내에서 건국하였고, 427년 낙랑군 경내인 평양으로 천도하였으므로 시종일관 중국 영역 내에 존재하였다.
- 고구려는 중국 왕조의 책봉을 받고 조공을 하였던 중국의 지방 정권이다.
- 수·당과 고구려의 전쟁은 중국 내부의 통일 전쟁으로, 중앙에 항거한 지방 정권의 반란을 평정한 것이었다.
- 고려는 고구려를 계승한 나라가 아니다.

(2) 일본의 왜곡된 역사 교과서
조선 반도 남부에는 4세기 무렵부터 다수의 소국가가 분립한 지역이 있다. 『일본서기』에서는 임나, 조선에서는 가야라 불리고 있다. 이 지역은 백제와 함께 일본 열도의 사람들과 깊은 교류가 있었다. …… 왜왕은 조선 반도 남부의 군사적 지배를 인정하는 칭호를 송 황제에 요청해 승인받았다. …… 한편, 신라는 562년에 임나를 병합하였다. 신라는 이 문제에 일본이 개입하는 것을 피하기 위해 일본에 임나의 산물을 보내고 우호적 자세를 취하였다.
— 『새로운 역사 교과서』, 2016 —

(3) 대법원, 일제 강제 징용 피해자 '승소' 최종 확정
　　대법원 전원 합의체는…… 한·일 청구권 협정으로 강제 징용 피해자들의 개별 손해 배상 청구권이 소멸한 것으로 볼 수 없다고 최종 결론지었다. …… 일본 정부는 식민 지배의 불법성을 인정하지 않은 채, 강제 동원 피해의 법적 배상을 원천적으로 부인하였다. 이러한 상황에서는 강제 동원 위자료 청구권이 사라졌다고 보기 어렵다고 설명하였다.
　　　　　　　　　　　　　　　　　　　　　　　　　　　　　　　　　　　　　　－『법률신문』, 2018. 10. 30. －

(4) 한중일 공동 역사 교재 편찬
　　『미래를 여는 역사』는 한중일 삼국의 학자와 교사, 시민들이 함께 참여하여 동아시아의 근현대사를 다룬 책이다. 동아시아는 교류와 친선의 오랜 전통을 지니고 있으며, 국가의 울타리를 넘어서서 밝은 미래를 위해 함께 노력한 사람들도 많이 있다. 이 책은 화해와 민주주의, 인권이 보장되는 동아시아의 미래를 개척하기 위해, 4년간의 대화와 토론을 통해 완성되었다.
　　　　　　　　　　　　　　　　　　　　　　　－『미래를 여는 역사』 서문, 한중일 3국 공동 역사 편찬 위원회 －

(5) 일본군 '위안부' 관계 조사 결과 발표에 관한 고노 관방 장관 담화(1993)
　　금번 조사의 결과, 장기적이고도 광범위한 지역에 걸쳐 위안소가 설치되었으며 많은 일본군 '위안부'가 존재하였다는 것이 확인되었다. 위안소는 당시 군 당국의 요청에 의해 설치·운영되었으며, 위안소의 설치, 관리 및 위안부의 이송에 대해서는 일본군이 직접 또는 간접적으로 관여하였다. 일본군 '위안부' 모집에 대해서는 군의 요청을 받은 업자가 주로 담당하였으나 그 경우에도 감언, 강압 등에 의해 모집된 사례가 많다. 더욱이 관헌이 직접 이에 가담한 적도 있었다는 사실이 밝혀졌다.
　　※ 일본군 '위안부' 문제가 국제적으로 확산되자 일본 정부는 조사에 착수하였고, 고노 요헤이 관방 장관은 일본이 위안소 운영에 관여하였음을 인정하는 담화를 발표하였다. 하지만 이후 일본에서는 사실을 부정하고, 발언 자체를 취소하려는 발언이 꾸준히 이어졌다.

공편자 약력

권 쌤
- 서울대학교 역사교육과
- 서울시교육청 소속 고등학교 재직
- 중·고등학교 수험서 다수 집필

이 쌤
- 서울대학교 역사교육과
- 서울시교육청 소속 중학교 재직
- 중·고등학교 수험서 다수 집필

민 쌤
- 서울대학교 역사교육과
- 서울시교육청 소속 고등학교 재직
- 중·고등학교 학습서 다수 집필

호 쌤
- 서울대학교 역사교육과
- 서울시교육청 소속 고등학교 재직
- 중·고등학교 수험서 다수 집필

은 쌤
- 고려대학교 역사교육과
- 고려대학교 역사교육과 석사
- 울산시 교육청 소속 중학교 재직

전공역사
그물에 걸린 교과서
한국사

인쇄일 2023년 4월 5일
발행일 2023년 4월 10일

공편자 권쌤·민쌤·은쌤·이쌤·호쌤
발행인 김용관
발행처 ㈜서울고시각
주 소 서울시 마포구 양화로7길 83 2층(데이비드 빌딩)
대표전화 02.706.2261
상담전화 02.706.2262~6 | FAX 02.711.9921
인터넷서점·동영상강의 www.edu-market.co.kr
E-mail gosigak@gosigak.co.kr
표지디자인 이세정
편집디자인 김수진, 황인숙
편집·교정 오지영

ISBN 978-89-526-4478-7
정 가 15,000원

저자와의
협의하에
인지생략

• 이 책에 실린 내용에 대한 저작권은 서울고시각에 있으므로 함부로 복사·복제할 수 없습니다.